냉소적

~~비판적~~ 이론들

포스트모더니즘 대문자 이론 비판

CYNICAL THEORIES

~~냉소적~~ ~~비판적~~ 이론들

포스트모더니즘 대문자 이론 비판

H. 플럭로즈 & J. 린지 | 오민석 옮김

포스트모더니즘 대문자 이론은
왜 모두에게 해를 끼치는가?

두란

뒤란에서 인문학 읽기 02

냉소적 이론들

초판 1쇄 발행 2023년 11월 15일
지은이 H. 플럭로즈 & J. 린지 **옮긴이** 오민석
책임편집 박은혜 **디자인** Hey Yoon **인쇄** 아트인
펴낸이 김두엄 **펴낸곳** 뒤란 **등록** 제2019-000029호(2019년 7월 19일)
주소 07208 서울시 영등포구 선유로49길 23 IS비즈타워2차 1503호
전화 02-3667-1618 **전자우편** ssh_publ@naver.com
블로그 sangsanghim.tistory.com **인스타그램** @duiran_book
ISBN 979-11-978957-6-0 03100

모든 일들을 가능하게 만드는 남편 데이비드에게,
그리고 포스트모더니즘에 관해서라면 두 번 다시
듣고 싶어 하지 않는 딸 루시에게.
나의 연구는 두 사람 덕분에 완성되었다.

그리고 그저 단순한 삶을 원했으나 그런 삶이 존재한다는 것을
결코 배울 수 없었던, 나의 아내 헤더에게.

목 차

일러두기

- 역자 주는 본문의 괄호 안에 넣어 나란히 두었습니다.
- 맞춤법과 외래어 표기는 국립국어원의 표기법을 따랐으나 일부는 관습 표기를 존중했습니다.
- 장편 문학작품·기타 단행본은『 』, 논문은「 」, 매체와 영화의 이름 등은 < >로 구분했습니다.
- 단행본이 언급되는 경우 한국어로 번역 출간된 도서는 국내 도서명을 따랐습니다.
- 국내 미출간 도서의 제목은 원뜻에 가깝게 번역하고 원서명은 병기하였습니다.

서론

　근대, 특히 지난 2세기 동안 대부분의 서구 국가에서는 "자유주의 liberalism"로 알려진 정치 철학에 대한 광범위한 동의를 진전시켜 왔다. 자유주의의 주요 신조들은 정치적 민주주의, 정부 권력의 제한, 보편적 인권의 증진, 모든 성인 시민들의 법적 평등, 표현의 자유, 관점의 다양성과 허심탄회한 논쟁이라는 가치의 존중, 증거와 이성의 존중, 교회와 국가의 분리, 그리고 종교의 자유 등이다. 이러한 자유주의적 가치들은 여전히 불완전하기는 하지만 이상적인 면모로 발전해 왔다. 그리고 오늘날 우리가 그러하듯 그 명예를 지키기 위해 신정제神政制, 노예제, 가부장제, 식민주의, 파시즘 그리고 수많은 여러 형태의 차별에 맞서, 수세기에 걸친 투쟁을 치러 왔다. 그 가운데 사회 정의를 위한 투쟁이 가장 강력했을 때는, 항상 이들 자유주의적 가치들의 수호자로 스스로를 보편적으로 내세울 때, 즉 그 가치들이 부유한 백인 남성들에게만이 아니라 모든 개인에게 적용되어야 한다고 주장했을 때이다. 주목할 것은 우리가 "자유주의"라 부르는 것의 보편적이고도 철학적인 입장은 미국인들이 "자유주의적"이라고 부르는 것(그리고 유럽인들이 "사회-민주주의적"이라 부르는 것)과 함께 다른 여러 나라의 사람들이 "보수주의적"이라고 부르는 온건한 것들까지 모두 포괄하는, 정치적, 경제적, 사회적 질문들에 대한 다양한 입장들과 양립 가능하다는 것이다. 이 철학적 자유주의는 좌파이든 우파이든, 세속적이든 신정적인 것이든 모든 형태의 권위주의적인 운동들과 대립되는 것이다. 그러므로 자유주의에 대한 가장 올바른 이해는 자유주의를 갈등 해결의 틀을 제공하는 것으로 이해하는 것이다. 그리고 그 안에서 정치적, 경제적, 사회적 질문들에 대한 다양한 견해들이 합리적으로 공적인 정책들의 선택에 관해 논의할 수 있는, 공유된 공통의 토대로 간주하는 것이다.

그러나 우리는 서구 문명의 중심에 있는 자유주의와 근대성이 그것들을 유지해 온 사상의 측면에서 볼 때 중대한 위기에 처해 있는 역사의 어떤 지점에 도달해 있다. 이 위협의 정확한 본질은 복잡하다. 왜냐하면 그것은 최소한 두 가지, 너무도 강력한 압박으로부터 초래되고 있기 때문이다. 그중 하나는 혁명적이고, 다른 하나는 반동적이다. 이들은 우리 사회를 끌어가고 있는 자유주의를 짓누르기 위해 서로 전쟁을 벌이고 있다. 극우 포퓰리즘 운동들은 진보와 세계화의 물결에 반대하여 자유주의와 민주주의를 위한 최후의 필사적인 저항을 해야 한다고 주장하며 전 세계적으로 부상하고 있다. 이들 운동은 "서양의" 주권과 가치들을 유지하고 보전할 수 있는 독재자들과 강자들의 리더십을 옹호하는 쪽으로 점점 더 나아가고 있다. 한편 극좌파의 진보적인 사회적 십자군들은 자신들을 사회적, 도덕적 진보를 위한 유일하고도 올바른 투사들이라 자임하고 있다. 그들이 볼 때 사회적, 도덕적 진보가 없는 민주주의는 무의미하며 공허할 뿐이다. 극단적인 좌파의 입장에 서 있는 이들은 점점 더 권위주의적인 수단들을 동원하고 있다. 곧 자유주의를 억압의 형식이라고 공공연히 거부하는 혁명적 목표들을 설정하고, 이를 통해 자신들의 대의를 펼쳐나갈 뿐만 아니라, 어떤 사회를 필요로 하는가에 대하여 철저하게 교조적이고 근본주의적인 이데올로기를 확립하기 위해 모색하고 있다. 이런 난투극 속에서 양쪽 진영은 서로를 존재론적인 위협이라 간주하며, 서로가 최대한 과격해지도록 서로에게 연료를 공급한다. 이 문화 전쟁은 실로 극심해서 21세기의 시작과 동시에 정치적인—그리고 점점 더 사회적인—삶의 성격을 규정하고 있다.

우파의 문제도 심각하고 매우 주의 깊은 분석을 해야 하지만, 우리는 좌파의 문제가 지닌 본질에 대해서도 전문가들임을 자부한다. 이것은 양 진영이 서로를 광기로, 더욱더 심각하게 과격한 상태로 몰고 가는 한편, 좌파로부터 생겨나는 문제는 자유주의라는 이성과 힘의 역사적 지점에서 출발한다고 우리가 믿기 때문이다. 우리의 세속적인 자유주의적 민주주의를 유지하는 데에 필수적인 것이 바로 그 자유주의이다. 우리가 누누이 지적해 왔듯 문제는 다음과 같은 사실에서 비롯된다.

> 진보적 좌파는 근대성이 아니라 포스트모더니즘과 보조를 같이한다. 그리고 포스트모더니즘은 객관적 진리를 거부한다. 포스트모더니즘은 객관적인 진리를 순진하고/혹은 오만하리만큼 편견에 사로잡혀 근대성의 진전이 가져온 부수적인 결과들을 과소평가했던 계몽주의 사상가들이 꿈꾸었던 환상이라 간주하기 때문이다.[1]

우리가 이 책에서 진력을 다하여 연구하고 설명하고자 하는 것은 바로 이 문제, 즉 포스트모더니즘의 문제다. 그리고 우리가 여기에서 말하는 포스트모더니즘의 문제는 1960년대에 처음으로 부상했던 포스트모더니즘만이 아니라, 그 이후 20세기 후반에 걸쳐 진화해 온 과정까지를 포함하는 포스트모더니즘이다. 우리가 볼 때 포스트모더니즘은 공산주의의 광범위한 위축, 백인 우월주의와 식민주의의 몰락 이래로 세계가 다루어야 할 가장 편협하고, 가장 권위주의적인 이데올로기들이 되어 왔거나 그러한 이데올로기들을 낳아 왔다. 포스트모더니즘은 이 모든 변화에 대한 지적, 문화적 반응으로서 상대적으로 불분명한 학문의 귀퉁이에서 발전했고, 1960년대 이래 학문의 다른 영역들, 행동주의, 관료 체계 전반을 거쳐 그리고 초등, 중등, 그리고 대학 교육의 심장부에까지 퍼져 나갔다. 거기에서부터 시작하여 포스트모더니즘은 사회의 더 넓은 영역으로 스며들기 시작했는데, 포스트모더니즘과 그에 대한 반발들—합리적이거나 반동적인 것 모두—이 우리의 사회적, 정치적인 풍경을 지배하게 되었고, 우리는 점점 더 고통스럽게 새로운 밀레니엄의 30년대로 접어들지 않으면 안 되게 되었다.

이 운동은 거의 200년 전으로 거슬러 올라가는, "사회 정의"라 불리는 폭넓은 목표에서 이름을 따왔으며, 명목상으로는 이를 추구한다. 서로 다른 시대, 서로 다른 사상가들을 거치며 "사회 정의"란 용어는 다양한 의미들을 갖게 되었다. 그리고 이 다양한 의미들은 특히 계급, 인종, 젠더, 섹스, 그리고 성적 취향이란 쟁점들이 있는 곳, 그리고 특히 이런 쟁점들이 법적 정의 너머에 있을 때 일정 층위에서 사회적 불평등들을 다루고 바로 잡는 것과 관련되어 있다. 아마도 가장 유명한 것으로는 자유주의적이고 진보적인 철학자인 존 롤스John Rawls가 사회적으로 정의로운 사회가 조직될 수 있는 조건들에 기여한, 매우 철학적인 이론을 전개한 것을 들 수 있다. 이 이론 안에서 그는 사회적으로 정의로운 사회란 특정한 개인이 그 어떤 사회적 환경이나 정체성 집단 안에서도 평등하게 행복할 수 있는 사회를 의미한다는, 보편주의적인 사상의 실험을 전개하였다.[2] 또 다른 것으로는 사회 정의를 성취하는 것에 대한 명백히 반자유주의적이고 반보편적인 접근법이 특히 20세기 중반 이후 활용되어 왔으며, 이것은 **비판이론**critical theory에 뿌리박은 것이었다. 비판이론은 통상 사회와 체제들이 운용되는 잘못된 방식을 지칭하는 "문제틀problematics"이란 용어로 적시함으로써 숨겨진 편견들과 간과된 가정들을 폭로하는 것과 주로 관련되어 있다.

어떤 의미에서 포스트모더니즘은 한동안 자신만의 이론적 방식으로 진행되다가 1980년대와 1990년대를 관통하며 비판적 사회 정의 활동가들(그런데 정작 사회 정의라는 주제에 관한 논의에서조차 존 롤스에 대해서는 거의 언급을 하지 않는)에 의해 다시 취해진, 이와 같은 비판적 접근법의 한 갈래였다. 이런 책임을 걸머쥔 운동은 마치 자신만이 정의로운 사회를 추구하고 있고, 나머지 우리 모두는 사회 정의와 전적으로 다른 것을 옹호하는 것처럼 매도한다. 그리고 주제넘게도 자신의 이데올로기를 간단히 "대문자 사회 정의Social Justice"라 지칭한다. 그 운동은 따라서 "대문자 사회 정의 운동Social Justice Movement"으로 알려져 왔고, 온라인에서 비평가들은 그것을 줄여서 "사정운SocJus" 혹은 점점 더 그것을 "깨어있기주의wokeism"라 부른다(자신만이 사회적 불의에 대하여 "깨어있다"는 신념에 따라). 대문자 S와 대문자 J로 이루어진 고유명사로서의 대문자 사회 정의Social Justice는 한편으로는 그 용어에 엄격하고도 인식 가능한 정통성을 부여하면서, "사회 정의"의 의미에 대한 매우 특수하고도 교조적인 해석과 그것을 성취하는 수단을 가리킨다. 우리가 근본적으로 사회 정의를 위한 자유주의적인 목적을 이 비자유주의적이고 이념적인 운동에 마지못해 양보하는 것처럼 보이겠지만, 이 명칭이 그것의 알려진 이름이므로 사태를 한층 명확히 하기 위하여, 우리는 이 책의 전반에 걸쳐 그것을 "대문자 사회 정의"라 언급할 것이다. 소문자 "사회 정의"는 이 용어에 대한 더 넓고 총칭적인 의미를 묘사할 때 따로 사용할 것이다. 우리 자신의 사회적, 정치적 실천들을 더 분명히 하자면 우리는 대문자화된 사회 정의에 반대하는데, 그 이유는 우리가 일반적인 소문자 사회 정의social justice를 옹호하기 때문이다.

우리 사회에서 대문자 사회 정의의 영향력—가장 현저하게는 "정체성의 정치학" 혹은 "정치적 올바름"의 형태로—을 무시하기가 갈수록 어려워지고 있다. 거의 매일 흔히 성차별주의자, 인종차별주의자, 혹은 동성애 혐오자로 해석되는 무언가를 말했거나 그런 행동을 했다고 해서 해고되거나 "묵살된" 혹은 소셜 미디어에서 모욕을 당한 사람의 이야기가 나온다. 때때로 그런 비난들은 정당화되고, 지독한 편견을 가진 사람이 자신의 혐오스러운 견해들 때문에 마땅히 "받을 만한" 검열을 당연히 받고 있는 것이라고 스스로 위안을 가질 수도 있다. 그러나 갈수록 점점 더 그런 비난은 주관적인 해석인 경우가 많으며, 그 추론도 우여곡절이 많다. 때로 어떤 좋은 의도를 가진 사람, 심지어 보편적 자유와 평등을 중시하는 사람조차도 새로운 스피치 코드speech code에 저촉되는 말을 무심코 했다가 자신의 경력과 평판이 초토화되는 결과를 겪게 된다는 느낌을 받기도 한다. 이것은 인간의 존엄성을 우선시하고, 그리하여 관대한 해석들과 다양한 견해들에 대한 인내를 소중히 생각하는 것에 익숙한 문화의 관점으로는 혼란스럽고 상식에 어긋나는 것이다. 이것은 훌륭한 사람들이 "잘못된" 것을 말하지 않기 위하여 자기 검열을 하듯이, 두 세기 이상 자유주의적 민주주의를 통해 잘 꾸려온 표현의 자유에 대하여 기껏해야 잔뜩 겁을 주는 효과를 가져올 뿐이다. 최악의 경우 이것은—제도화될 경우—비난의 악의적 형태이며, 중간 정도를 가더라도 일종의 권위주의이다.

이에 관해서는 설명을 해야 마땅하다. 사실 매우 급속하게 나타나고 있는 이런 변화들은 이해하기 매우 어렵기 때문에 설명을 필요로 한다. 그 변화들이 세계에 대한 매우 특수한 견해에 뿌리박고 있기 때문이다.

무엇보다 이 견해는 어떤 면에서 자신의 언어로만 말을 한다. 영어권 세계 안에서 그들은 영어로 말을 하지만, 영어로 말을 한다는 사실을 제외하면 나머지는 우리와 다르게 일상적 단어들을 사용한다. 가령 그들이 "인종차별주의"라 말할 때 그들은 인종에 근거한 편견을 언급하는 것이 아니라, 사회의 모든 상호 작용에 스며들어 있는, 그러나 그것을 경험하거나 혹은 그것을 볼 수 있도록 제대로 "비판적" 방법들에 훈련된 사람들(이런 사람들은 그것에 대해 의식이 깨어 있다는 의미에서 "깨어 있는" 존재로 언급된다)을 제외하고는 볼 수 없는, 인종화된 어떤 시스템을 언급하는 것이다. 이 매우 엄밀하고도 기술적인 단어 사용은 불가피하게 사람들을 당혹스럽게 만든다. 사람들은 혼란 속에서 그 단어가 실제로 의미하는 것이 무엇인지 이해하는 데 도움이 될 공통의 참조틀을 가지고 있다면 찬성하지 않을 것들에 대해서도 별다른 생각 없이 동조할지도 모른다.

이런 학자-활동가들은 자신들만의 특화된 언어로 말할 뿐만 아니라—일상적인 단어들을 사람들이 잘못 사용하고 있다고 자신들은 이해한다—우리 자신의 문화에 끼어든 전적으로 다른 *문화* 또한 대변한다. 이런 견해를 채택한 사람들은 물리적으로 가까이 있을지 모르지만 지적으로는 멀리 떨어져 있다. 이 점이 그들을 이해하고 그들과 소통하는 것을 믿기 힘들 정도로 어렵게 만든다. 그들은 그들 사이의 권력, 언어, 지식, 그리고 관계에 사로잡혀 있다. 그들은 모든 상호작용, 발화, 그리고 문화적 산물 속의 권력 역학—그것들이 명확하지 않거나 *현실적인 것이 아닐지라도*—을 탐지하는 렌즈를 통해 세계를 해석한다. 이것은 사회적이고 문화적인 불만들을 중심에 놓고, 모든 것을 인종, 섹스, 젠더, 성적 취향, 그리고 많은 다른 것들과 같은 정체성의 지표들을 중심으로 전개되는 제로섬의 정치적 투쟁 속으로 밀어 넣는 것을 목표로 한다. 외부인들에게 이 문화는 마치 다른 행성—이 행성의 거주자들은 성적으로 번식하는 종에 대한 지식을 가지고 있지 않고, 모든 사회학적 상호작용을 가능한 한 가장 냉소적인 방식으로 해석한다—에서 온 것처럼 느껴진다. 그러나 사실 이런 터무니없는 태도들은 어떤 의미에서 완전히 인간적이기까지 하다. 그들은 부족 애니미즘에서 히피 심령론, 그리고 세련된 세계의 종교들에 이르기까지 전 세계를 바라보는 자신만의 특수한 해석적 프레임과 복잡한 영적인 세계관들을 채택할 수 있는, 수없이 논증된 인간의 능력을 입증해 준다. 그중의 하나인 이것은 권력에 대한 그리고 불평등과 억압을 창조해 내는 권력의 능력에 대한 특수한 견해를 둘러싸고 일어난다.

이런 견해의 지지자들과 상호 작용을 하려면 그들의 언어—그 자체 충분히 도전적인—를 알아야만 할 뿐만 아니라, 그들의 관습과 우리 사회, 체제, 그리고 제도 안에 내재하는 "체계적이고" "구조적인" 문제들에 대한 그들의 신화적인 접근법까지 알아야만 한다. 경험이 풍부한 여행자들이 그러하듯이, 언어를 배운다기보다 완전히 다른 문화 안에서 소통해야 할 것들이 많다. 우리는 또한 적절히 소통하는 법을 규정하는 관용어, 함축된 의미, 문화적 참조, 그리고 에티켓을 알아야만 한다. 우리는 흔히 가장 넓은 의미에서 번역가뿐만 아니라 양쪽의 관습들을 잘 알고 효과적으로 소통을 할 수 있는 *해석가*를 필요로 한다. 이것이 바로 우리가 이 책에서 제공하고자 하는 것이다. 즉, 이 책은 유쾌하게 들리는 "대문자 사회 정의"라는 닉네임 하에 이루어지고 있는, 현재 널리 알려진 언어와 관습에 대한 안내서이다. 우리는 대문자 사회 정의 학문과 행동주의의 언어와 문화 양쪽을 잘 알고 있으며, 50년 전에 생겨나 현재에 이른 이 사상의 진화 과정을 열거하면서 우리의 독자들을 이 낯선 세계로 안내하고자 한다.

우리는 일단 1960년대 후반부터 시작할 것이다. 이 시기에 **포스트모더니즘**으로 알려진 지식, 권력 그리고 언어의 본질을 둘러싸고 전개된 이론적 개념들의 무리가 몇몇 인문학의 영역들 안에서 동시에 일어났다. 그 핵심으로 포스트모더니즘은 **메타서사들**Metanarratives이라고 부르는 것들—세계와 사회에 대한 개괄적이고 응집력이 있는 설명들—을 거부했다. 기독교와 마르크스주의도 거부했다. 또한 과학, 이성, 그리고 포스트-계몽주의적 서구 민주주의의 중요 원칙들을 거부했다. 포스트모던 사상은 지금까지 대부분 **대문자 이론**Theory—어떤 점에서 이 책의 주인공인 실체—이라 지칭된 것을 형성해 왔다. 우리가 볼 때 그것이 시작된 이래, 특히 2010년 이후 사회에서 우리가 경험한 급속한 변화들을 이해하고 고쳐 나가려면, 1960년대에서 현재까지 대문자 이론의 발전을 이해하는 것이 매우 중요하다. 주목할 것은 이 책 전체를 통하여 대문자 T로 시작하는 **대문자 이론**(그리고 그와 연관된 대문자 이론가Theorist 그리고 대문자 이론적인 것Theoretical)은 모두 포스트모더니즘에 뿌리박은 사회철학에 대한 접근법들을 가리킨다.

『냉소적 이론들*Cynical Theories*—포스트모더니즘 대문자 이론 비판』은 대문자 이론이 어떻게 2010년대 후반 문화 전쟁의 원동력으로 발전해 왔는지를 보여주며, 학문, 행동주의, 그리고 일상생활에서 그 주장에 맞설 수 있는 *자유주의적* 방식을 제안한다. 이 책은 지난 50년에 걸친 냉소적 포스트모던 대문자 이론이 진화해 온 갈래들을 열거하고, 독자가 이해할 수 있는 방식들로 그 이론이 현재 사회에 끼친 영향을 보여줄 것이다. 제1장에서 우리는 1960년대와 1970년대의 초기 포스트모더니즘의 주요 사상들을 소개하고, 이후의 모든 대문자 이론의 중심에 남아 있는 포스트모더니즘의 두 가지 원칙들과 네 가지 주제들을 도출해 낼 것이다. 제2장에서는 이런 사상들이 1980년대와 1990년대에 걸쳐 부상한 일련의 새로운 대문자 이론들 안에서 그것이 어떻게 변화되었고, 굳혀졌으며, 정치적으로 행동이 가능하게 만들어졌는지를 설명할 것이다. 우리는 이를 **응용 포스트모더니즘**applied postmodernism이라 부른다. 3장에서 6장까지는 탈식민 대문자 이론, 퀴어 대문자 이론, 비판적 인종 대문자 이론, 그리고 교차론적 페미니즘의 실체를 더욱 상세하게 살펴볼 것이다. 7장은 이 모든 대문자 이론에 의존하고 있으면서도 상대적으로 새로운 접근법인 장애 연구와 비만 연구를 살펴볼 것이다.

8장에서 우리는 2010년경에 시작하여 포스트모더니즘의 원칙들과 주제들의 절대적 진리성을 단언한, 이 포스트모더니즘 사상들의 두 번째 진화를 탐구할 것이다. 이 접근법을 우리는 **물화된 포스트모더니즘** reified postmodernism이라 부르는데, 그 이유는 이 접근법이 포스트모더니즘의 가정들을 현실적이고 객관적인 진리들—대문자 사회 정의에 따른 대문자 진리—로 받아들이기 때문이다. 이와 같은 변화는 학자들과 활동가들이 기존의 대문자 이론들과 연구들을 단지 "대문자 사회 정의 학문"으로 가장 잘 알려진, 단순하고 교조적인 방법론과 결합했기 때문이다.

이 책은 포스트모더니즘이 과학, 철학적 자유주의, 그리고 "진보"와 같은 응집력이 있는 근대적 체계들뿐만 아니라 우리가 인간 사상의 "낡은 종교들"—기독교와 같은 관습적인 종교적 신념들과 마르크스주의와 같은 세속적 이데올로기들—이라 부르는 데 동의하는 것을 해체하기 위해 어떻게 그 냉소적 대문자 이론들을 적용했으며, 그것들을 "대문자 사회 정의"라 지칭되는 자신의 새로운 종교로 대체했는지 설명하는 것을 목적으로 한다. 이 책은 포스트모더니즘의 절망이 어떻게 새로운 자신감을 찾아냈으며, 종교적인 집착에 가까운 일종의 굳건한 신념으로 성장했는지에 대하여 이야기할 것이다. 여기에서 부각되는 신념은 철저하게 포스트모던적인데, 그것은 세계를 죄와 마법 같은 미묘한 영혼의 힘들로 해석하기보다는 체계적인 편견, 즉 산만하지만 도처에 퍼져 있는 권력과 특권의 미묘한 물질적 힘들에 초점을 맞춘다.

이 새로이 확립된 신념은 한편으로는 심각한 문제들을 불러일으켰지만 대문자 이론이 점점 더 자신감을 얻고 신념과 목적 또한 분명해진 것이 도움이 되기도 한다. 그것은 자유주의자들―정치적 좌파로부터, 우파, 그리고 중도파―이 그런 사상을 알게 되고, 그에 반대하는 것을 더 용이하게 만든다. 반면에 이와 같은 발전은 염려스럽기도 하다. 그 이유는 대문자 이론이 사회를 개조하고자 하는 신자들로 하여금 그것을 훨씬 더 쉽게 이해하고, 그것에 근거하여 행동하게 만들기 때문이다. 우리는 과학과 이성에 대한 이들의 공격 속에서 세계에 미치는 충격을 경험할 수 있다. 그들의 주장들을 보면, 그들은 사회가 아주 단순하게도 지배적 그리고 주변화된 정체성들로 나뉘어져 있고, 백인 우월주의, 가부장제, 이성애 규범성, 시스젠더주의cisnormativity(역주: 생물학적 성과 성 정체성이 일치하는 사람만을 정상적이라 생각하는 사고방식), 장애인 차별주의, 비만 혐오의 보이지 않는 체계들로 뒷받침되어 있다고 간주한다. 우리는 그들 때문에 우리 자신들의 지식과 신념, 이성과 감정, 그리고 남성과 여성 같은 범주들의 지속적인 해체와 함께 대문자 사회 정의에 따른 대문자 진리에 맞추어 우리의 언어를 검열해야 한다는 지속적인 압력에 직면해 있음을 발견한다. 우리는 남성들만이 성차별주의자일 수 있고, 백인들만이 인종차별주의자일 수 있다는 주장들과 같은 이중적인 잣대의 형식 안에서, 그리고 비차별의 일관된 원칙들에 대한 무차별적인 거부 속에서 급진적인 상대주의를 본다. 이런 상황에 직면하여, 사람들을 개체들로 간주해야 한다거나 혹은 분열적이고 강압적인 정체성 정치학의 면전에 대고 공통적인 인류의 개념을 인정하라고 주장하기가 점점 더 어려워지고 있고, 심지어 위험해지고 있다.

많은 사람이 지금 이와 같은 문제들을 인식하고 그런 사상들이 비이성적이며 비자유주의적이라고 직관적으로 느끼지만, 그들에게 명확한 반응을 하는 것이 어려울 수 있다. 그 이유는 비합리주의와 반자유주의에 대한 반대가 종종 진정한 사회 정의—더 공정한 사회를 옹호하는 정당성의 철학—에 대한 반대로 오해되거나 잘못 표상되기 때문이다. 이것 역시 많은 선한 의도를 가진 사람들로 하여금 시도조차 하지 못하게 만든다. 대문자 사회 정의 운동의 방법들을 비판할 때 사회 정의의 적이라는 꼬리표가 붙을 위험은 물론이거니와 비판을 효과적으로 논의하지 못하게 만드는, 다른 두 가지의 장애물이 있다. 첫째, 대문자 사회 정의의 근저에 있는 가치들이 너무 반직관적counterintuitive이어서 이해하기가 힘들다. 둘째, 우리 대부분은 지금까지 사회 정의를 나타내는 그런 주장에 대응하는, 보편적으로 자유주의적인 윤리학, 이성, 그리고 증거를 옹호할 필요가 없었다. 그래서 아주 최근까지 그런 주장들이 사회 정의를 *위한* 최상의 방법으로 항상 이해되어 왔다. 그러므로 일단 우리가 대문자 사회 정의 이론의 중요한 원칙들을 이해 가능한 것으로 만들고 나서, 그다음에 그것들을 어떻게 인식하고 반대할 것인지 논의해야 한다. 9장에서는 이런 사상들이 학계의 영역을 벗어나 현실 세계에 강력한 영향을 미치는 방식들을 살펴본다. 마지막으로 10장은 근대성을 규정하는, 보편적으로 자유주의적인 원칙들과 엄정하고 증거에 기반을 둔 학문에 대한 분명하고 명확한 집단적인 참여를 통하여 이런 사상들에 대응할 논거를 제시할 것이다. 다행스럽게도 우리의 마지막 두 장은 대문자 이론의 마지막 장—바라건대 그것(대문자 이론)의 고요하고도 불명예스러운 종말—에 대하여 우리가 어떻게 글을 쓸지를 보여줄 것이다.

그러므로 이 책은 이런 유형의 학문에 어떠한 배경지식도 없지만 그것이 사회에 미치는 영향을 살펴보고 그것이 어떻게 가동되는지 이해하기를 원하는 평범한 독자들을 위해 쓴 것이다. 이 책은 정의로운 사회가 매우 중요하지만 대문자 사회 정의 운동이 이를 도모하지 않는다는 사실을 냉철하게 주목하고, 그에 대해 일관성과 진실성을 가진 자유주의적 대응을 원하는 자유주의자를 위한 것이다. 『냉소적 이론들』은 사상을 검토하고 도전하며 사회를 발전시키고, 있는 그대로의 대문자 사회 정의 사상과 논쟁하기를 원하는, 사상의 시장을 신뢰하는, 그 모든 정치적 스펙트럼에 속한 사람들을 위해 쓰여졌다.

이 책은 자유주의적 페미니즘, 인종차별주의를 반대하는 행동주의 혹은 성소수자LGBT의 평등을 위한 운동의 기반을 흔들고자 하지 않는다. 반대로 『냉소적 이론들—포스트모더니즘 대문자 이론 비판』은 젠더, 인종 그리고 성소수자 평등 운동에 대한 우리의 참여와 이런 것들의 정당성과 중요성이 오늘날 대문자 사회 정의의 접근법들에 의해 심각하게 훼손되고 있다는 염려로 태어난 것이다. 또한 이 책은 일반적인 의미의 학문이나 제도로서의 대학을 비난하지 않을 것이다. 오히려 정반대로 우리는 엄정한, 증거 기반의 학문, 그리고 반경험적, 반합리적, 비자유주의적인 좌파의 흐름들—그래서 우파의 반지성적, 반평등적이며, 비자유주의적인 흐름에 힘을 실어주려고 위협하는—을 반대하는, 지식 생산의 중심으로서의 대학의 필수적인 기능을 옹호한다.

따라서 이 책은 궁극적으로 대문자 사회 정의 학문과 행동주의에 대해 철학적으로 자유주의적인 비판을 제시하고, 이 학문-행동주의가 사회 정의와 평등의 목적을 결코 발전시키지 않는다고 주장하고자 한다. 우리가 비판하는 이들 가운데에는 오히려 우리를 조롱하며, 우리가 실제로는 반동적 우파이며, 주변화된 사람들이 경험한 사회적 불의에 대한 연구를 반대한다고 주장하는 학자들도 있다. 우리의 동기를 이런 식으로 바라보는 관점은 우리의 책에 대해 정직한 독서를 하지 못하게 가로막을 것이다. 이 분야의 더 많은 학자는 이 이슈들에 대한 우리의 자유주의적이고, 경험적이며, 합리적인 입장들을 수용하겠지만, 일부는 백인, 남성, 서구, 그리고 이성애적 지식 구성물에 초점을 맞추며, 사회를 점진적으로 개선하려는 부적절한 시도들로 불의한 현상을 유지하려는 근대주의의 망상이라고 거부할 것이다. 그들은 우리에게 "주인의 도구로는 주인의 집을 결코 부술 수 없다"[3]고 말할 것이다. 그들에게 우리는 한 걸음 양보하여 다음과 같이 말한다. 우리는 자유로운 사회들, 지식에 대한 경험적이고 합리적인 개념들을 부수는 것에는 관심이 없으며, 우리는 그것들이 가져온 사회 정의의 괄목할 만한 발전을 지속하는 데 더 많은 관심이 있다. 주인의 집은 좋은 집이다. 그러나 문제는 그 집에 대한 접근이 제한되어 있다는 것이다. 자유주의는 모두를 보호하고 모두에게 힘을 부여하는 견고한 구조에 대한 접근을 증가시킨다. 무너진 돌무더기에 대한 동등한 접근은 가치 있는 목표가 아니다. 그러므로 이들 가운데 대문자 사회 정의 학문에 대한 우리의 비판이 어떤 장점들을 가지고 있다고 신뢰하며, 선한 믿음으로 우리와 함께할 일부 학자들이 있을 것이다. 이들이야말로 우리가 고대하며, 사회 정의에 대한 생산적이고 이데올로기적으로 다양한 대화의 장을 여는 길로 우리를 돌려보낼 수 있는 논자들이다.

지식과 권력에서의 혁명

1960년대에 들어 인간의 사유에 근본적인 변화가 일어났다. 이와 같은 변화는 몇몇 프랑스의 이론가들과 관련이 있다. 이들의 이름을 누구나 아는 것은 아니지만 대중적 상상력의 가장자리를 둥둥 떠다닌다. 미셸 푸코Michel Foucault(역주: 외국인 인명 표기는 각 장에서 처음 나올 때만 원명을 표기하고 이후에는 한글 표기만 한다), 자크 데리다Jacques Derrida, 그리고 장-프랑수아 리오타르Jean-François Lyotard가 그들이다. 60년대에 일어난 변화는 세계와 세계에 대한 우리의 관계에 급진적인 새로운 개념을 끌어들이면서, 사회철학과 아마도 사회적인 *모든 것*을 혁명화하였다. 지난 수십 년 동안 그것은 우리가 생각하는 것, 그리고 생각하는 방법뿐만 아니라, 생각에 대한 우리의 생각의 방법까지 극적으로 변화시켜 왔다. 이 혁명은 비의적秘儀的이고, 학문적이며, 겉으로 보기에는 일상적인 존재의 현실로부터 유리된 것처럼 보일지라도 우리가 세계와 그리고 우리 자신과 상호작용하는 방식에 대하여 막강한 영향력을 행사해 왔다. 그 중심에는 "포스트모더니즘"이라 알려진 급진적인 세계관이 있다.

포스트모더니즘은 한마디로 정의하기 어려운데, 아마도 이는 포스트모더니스트들이 고의적으로 그렇게 만든 것이다. 포스트모더니즘은 특정한 역사적 상황에 대한 반응으로 나타난, 일련의 사고 양식들과 아이디어를 나타낸다. 여기서 특수한 역사적 상황이란 바로 양차 세계대전의 문화적 충격, 그 전쟁들이 끝난 방식, 마르크스주의에 대한 환멸, 후기산업사회에서 종교적 세계관들에 대한 신뢰성의 점차적 쇠퇴, 그리고 테크놀로지의 급속한 진전 등을 말한다. 아마도 포스트모더니즘을 이해하는 방법은 그것을 근대*주의*modernism와 근대*성*modernity, 양자에 대한 거부로 이해하는 것이 가장 유용하다. 여기서 근대주의란 19세기 말에서 20세기 전반을 지배했던 지적인 운동을 의미하며, 근대성이란 중세가 끝난 이후 시작되었고, 그 안에 지금 우리가 (아마도) 여전히 살고 있는 근대Modern period로 알려진 시대를 말한다. 객관적 지식 습득의 바로 그 가능성을 부정하는 이 새로운 종류의 급진적 회의주의는 학문 영역에서 파문처럼 번졌으며, 의도적으로 파괴적인 방식으로 우리의 사회적, 문화적, 그리고 정치적 사유에 도전해 왔다.

포스트모던 사상가들은 근대 사상의 토대들을 부정함으로써 근대*주의*에 반발했고, 한편으로는 근대 사상의 다른 측면들이 충분히 더 개진되지 않았다고 주장했다. 특히 이들은 주로 과학적 지식과 테크놀로지를 통해 성취된 서사들narratives, 보편주의, 그리고 진보를 통합하는, 근대주의의 근저에 있는 진정성에 대한 욕망을 거부했다. 동시에 그들은 전통, 종교, 그리고 계몽주의 시대의 확실성에 대해 염세적이지만 상대적으로 높게 평가된 근대주의자들의 회의주의—자의식, 니힐리즘, 그리고 비판의 아이로니컬한 형식들에 대한 그들의 의존과 더불어—를 극단으로 몰고 갔다.[1] 포스트모더니즘은 궁극적으로 냉소주의의 한 형태라 할 정도로 사상과 사회의 구조에 대해 급진적인 의심들을 제기했다.

포스트모더니즘은 또한 근대성에 대한 반발이고 거부이다. 여기서 근대성이란 "대의 민주주의, 과학의 시대, 미신을 대체한 이성, 그리고 자신의 가치에 따라 사는 개인적 자유의 확립이라는 부흥을 가져온 근원적이고도 문화적인 변화"[2]를 의미한다. 비록 포스트모더니즘이 근대성을 건설해 온 토대들의 가능성을 공공연히 거부하지만, 그럼에도 불구하고 그것은 근대성이 건설한 사회의 사유, 문화, 그리고 정치에 엄청난 충격을 던졌다. 문학 이론가인 브라이언 맥헤일Brian McHale이 지적하듯이, 포스트모더니즘은 "서구의 선진 산업 사회에서 20세기 후반에 지배적인 문화적 경향(지배적 경향이라 말하는 것이 더 적절할지도 모른다)이 되었으며, 마침내 지구의 다른 지역으로까지 확산되었다."[3]

포스트모더니즘은 그 혁명적 출발 이후 새로운 형태로 진화해 왔다. 한편으로는 원래의 원칙들과 주제들을 유지해 왔고, 다른 한편으로는 문화, 행동주의, 그리고 학문, 특히 인문학과 사회과학에 점점 더 큰 영향력을 행사하게 되었다. 그러므로 포스트모더니즘을 이해하는 것은 어떤 면에서 긴급한 일이다. 그 이유는 포스트모더니즘이 오늘날의 발전된 문명들을 가능케 한 토대들을 급진적으로 거부하고, 결과적으로 그 기반들을 약화시킬 잠재력을 가지고 있기 때문이다.

포스트모더니즘을 정의하기란 그리 어렵지 않지만, 또한 그것을 요약하기란 악명이 높을 정도로 어렵다. 포스트모더니즘은 다양한 면모를 가진 현상이었고, 지적, 예술적, 그리고 문화적 지형의 광범위한 영역을 포괄하고 있다. 문제를 더욱 어렵게 만드는 것은 그것의 범위들, 본질, 형식, 목적, 가치들, 그리고 구성 요소들이 항상 논란거리였다는 사실이다. 이는 그 자체 복수성, 모순, 그리고 모호성을 자랑하는 사유의 양식에 잘 어울리는 듯하지만, 포스트모더니즘 혹은 그 철학적이고 문화적인 후예들을 이해하려고 노력할 때 그다지 도움이 되지는 않는다.

포스트모더니즘을 정의하기 어려운 이유가 꼭 철학적인 것에 있는 것만은 아니다. 포스트모더니즘은 지금까지 하나의 통일된 운동이 아니었기 때문에 그것을 정의하는 것의 어려움들은 공간적이고 시간적이다. "포스트모더니즘"이라는 문화적 현상의 최초의 표현들은 예술적인 것이었고, 1940년대에 나타났다. 그러나 1960년대 후반까지 그것은 정신분석학, 언어학, 철학, 역사, 그리고 사회학을 포함하여 인문학과 사회과학의 다양한 영역 안에서 훨씬 더 두드러지게 나타났다. 게다가 포스트모더니즘은 이런 다른 영역들 안에서 그리고 시대에 따라 다른 방식으로 출현했다. 그 결과 포스트모던 사상 안에서 그 어느 것도 전적으로 새로운 것은 없으며, 그 원래의 사상가들은 초현실주의 예술, 반리얼리즘 철학, 그리고 혁명적 정치학의 영역들에서 자신들의 선구자들에게 끊임없이 의존한다. 포스트모더니즘은 또한 국가에 따라 공통의 주제에 대하여 서로 다른 변종들을 생산하면서 서로 다르게 발현했다. 이탈리아의 포스트모더니스트들은 미적 요소들을 앞세우며 포스트모더니즘을 모더니즘의 지속으로 간주했다. 반면에 미국의 포스트모더니스트들은 한층 직접적이고 실용적인 접근을 지향했다. 프랑스의 포스트모더니스트들은 전적으로 사회적인 것에 초점을 맞추었고, 근대주의에 대한 혁명적이고도 *해체론적인* 접근들에 집중했다.[4] 이 중 우리가 관심을 두는 것은 프랑스의 접근법이다. 그 이유는 우리의 관심이 프랑스의 사상들, 특히 지식과 권력에 대한 것이기 때문이고, 그 사상이 포스트모더니즘의 가장 중요한 작업의 연속적 변이 과정을 거쳐 진화해 왔기 때문이며, 무엇보다 우리가 그야말로 간단히 **대문자 이론**(역주: 이 책의 저자들은 일반적인 이론과 구분하여 자신들의 비판의 대상인 포스트모더니즘을 대문자로 표기한다. 이는 필자들이 포스트모더니즘을 학문상의 절대 권력이라 간주하고 자신들이 그것에 대한 비판을 실행하고 있음을 시사한다)이라 부르는 것이기 때문이다.

이와 같은 사상들은 더 간단하고 더 실행 가능하며 구체적인 형태들로 사회 정의 행동주의Social Justice activism(역주: 이 책의 저자들은 일반적인 사회 정의와 달리 포스트모더니즘이 지향하는 사회 정의를 대문자로 표기한다. 이는 필자들이 보기에 포스트모더니스트들이 자신들이 생각하는 사회 정의만을 절대적인 목표로 설정하고 그것에 모든 가치들을 환원하기 때문이다)와 학문 그리고 사회적 양심 세력의 주류 속으로 편입되어 왔다. 비록 이런 현상이 흥미롭게도 정작 프랑스 자체보다도 영어권 세계에서 더 많이 발생해 왔지만 말이다.

우리의 궁극적인 초점이 사회적으로 그리고 문화적으로—심지어 막강한—영향력을 행사해 온 포스트모더니즘의 응용된 파생물들에 있기 때문에, 이 장에서는 포스트모더니즘의 방대한 영역을 개괄하려는 시도는 하지 않을 것이다.[5] 또한 어느 사상가를 "포스트모던postmodern" 사상가라 부를지, 아니면 "포스트모더니즘"이 의미 있는 용어인지, 혹은 탈근대성postmodernity 비평가들을 포스트구조주의자poststructuralist들 그리고 **해체론**의 방법론에 집중하는 논자들과 분리하는 것이 더 좋을지 등등 현재 진행 중인 논쟁에 대해서도 논의하지 않을 것이다. 물론 이들 사이의 특징들은 확실히 구분해야겠지만, 그런 분류학은 주로 학문적인 관심사이다. 그 대신 우리는 현대의 행동주의의 동력이 되어 왔고, 교육의 이론과 실천을 형성하고, 현재 우리 시민들의 대화들에 영향을 끼치는, 포스트모더니즘의 근저에 있는 어떤 일관된 주제를 밝혀볼 것이다. 이것은 객관적 현실에 대한 회의주의, 지식의 구성 기제로 언어를 지각하는 것, 개인을 "만들기", 그리고 이 모든 것에서 권력이 하는 역할을 포함한다. 이런 요인들은 소위 "포스트모던적 전환postmodern turn"의 근간을 이루는데, 포스트모던적 전환은 주로 1960년대와 1970년대의 산물이다. 그 심대한 변화 안에서 우리는 더욱 특별히 이런 근본적인 사상들이 어떻게 문화적 대중성과 학문을 통한 정당성을 획득했는지, 그리고 현재 우리의 수많은 사회적, 문화적, 그리고 정치적 영역들의 근저에서 심각한 분열을 창조했는지 설명할 수 있기를 바란다.

포스트모더니즘의 뿌리, 원칙, 그리고 주제들

주장컨대 포스트모더니즘은 1950년과 1970년 사이에 부상했다. 정확한 시기는 주로 예술적 측면에 관심이 있는가 아니면 사회적 측면에 관심이 있는가에 따라 달라진다. 가장 빠른 변화들은 예술 장르에서 시작되었다. 우리는 이런 변화들을 1940년까지 추적해 거슬러 올라갈 수 있다. 가령 아르헨티나의 작가인 호르헤 루이스 보르헤스Jorge Luis Borges 같은 예술가들의 작업에 나타난다. 그러나 우리의 목적에 따르면 1960년대 후반이 핵심인데, 그 이유는 미셸 푸코, 자크 데리다, 장-프랑수아 리오타르 같은 널리 영향력이 있는 프랑스의 이론가들이 이 무렵 출현하기 때문이다. 이들이야말로 이후 간단히 말해 "대문자 이론"으로 알려진 것의 원래의 건축가들이다.

유럽에서는 20세기 중반에 수많은 근본적인 사회적 변화들이 한꺼번에 일어났다. 제1차 그리고 2차 세계대전은 진보에 대한 유럽의 확신을 뒤흔들었고, 사람들로 하여금 테크놀로지의 힘을 염려하게 만들었다. 그래서 유럽 전역의 좌파 지식인들은 자유주의liberalism와 서양의 문명을 의심했다. 왜냐하면 그것이 종종 분개한 유권자들의 의지로 파시즘을 발흥시키고, 그에 따른 재난적 결과들을 허용했기 때문이다. 제국들은 몰락했고, 식민주의는 대부분의 사람에게 더 이상 도덕적으로 받아들여질 수가 없었다. 이전 제국의 신민들은 서양으로 이주하기 시작했고, 이는 좌파 지식인들로 하여금 인종적 그리고 문화적 불평등, 특히 권력의 구조가 그들에게 영향을 끼치는 방식에 더 주의를 기울이도록 촉발하였다. 여성과 성소수자를 위한 행동주의, 그리고 미국에서의 민권운동은 마르크스주의—그때까지만 해도 좌파의 주요하고도 오래된 사회-정의의 대의였던—에 대한 환멸이 정치적 그리고 문화적 좌파들을 통해 퍼져감에 따라 폭넓은 문화적 지지를 받기에 이르렀다. 마르크스주의가 실천되었던 공산주의의 모든 곳에서 일어난 재난적 결과들을 놓고 볼 때 마르크스주의에 대한 환멸은 제대로 설정된 것이었고, 좌파의 문화적 엘리트들의 세계관을 급진적으로 바꾸어 놓았다. 그 결과 모든 의미 있는 관심사에서 여전히 상승 기류를 타고 있던 과학에 대한 확신은, 앞선 세기에는 도저히 불가능했던 공포들을 가능하게 하고, 생산하고, 정당화하는 그것의 역할로 말미암아 의문시되었다. 한편 활기 넘치는 청년문화가 형성되기 시작했고, 막강한 대중문화를 생산하면서 그 지배력이 "고급문화"와 어깨를 나란히 하였다. 테크놀로지는 또한 급속히 발전하기 시작했고, 소비상품의 대량 생산과 더불어 이런 "중산층 문화"가 예술, 음악, 그리고 유흥을 추앙하는 새로운 욕망에 연료를 제공할 수 있게 되었다. 이것은 이제, 사회가 인위적이고, 쾌락주의적이고, 자본주의적이고, 판타지와 유희의 소비주의 세계로 퇴행하고 있다는 공포에 불을 지폈다.

이런 반응은 종종 지배적인 염세주의의 형태를 띠게 되었는데, 이것이야말로 포스트모더니즘을 특징짓는 것이다. 한편으로는 인간의 자만, 다른 한편으로는 의미와 진정성의 상실에 대한 공포에 연료를 제공하였다. 이런 절망이 공표되었고, 포스트모더니즘 자체는 자유주의적인 사회 질서에 대한 점증하는 불신과 더불어, 확신과 진정성에 대한 심원한 문화적 위기를 야기하였다. 이처럼 테크놀로지의 급속한 발전으로 야기된, 의미의 상실에 대한 점증하는 두려움들이 이 시대를 규정하였다.

포스트모더니즘은 특히 과학을, 그리고 "진리들"을 정당화하고자 하는 주장들, "진리들"을 지지하는 거대한 압도적인 설명들을, 여타의 문화적인 지배 방식이라 의심했다. 그들은 그것을 **메타서사**⁶라 불렀으며, 일종의 문화적 신화론으로 그리고 인류의 근시안적이고 자만에 빠진 중요한 양상으로 간주했다. 포스트모더니즘은 그런 서사들에 대하여 급진적이고도 총체적인 회의론을 내세웠다. 이런 회의주의는 너무 심각해서 인류 진보의 전체 역사에 대한 냉소주의의 한 유형으로 이해하는 것이 훨씬 나을 정도이다. 그렇기 때문에 포스트모더니즘은 그보다 오래 전에 앞서 있었던, 회의주의의 포괄적인 문화적 흐름에 대한 왜곡이다. 포괄적 서사들에 대한 회의주의—그것들에 대한 냉소주의는 아닐지라도—는 계몽주의 사상 그리고 근대주의에서 두드러지게 나타났으며, 1960년대에 포스트모더니즘이 나타날 때까지 수 세기 동안 서구 사회에서 탄력을 얻어 가고 있었다.

그 초기의 형태인 방대하지만 합리적이었던 문화적 회의주의는 과학의 발전과 계몽주의 사상의 다른 형태들의 발전에 결정적인 것이었다. 그리고 회의주의는 이전의 지배적인 메타서사들(주로 종교적인 성격의)로부터 독립해 나가야만 했다. 예를 들어 16세기에 기독교는 종교개혁(그 기간에 기독교는 분열되고, 무수한 프로테스탄트 종파들을 만들었으며, 이 모두는 이전의 정통 교리와 상대방들에게 도전했다)의 결과로 재평가되었다. 16세기 말에 무신론을 비판하는 논문들이 또한 나타나기 시작했는데, 이는 신에 대한 불신이 다시 떠돌기 시작했기 때문이다. 17세기에 이전에는 고대 그리스인들의 지식에 모델을 두었던 의학과 해부학이 혁명적 변화를 겪었고, 그에 따라 육체에 대한 지식이 급속히 발전하였다. 과학 혁명은 기존의 지혜에 대한 광범위한 질문과 다른 종류의 지식 생산의 급속한 확산의 결과이다. 19세기의 과학적 방법론의 발전은 회의론과 함께 점점 더 엄중한 시험과 반증의 필요에 집중되었다.

포스트모더니스트들은 냉소적 "회의주의"를 넘어, 현대 사회에서의 진정성과 의미의 죽음에 대하여 염려하였는데, 이는 특히 프랑스의 대문자 이론가들 사이에 상당한 무게를 가지고 있었다. 이 같은 염려들은 특히 장 보드리야르Jean Baudrillard에 의해 신랄하게 표현되었다. 보드리야르의 "실제the real"의 상실에 대한 허무주의적 절망은 프랑스의 정신분석학자인 자크 라캉Jacques Lacan에 깊이 의존한 것인데, 그에게 모든 현실들은 단순한 시뮬레이션simulation(실제-세계의 현상과 체제를 모방하는 것들)과 시뮬라크라simulacra(원본이 없는 사물의 "복제물들")⁷에 불과한 것이 되었다. 보드리야르는 전근대, 근대, 탈근대(포스트모던)의 세 가지 시뮬라크라의 층위들을 묘사한다. 그가 말하기를 전근대 시대—계몽주의 사상이 지식에 대한 우리의 관계를 혁명화하기 전 단계—에는 고유한 현실들이 존재했으며, 사람들은 그것을 재현하려고 했다. 근대에 와서 이와 같은 연결이 깨졌는데, 왜냐하면 물건들이 대량생산되기 시작했고 그에 따라 원본은 수많은 동일한 복제물들을 가질 수 있게 되었기 때문이다. 그는 결론을 내리기를, 탈근대 시대에 이제 더 이상 원본은 없으며, 모든 것은 시뮬라크라이고, 그것들은 실제의 불만족스러운 모방들이고, 이미지들이다. 이와 같은 상황을 보드리야르는 **초현실**hyperreal ⁸이라 부른다. 이는 포스트모더니스트들이 언어에 있어서 의미의 뿌리를 찾는 경향과, 언어가 지식—진실을 재현하는 것—을 제한하고 구성하는 능력을 통해 사회적 현실을 형성해 나가는 방식들에 대해 과도한 관심을 갖게 되는 경향을 더욱 분명하게 하였다.

이와 동일하게 진정성을 위협하는 현상들이 다른 포스트모던 사상가들에게도 주된 관심사가 된다. 예를 들어 프랑스의 철학자 질 들뢰즈 Gilles Deleuze와 펠릭스 가타리Félix Guattari는 자아가 자본주의의 소비 사회에 의해 제약을 받고 있다고 주장했다.⁹ 같은 식으로 미국의 마르크스주의 학자인 프레드릭 제임슨Fredric Jameson은 탈근대성의 천박함 (피상성)을 특히 개탄하였는데, 그는 탈근대성을 더 이상 깊은 의미라고는 없는 껍데기만 있는 것으로 간주하였다. 보드리야르처럼 그도 탈근대적 상태를 일종의 **시뮬레이션**―원본은 없고 모든 것이 인공적이고 단지 껍데기들로 이루어진―으로 간주했다. 포스트모더니즘의 중심에 있는 절망의 전형적인 표현으로 그는 **정동**情動**의 쇠퇴**―그 어느 것에도 이제 더 이상 진심heart이 없다는 견해―라 진단했다. 제임슨에 따르면 표피의 미학이 우리의 관심을 선점하고, 사람들이 대상에 대해 너무 깊이 관심을 갖지 못하게 하고 방해한다는 것이다. 이런 식으로 그는 공개적으로 탈근대성의 심장에 있는 냉소주의에 대하여 불만을 토로하였다. 그가 말하는 "주체의 죽음"은 바로 개별성과 안정된 자아에 대한 확신의 상실을 가리킨다. 그는 "혼성모방"이 패러디를 대체했다고 말했다. 즉 모방에는 목적도 깊이도 없으며, 오로지 무자비한 차용과 재활용밖에 없다고 말했다. 값싸게 이용할 수 있는 경험들이 주는 포만감이 끊임없이 *숭고한*, 영속적인 인공적 행복감을 불러일으켰다. 전체적으로 이 무목적성 그리고 목적과 토대의 상실이 **노스탤지어**―우리의 현재를 찾으면서 끊임없이 뒤를 돌아다보는 것―를 초래했다.¹⁰ 결정적인 것은 탈근대성 비판의 중심에 있는 이 모든 심대한 절망이 대체로 문제의 해결이라기보다는 문제의 기술記述이라는 것이었다. 처방은 이후에 올 것이다.

포스트모더니즘 사상의 특징인, 근대주의와 근대성에 대한 반동적 회의주의는 테크놀로지와 소비 사회에 대한 불만족과 불안을 특히 날카롭게 표현하였다. 이것은 적어도 문화 연구에 초점을 둔 학문 영역에서는, 철학자이자 사회학자이며 문학평론가인 장-프랑수아 리오타르가 1979년에 "포스트모던의 조건"이라 요약했던 것을 산출했다. 그는 포스트모더니즘의 특징을 사람들의 삶을 뒤에서 받쳐주는 어떤 넓은 의미-만들기 구조의 가능성에 대한 심원한 회의주의라 생각했다. 인류학자이자 지리학자인 데이비드 하비David Harvey는 이와 같은 상황을 "탈근대성의 조건"이라 말했으며, 그는 이것이 "계몽주의적 기획의 붕괴"[11]에서 비롯된 것이라고 본다. 궁극적으로 이런 사상가들은 근대성에 관한 많은 사상의 특징인 과학적인 그리고 윤리적인 확실성이 더 이상 유지 불가능하게 되었고, 그들이 선호했던 분석적 도구들의 상실이 상황을 완전히 절망스럽게 만들었다는 보편적인 느낌에 대하여 언급하고 있다. 그들이 이 같은 상황을 이렇게 요약할 때, 그들의 입장은 극도로 급진적인 회의주의와 심원한 냉소주의의 형태를 띠었으며, 특히 언어, 지식, 권력, 그리고 개인의 개념에 대하여 그러했다.[12]

그럼에도 포스트모더니즘이란 무엇인가? 온라인『브리태니커 백과사전Encyclopedia Britannica』은 포스트모더니즘을 다음과 같이 정의한다.

> 넓은 의미의 회의주의, 주관주의, 혹은 상대주의를 특징으로 하는 20세기 후반의 운동. 이성에 대한 보편적 의심, 그리고 정치적이고 경제적인 권력을 확고히 하고, 유지하기 위한 이데올로기의 역할에 대한 예민한 감성.[13]

1996년에 월터 트루엣 앤더슨Walter Truett Anderson은 포스트모더니즘의 네 가지 논리적 기둥을 다음과 같이 기술한다.

1. 사회적 구성물로서의 자아 개념: 정체성은 다양한 문화적 힘들에 의해 구성되는 것이지 전통에 의해 한 사람에게 부여되는 것이 아니다.

2. 도덕적 그리고 윤리적 담론의 상대주의: 도덕성은 발견되는 것이 아니라 만들어지는 것이다. 즉 도덕성이란 문화적 혹은 종교적 전통에 토대하지도, 하늘(신)의 명령에 근거하지도 않는다. 그것은 대화와 선택에 의해 구성된다. 이것은 상대주의인데 판단을 내리지 않는다는 의미에서가 아니라, 모든 도덕성의 형태가 사회적으로 구성된 문화적 세계관들이라는 것을 믿는다는 의미에서 그렇다.

3. 예술과 문화에서의 해체론: 초점이 주제들에 대한 끝없는 유희적 즉흥성과 변이들, 그리고 "고급" 예술과 "대중" 문화의 혼합에 있다. 그리고,

4. 세계화: 사람들은 모든 종류의 경계들을 횡단할 수 있고 재구성할 수 있는 사회적 구성물들로 간주되며, 자기 종족의 규범을 덜 심각하게 받아들이는 경향이 있다.[14]

포스트모더니즘이 아무리 이와 같은 특성화를 거부한다고 해도, 포스트모더니즘은 몇 가지의 주요한 주제들에 집중되어 있다고 많은 사람들이 동의한다. (우리는 이와 같은 주제들을 "포스트모던 메타내러티브"라는 토대로 기술할 것이다.) 심리학 교수이자 질적 연구 센터The Center of Qualitative Research 소장인 슈타이너 크왈리Steinar Kvale에 따

르면, 포스트모더니즘의 중심 주제들은, 언어와 사회가 자신의 국부적 현실을 창조하기 위해 언어를 이용하는 방식에 초점을 두고, 보편적인 것을 거부하면서, 인간의 어떤 진리가 현실의 객관적 재현을 제공한다는 것에 대한 의심을 포함한다.[15] 그가 볼 때, 이런 주제들이 특히 "진리들"이 특정한 문화적 구성물들 안에 놓일 때 서사narrative와 스토리텔링에 대한 관심의 증대를 초래했으며, 현실에 대한 서로 다른 서술들은 그 어떤 최종적인—즉, 객관적인—방식으로도 서로를 비교해 판단할 수 없다는 입장을 받아들이는 상대주의를 가져왔다.[16]

크왈리의 주요 관찰에 따르면,[17] 포스트모던적 전환은 객관적 보편성과 주관적 개인성 사이의 근대주의적 이분법으로부터 국부적 서사들(그리고 그 화자들narrators의 살아 있는 경험들)로의 중요한 이행을 가져왔다. 다른 말로 하면, 객관적으로 옳은 것과 주관적으로 경험된 것 사이의 경계를 더 이상 받아들이지 않게 되었다. 사회를 고유의 방식으로 보편적 현실과 상호작용하는 개인들로 형성된 것으로 받아들이던 지각—개인적 자유에 대한 자유주의적인 원칙들, 공유된 인류, 그리고 동등한 기회들의 근저에 있는—이 요컨대 동등한 정당성을 가진 다양한 지식들과 진리들로 대체되었고, 사회 안에서의 그들의 위치와 관계된 정체성의 공유된 표식들을 가진 사람들의 집단들로 구성되었다. 포스트모더니스트적 사유에 따르면, 따라서 지식, 진리, 의미, 그리고 도덕성은 문화적으로 구성되며, 개별 문화들의 상대적인 산물들이고, 그것들 중 어느 것도 다른 것들을 평가하는 필수적인 도구들이나 관점들을 소유하고 있지 않다.

포스트모던적 전환의 중심에는 근대주의와 근대성에 대한 반발과 거부가 있다.[18] 계몽주의 사상에 따르면 객관적 현실은 다소간 신뢰할 수 있는 방법들을 통하여 알 수 있다. 과학적 방법으로 생산된 객관적 현실에 대한 지식은 우리가 근대성을 수립할 수 있도록 하였고, 우리로 하여금 계속 그렇게 할 수 있도록 허락하였다. 이와는 대조적으로 포스트모더니즘의 경우 현실이란 궁극적으로 우리의 사회화와 산 경험, 그리고 언어 체계들로 구성된 산물이다.

"포스트모던적 전환"이라는 용어를 만들어낸 스티븐 사이드먼Steven Seidman은 1994년에 이 변화의 심각성을 깨닫고 다음과 같이 말했다. "서구 사회에서 광범위한 사회적 그리고 문화적인 변화가 일어나고 있다. 그리고 이 사회적 변화의 적어도 확실한 측면들을 점유하고 있는 것은 '포스트모던적'이라는 개념이다."[19] 월터 트루엣 앤더슨은 1996년에 이를 더 강하게 말했다. "우리는 거대하고, 혼란스러우며, 스트레스가 많고, 엄청나게 유망한 역사적 이행기의 한가운데에 있다. 그리고 그것은 우리가 *무엇*을 믿는가가 아니라 *어떻게* 믿는가로의 변화와 관련이 있다.…… 전 세계의 사람들이 믿음에 관해 그런 변화들—더 엄밀히 말하면, 믿음에 대한 믿음의 변화들—을 만들고 있다."[20] 사이드먼과 앤더슨이 여기에서 서술하고 있는 것은 **인식론상**의 변화들—즉, 우리가 어떻게 지식을 습득하고 이해하는가에 있어서의 변화들—이다. 포스트모던적 전환은 주로 계몽주의적 가치들, 특히 지식의 생산과 관련된 가치들을 거부하는 것을 특징으로 삼는다. 포스트모더니스트들은 지식을 권력 그리고 권력의 부당한 적용과 연관시킨다. 계몽주의에 대한 포스트모던적 관점은 매우 협소하므로 그에 대해 냉소적이기가 쉽다.[21] 궁극적으로 포스트모더니스트들이 거부했던 계몽주의는 객관적 지식, 보편적 진리, 과학(혹은 더 넓게 말해서 증거)에 대한 믿음으로 정의되며, 객관적 지식, 이성의 힘, 언어를 통해 직접적으로 소통할 수 있는 능력, 보편적인 인류의 본질, 그리고 개인주의를 획득하는 방법으로 규정된다. 포스트모더니스트들은 서양이 계몽주의 덕택에 의미 있는 진보를 경험하

였다는 것도, 이와 같은 가치들을 견지한다면 앞으로도 계속 그러할 것이라는 믿음도 또한 거부했다.[22]

두 가지 원칙들과 네 가지 주제들

포스트모던 사상가들은 특히 보편적 진리들, 객관적 지식, 그리고 개별성과 관련하여 현저하게 상이한 방식으로 근대주의와 계몽주의 사상을 거부했다. 그러나 우리는 몇 가지 일관된 주제들을 잡아낼 수 있다. 포스트모던적 전환은 서로 불가분하게 얽혀 있는 두 가지 핵심 원칙들을 포함하고 있는데—하나는 지식에 관한 것이고, 다른 하나는 정치에 관한 것이다—이 원칙들은 네 가지 중요한 주제들의 토대 역할을 한다.

- **포스트모던 지식 원칙**: 객관적 지식이나 진리가 습득 가능한 것인지에 대한 급진적인 회의주의 그리고 문화적 구성주의constructivism에 전념하는 것.

- **포스트모던 정치 원칙**: 사회는 권력과 위계들의 체제들로 형성되며, 그것들이 무엇을 알 수 있고, 어떻게 알 수 있는지를 결정한다는 믿음.

포스트모더니즘의 네 가지 주제는 다음과 같다.

1. 경계 흐리기

2. 언어의 권력

3. 문화적 상대주의

4. 개별성과 보편성의 상실

이 여섯 가지 개념은 우리가 포스트모던적 사유와 정체성을 이해하게 해준다. 이 개념들은 대문자 이론의 핵심 원칙들인데, 포스트모더니즘과 그 응용이론들이 해체론적이고 절망적인 출발점에서 오늘날의 단호하고, 거의 종교적인 행동주의로 진화해 왔음에도 불구하고 대체로 변하지 않은 채 남아 있다. 이것이 우리가 검토하려고 하는 현상이고, 주로 지난 세기 동안 "문화 연구"라는 용어로 이어져 온 인문학에서의 다양한 이론적 접근들에서 발생하여, 우리가 오늘날 볼 수 있는 포스트모더니스트적 대문자 사회 정의 학문, 행동주의, 그리고 문화로 발전해 왔다.

포스트모더니즘의 지식 원칙

객관적 지식이나 진리가 습득 가능한 것인지에 대한 급진적인 회의주의 그리고 문화적 구성주의에 전념하는 것.

포스트모더니즘은 객관적 지식에의 접근 가능성에 대한 급진적 회의주의로 정의된다. 객관적 지식을, 실제로 존재하며, 실험, 논박, 폐기와 같은 과정을 거쳐 잠정적으로(혹은 근접하게) 인식할 수 있는 것으로 간주하는—계몽주의, 근대주의자, 그리고 과학적 사유라면 그렇게 했을 것이다—대신에 지식에 대한 포스트모던적 접근들은 진리의 사소하고도 거의 진부한 속내를 부풀린다. 우리의 인지 능력은 제한되어 있으며 언어, 개념들, 그리고 범주들을 통하여 지식을 표현해야만 한다. 이는 진리에 대한 모든 주장이 가치로 가득 찬 문화의 구성물이라고 주장하기 위해서이다. 이것을 우리는 **문화적 구성주의** 혹은 **사회적 구성주의**라 부른다. 이것은 특히 과학적 방법을 다른 방법보다 진리를 생산하고 정당화하는 더 탁월한 무엇이라 간주하지 않으며, 수많은 접근법 중 한 가지 문화적 접근에 불과하고, 다른 것들처럼 선입견(가치의 개입)에 의해 매개된 추론이라고 간주한다.

문화적 구성주의는 현실이 *문자 그대로* 문화적 신념들로 창조된다고 믿지는 않는다. 예를 들어 태양이 지구 주위를 돈다고 잘못 믿을 때, 우리의 믿음들이 태양계와 그것의 역학에 어떤 영향력을 행사한다고 주장하지는 않는다. 대신에 인간들이 문화적 관점들에 너무 묶여 있기 때문에 모든 진리 혹은 지식 주장들은 단지 그러한 관점들의 재현물에 불과하다는 입장을 견지한다. 우리는 지구가 태양 주위를 돈다는 것이 "진실이다" 혹은 "그것을 알고 있다"라고 결정하는데, *그것은 우리의 현재 문화 안에서 우리가 진리를 확립하는 방식 때문에* 그런 것이다. 즉, 현실이 우리의 믿음에 맞추어 변하지는 않을지라도, *변하는 것은* 우리가 현실에 대하여 무엇을 진리(혹은 틀린—혹은 "제정신이 아닌 것")라고 간주할 수 있느냐는 것이다. 만일 우리가 지식을 다른 방식으로 생산하고 정당화하는 문화에 속해 있다면, 그 문화적 패러다임 안에서는 가령, 태양이 지구 주위를 돈다는 것이 "옳을" 수도 있다. 그리고 이에 동의하지 않아 "제정신이 아닌" 것으로 간주되는 사람들은 이에 따라 입장을 바꿀 것이다.

비록 "우리는 우리의 문화적 규범들로 현실을 만든다"는 주장이 "우리는 무엇이 진실이고/무엇을 아느냐를 우리의 문화적 규범에 따라 결정한다"는 주장과 동일하지는 않을지라도, 이것들은 실제로 차이가 없다. 지식에 대한 포스트모던적 접근은 객관적 진리 혹은 지식이—문제가 되는 시간적 맥락 혹은 문화와 무관하게, 그리고 그 문화에서 증거가 진리나 지식을 결정하는 최상의 방법이라고 믿는지의 여부와 무관하게—증거에 의해서 결정되는 현실에 상응한다는 것을 거부한다. 대신 포스트모던적 접근은 객관적 현실이 존재한다고 승인할지도 모르지만, 문화적 선입견들과 가정들을 검토하고 그것들이 작동하는 방식을 이론화함으로써 그 현실을 인지할 때 생기는 장벽(장애물)들에 초점을 맞춘다.[23]

이것이 바로 미국의 포스트모던 철학자 리처드 로티Richard Rorty가 말하는 것이다. "우리는 세계가 거기에 있다는 주장과 진리가 거기에 있다는 주장의 차이를 구별할 필요가 있다."[24] 이런 의미에서, 포스트모더니즘은 **진리의 상응 이론**correspondence theory of truth을 일반적으로 거부한다. 즉, 포스트모더니즘은 객관적 진리들이 있고, 그것들이 실제로 사물이 세계 안에서 확립되는 방식과의 상관성에 의해 진리로 확립될 수 있다는 이론(진리의 상응 이론)을 거부하고 있는 것이다.[25] 객관적 현실에 대한 실제의 진리들이 "거기에" 있고 우리가 그것들을 인지할 수 있다는 것은 계몽주의 사상의 뿌리이며, 과학 발전의 중심에 있다. 이와 같은 생각에 대한 심원한 급진적 회의주의는 지식에 대한 포스트모던적 사유의 중심에 놓여 있다.

프랑스 철학자 미셸 푸코—포스트모더니즘의 핵심 인물—는 다음과 같이 객관적 지식에 대하여 동일한 의문을 제기한다. "어떤 주어진 문화와 특정한 순간에는, 그것이 이론 속에 표현되든 아니면 조용히 실천 속에 투여되든, 항상 모든 지식의 가능성의 조건을 규정하는 단 하나의 에피스테메episteme(역주: 특정한 사회·역사적 맥락에서 지배적으로, 가치들을 선점하고 있는 지식 패러다임을 말한다)만이 있다."[26] 푸코는 다른 때에는, 사회에서 가동되는 한 가지 이상의 에피스테메가 있을 수 있음을 수용하는 것처럼 보임에도 불구하고, 일관되게 지식을 무엇을 알 수 있을지를 결정하는 권력적 장치의 산물로 받아들인다.

푸코는 특히 언어 혹은 더 세부적으로 말하면 **담론**discourse (사물에 대하여 말하는 방식들), 지식의 생산, 그리고 권력 사이의 관계에 관심을 두었다. 그는 1960년대 내내『광기와 문명*Madness and Civilization*』(1961),『임상의학의 탄생*The Birth of the Clinic*』(1963),『사물의 질서*The Order of Things*』(1966), 그리고『지식의 고고학*The Archaeology of Knowledge*』(1969).[27] 같은 영향력 있는 작업들을 통하여 이와 같은 생각들을 상세히 탐구했다. 푸코에게 어떤 진술은 단지 정보만을 보여주는 것이 아니라, 담론의 규칙들과 조건들까지 드러내 준다. 그리고 이런 것들이 객관적인 가설들과 지식의 구성물을 결정한다. 지배적인 담론들은 극도로 강력한데, 그 이유는 그 담론들이 무엇을 진리로 여길지, 특정한 시간과 공간에서 적용 가능한 것인지를 결정하기 때문이다. 그러므로 사회정치적 권력은 푸코의 분석에서 현실과의 상관성이 아니라 무엇이 옳은지를 궁극적으로 결정하는 기제이다. 푸코는 권력이 무엇을 지식으로 여길지에 대하여 영향을 끼치는 방식이란 개념에 매우 관심이 있었으며, 그리하여 1981년에 "권력-지식power-knowledge"이라는 용어를 만들어 냈다. 이 용어는 강력한 담론과 지식 사이의 분리 불가능한 관계를 전달하고 있다. 푸코는 사상들과 가치들의 지배적인 세트를 **에피스테메**라 불렀는데, 왜냐하면 그것이 우리가 진리를 확인하고 그것과 상호작용하는 방식을 형성하기 때문이다.

『사물의 질서』에서 푸코는 진리의 객관적 개념들을 비판하며, 대신에 우리가 모든 문화와 시기의 특정한 에피스테메에 따라 변화하는 "진리 정권들regimes of truth(역주: 푸코는 무엇이 진리인지를 결정하는 권력을 "진리 정권들"이라는 용어로 비유하고 있다)"의 관점에서 생각할 것을 제안한다. 그 결과 푸코에게는 진리를 발견하기 위한 근본적인 원칙들은 없다. 또한 모든 지식은 지식자knower에게는 "국지적"이라는 입장을 채택했으며,[28] 이런 생각들은 포스트모던 지식 원칙의 토대를 형성한다. 푸코는 객관적 현실이 존재한다는 사실을 부인하지는 않았으나 그것에 도달하는 데 필요한, 문화적 선입견을 뛰어넘는 인간의 능력을 의심하였다.

이런 생각에서 벗어나는 주요한 방법은 포스트모던적 회의주의가 흔해 빠진 회의주의가 아니라 이 또한 소위 "합리적인 의심"일 수도 있다고 생각하는 것이다. 과학이나 지식을 생산하는 다른 엄정한 수단들이 사용하는 종류의 회의주의도 다음과 같은 질문을 던진다. "이 제안이 옳다는 것을 내가 어떻게 확신할 수 있는가?" 그리고 그것을 부인하는 반복되는 시도들을 이겨내는 잠정적 진리로 단지 일시적으로만 받아들일 것이다. 이와 같은 제안들은 잠정적인 개념적 구성물들로 이해되는 모델들 속에 제시되고, 현상들을 설명하고 예견하는 데 사용되며, 그렇게 할 수 있는 개념들의 능력에 따라 판단된다. 포스트모더니스트들이 공유하는 회의주의의 원칙은 빈번히 "*급진적* 회의주의"로 언급된다. 그 원칙은 다음과 같이 말한다. "모든 지식은 구성된 것이다. 재미있는 것은, 지식이 이런 식으로 구성되는 이유를 이론화하는 것이다." 그러므로 급진적 회의주의는 계몽주의의 특징인 과학적 회의주의와는 현저하게 다르다. 포스트모던적 관점은 과학적 사유가 무엇이 진리인지 아닌지를 결정함에 있어 신뢰할 만하고 엄정한 것으로 자신을 차별화할 능력이 없다고 주장한다. 그러나 이는 잘못된 것이다.[29] 포스트모더니스트들은 과학적 추론을 **메타내러티브**—사물이 가동되는 방식에 대한 뭉뚱그려진 설명—로 이해하고, 그러한 모든 설명에 대하여 급진적으로 회의적이다. 포스트모던적 사유 안에서, 알려진 것(지식)은 오로지 그 지식을 생산한 문화적 패러다임 안에서만 인식되며, 따라서 그것의 권력 체제를 대표하는 것이다. 그 결과 포스트모더니즘은 지식을 국부적이고 본질적으로 정치적인 것으로 간주한다.

이런 견해는 널리 볼 때 프랑스 철학자인 장-프랑수아 리오타르의 관점인데, 그는 과학, 계몽주의, 그리고 마르크스주의를 비판하였다. 리오타르에게 이 각각의 기획들은 근대주의 혹은 계몽주의적 메타내러티브의 주요한 예이다. 궁극적으로 리오타르는 과학과 테크놀로지가 오로지 유일한 "언어 게임"—객관적인 가설을 정당화하는 한 방식—이고, 그것이 다른 모든 언어 게임을 장악하는 것을 두려워하였다. 그는 서사의 형식으로 지나가는 작은 국부적 "지식들"의 붕괴를 탄식했고, 과학적 거리두기에 내재된 의미-만들기를 할 능력의 상실을 가치 있는 서사들의 상실로 보았다. 리오타르는 포스트모더니즘을 "메타내러티브에 대한 회의주의"라 규정한 것으로 유명한데, 이는 사상, 분석 도구들, 그리고 세계관들로 이루어진 학파로서의 포스트모더니즘의 발전에 극도로 큰 영향력을 행사해 왔다.[30]

이것은 지식과 지식 생산에 대한 포스트모더니즘의 위대한 기여였다. 그것은 잘 확립된 믿음들에 대한 회의론적 재평가를 발명해 내지는 않았다. 그러나 포스트모더니즘은 과학적 추론과 다른 형태의 자유주의적인 추론이 메타내러티브가 아니라 불완전하지만 자신을 포함한 모든 것에 생산적이고 실행 가능한 형태의 회의주의를 적용하는, 자기-교정의 과정임을 인정하는 데에 실패했다. 그리고 이와 같은 실수는 포스트모더니스트들을 그들이 비판하는 것들과 동일하게 잘못 안내된 정치적 프로젝트로 이끌었다.

포스트모더니즘의 정치 원칙

*사회는 권력과 위계들의 체제들로 형성되며, 그 체제가 무엇을
알 수 있고, 어떻게 알 수 있는지를 결정한다는 믿음.*

포스트모더니즘은 사회를 이끌고 구조화하는 것으로서의 권력에 강
력하게 초점을 맞추는 정치적 특징을 가지고 있다. 그리고 이 초점은 객
관적 지식의 거부에 종속되어 있다. 포스트모더니즘은 권력과 지식이
불가분하게 서로 얽혀있다고 보는데, 가장 명쾌하게는 지식을 "권력-지
식"으로 언급하는 푸코의 작업에서 나타난다. 리오타르도 과학 언어와
정치 그리고 윤리학의 언어 사이의 "엄정한 내적 연결"[31]에 대해 서술하
며, 데리다도 그가 언어 안에 존재한다고 믿는 우위와 종속의 위계적 이
항대립에 내재하는 권력에 심대한 관심을 보였다. 마찬가지로 들뢰즈
와 가타리도 사람들이 다양한 권력과 제한의 체제들 안에 *약호화되어
있고coded*, 오로지 자본주의와 돈의 흐름 안에서만 자유로이 작동한다
고 보았다. 이런 의미에서 볼 때 포스트모더니스트 이론에 있어 권력이
란 단지 무엇이 사실적으로 옳으냐만이 아니라 무엇이 도덕적으로 선
하냐를 결정하는 기제이고, 여기서 권력은 지배, 즉 나쁜 것을 시사하
며, 지배는 억압, 즉 선한 것을 엉망으로 만들어 놓는 것을 의미한다. 이
런 태도들은 1960년대를 통하여 파리 소르본 대학의 지배적인 분위기
였으며, 그곳에서 초기의 수많은 대문자 이론가들이 지적으로 강한 영
향을 받았다.

권력의 역학에 대해 이렇게 초점을 맞추다 보니, 이들 사상가들은 막
강한 권력을 가진 자들이 의도적이자 동시에 우발적으로 사회를 자신들
에게 이롭게 그리고 자신들의 권력을 영속화하는 방향으로 조직화했다

고 주장했다. 권력자들은 사물에 대해 말하는 어떤 방식들을 진실한 것으로 정당화하고, 그것을 사회 전체에 퍼뜨리고, 상식으로 간주하며, 모든 층위에서 영속화되는 사회적 규칙들을 만들어 냄으로써 그렇게 했다는 것이다. 따라서 정중함과 조리 정연한 담론에 대한 요구를 포함하여, 사회 안에서 정당화되거나 명령의 형태로 지시된 담론들을 통하여 권력은 끊임없이 재강화되며, 객관적 증거들 그리고 심지어 문법과 통사론의 규칙에까지 호소한다. 그 결과 포스트모더니스트들의 견해는 외부에서는 충분히 이해하기가 힘들다. 왜냐하면 그것은 마치 음모론과 너무도 닮아 있는 것처럼 보이기 때문이다. 사실 그것이 암시하는 음모들은 미묘한 것이고 어떤 점에서 전혀 음모들이 아닌데, 그 이유는 배후조종하는 잘 짜여진 행위자들이 없기 때문이다. 대신에 굳이 말하자면 우리 모두가 그 참여자들이다. 대문자 이론은 그러므로 특별한 음모자들이 전혀 없는 음모론이다. 포스트모던 이론에서 권력은 마르크스주의 패러다임에서처럼 위로부터 직접적으로 그리고 눈에 보이게 행사되지 않으며, 사회의 모든 층위들에 스며들며 사회 구성원 모두에 의해 강화된다. 그리고 권력은 세계에 대한 특별한 이해 방식을 표현하는 일상적인 상호작용, 기대치들, 사회적 조건의 형성, 그리고 문화적으로 구성된 담론들을 통해 이루어진다. 이것은 어떤 위계가 유지되어야 할지를—말하자면, 법의 정해진 과정을 통하여 혹은 과학적 출판을 통한 정당화 기제들을 통하여—그리고 그 안에서 사람들을 배치하고 약호화(코드화)하는 체제들을 통제한다. 이런 모든 예들을 통해서 주목해야 할 것은, 억압의 원인들로 보이는 것이 반드시 계획적인 의도를 가진 개별적 행위자들이 아니라, 바로 *사회 체제*와 체제의 내재적인 권력 역학이라는 사실이다. 그러므로 사회, 사회 체제, 혹은 제도는 그 안에 개입하며 어떤 단일한 억압적인 견해라도 보유하고 있음을 보여줄 필요가 있는 어떤 개인이 없어도, 어떤 방식으로든 억압적인 것처럼 보일 수 있다.

포스트모더니스트들이 억압의 체제를 의식적으로 잘 짜여진, 가부장적인, 백인 우월주의의, 이성애 규범적인 음모론의 결과로 보는 것은 아니다. 대신 그들은 억압의 체제를 어떤 집단을 다른 집단보다 특권화하고 자기-영속화하는 체제들의 불가피한 결과로 간주하고, 그들이 볼 때 이런 체제들은 권력을 포함하여 체제들에 내재하는 *무의식적이고, 비조직화된* 음모를 구성한다. 그러나 그들은 그런 체제들이 가부장적이고, 백인 우월주의적, 그리고 이성애 규범적이며 따라서 어찌할 수 없이 이성애자들, 백인 남성들에게 부당한 기회를 주고, 여성 그리고 인종적, 성적 소수자들의 관점들을 배제함으로써 현 상태를 유지하는 쪽으로 작동한다고 믿는다.

더 간단히 말하면, 포스트모던적인 정치적 사유의 한 가지 중심적인 믿음은 사회의 권력들이 근본적으로 사회를 자신들의 고유한 이해관계에 이롭도록 조직된 범주와 위계들 속으로 정돈한다는 것이다. 그 권력들은 우리가 사회와 사회의 자질들에 대해 말할 수 있는 방식과 무엇을 진리로 받아들일지를 지시함으로써 이와 같은 결과를 가져온다. 예를 들어, 누군가가 그들의 주장에 대한 증거와 추론을 요구한다면 대문자 포스트모더니스트의 렌즈로 보면 그것은 권력을 가진 자들이 수립한 담론들과 지식 생산의 체제에 참여하라는 요청으로 보일 것이다. 여기서 권력을 가진 자들이란 자신들의 담론과 지식 생산에 가치를 부여하고 그것들을 기획하여 "지식"의 소통과 생산의 대안적 수단들을 배제하는 자들을 말한다. 대문자 이론은 과학을, 다른 한편으로는 타자들의 참여를 거부하는 장벽을 세우면서 과학을 확립한 권력자들—서구 백인 남성들—의 이해관계에 봉사하는 방식으로 조직되어 온 것으로 간주한다.

권력의 자기-영속화 체제들에 초점을 맞추다 보니, 원래의 포스트모던 이론가들은 대부분 어떤 특정한 정치적 행위를 옹호하지 않았으며, 대신에 지적 유희에 가까운 혼란 혹은 니힐리즘적 절망에 가담하는 쪽을 선택했다. 사실상 원래의 포스트모더니스트들에게 의미 있는 변화란 대체로 불가능한 것으로 간주되었다. 왜냐하면 그들은 모든 것에 내재하는 본질적인 무의미함과 문화적으로 상대적인 도덕성에 주목했기 때문이다. 그럼에도 불구하고 포스트모던 이론을 관통하는 것은 억압적 권력 구조들이 인류를 옥죄고 있으며, 따라서 그것을 개탄해야 한다는 명백히 좌파적인 사상이다. 이것은 억압적 권력 구조들, 권력 구조들에 적합한 범주들, 그리고 그것들을 영속화하는 언어를 해체하고, 도전하고, 문제시하며(그 안의 문제들을 찾아내고 과장하며), 그리고 저항하라는 윤리적 명령으로 귀결된다. 이런 행위는 적당히 유용한 서술적인 이론에 일종의 가치 체계를 끼워 넣은 것이다.

이런 충동들은 주변화된 집단들의 서사들, 체제들, 그리고 지식들을 (그들이 비난하는 대상들이 하는 것과 유사하게) 특권화하는 동력을 생성하였다. 푸코는 억압적 체제들의 항존하는 위험에 대하며 가장 명백한 입장을 보여준다.

나의 요점은 모든 것이 나쁘다는 것이 아니라 모든 것이 위험하다는 것이고, 그것은 정확히 나쁜 것과 동일한 것은 아니다. 만일 모든 것이 위험하다면, 우리는 항상 무언가 할 일을 가지고 있는 것이다. 그래서 나의 입장은 무관심이 아니라, 열정에 찬, 비관주의적 행동주의로 이끈다. 나는 우리가 매일 내려야 하는 윤리-정치적 선택은 무엇이 주요한 위험인가를 결정하는 것이라고 생각한다.[32]

포스트모던 대문자 이론가들은 종종 이런 지각을 혁신적인 것으로 표현한다. 그러나 다시 말하지만, 이것은 그 혁명적 목적들(프랑스 스타일의)을 제외하면 거의 새로운 것이 아니다. 계몽주의와 근대의 다양한 시기들을 지나면서 점차 형성된 자유주의적이고 대중적인 민주주의는 억압적 세력들에 대한 투쟁과 자유의 추구를 특징으로 삼고 있다. 중세 가톨릭교회의 헤게모니에 대한 전투는 주로 윤리적이고 정치적인 갈등이었다. 프랑스 대혁명은 교회와 군주제 양쪽 모두를 반대했다. 미국 혁명은 대영제국의 식민 지배와 비非대의적 정부에 반대하였다. 이와 같은 초기 시대들을 거치면서, 처음에는 군주제와 노예제 같은 제도들, 그 다음에는 가부장제와 계급 체제들, 그리고 최종적으로는 강화된 이성애, 식민주의, 그리고 인종 차별이 *자유주의*에 의해 도전받았고, 그리고 극복되었다. 1960년대와 1970년대에는 그 어떤 시대보다 가장 빠른 속도로 진보되었고, 이 시기에 인종과 젠더 차별이 불법적인 것이 되었고, 동성애도 탈범죄화되었다. 이 모든 것이 포스트모더니즘이 영향력을 행사하기 이전에 일어났다. 포스트모더니즘은 억압적 권력 체제들과 위계들에 대한 윤리적 반대 입장을 고안해 내지 않았다. 사실, 가장 의미 있는 사회적 그리고 윤리적인 진보 중 많은 것들이 포스트모더니즘이 거부했던 자유주의의 방법들을 지속적으로 적용함으로써 획득한, 그 이전 시기에 일어났다.

윤리적으로 동력을 얻은 사회 비판에 대한 포스트모던적 접근들은 형체를 알 수 없고 그 허위성을 입증할 수가 없다. 급진적 회의주의 사상이 보여주듯이, 포스트모던적 사유는 객관적인 가설 자체보다는 대문자 이론의 원칙들과 세계를 보는 방식들에 의존하고 있다. 포스트모더니즘은 객관적 진리와 이성에 대한 거부 때문에 그 자체를 실체화하는 것을 거부하고, 따라서 우리는 그것과 논쟁을 할 수가 없다. 리오타르가 말하듯이, 포스트모던적 지각은 그 어떤 주장도 진리로 만들지 않는다. "그러므로, 우리의 가설들은 현실과 관련하여 예견적 가치들을 부여해서는 안 되고, 제기된 문제와 관련하여 전략적 가치들을 부여해야 한다."[33] 다른 말로 하면, 포스트모던 대문자 이론은 사실적으로 옳은 것을 찾는 것이 아니라 전략적으로 유용한 것을 찾는다. 이는 자신의 입장에서 도덕적으로 고결하고 정치적으로 유용한 자신의 목적들을 이루기 위해서이다.

진리와 지식의 객관성에 대한, 이 보편화된 회의주의—그리고 문화적으로 구성된 것으로서의 지식과 권력의 개념에 전념하는 것—가 포스트모더니즘을 다음의 주요한 네 가지 주제에 대한 집착으로 이끈다. 즉 경계를 흐리기, 언어의 권력, 문화적 상대주의, 그리고 집단의 정체성을 위한 개별성과 보편성의 상실이 그것이다.

1. 경계 흐리기

객관적 진리와 지식의 가능성에 대한 급진적 회의주의는 권력에 이바지하는 문화적 상대주의에 대한 믿음과 연결되면서 이전의 사상가들이 널리 진리로 받아들인 모든 경계들과 범주들을 의심하는 결과를 가져온다. 이것들은 객관적인 것과 주관적인 것, 진리와 믿음 사이의 경계들만이 아니라 과학과 예술(특히 리오타르), 자연적인 것과 인공적인 것(특히 보드리야르와 제임슨), 고급문화와 대중문화(제임슨을 보라), 인간과 다른 동물들, 그리고 인간과 기계(들뢰즈의 경우), 건강과 질병(특히 푸코를 보라)뿐만이 아니라, 성적 취향과 젠더gender에 대한 서로 다른 이해들 사이의 경계들을 포함한다. 포스트모던 대문자 이론가들은 사회적으로 의미 있는 모든 범주들을 복잡하게 만들고 문제시하는데, 이는 객관적 정당성 같은 범주들을 거부하고, 그런 범주들을 횡단하며 존재하는 권력의 체제들을 교란하기 위한 것이다.

2. 언어의 권력

포스트모더니즘의 우산 아래서는 이전에 객관적으로 진리였던 수많은 사상들이 단지 언어의 구성물에 불과한 것으로 간주되었다. 푸코는 그것을 지식을 구성하는 "담론들"이라고 부른다. 리오타르는 비트겐슈타인Wittgenstein의 이론을 확장하여, 지식들을 정당화하는 "언어 게임들"이라고 부른다. 포스트모던적 사유 안에서 언어는 사회와 우리가 사유하는 방식을 통제하는 막강한 권력으로 여겨지며, 따라서 본질적으로 위험한 것이 된다. 그들은 또한 언어를 지식을 생산하고 전달하기에는 신뢰할 수 없는 방식이라 간주한다.

언어에 대한 강박관념은 포스트모던적 사유의 중심에 있으며 그 방법론의 열쇠다. 자크 데리다보다 말(언어)에 신경증적이고도 포스트모던적인 고착을 더 분명히 보여준 사상가들은 거의 없는데, 그는 1967년에 출판한 세 권의 책들—『그래머톨로지 *Of Grammatology*』, 『글쓰기와 차이 *Writing and Difference*』, 『말과 현상들 *Speech and Phenomena*』—에서 "**해체론**deconstruction"이라는 개념을 소개했고, 이 개념은 포스트모더니즘에 큰 영향력을 행사하게 되었다. 이런 작업들을 통하여 데리다는 단어들이 직접적으로 현실 세계의 사물들을 지시한다는 상식적인 생각을 거부한다.[34] 대신 그는 단어들은 오로지 다른 단어들을 지시할 뿐이며, 그 안에서 그들이 서로 다른(차이의) 방식들을 지시하는데, 그렇게 해서 "기표들의 연쇄"를 형성한다. 그리고 이 기표들의 연쇄는 어떤 닻(중심)도 없이 모든 방향으로 나아갈 수 있는데, 이것이 바로 그의 유명하며 종종 잘못 번역되는 구절, "텍스트 바깥에는 아무것도(그 어떤

의미도) 없다"[35]의 의미이다. 데리다에게 의미는 항상 관계적이고, 지연
되며, 그것에 결코 도달할 수 없고, 그것이 끼어드는 담론과의 관계 속
에서만 존재한다. 데리다가 이처럼 언어를 신뢰할 수 없는 것은 언어가
현실을 재현하지 못하거나 혹은 현실을 타자들에게 전달할 수 없기 때
문이라고 주장한다.

　이런 식으로 이해할 때 언어는 이항대립물들을 통해 위계적으로 작
동하며, 항상 의미를 만들기 위해 한 요소를 다른 요소 위에 위치시킨
다. 예를 들어, "남성"은 "여성"과의 대립물로 정의되고 우월한 것으로
간주된다. 게다가 데리다에게 화자의 의미는 청자의 해석 그 이상의 의
미를 갖지 못하며, 따라서 화자의 의도는 청자가 받아들이는 충격보다
더 중요할 수 없다. 그러므로 만일 누군가가 어떤 문화에 문제를 일으킬
수 있는 자질들이 있다고 말하고, 내가 이 진술을 그 문화의 열등함에
대한 지적으로 받아들이고 화를 낸다면, 데리다의 분석틀 안에서는 내
가 화를 내는 것이 오해에서 비롯된 것이라고 주장할 수 있는 여지가 없
다. 데리다가 롤랑 바르트Roland Barthes의 "저자의 죽음"[36]을 적용한 것
에 따르면, 작가의 의도를 알 수 있을 때에도 작가의 의도는 문학 텍스트
의 의미와 아무 상관이 없다. 결과적으로 담론들이 억압을 만들어 내고
그것을 지속한다고 믿기 때문에, 포스트모더니스트들은 담론들을 주의
깊게 추적 관찰하고 해체해야 한다고 생각하는 것이다. 이것은 도덕적
이고 정치적인 행동과 관련하여 명백히 함축된 의미들을 가지고 있다.
이것에 대한 포스트모더니즘의 가장 흔한 대응은 데리다가 제안한 해
결책에서 나온다. 데리다의 해결책이란 "해체적으로 텍스트를 읽는 것"
인데, 이는 텍스트에 나오는 단어들을 충분히 꼼꼼하게 읽어서(말하자
면, 지나치게 꼼꼼히 읽는 것, 그리고 1990년대 이래 특별히 부각된 것
처럼 대문자 이론의 규범적 의제를 가지고 읽는 것) 텍스트가 자신과 충

돌하며 자신과 자신의 고유한 목적들을 약화시키는, 텍스트의 내적 불일치(비일관성)를 찾아냄으로써 이루어진다. 그러므로 그 실천에 있어서, 언어에 대한 해체론적 접근들은 의도적으로 요점을 흐리기 위하여 시시콜콜 단어들의 흠집을 잡아내는 것과 매우 유사해 보인다.

3. 문화적 상대주의

포스트모던 대문자 이론은 진리와 지식이 한 사회 안에서 작동하는 지배적 담론들과 언어 게임들에 의해 구성되어 왔다고 믿기 때문에, 그리고 우리가 우리 자신의 체제와 범주들 바깥으로 한 발짝도 나갈 수가 없고, 그러므로 담론들과 언어 게임들을 검토할 어떤 좋은 위치에 있을 수 없기 때문에, 대문자 이론은 어떤 일련의 문화적 규범들이 다른 문화적 규범들보다 더 훌륭한 것이라고 말할 수 없다고 주장한다. 포스트모더니스트들은 다른 문화 안에서는 어떤 문화의 가치와 윤리에 대한 의미 있는 비판도 불가능하다고 생각하는데, 이는 모든 문화가 지식에 대한 다른 개념들 아래에서 작동되며, 오로지 그 자신의 선입견으로만 말하기 때문이다. 그러므로 그와 같은 비판은 기껏해야 오류이며, 잘해 봐야 도덕적 위반인데, 왜냐하면 그런 비판들은 자신의 문화가 객관적으로 우월하다는 것을 전제하기 때문이다. 게다가 대문자 이론은, 우리가 체제 내에서 우리 자신의 문화에 대하여 비판할 수 있음에도 불구하고, 우리는 오로지 그 체제 안에서 사용 가능한 담론들을 사용해야만 그럴 수 있으며, 이는 그 사회를 변화시킬 능력을 제한하는 것이라고 주장한다. 우리가 어떤 담론을 사용할 수 있는가의 여부는 대체로 그 체제 안에서 우리가 차지하는 지위에 의존하므로, 비판들은 비판자의 지위에 대한 정치적인 평가에 의존하여, 수용될 수도 있고 묵살될 수도 있다.

특히, 강력한 지위에서 나온 것으로 여겨지는 비판도 묵살되는 경향이 있는데, 이는 그것이 억압적 현실에 대한 무지(혹은 무시)로 받아들여지거나, 아니면 단언컨대 비판자 자신의 이해관계에 이바지하는 냉소적 시도로 여겨지기 때문이다. 개인들이 권력과의 관계에서 어디에 서 있느냐에 의존하고 있는, 권력 담론의 전달자에 불과하다는 포스트모더니스트들의 생각은 문화적 비판을, 주변화되거나 억압된 것으로 대문자 이론화된 사람들의 손에 있는 무기로서의 기능 외에는, 완전히 절망적인 것으로 만든다.

4. 개별성과 보편성의 상실

결과적으로, 포스트모던 대문자 이론가들에게 자율적 개인의 개념은 대체로 신화에 불과하다. 개인은 다른 모든 것과 마찬가지로 권력 담론들의 산물이며 문화적으로 구성된 지식의 담지자들이다. 마찬가지로 보편성의 개념—인간 본질에 대한 생물학적 보편성이든, 평등한 권리, 자유, 계급, 인종, 젠더, 혹은 성적 취향과 무관하게 모든 개인들에게 주어진 기회들과 같은 윤리적 보편성이든—도 기껏해야 순진한 생각에 불과하다. 최악의 경우, 그것은 단지 권력-지식 안에서의 또 다른 경험에 불과하며, 모두에게 지배적 담론들을 강화하는 시도에 불과하다. 포스트모던적 관점은 대체로 사회의 최소 단위—개인—와 최대 단위—인류—양자를 모두 거부하고 대신에 지식, 가치, 그리고 담론의 생산자들인 소규모의 국부적인 집단들에 초점을 맞춘다. 그러므로 포스트모더니즘은 동일한 방식으로—예를 들어, 인종, 섹스, 혹은 계급에 의해—지위가 정해지고 이와 같은 지위에 따라 동일한 경험과 지각을 가지고 있는 것으로 이해되는 일련의 사람들에 초점을 맞춘다.

포스트모더니즘은 죽지 않았는가?

오늘날 수많은 사상가 사이의 지배적인 견해는 포스트모더니즘이 이미 멸종되었다는 것이다. 그러나 우리는 그렇게 생각하지 않는다. 우리가 보기에 포스트모더니즘은 그저 성숙해 왔고, 돌연변이가 되었으며, 진화해 왔다(적어도 1960년대에 처음 시작된 이래로 두 번). 그리고 위에서 상술한 두 가지 특징적 원칙과 네 가지 주제는 널리 퍼졌으며, 문화적으로 영향력이 있는 상태로 남아 있다. 대문자 이론은 그 핵심 원칙들과 주제들이 제시되고, 사용되며, 상호작용하는 방식들이 지난 반 세기 동안 상당히 달라져 왔음에도 불구하고 여전히 온전하다. 그것은 대문자 이론이 현재 적용되고 있는 이론으로서 우리의 관심을 끌고 있으며, 이 책의 나머지 부분의 주제를 이룬다. 그러나 대문자 이론이 어떻게 진화해 왔는지를 설명하기 전에 우리는 포스트모더니즘이 이삼십 년 전에 사망했다는 흔한 신화를 유예해야만 한다.

이른바 포스트모더니즘이 정확히 언제 사망했는지에 대하여 많은 논쟁들이 있다. 어떤 논자들은 그것이 탈식민주의에 헤게모니를 넘겨주면서 1990년대에 끝났다고 주장하고, 다른 사람들은 그것이 2001년 9월 11일(9·11 사태)에 사망했으며, 그때부터 우리는 아직 성격을 규정해서는 안 되는 새로운 시대로 들어갔다고 주장한다. 1960년대, 1970년대 후반 그리고 1980년대 전체에 걸쳐 급증했던 포스트모더니즘 텍스트들이 1990년대에 들어 그 힘을 이어가지 못했던 것은 분명히 옳다. 포스트모더니즘의 초기 형태들—그들이 생각했던, 궁극적인 무의미, 방향성의 결핍, 재건설의 자원들을 준비하지 않고 오로지 해체하고, 파괴하고, 문제시하는 것에만 관심을 갖는 것—은 단지 그 정도까지만 오래 생존할 수 있었을 뿐이다. 그런 의미에서 포스트모던 대문자 이론의 높은

*수준의 해체론적 단계*는 1980년대 중반까지 자신을 소진했다. 그러나 포스트모더니즘과 대문자 이론은 거기에서 끝났을까? 그렇지 않다. 죽기는커녕, 이 책에서 정리한 사상들로 진화했고, 다양한 갈래들로 분화되었으며—우리가 오늘날 함께 살고 있는 냉소적 대문자 이론들은—더욱 목표 지향적이고 실행 가능한 것이 되었다. 이런 이유로 우리는 행동주의-학문의 다음 단계를 **응용 포스트모더니즘**applied postmodernism이라 부를 것이고, 이제부터 우리는 이것의 발전에 주목할 것이다.

2장

응용 포스트모더니즘으로의 전환

억압을 현실화하기

포스트모더니즘은 1960년대 말에 처음으로 지식 시장에 터져 나왔고, 빠른 속도로 좌파와 좌파-지향의 학문 분야에서 널리 유행할 수 있게 되었다. 지적 유행이 확대되자 개종자들이 활동하기 시작했고, 급진적으로 회의적인 대문자 이론을 양산해 냈다. 그리고 그 안에서 서구의 근대성에 속하는 것으로 이해되었던, 기존의 지식과 지식 습득의 방식들은 무차별적으로 비판받고 해체되었다. 오래된 종교들—가장 넓은 의미에서—은 파괴되어야만 했다. 그러므로 우리가 객관적 현실을 알 수 있다는 생각과 우리가 "진리"라고 부르는 것이 어떤 식으로든 객관적 현실에 상응한다는 생각은 근대성이 토대한 여러 가정들과 더불어 도마 위에 올랐다. 포스트모더니스트들은 우리가 세계와 사회를 이해하고, 그에 접근하고, 그리고 그 안에서 사는 방식들을 터무니없는 것으로 만들고자 하였다. 그러나 유행이 되고 동시에 영향력이 있음을 증명했음에도 불구하고 이런 접근은 한계를 가지고 있다. 끝없는 분해와 파괴—혹은 그들 식의 표현으로는 *해체*—는 그 자체를 소모할 수밖에 없는 운명에 처했을 뿐만 아니라 흥미 있는 모든 것을 소진하고, 스스로

를 *지루한 것*으로 만들 수밖에 없게 되어 있다.[1]

즉, 대문자 이론은 니힐리즘적 절망에 자족할 수 없었다. 대문자 이론은 무언가 할 일, 무언가 실행 가능한 것을 필요로 했다. 도덕적으로 그리고 정치적으로 부과된 핵심적인 소임 때문에 대문자 이론은 사회의 핵심부에서 그것이 보았던 문제—즉, 권력에 대한 부당한 접근—를 자신에게 적용해야만 했다. 1960년대 말에 시작된 최초의 빅뱅 이후 포스트모더니즘의 고도로 해체론적인 단계가 1980년대 초반에 스스로 소진했다. 그러나 포스트모더니즘은 죽지 않았다. 일련의 대문자 이론들이 잿더미에서 새로 일어났는데, 그것의 임무는 포스트모더니즘의 응용 가능한 핵심적인 교리들을 만들고, 더 나은 세계를 *재구성*하는 것이었다.

학문 분야에서 상식적인 통찰은 1990년대에 포스트모더니즘이 이미 사망했다는 것이다.[2] 그러나 사실 포스트모더니즘은 초기의 고양된 해체론의 단계에서 새로운 형태로 돌연변이를 감행했다. 고도로 정치화되고 실행 가능해진 다양한 대문자 이론들이 포스트모더니즘에서 발전해 나왔다. 우리는 이와 같은 최근의 발전들을 **응용 포스트모더니즘**이라 부른다. 이러한 변화는 새로운 흐름의 대문자 이론가들이 1980년대 후반과 1990년대 초반에 부상했을 때 일어났다. 이 새로운 응용 포스트모더니스트들은 또한 다른 영역들에서도 나왔다. 그러나 많은 면에서 그들의 사상은 선대들의 것과 유사했으나 한층 일반인들에게 더욱 친화적인 접근법을 제공했다. 이와 같은 전환기에 대문자 이론은 사회적 불의를 해체하기 위해 세계 속에서 사용되는 한 무더기의 사회적 대문자 이론들—탈식민, 퀴어, 그리고 비판적 인종 이론—로 돌연변이했다.

그러므로 우리는 포스트모더니즘을, 빠른 속도로 진화하는 일종의 바이러스라고 생각할 수도 있을 것이다. 그 가장 순수한 원래의 형태는 지속 불가능했다. 포스트모더니즘은 자신의 주인들을 찢어발기고, 그 자신을 파괴했다. 포스트모더니즘은 이해하기에 너무 어렵고, 겉보기에 사회적 현실에서 너무 멀리 떨어져 있었기 때문에 학문으로부터 일반인들에게로 전파될 수 없었다. 그러나 진화된 형태 안에서, 포스트모더니즘은 널리 퍼질 수 있었고, 학문에서 활동가들을 거쳐 일반인들에게로 "종種"의 차이를 뛰어 넘을 수 있었다. 왜냐하면 그것은 한층 더 이해하기 쉽고, 실행 가능하며, 따라서 더 큰 전염성을 갖게 되었기 때문이다. 포스트모더니즘은 대문자 이론의 핵심 주위에서 돌연변이를 일으키며 몇몇 새로운 변종들을 형성했는데, 이 변종들은 훨씬 덜 유희적이며, 자신들만의 (메타)서사에 대한 더 큰 확신을 가지고 있었다. 그리고 그 전에는 없었던 어떤 실천적 목적에 집중되어 있었다. 그리고 그 목적은 자신을 "대문자 사회 정의"라 지칭하게 된 이데올로기의 이미지로 사회를 재구성하는 것이었다.

대문자 이론의 돌연변이

포스트모더니스트들에게 대문자 이론은 일련의 특수한 믿음들을 가리키는데, 이 믿음들은 세계와 세계에 대한 지식을 습득하는 우리의 능력이 포스트모던적 지식 원칙과 정치 원칙에 따라 작동한다는 것을 상정한다. 대문자 이론은 우리가 객관적 현실을 알 수 없고, "진리"란 언어와 "언어 게임들"을 통하여 사회적으로 구성되며, 진리란 보편적인 것이 아니어서 어떤 특정한 문화에 국한된 것이고, 지식은 특권을 가진 자들의 이해관계를 보호하고 증진시키는 기능을 가지고 있다고 가정한다. 대문자 이론은 그러므로 명백히 담론들의 *비판적* 검토를 목표로 한다. 이는 특수한 무언가를 의미한다. 즉 그것은 담론들 속에 굳어졌다고 가정하는 정치적 권력 역학을 폭로하고 방해하기 위하여 담론들을 면밀히 검토하고, 그리하여 사람들이 그 담론들을 거부하고 이데올로기적 혁명에 착수할 확신을 갖도록 만드는 것을 의미한다.

이런 의미에서 대문자 이론은 사라져 버린 것도, 같은 방식으로 머물러 왔던 것도 아니다. 1980년대 후반에서 대략 2010년 사이에 대문자 이론은 근저에 있는 개념들의 적용 가능성을 발전시켰고, 전적으로 새로운 학문의 기초를 닦았으며, 그 이후 막대한 영향력을 행사하게 되었다. 느슨한 의미로 "대문자 사회 정의 학문"으로 알려진 이 새로운 분야는 민권운동과 자유주의적이고 진보적인 다른 이론들로부터 사회 정의의 개념을 끌어들였다. 우연히도 이 모든 것들은, 법적 평등이 널리 성취되고, 반인종주의, 페미니즘, 그리고 성소수자 행동주의가 얻을 것이 점점 줄어들기 시작했을 때 본격적으로 시작되었다. 일터에서 인종적 그리고 성적 차별이 불법화되었고, 동성애가 서구 도처에서 탈범죄화되었기 때문에 이제 서구에서 사회적 평등의 주요 장벽들은 태도들, 가정들, 기대치들, 그리고 언어로 구체화된 오래된 편견들이었다. 이런 눈에 잘 띄지 않는 문제들과 씨름하는 사람들에게 대문자 이론은 권력과 담론을 통하여 영속화된 특권의 체제들에 초점을 맞추는, 이상적인 도구였는지도 모른다. 전적으로 해체적이고, 무차별적으로 그리고 급진적으로 회의주의적이며, 불쾌할 정도로 니힐리즘적이어서, 그것이 그 어떤 생산적 목적에도 잘 부합되지 않았다는 것을 제외하고 말이다.

대문자 이론의 새로운 형태들은 탈식민주의, 흑인 페미니즘(젠더만큼이나 인종 문제에 초점을 맞추었던 미국의 흑인 학자들에 의해 선도된 페미니즘의 한 갈래),[3] 교차론적 페미니즘intersectional feminism(역주: 젠더문제 만이 아니라, 계급, 인종, 성적 취향 등 젠더를 둘러싼 다양한 다른 영역의 논의를 끌어들이는 페미니즘을 말한다), 비판적 인종법 대문자 이론(역주: 비판적 인종이론은 법학의 영역에서 발전해 나왔다), 그리고 퀴어 대문자 이론 안에서 일어났으며, 이 모든 것들은 *세계 변혁을 목적*으로 세계를 설명하고자 하였다. 이 분야의 학자들은 포스트모더니즘이 사회적으로 구성된 지식의 성격과 그에 결부된 "문제틀"을 드러내는 데 도움이 될 수 있는 것에 반해, 행동주의는 완전히 급진적인 회의주의와는 단순히 양립할 수 없다고 점점 더 주장했다. 그들은 어떤 집단의 사람들이 자신이 누구냐에 따라 불이익과 부당함에 직면해 있음을 받아들일 필요가 있었는데, 사실 이러한 발상은 급진적으로 회의적인 포스트모던적 사유가 이미 해체한 것이었다. 그리하여 새로운 대문자 이론가들 중 일부는 앞세대 포스트모더니스트들이 지닌 특권에 대해 비판하였다. 그들의 주장은 정체성과 정체성에 토대를 둔 억압을 해체하는 자신들의 능력에 의해 입증되었다. 어떤 이론가들은 자신들의 이론적 조상이 백인이었고, 남성이었으며, 부유해서, 사회가 이미 그들이 이득을 취하도록 만들어져 있었기 때문에 유희적이고 역설적이었으며, 급진적으로 회의주의적이 되기에 충분한 여유가 있었다고 비난했다. 그 결과 새로운 대문자 이론가들은 많은 대문자 이론을 견지하기는 했지만, 안정된 정체성과 객관적 진리를 모두 버리고 활동한 것은 아니었다. 대신 그들은 한정된 양의 정체성과 객관적 진리에 대한 소유권을 주장했고, 어떤 정체성들은 다른 정체성보다 특권화되어 있으며, 이와 같은 불의는 객관적으로 진리라고 주장하였다.

원래의 포스트모더니즘 사상가들이 지식, 진리, 그리고 사회적 구조에 대한 우리의 이해를 해체한 반면에, 새로운 대문자 이론가들은 이런 것들을 그들 자신의 서사들에 따라 바닥에서부터 재구성하였다. 그런데 이런 수많은 서사들은 신좌파 정치적 행동주의의 수단과 가치들에서 끌어온 것이었고, 신좌파 행동주의의 그것들 또한 프랑크푸르트학파의 비판이론의 산물이었다. 그러므로 원래(포스트모던)의 대문자 이론가들이 상당히 무목적적이고 그들이 보았을 때 부당한 권력과 지식의 위계를 뒤집고 해체하기 위해 아이러니와 유희성을 활용했던 반면, 포스트모더니즘의 제2의 물결(**응용 포스트모더니즘**)은 위계를 해체하고 권력, 언어, 그리고 억압에 대한 가설들을 만드는 데 집중했다. 그 응용의 시기에 대문자 이론은 *도덕적* 돌연변이를 경험했다. 다시 말해 그들은 권력과 특권의 옳고 그름에 대한 몇 가지 신념들을 채택했다. 원래의 대문자 이론가들이 현상들을 관찰하고, 탄식하며, 함께 유희하는 것에 만족했다면, 새로운 대문자 이론가들은 사회를 재조직하기를 원했다. 만일 사회적 불의가 나쁜 담론들을 정당화한 것에 기인한다면, 사회 정의는 그것들을 탈정당화하고 더 나은 담론들로 대체함으로써 성취될 수 있다고 그들은 추론하였다. 대문자 이론적 접근법들을 택한 사회과학자들과 인문학자들은 순전히 학문적이라기보다는 이제 좌파적이고 도덕적인 공동체를 형성하기 시작했다. 말하자면, 이들은 *현상*에 대한 객관적인 평가를 하기보다 특정한 *당위*를 주장하는 데 더 많은 관심을 가지고 있는 지적인 기관器官을 형성하였다. 그런데 우리가 보기에 이런 태도는 대학보다는 교회에 더 어울리는 것이다(역주: 이들의 태도가 과학적이라기 보다는 신앙에 가깝다는 뜻).

기본값이 된 새로운 관점

인종, 젠더, 그리고 성적 취향을 바라보는 새로운 대문자 이론들이 생겨났고, 이 이론들은 명백히 비판적이며, 목표 지향적이고, 도덕주의적이다. 그러나 이 이론들은, 지식이 권력의 구성물이며, 사람들과 현상들을 조직하는 범주들이 바로 그 권력에 의해 잘못 고안된 것이고, 언어는 본질적으로 위험하고 신뢰할 수 없으며, 모든 문화들에서 지식 주장들과 가치들은 오로지 그들 자신의 관점에서만 동등하게 정당하고, 이해 가능하며, 집단적 경험이 개별성과 보편성보다 우위에 있다는, 포스트모더니즘의 핵심 사상들을 견지하고 있었다. 그들은 문화 권력에 초점을 맞추었는데, 권력과 특권은 은밀히 확산되는 부패한 세력이며, 자신들(권력과 특권)을 거의 신비에 가까운 방식으로 영속화한다는 것을 객관적인 사실로 간주하였다. 그들은 자신들의 도덕적 비전에 따라 사회를 다시 만들 목적으로 이런 일을 하고 있다고 명백히 언급하였는데, 모두 원래의 포스트모더니즘 대문자 이론가들을 인용하면서 그렇게 했다.[4]

포스트모더니즘을 중점적으로 연구하는 미국의 문학이론가인 브라이언 맥헤일은 이러한 변화를 다음과 같이 설명한다.

> 북미에 포스트구조주의가 도착하고 그 후 이어지는 수십 년 동안 매우 익숙해졌지만, 독립적인 의미에서의 "이론"이 태어났다. 그런데 이 이론은 이러저러한 이론이 아니라—예를 들어, 구조주의 서사론이 그렇게 되기를 소망했던 서사이론 같은 것이 아니라—다른 시대 같았으면 사색 혹은 심지어 철학이라고 불렸을지도 모를, 보편적인 의미의 이론이었다.[5]

다른 책에서 그는 또 다음과 같이 말한다.

> "대문자 이론" 자체는 그 용어가 60년대 중반부터 받아들여지기 시작했다는 특별한 의미에서 포스트모던적 현상이고, "이론"의 성공과 확산은 그 자체 포스트모더니즘의 징후이다.[6]

즉, 1990년대 후반까지 포스트모더니즘의 가장 순수한 원래의 형태는 한물갔지만, 대문자 이론은 그렇지 않았다. 대문자 이론은 학자-활동가들을 포함하여 급진적 활동가들에게 세계와 사회의 모든 것을 아우르는 방식을 제공했으며, 여전히 수많은 인문학 연구에 영향을 끼치고 있으며, 사회 과학, 특히 사회학, 인류학, 그리고 심리학에 상당한 영향력을 행사해 왔다.[7] 포스트모더니즘은 새로운 그림을 그려왔으며, 그 이래로 정체성, 문화, 그리고 대문자 사회 정의를 중심으로 한 지배적인 학문, 행동주의, 그리고 직업적 실천 형태들의 중추가 되어 왔다.

그럼에도 포스트모던적 지식 원칙과 정치 원칙들에 따라 작업을 하는 학자들이 포스트모더니즘을 경멸하고, 자신들의 작업 속에 그것을 사용하지 않는다고 주장하는 것은 매우 흔한 일이다. 문학과 진화를 연구하는 유명한 학자인 조너선 갓셜Jonathan Gottschall은 이와 같은 이상한 현상에 대하여 다음과 같이 설명한다. 그는 자신이 "해방주의적 패러다임liberationist paradigm"이라 명명하는 것—사회 이해의 한 방식인데, 인간 본성을 생물학과 떼어놓으려고 하는 경향—이 좌파 학자들 사이에 매우 지배적인 경향이 되어서, 많은 학문 영역에서 그것이 기본값(디폴트)이 되어버렸다고 주장한다. 그러므로 갓셜은 다음과 같이 말한다. "대문자 이론의 종말에 대한 헛소리 같은 소문들은, 명백히 시기상조이다."[8]

아마도 그리고 역설적으로, 대문자 이론은 많은 학자들에 의해 내면화되어 왔는데—그래서 학자들에게 그것이 안 보이게 되었다—심지어 자신들이 대문자 이론을 기피했으며, 경험적 자료들을 가지고 작업을 해야 한다고 주장하는 학자들조차도 그것을 내면화해 왔다.[9] 브라이언 맥헤일은 다음과 같이 주장한다.

"대문자 이론" 그 자체는 새천년에 이르기까지 생존해 왔다. 만일 그것이 1970년대와 1980년대 포스트모더니즘이 정점에 이르렀을 때보다 덜 눈에 띈다면, 이는 단지 그것이 너무 널리 퍼져서 대체로 눈에 안 띄고 지나가기 때문이다. 1980년대 후반 이래로 "이론"은 페미니즘, 젠더 연구, 그리고 성애의 연구 담론들에 생기를 불어넣었으며, 이제 소위 "문화 연구"라 불리는 것을 공식적으로 받아들인다.[10]

우리가 그것을 "포스트모더니즘"이라 부르든, "응용 포스트모더니즘", "대문자 이론", 혹은 그 밖의 다른 것으로 부르든 간에, 포스트모던적 지식과 정치 원칙들—그 안에서 지식, 권력, 그리고 언어는 권력을 가진 자들에 의해 착취당하는 억압적이고 사회적인 구성물들에 지나지 않는다는, 그 일련의 급진적으로 회의론적인 사상들—에 기초를 둔 사회의 개념은 다소 건드리지도 않은 상태에서 생존해 왔을 뿐만 아니라, 수많은 정체성과 문화에 토대를 둔 "연구들", 특히 소위 "대문자 인문학" 안에서 번창해 왔다. 이제 이런 영향은 종종 사회과학들과 교육, 법, 심리학, 그리고 사회복지 같은 전문적인 프로그램들을 지배하며, 활동가들과 미디어를 통해 더 넓은 문화 안으로 들어왔다. 학문 영역이 대문자 이론을 보편적으로 수용한 결과, 포스트모더니즘은 이제 적용 가능한 것이 되었고, 그러므로 활동가들과 일반 대중 모두에게 접근 가능한 것이 되었다.

적용 불가능한 것을 적용하기

유럽에서 계몽주의가 주도권을 잡기 시작하고 인간의 사유를 혁명화했던 17세기 초에, 많은 사상가들은 새로운 문제와 씨름하기 시작했다. 그것은 급진적인 회의였는데, 어떤 것을 믿는 것에는 합리적 토대가 없다는 신념이었다. 이런 논자들 사이에 가장 유명했던, 프랑스의 수학자이자 과학자, 철학자였던 르네 데카르트René Descartes는, 자신이 기댈 수 있는 신념과 철학의 몇 가지 철학적 기반을 분명하게 설명하였다. 1637년에 그는 『방법서설Discourse on The Method』¹¹이라는 책에서 처음에 불어로 "*Je pense, donc je suis*나는 생각한다, 고로 존재한다"라고 썼다가, 나중에 더 유명해진 라틴어 문장으로 "*Cogito, ergo sum*나는 생각한다, 고로 존재한다"라고 썼다. 이것이야말로 계몽주의적 회의주의가 세상에 소개했던 해체적 위력에 대한 데카르트의 반응이었다.

1980년대에, 즉 그로부터 3세기 하고도 반세기가 더 지난 후에 이와 유사한 일이 일어났다. 포스트모던적인 급진적 회의주의라는 훨씬 더 막강한 해체론적 힘에 직면했던, 이제 막 부상하던 일군의 문화적 대문자 이론가들은 자신들이 유사한 위기에 처해 있음을 직감했다. 그 이전에 자유주의적인 행동주의는 엄청난 성공들을 거두었기에 이전 수십 년 동안 기세등등했던 급진적인 신좌파 행동주의는 더 이상 총애를 받지 못했으며, 포스트모더니즘의 반反현실주의와 니힐리즘적 절망은 작동하지 않았고, 더 이상 변화를 생산할 수 없었다. 이 문제를 바로 잡기 위해서는 급진적으로 실행 가능하고 동시에 현실적인 무언가를 움켜잡아야 했으므로, 대문자 이론과 행동주의는 데카르트의 가장 유명한 묵상과 아주 유사하게 새로운 사상적 융합을 시작하였다. 데카르트에게 사유의 능력은 존재—즉 *어떤 것*이 반드시 실재해야 한다—를 전제했다.

1980년대의 행동주의 학자들의 경우 억압과 관련된 고통은, 고통받을 수 있는 어떤 것과 그것에 의해 그와 같은 고통이 발생하는 기제의 존재를 전제했다. "나는 생각한다, 고로 존재한다"는 명제는 새로운 존재론적 기반, 즉 "나는 억압을 경험한다, 고로 나는 존재한다.…… 지배와 억압에도 동일한 논리가 적용된다"는 자명한 명제의 수용을 통해 새로운 생명력을 얻었다.

이 새로운 철학적 기반에 토대하여 포스트모더니즘이 발전해 나감에 따라, 많은 새로운 철학적 분파들이 부상했다. 이들 분파들은 대문자 이론에 때로 무겁게 의존하며, 언어와 권력이 사회에 영향력을 행사하는 특수한 측면들을 집중적으로 연구했다. 이 각각의 영역들—탈식민, 퀴어, 그리고 비판적 인종 대문자 이론들은 젠더 연구, 장애 연구, 그리고 비만 연구와 더불어—모두 각각의 장에서 자세히 다룰 것이다. 그 가운데 퀴어 대문자 이론은 포스트모던 대문자 이론적 접근법들을 전적으로 활용하는 유일한 영역이지만, 이 모든 연구의 영역들은 응용 포스트모더니즘 사유의 지배를 받게 되었다. 포스트모더니즘의 구성요소들을 취하고 그것들을 특수한 방식으로 응용하고자 했던 대문자 이론가들은 응용 포스트모더니즘적 대전환과 함께 대문자 사회 정의 연구의 창시자들이 되었다.

탈식민 연구는 포스트모더니즘의 원칙을 응용하면서 떠오른 최초의 사례였다. 식민주의의 여파를 연구하는 다른 접근들이 존재하지만, 포스트모던적 대문자 이론은 이 원칙의 수많은 토대를 만들었고, 사람들은 종종 포스트모더니즘과 탈식민주의를 함께 가르친다. 탈식민 대문자 이론의 창시자인 에드워드 사이드Edward Said는 미셸 푸코에게 심하게 의존하였는데, 그러므로 그의 작업은 담론들이 어떻게 현실을 구성하는가에 집중되었다.[12] 사이드는 단지 권력 구조들을 해체하고 동양에 대한 지각들이 서양에 의해 어떻게 구성되는지를 보여주는 것만으로 만족하지 않았다. 그에게는 역사를 수정하고 다시 쓰는 것이 반드시 필요했다. 획기적인 저서인 『오리엔탈리즘*Orientalism*』에서 그는 "역사는 남자들과 여자들(사람들)에 의해 만들어지는데, 그것은 또한 원상태로 돌려서 다시 쓸 수 있는 것이기도 하다.…… 따라서 '우리의' 동양, '우리의' 오리엔트는 소유하고 방향을 제시할 '우리의 것'이 될 수 있다."[13]

사이드의 계승자인 호미 바바Homi K. Bhabha와 가야트리 스피박 Gayatri Chakravorty Spivak 또한 푸코를 중시했지만, 이들은 데리다에 더욱 의존하였다. 그들은 언어의 의미 전달 능력을 전적으로 불신했다. 그러나 또한 그들은 언어가 그 안에 부당한 권력의 역할을 은폐한다고 믿었다. 언어를 통해 전달되는 권력에 초점을 맞춤으로써 탈식민 대문자 이론은 명백하게 정치적 목적을 발전시켰는데, 이 정치적 목적이란 피식민 민중의 목소리들을 드러내고 증폭시키기 위하여 동양에 대한 서양의 서사들을 해체하는 것이었다. 탈식민주의 학자인 린다 허천Linda Hutcheon은 다음과 같이 말한다.

> 페미니즘처럼 탈식민적인 것은 해체적일 뿐만 아니라, 포스트모던의 해체론적인 충동이 결여하고 있는 행위자agent와 사회적 변화에 관한 이론임을 함축하는 한, 건설적인 정치적 기획이기도 하다. 이 두 가지 "탈脫 post-"이 모두 아니러니irony를 사용하지만, 탈식민적인 것은 아이러니에서 멈추지 않는다.[14]

또 하나의 새로운 대문자 이론이 여성학women's studies 안에서 발전했는데—그리고 나중에는 젠더 연구 안에서—이는 페미니즘 사상과 문학 이론 사이의 교차점에서 성장해 나왔다. 그러나 여성학은 포스트모던적인 것으로 시작하지 않았다. 대부분의 여성학은 다른 형태의 페미니즘 이론과 같은 궤적을 밟았다. 그중 많은 것들이 서구의 가부장제가 대체로 자본주의의 확산에 따른 것이고, 그것을 통해 여성들이 독특한 방식으로 착취당하고 주변화되었다고 보는 비판적 마르크스주의의 렌즈를 통해서 여성의 지위를 연구했다. 푸코가 사회 침투적인 격자grid의 개념을 선호하며, 담론에 의해 생산된 권력을 이렇게 단순하게 위에서 아래로top-down의 관계로 이해하는 것을 거부한 일은 유명하다.

1980년대 말까지 이런 차이가 다양한 유형의 페미니스트들 사이의 차이를 가져오기 시작했다. 그들은 어디까지 해체론적 방법들을 받아들일지에 관해 의견을 달리하였으며,[15] 이와 같은 불일치는 오늘날까지 지속되고 있다. 유물론적 페미니스트—주로 가부장적인 그리고 자본주의적인 가설들이 어떻게 여성들에게 사회적으로 구성된 젠더 역할을 강요하는지에 초점을 맞추는 페미니스트—인 메리 푸비Mary Poovey는 이것을 분명하게 서술하였다. 푸비는 그가 사회적으로 구성된 젠더의 전형으로 간주한 것의 근저를 뒤흔드는 해체론적인 기술들에 매료되었지만, 유물론자로서 그는 해체론이 그 순수한 형태 안에서는 "여성"의 범주가 존재하는 것을 인정하지 않는다고 우려하였다.[16] 이런 접근은 새로운 것이었다.

탈식민 대문자 이론가들처럼 푸비 역시 행동주의의 목적들을 위해 포스트모던적 기술들을 적용하기를 원했다. 따라서 그녀는 페미니즘에 접근할 수 있는 일종의 "연장통"을 주창했는데, 그 안에서 해체론적 기술들은 (생물학적) 섹스가 아니라 젠더 역할들을 해체하는 데 사용될 수 있었다. 그녀는 억압과 싸우기 위해 다른 계급의 사람들—남성들—에 의한 어떤 계급의 사람들—여성들—에 대한 억압을 사실로 받아들여야 한다고 주장했다. 이것은 "여성들"과 "남성들"의 계급들과 이들 사이의 역동적인 권력에 어떤 안정적이고 객관적인 현실성을 부여할 것을 반드시 요구한다. 그녀는 대문자 이론의 어떤 측면들을 페미니즘과 젠더 연구에 도입했다.

퀴어 대문자 이론 발전의 토대가 된 페미니스트이자 성소수자 연구자이며 활동가인 주디스 버틀러Judith Butler는 이와 같은 딜레마에 대한 상반된 접근법을 전형적으로 보여준다. 1990년에 발행된 그의 가장 영향력 있는 저서인 『젠더 트러블Gender Trouble』[17]에서 그는 젠더 그리고 생물학적 섹스 모두의, 사회적으로 구성된 본질에 초점을 맞춘다. 버틀러에게 "여성"은 사람들로 이루어진 계급이 아니라 "젠더화된" 현실을 구성하는 수행performance이다. 버틀러의 '젠더 수행성gender performativity'—젠더를 현실화하는 행위들과 말—개념은 그녀로 하여금 한편으로는 정치적으로 적극적이면서, 다른 한편으로는 철저하게 포스트모던적이고, 모든 것을 해체하며, 섹스, 젠더와 성적 취향에 대한 안정된 본질들과 객관적 진리들을 거부할 수 있게 해주었다. 이는 두 가지 층위에서 작동하였다. 첫째, "현실-효과들reality-effects"과 사회적 혹은 문화적 "허구들"을 언급함으로써 버틀러는 젠더, 섹스, 그리고 성적 취향을 사회적 구성물들로 이루어진 현실로 간주할 수 있게 되었다. 버틀러에게는 특정한 사회적 구성물들 자체가 현실적인 것이 아니라 구성물들이 존재한다는 것이 진실이다. 둘째, "퀴어"가 특히 남성과 여성, 남성적인 것과 여성적인 것, 이성애적인 것과 동성애적인 것을 규정하는 데 사용되는 범주들 바깥에 있는 것으로 이해해야 하기 때문에 그런 범주들을 뒤흔들고 해체하는 것이 행동주의에는 필수적인 것이다. 그러므로 "퀴어한다to queer"는 말은 버틀러적 의미에서는 동사로 사용될 수 있고, 무언가를 "퀴어하기queering"란 범주들을 불안정하게 만들고, 그것과 연결된 규범들 혹은 수용된 진리들을 뒤흔드는 것을 가리킨다.

이것의 목적은 범주화됨의 억압으로부터 "퀴어"를 해방하는 것이다.

푸코와 데리다에 깊이 의존함에도 불구하고, 버틀러는 자신을 포스트모더니스트라 생각하지는 않았다. 사실 그녀는 "포스트모더니즘"을 일관성 있는 용어로 간주하지도 않았다. 그러나 이는 포스트모더니즘에 대한 경멸이 아니다. 왜냐하면 비일관성과 규정 불가능성이야말로 버틀러의 퀴어 대문자 이론의 중심이기 때문이다. 1995년에 발표한 에세이「우발적인 토대들: 페미니즘과 '포스트모더니즘'의 문제Contingent Foudations: Feminism and the Question of 'Postmodernism'」에서 그녀는 그녀 특유의 절반은 이해 불가능한 산문의 형식으로, 포스트모더니즘의 요점은 억압적 권력 구조들이 확고한 규정들과 안정된 범주들의 결과로 형성되며, 이를 인식하는 것이 퀴어의 정치적 행동주의를 가능하게 한다고 말했다.[18] 그러므로 버틀러는 포스트모더니즘의 가정들 혹은 방법들을 거부하는 대신 포스트모더니즘을 규정하지 않는 것이 더 낫다—섹스, 젠더, 그리고 성적 취향들을 규정하지 않는 것이 더 나은 것처럼—고 주장하는 것이다. 그렇게 하는 것(규정하는 것)은 그것이 또 다른 강력한 억압적 세력이 되는 것을 허용하거나 심지어 조장하는 셈이 될 것이고, 이것이야말로 그녀가 자크 데리다에게서 끌어와 설명한 바, 범주화의 폭력이다.

버틀러는 비규정성과 모호성을 그녀 자신의 철학에 필수적인 요소로 만듦으로써 원래의 포스트모더니즘을 제약했던 무목적성을 피해 나갔다. 그녀는 다음과 같이 설명한다. "우리가 할 일은 토대들을 확립하는 이론적 움직임에 권위를 부여하는 것과 함께 그것이 엄밀히 배척하거나 배제하는 것이 무엇인지를 심문하는 것이다."[19] 버틀러의 사유는, 범주들을 끝없이 검토하고 해체함으로써 그 범주에 단정하게 잘 맞지 않는 사람들이 해방될 수 있게 해준다.

다른 대문자 이론의 갈래에서 고도의 영향력을 가진 또 다른 페미니스트가 있다. 그는 1960년대 후반에 작업을 시작했고, 포스트모던 대문자 이론을 수정할 필요가 있다고 보았다. 그가 바로 벨 훅스bell hooks(이는 글로리아 왓킨스Gloria Watkins의 필명인데, 그녀는 이 이름을 의도적으로 소문자로 쓴다)이다. 훅스는 아프리카계 미국인 학자이고 활동가인데 포스트모더니즘—특히 포스트모던 대문자 이론과 페미니즘—이 흑인과 여성들, 그리고 노동자 계급을 배제하고 있으며, 그녀가 느끼기에 이 점이 포스트모더니즘의 사회적, 정치적인 변화의 성취 능력에 제한을 가한다고 문제 삼는다. 그녀는 포스트모더니즘의 가정들 혹은 사유들을 비판했던 것이 아니라, 그것이 엘리트 백인 남성 사상가들과 관련되어 있으며, 그들에 의해 발전했고 유행했다는 것을 비판했다. 훅스는 1990년의 에세이 「포스트모던적 흑인성Postmodern Blackness」에서 포스트모더니즘이 통상 차이와 타자성에 주의를 기울일 때조차도 백인 남성 지식인들과 학문적 엘리트들의 지배를 받고 있다고 비판한다. 그녀는 포스트모더니즘이 정체성의 정치학을 적용해야만 한다고 주장하면서, 특히 포스트모더니즘이 안정된 정체성을 묵살하는 것에 대하여 비판적이었다.

> "정체성"에 대한 포스트모던적 비판은, 비록 새로워진 흑인 해방 투쟁에 적절한 것일지라도 문제가 많은 방식으로 종종 제기된다. 급진적 흑인 주체성의 형성을 막는, 만연한 백인 우월성의 정치학을 놓고 볼 때 우리는 정체성의 정치학에 대한 관심을 무신경하게 묵살할 수 없다.[20]

그녀는 다음과 같이 묻는다.

많은 종속된 사람들이 처음으로 자신들의 목소리를 내고 있음을 느끼는 역사적인 순간에 표면으로 부상한, "주체"에 대한 포스트모던적 비판들을 우리가 의심해서는 안 되는가?[21]

훅스에게 문제는 포스트모더니즘이 쓸모없다는 것이 아니라 그것이 백인 남성 지식인들의 경험에 맞게 재단되었으며, 정체성의 정치학을 감안하지 않았다는 것이다. 훅스는 포스트모던적 사유가 정체성의 개념을 불안정하게 만드는 실수를 저질렀으며, 이것이 미국 흑인들—특히 흑인 여성들—의 통합된 목소리와 경험들, 그리고 인종적 평등을 추구하기 위하여 지배적 서사들을 해체하려는 그들의 소망들을 배제하도록 이끌었다고 주장했다. 그녀는 또한 포스트모더니즘이 1960년대에 근대주의의 보편적 의제들을 채택함으로써 시민의 평등권을 성취했던 흑인들의 목소리를 침묵시켰다고까지 주장했다.[22] 훅스는 포스트모더니즘이 가치가 있으려면 상아탑에서 나와 세상으로 들어갈 필요가 있다고 주장했다. 그녀는 또한 자신의 특권 때문에 정체성의 중요성을 의심할 수 있는 권한이 있다는 백인 남성의 관점을 문제시했으며, 포스트모더니즘이 정치적으로 급진적인 평범한 흑인이 행하는 일상적인 행동주의에 이바지해야 한다고 주장했다. 그녀는 다음과 같이 말한다.

탈중심화된 주체와 함께 포스트모던 문화는 관계들이 단절되는 공간이 될 수도 있고, 혹은 새롭고 다양한 형태의 결속을 위한 기회를 제공할 수도 있다. 일정 정도의 파열들, 표피들, 맥락들, 그리고 다수의 다른 일들의 발생은, 일상 세계와 의미 있는 연결 없이 협소하고 분리된 영역들에 국한된 지식인들을 더 이상 필요로 하지 않는, 저항적 실천을 위한 공간들을 만드는 틈새들을 창조한다.[23]

훅스의 아이디어들은 원래는 비판적 법학자들에게서, 특히 그중에서 가장 잘 알려진, 데릭 벨Derrick Bell과 함께 시작된 비판적 인종 대문자 이론과 나란히 부상했다. 벨의 제자 중의 한 사람이며 훅스와 같은 흑인 페미니스트의 영향을 많이 받은 법학자가 있는데, 그가 바로 킴벌리 크렌쇼Kimberlé Crenshaw다. 크렌쇼는 1991년에 나온 그의 획기적인 에세이「주변인들의 지도를 그리기: 교차성, 정체성의 정치학, 그리고 유색 여성에 대한 폭력Mapping the Margins: Intersectionality, Identity Politics, and Violence Against Women of Color」[24]에서 포스트모더니즘에 대한 유사한 비판을 하였다. 그녀의 입장은 자신이 2년 일찍 더 논쟁적인 글에서 소개했던, 매우 큰 영향력을 가진 **교차성** 개념의 토대로 발전하였다 (이 책의 5장을 보라).

교차성의 개념은, 억압된 정체성들—말하자면, 흑인이면서 동시에 여성—의 "교차" 속에 처한 누군가를 특별하게 차별하는 것이 가능하고, 현재의 차별법은 충분히 민감하지 못하다는 것을 정확히 인식한다. 예를 들어 크렌쇼는 수많은 흑인 남성들과 백인 여성들을 고용했으나 흑인 여성들을 거의 고용하지 않는 일터에서 흑인 여성을 법적으로 차별하는 것이 가능함을 주목하였다. 그녀는 또한 교차하는 정체성(역주: 두 가지의 정체성이 교차하는 상태를 의미한다. 가령 여성 혹은 흑인이면서 동성애자) 집단들이 직면하고 있는 편견들은 양쪽 정체성 집단만을 거부하는 것 뿐만 아니라 둘 중 하나의 독특한 정체성 집단을 거부하는 것 역시 포함할 수 있음을 제대로 인식하였다. 예를 들어, 흑인 여성은 흑인이기 때문에 그리고 또 여성이기에 따라오는 일상적인 편견들을 접한다. 또한 동시에 흑인 여성들에게만 특수하게 적용되는 별도의 추가적인 편견들을 경험할 수도 있다. 크렌쇼는 몇 가지 중요한 요점들을 만들었다. 그녀는 포스트모던 대문자 이론의 해체론적 잠재력에 대하여 대체로 긍정적임과 동시에 그것을 유색 여성에 대한 차별에 대하여 논파하기 위한 자신의 새로운 "교차론적" 이론 체계의 중심에 놓았다. 그녀는 "나는 교차성이 포스트모던 이론과 현대 정치학을 연결하는 잠정적 개념이 될 것이라고 생각한다"[25]고 말하면서, 인종 문제 관련 활동가들이 실행할 수 있는, 포스트모더니즘의 더욱 정치화된 형태를 수립했다.[26]

푸비, 버틀러, 그리고 훅스처럼, 크렌쇼도 사회적 구성물들로서 인종과 젠더에 대한 대문자 이론적 이해를 유지하는 한편, 그것들을 비판하기 위해 해체론적 방법들을 사용하기를 원했고, 안정된 객관적인 가설을 주장하고자 했다. 즉 어떤 사람들은 인종적 혹은 성적 정체성이 근거가 되어 차별당하는데, 그녀는 이 차별에 대하여 정체성의 정치학을 이용하여 법적으로 논파할 것을 기획하였다. 그녀는 다음과 같이 말한다.

의미가 사회적으로 구성되는 방식들에 대해 질문하는 포스트모더니즘의 서술적 프로젝트는 일반적으로 건전하지만, 이 비판은 때로 사회적 구성물의 의미를 오독하고 그것의 정치적 관련성을 왜곡한다.……그러나 인종 혹은 젠더 같은 범주가 사회적으로 구성된다고 말하는 것은 그 범주가 우리의 세계 안에서 아무런 중요성을 가지고 있지 않다고 말하는 것이 아니다. 역으로, 종속된 사람들을 위한 거대하고도 지속적인 프로젝트—그리고 실로, 사유하는 데 있어서 포스트모더니즘 이론들이 그것들에 매우 도움이 되어온, 프로젝트들 중의 하나—는 권력이 어떤 범주들의 주위에 패거리를 이루고 다른 범주들에게 적대적으로 행사하는 방식이다.[27]

크렌쇼는 (정체성)범주들이 "의미와 결과들을 가지고 있다"고 주장한다.[28] 즉 그것들이 객관적으로 현실적이라고 주장한다. 그녀는 "흑인

black person"과 "우연히 흑인이 된 사람person who happens to be black"[29] (역주: "흑인"은 생물학적 흑인을 말하며, "우연히 흑인이 된 사람"은 후천적으로 인종 차별주의의 대상이 된 흑인을 말한다)을 구분하고 전자의 입장에 서는데, 이와 같은 차이는 정체성의 정치학에 필수적인 것이며, 각종 민권운동을 규정하는 보편적이고 자유주의적인 접근들과 구별된다고 주장한다. 이런 점들이 응용 국면에 든 포스트모더니즘 안에 있는 공통된 주제들이다.

일단 정체성과 권력이 객관적으로 현실적인 것으로 만들어졌고, 포스트모더니즘의 방법들을 사용하여 분석되었기 때문에 교차성의 개념은 매우 빠른 속도로 법 이론의 한계를 깨뜨리고, 문화 비평과 사회적이고도 정치적인 행동주의의 강력한 도구가 되었다. 응용 포스트모던 대문자 이론이 명백하게 포스트모더니즘을 정체성의 정치학에 적용한 결과, 이 대문자 이론은 인종, 섹스, 젠더, 성적 취향, 계급, 종교, 이민자의 지위, 육체적 혹은 정신적 능력, 그리고 신체의 사이즈 등을 포함하여 정체성의 무수한 측면들에 관심이 있던 학자들에 의해 사용되기 시작했다. 크렌쇼의 권고를 따르면서, 비판적 문화 연구의 급속히 부상한 영역들은 모두 어떤 정체성들이 왜 주변화되었는지를 설명하기 위해 사회적 구성주의에 심각할 정도로 의존하며, 그런 사회적 구성물들 자체가 객관적 현실에 존재한다고 주장한다.

예를 들어 장애 연구disability studies[30]와 비만 연구fat studies[31]는 최근 대문자 사회 정의 학문의 장에 주목할 만한 존재들이 되었다. 장애 연구와 비만 연구가 이미 존재했지만, 장애인과 비만인들에 대한 편견과 차별을 다룰 때 최근 들어 급진적이고 사회적이며 구성주의적인 접근법을 취해 왔고, 특히 퀴어 대문자 이론 같은 포스트모던의 원칙들과 주제들을 명백히 적용했다. 이 운동들은 교차론적 체계의 일부가 되었고, 많은 응용 포스트모던 대문자 이론의 접근법을 채택했으며, 그 안에서 장애인들과 비만인들은, 장애와 비만에 대하여 과학적 지식보다 훨씬 더 가치가 있는, 그들만의 구체화된 지식을 가지고 있는 것으로 간주되기에 이르렀다. 이것은 단지 건강하고 날씬한 사람들이 알지 못하는 방식으로 장애인과 비만인들이 자신의 장애와 비만이 어떤 것인지를 안다는 식의 명확한 진실에 관한 것만은 아니었다. 대신에 이 분야의 학자들과 활동가들은 장애와 비만을 치료하고 교정해야 할 신체적 문제로 이해하는 것 자체가 장애와 비만에 대한 체제의 증오로부터 배태된 사회적 구성물이라 주장하였다.

응용 포스트모더니즘의 원칙들과 주제들

정체성의 정치학으로 행동을 취할 수 있는 포스트모더니즘의 변종이 되었음에도 불구하고 응용 포스트모더니즘은 그 핵심에 두 가지 포스트모던적인 원칙들을 그대로 보존해 왔다.

- **포스트모던의 지식 원칙**: 객관적 지식 혹은 진리가 획득 가능한 것인지에 대한 급진적 회의주의 그리고 문화적 구성주의에의 헌신.

객관적 지식 혹은 진리에 대한 이와 같은 거부와 문화적 구성주의에의 헌신, 그리고 우리가 진리라고 부르는 것이 무엇이든 진리란 이름의 문화적 구성물에 불과하다는 믿음은, 한 가지 중요한 단서와 함께 널리 유지되어 왔다. 응용 포스트모던적 사유 아래에서, 정체성과 정체성에 기반한 억압은 객관적 현실의 이미 알려진 특징으로 다루어졌다. 즉 지식을 구성하는 권력과 특권의 체계들로 이루어진 사회의 개념은 객관적인 진실로 받아들여지고, 내재적으로 정체성의 사회적 구성물들과 결부되어 있다.

- **포스트모던의 정치 원칙**: 사회가 권력과 위계들의 체계로 구성되어 있으며, 그 체계들이 지식이 무엇이고, 지식이 어떻게 만들어지는지를 결정한다는 믿음.

이것 또한 보전되어 왔다. 사실 이는 정체성의 정치학을 옹호하는 핵심적인 주장이며, 그것의 정치적으로 실행 가능한 명령은 대문자 사회 정의의 이름으로 이 체제를 해체하는 것이다.

포스트모던적 사유의 네 가지 주제들도 또한 해체론의 고양된 단계의 죽음과 그 뒤를 이은 응용 포스트모더니즘적 대전환을 지나 생존했다.

1. 경계 흐리기

이 주제는 탈식민과 퀴어 대문자 이론들에서 가장 자명하게 드러난다. 이 이론들은 둘 다 유동성, 모호성, 비규정성, 그리고 혼종성에 초점이 맞추어져 있고, 이 모든 것들이 범주들 간의 경계들을 흐리게 하거나 혹은 무너뜨리기까지 한다. "이항대립을 무너뜨리기"라는 그들 공통의 관심은 데리다가 주장하는 바, 언어적 구성물들의 위계적 본질과 무의미성의 개념에 뒤따르는 것이다. 이 주제는 명백히 흑이면서 백(의도된 이중 의미)일 수 있는 비판적 인종 대문자 이론에서는 다소 덜 분명하지만, 실천적인 측면에서 볼 때 비판적 인종 대문자 이론의 교차적 페미니스트적 요소는 수많은 정체성의 범주들을 동시에 아우르며, "지식의 다른 방식들"을 포함하려고 애쓴다. 이것은 경험적인 것들과 증명된 것들의 마구잡이식 혼합을 낳았는데, 그 안에서 살아 있는 경험(종종 대문자 이론에 의해 알려지거나 혹은 잘못 알려진)에 대한 사적인 해석이 (대문자 이론의) 증거가 되는 것처럼 그 지위가 격상된다.

2. 언어의 권력

언어의 권력과 위험성은 모든 새로운 응용 대문자 이론들에 전경화되어 있다. 이 모든 분야에서 "담론 분석"은 중심적인 역할을 한다. 즉, 학자들은 언어를 꼼꼼히 분석하고, 그것을 대문자 이론의 체계에 따라 해석한다. 예를 들어, 그들은 많은 영화들을 문제가 있는 묘사들을 찾기 위해 "꼼꼼히" 살펴보고 폄하하며, 심지어 그 주제들이 넓게 보아 대문자 사회 정의와 일치할 때조차도 그렇게 한다.[32] 게다가 말이 강력한 영향을 미치며 위험하다는 생각은 이제 널리 퍼져서, 담론상의(혹은 말로 하는) 폭력, 안전한 공간, 미묘한 차별들, 사전 경고들 같은 논제들을 둘러싼 많은 학문과 행동주의의 근저를 이룬다.

3. 문화적 상대주의

문화적 상대주의는 당연하게도 탈식민 대문자 이론에서 대부분 표명되어 왔다. 대문자 사회 정의 학문과 행동주의에서 교차성의 개념을 널리 사용하는 것과 서양을 억압적 권력 구조의 정점으로 이해하는 것은 모든 응용 포스트모던 대문자 이론에서 문화적 상대주의를 일종의 규범으로 만들어 왔다. 문화적 상대주의는 지식이 어떻게 생산되고, 인식되며—하나의 문화적 인공물로—어떻게 전달되는가 하는 측면에서, 그리고—또 다른 문화적 구성물로서—도덕적이고 윤리적인 원칙들의 관점에서 적용된다.

4. 개별성과 보편성의 상실

정체성 범주들과 정체성 정치학에 대한 강한 집중은 개별적인 것과 보편적인 것을 대체로 평가절하하는 것을 의미한다. 주류 자유주의가 각 개인이 자신의 잠재성을 실현하도록 하기 위해 보편적인 인간 권리의 성취와 기회들에 초점을 맞추는 반면에, 응용 포스트모던 학문과 행동주의는 이와 같은 가치들을 깊이 의심하며, 심지어 공개적으로 그것들에 적대적이다. 응용 포스트모던 대문자 이론은 주류 자유주의를 현실 안주적이고, 순진하거나 혹은 주변화된 정체성을 가진 사람들을 제한하고 옥죄는, 깊이 각인된 편견들, 가정들, 그리고 억측들로 간주하는 경향이 있다. 응용 포스트모더니즘에서 "개인"은 문제의 개인이 동시에 속해 있는 정체성 집단들의 총계와 같은 어떤 것이다.

대문자 사회 정의 학문의 출현

이런 변화들은 너무 사소해 보여서 대문자 이론을 포스트모더니즘으로부터의 심각한 결별로 간주할 수 없게 만드는지도 모른다. 그러나 이 변화들은 의미심장하다. 고도로 해체론적인 포스트모더니즘의 특징인 역설적인 유희와 의미에 대한 절망을 폐기하고 목표 지향적이 됨으로써, 1980년대와 1990년대의 대문자 이론가들은 포스트모더니즘을 제도와 정치에 응용 가능한 것으로 만들었다. 정체성의 사상을 집단 지식과 권력을 제공해 주는 어떤 것—문화적으로 구성된다 할지라도—으로 회복시킴으로써 그들은 행동주의-학문의 더욱 특수한 형태들을 발전시킬 수 있게 되었다. 대문자 이론은 그러므로 대체로 서술적인 것에서 고도로 처방적인 것으로, 즉 존재*is*에서 *당위ought*로 전환하였다. 응용 포스트모더니즘으로의 전환 이후에, 포스트모더니즘은 이제 더 이상 사회를 서술하고 현실에 대해 오랫동안 확립되어 온 신뢰의 기반을 약화시키는 양상이 아니다. 그것은 이제 대문자 사회 정의의 도구가 되기를 소망한다. 이런 야심은 2010년대 초반에 열매를 맺게 되었고, 이 시기에 포스트모더니즘 안에서 제2의 중요한 진화적 돌연변이가 발생하였다.

응용 포스트모더니즘으로의 전환기에 부상한 새로운 대문자 이론들은 학자들과 활동가들이 사회에 대한 포스트모던적 개념을 가지고 무엇인가를 *할 수 있게* 해주었다. 만약 지식이 사물에 대하여 말하는 방식을 통해 작동하는 권력의 구성물이라고 한다면, 지식은 변화 가능하며, 우리가 사물에 대해 말하는 방식을 변화시킴으로써 무너뜨릴 수 있게 된다. 그러므로 응용 포스트모더니즘은 특히 대문자 이론적으로 해로운 것으로 여겨지는 언어와 이미저리를 *문제시함*으로써 담론을 통제하는 데 초점을 맞춘다. 이것은 "억압을 눈에 보이도록" 하기 위하여, 사회 안에 존재한다고 가정하는 억압적 문제들이 드러나는 방식들을 찾아 부각시키는 것을 의미한다. 언어에 대한 철저한 검증, 그리고 **정치적 올바름**political correctness으로 흔히 알려진, 정체성과 관련된 용어들에 대한 더욱 엄정한 규칙들의 발전이 1990년대에 와서 무르익었고, 2010년대 중반 이래로 다시 적합한 것이 되었다.

이것은 정치적으로 실행 가능한 결론들을 가져온다. 우리가 진리라 받아들이는 것이 이성애, 백인, 부유한 서구 남성들의 담론들로 특권화되어 있기 때문에 진리로 받아들이는 것이라면, 응용 대문자 이론은 주변화된 정체성 집단들에게 이 권한을 부여하고 그들 목소리의 우선권을 주장함으로써 도전할 수 있다고 주장한다. 그들의 믿음은 정체성 정치학의 공격성을 증대시켜서 "연구 정의research justice"라는 개념까지 유도했다. 이 경종을 울리는 제안은 학자들이 우선적으로 여성들과 소수자들을 인용할 것—서양 백인 남성들의 인용을 최소화하고—을 주장하는데, 이는 증거와 합리화된 주장에 뿌리를 둔 지식 생산에 가치를 부여하는 경험적 연구가 백인 서구인들의 부당하게 특권화된 문화적 구성물이기 때문이다. 따라서 이 관점에 따르면, 엄정한 연구의 특권을 "다른 형태들의 연구", 즉, 미신, 영적인 믿음들, 문화적 전통과 신념들, 정체성에 토대한 경험들, 그리고 감정적 반응들과 공유하는 것은 도덕적 책무이다.[33]

이런 방법들이 실제로 무엇에든 적용 가능해짐에 따라, 어떤(혹은 모든) 정체성 기반의 영역들에 의존하는 방대한 작업이 대체로 2010년 이래로 부상해 왔다. 그것은 사회적으로 구성된 지식과 권력 위계의 객관적 진리를 절대적 확신을 가지고 단언한다. 이는 포스트모더니즘 안에서 포스트모더니즘의 새로운 가정들로서의 응용 포스트모더니즘의 진화가 알려질 대로 알려져서—사람들이 그것을 이미 "다 아는 것으로 known"—당연하게 여기는 정도가 되었음을 나타낸다. 이와 같은 작업은 더욱 넓은 의미의 "인식론적 부당함",[34] "인식론적 억압",[35] "인식론적 착취",[36] 그리고 "인식론적 폭력"[37]등의 개념들과 더불어 "페미니즘 인식론", "비판적 인종 인식론", "탈식민적 인식론", 그리고 "퀴어 인식론"으로 알려진 방법론들을 끌어 들인다.("인식론"이란 지식이 생산되는 방식들을 가리키는 용어이며, "인식론적"이란 "지식과 관련된"의 의미를 갖는다.) 이런 모든 접근들은 빈번히 "대문자 사회 정의 학문"으로 흔히 알려진 것을 생산하기 위해 결합된다. 외견상의 다양성에도 불구하고 "다른 지식들"에 대한 이런 접근들은, 서로 다른 주변화된 정체성을 가진 사람들은 그런 정체성 집단의 구성원으로서, 특히 억압적 체제의 구성원으로서 그들의 공유된, 구체화된, 그리고 산 경험에 뿌리를 둔 서로 다른 지식들을 가진다는 생각을 전제로 한다. 그런 사람들은 그들의 것이 아닌 "지배적인" 체제 내에서 강제로 작동될 때 지식자들로서 불이익을 당할 수 있으면서, 또한 다양한 인식론적 체계들과의 친숙성 때문에 독특한 이익을 향유할 수도 있다. 그들은 번갈아 가며 자신의 지식이 주류에 포함되지도 인정받지도 않을 때에는 "인식론적 폭력"의 희생자가 되기도 하고, 아니면 그들의 지식을 공유할 것을 요구받았을 때에는 "인식론적 착취"의 희생자가 될 수도 있다.

이와 같은 변화들은 학문과 행동주의 사이의 장벽을 꾸준히 잠식해 왔다. 사실 특정한 이데올로기적 입장에서 작동하는 교육이나 학문은 그동안 실패로 간주되곤 했다. 교사나 학자는 자신들의 주제에 가능한 한 객관적으로 접근하기 위하여 자신의 편견들이나 신념들을 내려놓을 것을 요구받았다. 교수들도 다른 학자들이 편견이나 혹은 동기화된 추론들을 지적할 수 있고—지적하고—증거와 논쟁을 통해 그것을 비판할 수 있다는 사실을 알기에 그렇게 할 것을 권장 받았다. 교사들은 만일 자신의 학생들이 그들의 정치적 혹은 이데올로기적 입장들이 무엇인지 모른다면, 객관성을 향한 자신들의 시도가 성공적이라고 생각할 수 있다.

그러나 이러한 방식은 이제 대문자 사회 정의 학문이 작동되는 혹은 교육에 적용되는 방식이 아니다. 가르치는 일은 이제 정치적인 행동으로 간주되고, 오로지 한 가지 유형의 정치학—대문자 사회 정의 이론의 정의에 따르면 정체성의 정치학—만이 수용될 수 있다. 젠더 연구에서 부터 영문학에 이르는 주제들의 경우 불확실한 증거 혹은 대안적 설명들을 포함함으로써 다른 논자의 해석을 왜곡하려는 시도 없이도, 이론적 혹은 이데올로기적 입장을 진술하고 그 렌즈를 사용하여 대상을 검토하는 것이 이제 완전히 수용될 수 있다. 이제 학자들은 공공연히 자신들을 활동가라고 선언할 수 있고, 학생들이 대문자 사회 정의의 이데올로기적 토대를 진리로 수용하고, 그것을 지원하는 성과를 생산해야만 한다고 교과과정을 통해 가르칠 수 있다.[38] 2016년,『제네로스: 젠더 연구 다분야 저널 *Géneros: Multidisciplinary Journal of Gender Studies*』에 실린 한 악명 높은 논문은, 심지어 호의적으로 여성 연구를 에이즈 바이러스와 에볼라 바이러스에 비교하며, 활동가가 된 학생들을 보균자로 활용하면서 면역을 억제하는 바이러스처럼 자신들 식의 페미니즘을 전파해야 한다고 주장했다.[39]

이러한 변화들이 놀랍고 염려스러울지라도, 이것은 어떤 은폐된 논제의 결과가 아니다. 논의거리는 열려 있고, 분명하며, 항상 그래 왔다. 예를 들어, 2013년에 활동가이자 학자인 산드라 그레이Sandra Grey는 다음과 같이 주장했다.

> 실천적이고 학문적인 시민들이 되는 일의 일부는, 우리 학생들에게 행동하도록 그리고 그 이상의 존재가 되도록 이의를 제기하는 것이다. 그 옛날 대학에서 문맹자들에게 대학의 사상을 가져다주는 사람들은 다름 아닌 학생들이었다. 그들은 선교사처럼 행동했으며, 새로운 사상들을 농민들에게 가르쳤고, 마치 루터교인처럼 지방으로 운동들을 펼쳐 나갔다. 우리 학생들이 루터교의 이상들을 공언하면서 사회 속으로 나가야만 한다고 제안하지는 않겠지만 나는 학생들이 실천적인 시민이 될 수 있게 하고, 나아가 그들 중 일부가 활동가의 역할을 떠맡도록 영감을 불어 넣을, 비판, 토론, 그리고 연구의 도구들을 우리가 제공해야 한다고 생각하고 싶다. 결국 학자들은 자신들의 규범적인 삶의 부분으로서 연합체와

연결체들을 형성하고, 나아가 때로는 정치적이고 가치 있는 일을 옹호하는 조직들의 구성원들이 되어야 할 필요가 있다. "대의를 위해" 실행된 엄정한 연구는 다시 정당한 지식 세대로 수용되어야만 한다.[40]

2018년에 활동가-학자들이 『그것을 거리로 가져가기: 정치적 지지에서의 학문과 학문에서의 정치적 지지의 역할Taking It to the Street: The Role of Scholar in Advocacy and Advocacy in Scholarship』이라는 제목의 논문집을 출판하였다.[41] 물론 학자들이 활동가가 되고, 활동가들이 학자가 될 수도 있지만, 이 두 가지 역할을 연결하는 것은 문제를 일으킬 소지가 많고, 어떤 정치적 입장을 대학에서 가르칠 때 그것은 정설定說이 되기 쉬우며, 그렇게 되면 누구도 그것을 문제 삼을 수 없게 된다. 행동주의와 교육은 일종의 근본적인 긴장 속에서 존재한다. 즉, 행동주의는 진리를 안다는 것을 충분한 확신을 가지고 그것에 의존해서 행동하는 것이라 가정함에 반하여, 교육은 그것이 무엇이 진리인지를 확실히 알지 못하며, 따라서 더욱더 배울 것을 추구한다는 것을 의식한다.[42]

응용 포스트모던 사상들은 그동안 원래의 포스트모더니즘 대문자 이론이 하지 않았던 방식으로 대학의 경계들을 벗어나 왔는데, 그들이 그럴 수 있었던 것은 적어도 부분적으로는 사람들이 의존할 만한 능력을 가지고 있었기 때문이었다. 세상 밖으로 나와서 그들의 사상들은 힘을 얻게 되었다. 포스트모던적 지식과 정치 원칙들은 이제 활동가들에 의해 그리고 또한 점점 더 기업들, 미디어, 공적인 인물들, 그리고 일반 대중에 의해 일상적으로 소환되고 있다.

사회에서 무슨 일이 벌어지고 있는지, 그리고 그것이 어떻게 그렇게 빨리 일어났는지 점점 더 정신을 차리기 힘든, 우리 같은 일반 시민들은, 학문적 교과과정에서부터 헤어스타일이나 수학에 이르기까지 모든 것을 "탈식민화"하라는 요구들을 정기적으로 반복해서 듣는다. 우리는, 예술에서 어떤 정체성 집단들에 대한 재현이 결핍되어 있다는 불평을 듣는 똑같은 시간에 문화적 전유專有에 대한 탄식의 말들을 듣는다. 우리는 오로지 백인만이 인종차별주의자일 수 있고, 그들은 항상 그런 식이라는 말을 자연스레 듣는다. 정치가들, 배우들, 그리고 예술가들은 자신들이 교차적인 것을 자랑스러워 한다. 기업들은 한편으로는 "다양성"에 대한 자신들의 존중을 과시하지만, 다른 한편으로는 자신들이 정체성(의견이 아닌)의 피상적 다양성에만 관심이 있음을 분명히 한다. 모든 종류의 조직들과 행동주의 집단들은 자신들이 포괄적이되 오로지 자신들에게 동의하는 사람들에게만 그러함을 공언한다. 미국의 엔지니어들은 구글 같은 회사에서 젠더 차별이 존재한다고 말했다가 해고되었으며,[43] 영국의 코미디언은 미국인들에 의해 인종차별주의자로 해석될 수 있는 농담을 반복했다는 이유로 BBC방송국에서 파면되었다.[44]

우리들 대부분에게, 이런 일은 혼란스럽고 동시에 경종을 울리는 일이다. 많은 사람이, 무슨 일이 일어나고 있는지, 어떻게 우리가 이렇게 되었는지, 이 모든 것이 무엇을 의미하는지, 이 사태를 어떻게(그리고 얼마나 빨리) 고칠 수 있는지, 그리고 어떤 공통의 토대, 관용, 그리고 이성을 복구할 수 있는지 의아해한다. 이런 것들은 어려운 문제들이다. 도대체 어떤 일이 일어났는지 말하자면 다음과 같다. 응용 포스트모더니즘은 그 자신 속에 함몰되어 *물화物化되었고*—현실적인 것으로 받아들여졌고, 대문자 사회 정의에 따라 대문자 진리Truth로 받아들여졌다—활동가들에 의해 널리 퍼졌으며, (역설적이게도) 스스로 지배적인 메타서사로 전환되었다. 그것은 신념의 물품이 되었고, 널리 사회 전체에 걸쳐, 특히 좌파에 토대하여 작동하는 신화가 되었다. 그것에 경의를 표하지 않는다는 것은 문자 그대로—더 흔히 상징적으로—치명적일 수 있다. 사람들은 지배적인 정설에는 잘 도전하지 않는다.

다행히도 대다수의 사람들은—기업이나 단체, 그리고 공적인 인물들은 차치하고라도—사회에 대한 포스트모던적 개념들을 가지고 대문자 사회 정의의 교차론적 인식에 헌신하는, 실제로 급진적이고 문화적인 구성주의자들이 아니다. 그러나 이런 사상들이 복잡한 문제들에 대한 깊이 있는 설명의 외양을 제공하고 대문자 이론 안에서 작동하기 때문에, 그들은 모호한 학문적 이론—오로지 지식인들만이 믿을 수 있는 종류의 일들—에서 세상이 어떻게 돌아가는지에 대한 일반적인 "지혜"의 영역으로 성공적으로 변신했다. 이런 사상들이 너무 널리 퍼졌기 때문에,—이상적으로 말하면, 일관된 자유주의적인 원칙들과 윤리학을 사용하여—우리가 그들의 실체가 무엇인지를 보여주고 그들에게 저항할 때까지 문제는 개선되지 않을 것이다.

대문자 사회 정의 학문이 포스트모던 대문자 이론에서 응용 포스트모더니즘의 전환을 경유하여 어떻게 발전했는지를 이해하기 위해서, 우리는 새로운 대문자 이론들을 더욱 깊고 각별하게 탐구해야만 한다. 세상 속으로 들어가, 학문, 행동주의, 그리고 우리의 제도들 안에서 자신들을 표명했던 것은 포스트모더니즘 그 자체가 아니라 이런 응용 대문자 이론들—탈식민, 젠더, 퀴어, 비판적 인종이론 등—이다. 다음의 다섯 장들에서, 우리는 이와 같은 응용 대문자 이론들이 어떻게 발전했는지를 설명할 수 있기를 희망한다. 그리고 난 후 8장에서, 우리는 대문자 사회 정의의 이데올로기를 통해 그것들이 어떻게 당연한 대문자 진리로 간주되었는지를 설명할 것이다.

3장

탈식민 대문자 이론

타자를 구하기 위하여 서구를 해체하기

탈식민 대문자 이론은 말 그대로 서구를 해체하고자 하며, 이 야심 찬 폭파 프로젝트야말로 의심할 여지 없이 응용 포스트모더니즘의 첫 번째 결과물이다. 포스트모더니즘이 문화 연구를 장악하기 이전에 이미 상당히 성숙한 사유들을 발전시켰던 인종과 젠더 대문자 이론과 달리 탈식민 대문자 이론은 직접적으로 포스트모던적 사유에서 뻗어 나온 갈래였다. 게다가 탈식민 대문자 이론은 그 모든 선언과 충격들로 식민주의를 무효로 만들겠다는, **탈식민화**decolonialization라는 특정한 목적을 달성하기 위해서 생겨났다.

포스트모더니즘이 근대성의 주요 자질들을 뛰어넘음과 동시에 해체하고자 했다면, 탈식민 대문자 이론은 이런 프로젝트를 식민주의와 관련된 이슈들로 제한했다. 더욱 특수하게도 탈식민 대문자 이론 안에서 두드러진 것은, 문화적 구성주의를 바탕으로 객관적 진리를 거부하는 포스트모던적 지식 원칙과 이 세계는 권력과 특권의 체계들로부터 구성된 것이며, 그 체계들이 지식을 결정한다고 지각하는 포스트모던적 정치 원칙이다. 포스트모던적 사유의 네 가지 주요 주제—경계 흐리기,

강력한 언어 권력에 대한 믿음, 문화적 상대주의, 그리고 개별성의 상실과 보편성의 거부—는 탈식민주의 전체를 관통하며 발견된다. 모든 탈식민 학자들이 외관상 포스트모던한 것은 아닐지라도, 그 주요 인물들은 확실히 그랬고, 지금도 그렇다. 그리고 이런 접근법은 오늘날 탈식민 대문자 사회 정의 학문과 행동주의를 지배하고 있다.[1]

탈식민주의 그리고 그와 관련된 대문자 이론은 5세기 이상 전 지구적 정치학을 지배해 왔던 유럽 식민주의의 도덕적이고 정치적인 몰락이라는 특수한 역사적 맥락에서 발생했다. 유럽 식민주의는 약 15세기 무렵에 본격적으로 시작되었으며 20세기 중반까지 지속되었는데, 그것은 유럽의 권력들이 자신들의 영토를 확장할 권리와 함께 다른 민족들과 종교들에 대해 자신들의 정치적이고 문화적인 권위를 행사할 권리를 가지고 있다는 가정들 위에서 진행되었다. 비록 제국을 건설하려는 이런 태도가, 대부분은 아닐지라도 20세기 이전의 수많은 문화들에 있어서 하나의 전형적인 척도였다. 그리고 유럽의 식민주의는 당시 자신의 관점에서 이런 권리를 주장하고 정당화했던 전면적인 이유들, 이야기들, 그리고 자신을 정당화하는 것들—혹은 메타서사들—을 갖추고 있었다. 이런 것들은 프랑스 식민주의에서는 **문명화의 임무**la mission civilisatrice를, 북미에서는 명백한 사명(설)Manifest Destiny(역주: 미국이 북미를 지배할 사명과 운명을 가지고 있다는 주장)을 포함하고 있었는데, 이런 개념들은 계몽주의 이전부터 근대를 거치면서 지식 생산과 정치적 조직화의 중심이 되었다.[2]

그 뒤 놀라운 속도로 유럽의 식민주의는 흔들렸고, 20세기 중반에 몰락했다. 특히 2차 세계대전에 뒤이어 탈식민화를 위한 노력들이 물질적 그리고 정치적 층위 양쪽에서 빠르게 진행되었으며, 1960년대 초가 되자 식민주의에 대한 도덕적 우려들이 학문과 일반 대중들 양쪽에서,

특히 급진적 좌파 진영에서 두드러지게 되었다. 식민주의의 몰락은 그러므로 특히 유럽 대륙의 학문 영역에서는 포스트모더니즘이 발생했던 사회적이고 정치적인 환경의 중심에 있었다. 결국 탈식민 대문자 이론가들은 식민주의의 담론들(사물에 대하여 말하는 방식들)에 주목함으로써 식민주의의 메타서사들을 거부하는 과정에서 자신들의 입지를 세웠다. 탈식민주의는 그러므로 주로 포스트모더니즘을 협애화하여 근대성의 한 가지 특정한 요소—식민주의—로 초점을 맞춘 것이었으며, 그것이 적용한 도구는 그 문제에 적용되었던 대문자 이론인 **탈식민 대문자 이론**이다. 탈식민주의 대문자 이론가들은 식민주의 담론들을 연구하였는데, 그들에게 식민주의는, 헤게모니를 가진 "문명화된" 서양의(그리고 기독교의) 담론들이 "문명화되지 않은" 그리고 "야만적인" 것으로 해석했던 다른 문화들을 지배할 권리까지는 아닐지라도, 권력자들과 특권자들의 이해관계를 보호할 것을 추구했다.

응용 포스트모더니즘 프로젝트로서의 탈식민주의

20세기 중반을 지나며 식민주의에 대한 우려가 점점 더 커져가고 있을 때 정신과 의사인 프란츠 파농Frantz Fanon의 작업이 급속도로 영향력을 얻어 갔다. 프랑스 식민지인 마르티니크에서 태어난 파농은 종종 탈식민 대문자 이론의 토대가 되는 이론가로 평가된다. 1952년에 출판된 그의 『검은 피부, 하얀 가면Black Skins, White Masks』[3]은 인종차별주의와 식민주의 양자에 대한 강력한 비판을 제공한다. 1959년에 출판된 『죽어가는 식민주의A Dying Colonialism』[4]는 프랑스로부터의 독립을 요구하며 일어났던 알제리 전쟁 동안 문화와 정치의 영역에서 일어났던 변화들을 (연대순으로) 기록한다. 그 후 1961년에 나온 『대지의 저주받은 사람들 *The Wretched of the Earth*』[5]은 탈식민주의와 탈식민 대문자 이론을 위한 바탕이 되었다. 그 논지는 식민주의에 대한 사유의 심대한 변화를 보여주었다. 1961년에, 파농에게 식민주의는 그 무엇보다도 식민화된 사람들의 인간성에 대한 체계적인 거부를 대변하였다. 파농의 이런 분석은 매우 핵심적인 것이어서, 그는 식민주의가 처음부터 끝까지 문자 그대로 사람들의 정체성과 존엄성을 지우는 것에 대해 말한다. 그는, 이 식민화된 사람들이 자신들의 정신 건강과 자존감을 유지하기 위해서는 폭력적으로 저항해야만 한다고 주장한다. 파농의 저서는 심히 비판적인 데다가 동시에 공공연히 혁명적인 태도들을 가지고 있었기에 탈식민주의에 영향을 미쳤으며, 그 이래로 좌파 행동주의의 더욱 급진적인 측면들에 영향력을 행사하였다.

그러나 1961년 그 책을 낼 때, 그는 전혀 포스트모더니스트가 아니었다. 그의 접근법은—한편으로는 심대하게 회의론적이고 명백히 비판적이며 동시에 급진적이었기에—통상 근대주의적인 것으로 이해되는데, 왜냐하면 그의 비판들은 주로 자본주의에 대한 레닌Lenin의 비판들에 의존하고 있고, 그의 분석들은 정신분석 이론에 심하게 기대고 있으며, 그의 철학은 근본적으로 인본주의적이기 때문이다. 그럼에도 탈식민주의의 아버지인 에드워드 사이드를 포함하여 후대의 사상가들은 하나의 문화, 언어, 그리고 종교를 다른 것에 종속시키는 심리적 충격들에 대한 파농의 설명에서 영감을 얻었다. 파농은 식민주의의 사고방식 mind-set은 교란되어야 하며, 가능하다면 식민주의를 정당화했던 식민 지배와 식민주의 세계관에 종속되었던 사람들 내부에서 역전되어야 한다고 주장했다.

이처럼 태도, 편견, 그리고 담론들에 초점을 맞추는 것은 포스트모더니즘과 잘 어울린다. 포스트모던적 방식으로 탈식민주의를 바라보는 학자들—탈식민적 대문자 이론가들—은 또한 자신들의 작업을 식민주의와 연합되어 있고, 식민주의를 정당화하고 있다고 추정할 만한 어떤 *사고방식들*을 극복하기 위한(식민주의의 실제적이고 물질적인 효과에 초점을 맞추기보다는) 프로젝트라 간주한다. 그들은 지식을 담론들에 의해 영속화된 권력의 구성물로 간주하는 포스트모던적 사상들에 주로 관심을 갖는다. 탈식민 대문자 이론의 핵심적인 사상은 말하는 방식들을 통하여 서양의 구성물들이 동양과 반대의 것으로 자신을 구성한다는 것이다. "우리는 합리적이고, 그들은 미신적이다", "우리는 정직하고, 그들은 기만적이다", "우리는 정상적이고, 그들은 이국적이다", "우리는 진화했고, 그들은 원시적이다", "우리는 자유주의적이고, 그들은 야만적이다". 동양은 이렇게 서양이 자신을 비교하는 포장지로 구성된다. *타자*the other 혹은 *타자화하기*othering 같은 용어는 우월하게 느끼기 위하여 다른 사람들을 이처럼 폄하하는 것을 묘사하기 위해 사용된다. 사이드는 이런 사고방식을 "오리엔탈리즘"이라고 부르는데, 이 용어는 사이드가 오리엔탈리스트들—다른 관점에서 극동, 남아시아, 그리고 특히 중동을 연구했던 당대의 학자들—을 강력하게 경멸할 수 있도록 해주었다.

사이드는 1978년에 출판된 저서 『오리엔탈리즘』[6]에서 새로운 생각들을 선보였다. 이 책은 탈식민 대문자 이론의 발전을 위한 토대를 쌓았을 뿐만 아니라, 또한 미국의 청중들에게 응용 포스트모던 대문자 이론의 개념을 가져다주었다. 팔레스타인 출신 미국의 이론가인 사이드는, 주로 파농과 푸코, 특히 후자의 "권력-지식"의 개념에 의존했다.[7] 그가 궁극적으로 푸코의 접근법에 대하여 많은 비판을 했음에도 불구하고, 그는 권력-지식의 개념을 오리엔탈리즘을 이해하기 위한, 매우 중요한 개념으로 간주했다. 사이드에게 가장 중요한 것은 우리가 말하는 방식이 권력을 구성하고, 따라서 사회의 권력 집단들이 담론의 방향을 정하고, 지식의 구성을 규정한다는 푸코의 주장들이다. 예를 들어, 사이드는 다음과 같이 말한다.

> 나는 오리엔탈리즘을 확인하기 위하여 미셸 푸코가 『지식의 고고학The Archaeology of Knowledge』과 『감시와 처벌Discipline and Punish』에서 묘사한 대로 담론의 개념을 사용하는 것이 유용하다는 것을 발견했다. 내 주장은 다음과 같다. 오리엔탈리즘을 담론으로 검토하지 않고서는, 유럽 문화가 계몽주의 이후 시대에 동양을 정치적으로, 사회학적으로, 이데올로기적으로, 과학적으로 그리고 상상적으로 다룰 수—심지어 생산할 수—있었던 막강한 체계적인 규율을 아마 이해할 수 없을 것이다.[8]

사이드는, 오리엔탈리즘의 핵심부에 서구의 담론이 있으며, 이것이 동양을 폄하하는 동시에 이국적으로 만드는 성격을 동양에 강요함으로써 동양을 구성하는 담론이었다고 주장한다. 비록 그가 푸코의 사상 없이는 오리엔탈리즘을 "아마 이해할 수 없을 것이다"라고 주장하지는 않았다 할지라도, 사이드에 대한 포스트모더니즘의 영향을 간과하기는 불가능하다. 이는 부분적으로는 사이드의 작업이 전적으로 문학적 작업이었기 때문인데, 그는 인종차별주의와 식민주의 양쪽에 대하여 의미심장한 질문들을 제기한 알레고리인, 1899년에 나온 조지프 콘래드Joseph Conrad의 중편 소설, 『어둠의 심연Heart of Darkness』[9]에 대하여 특별히 못마땅해하였다. 그는 텍스트의 주제론적 요소에 대한 폭넓은 이해를 주창하기보다는 서구 담론들이 오리엔탈리즘적 이분법을 구성하고, 영속화하며, 강화하는 다양한 방식들을 들춰내기 위하여, "꼼꼼히 읽기"를 통하여 텍스트들을 면밀히 검토하는 것을 선호했다.

사이드에게서 우리는 응용 포스트모던 담론 분석을 보는데, 그것은 지배적 문화 집단과 주변화된(지방의) 문화 집단들 사이의 상호작용에 들어있는 불균등한 권력을 읽어내고, 피억압자들의 관점에서 역사를 다시 쓸 것을 목표로 삼고 있다. 그와 같은 다시 쓰기는 종종 역사를 더 온전하고 더 정확하게 그려내기 위하여 잃어버린 목소리들과 관점들을 회복하는, 고도로 생산적인 형태를 띠지만, 또한 빈번히 국부적 혹은 정치적인 서사들에 따라 역사를 다시 쓰거나, 또는 다수의 화해 불가능한 역사들을 동시에 고양시켜서 암암리에 객관적 지식에 대한 어떤 주장조차 거부하는 데에 사용된다.

우리는 또한 『오리엔탈리즘』의 도입부에서, 지식은 발견되는 것이 아니라 만들어진다는 포스트모던적 사상을 볼 수 있다. 사이드는 다음과 같이 말한다.

> 내 주장은 이것이다. 역사는 또한 다시 만들어지고 다시 써지는 것처럼, 사람들에 의해 만들어지는데, 그것은 항상 다양한 침묵들과 생략들, 그리고 강요된 형태들과 인내된 훼손들을 동원한다. 그리하여 "우리의" 동양, "우리의" 오리엔트가 소유하고 통솔할 "우리의 것"이 된다.[10]

그러므로, 이것은 단지 해체가 아니라 재구성에 대한 요청이다. 탈식민 대문자 이론은 원래의 포스트모더니즘이 결여하고 있는 (전형적으로 급진적인) 정치적 의제를 아우른다. 유명한 탈식민 페미니즘 학자인 린다 허천 또한 이 점을 분명히 한다.[11] 페미니즘과 탈식민 학문에 대하여 그녀는 다음과 같이 말한다. "이 두 가지는 특정한 정치적 의제들과 종종 대리 이론theory of agency을 가지고 있는데, 이것들은 그들로 하여금 기존의 정설들을 해체하는 포스트모더니즘의 한계들을 뛰어넘어 사회적이고 정치적인 행위의 영역으로 들어가게 해준다."[12] 포스트모더니스트들을 따랐고 그들의 사상들을 응용하려 했던 수많은 비판적 대문자 이론가들처럼, 허천은 포스트모던 대문자 이론을 정치적인 행동주의를 지원하는 데 적용할 것을 주창한다. 명백히 행동주의를 지향하는 탈식민 대문자 이론은 따라서 **응용 포스트모던** 사유의 학파 안에서 가장 먼저 생겨난 범주이다.

사이드와 더불어 탈식민 대문자 이론의 토대로 간주되는 두 명의 다른 학자들이 있다. 가야트리 스피박과 호미 바바가 그들이다. 사이드처럼 그들의 작업도 그 기원이나 방향성이란 점에서 철저하게 그리고 명백히 포스트모던적이다. 그러나 그들의 작업은, 언어에 대한 자크 데리다의 해체론에 더 큰 초점을 두기 때문에 무슨 말인지 이해하기 어려울 정도로, 언어학적으로 그리고 개념적으로 난해하다. 탈식민 대문자 이론에 가장 의미 있는 기여를 한 스피박의 글은 아마도 그녀가 1988년에 발표한 「하위 주체는 말할 수 있는가?Can the Subaltern Speak?」[13]이다. 이 에세이는 언어에 강력하게 초점을 맞추고, 언어 안에서 권력 구조들이 수행하는 역할에 대해 우려를 표명한다.

스피박은 *하위 주체들*—종속된 지위를 가지고 있는, 식민화된 사람들—이 자신들을 대변하는 것처럼 보일 때조차도 말할 수 있는 권한에 접근하지 못한다고 주장한다. 그녀의 주장에 따르면, 이는 권력이 담론에 스며들어 지배 담론 바깥에 존재하는 사람들을 위한 소통에 극복할 수 없는 장벽들을 만들어 내기 때문이다. 사이드와 푸코에 의존하여 그녀는 「하위 주체는 말할 수 있는가?」라는 에세이에서 인식 주체로서 그들의 지식과 지위가 지배 담론들에 의해 주변화될 때, 피식민자들에 주어지는 상처를 묘사하기 위해 **에피스테메적 폭력**epistemic violence(역주: 푸코에게서 가져온 에피스테메의 개념을 알면 쉽게 이해된다. 푸코에 의하면 에피스테메란 진리와 담론들의 토대가 되는 '선험적(우선적)' 지식이다. 그것은 "모든 지식의 가능한 조건들을 규정하는 것"으로서, "어떤 주어진 문화나 어떤 시기에는 항상 하나만의 에피스테메"가 있고, 그것이 그 사회의 지식의 가능성을 한정한다. 지배 집단의 에피스테메는 피지배 집단의 에피스테메를 지식으로 인정하지 않고 배제시키므로 그것은 "폭력"이 된다)의 개념을 발전시켰다.

스피박의 포스트모더니즘은 권력이 탑재된 이항대립물 안에서 한편으로는 그것의 위계를 뒤집으면서, 다른 한편으로는 고정관념을 유지하는 것에는 전복적인 힘이 있다는 데리다의 사상을 그녀가 채택할 때 분명히 드러난다. 그녀는 이것을 "**전략적 본질주의**strategic essentialism"라 부른다.[14] 그녀는, 우리에게 **본질주의**가 지배의 언어적 도구라고 말한다. 식민자들은 종속된 집단을 전형화된, 폄하할 수 있는, 획일적인 "타자"로 간주함으로써 자신들의 억압을 정당화한다. **전략적 본질주의**는 이 동일한 의미의 획일적 집단 정체성을 저항의 행위로 활용한다. 말하자면, 공통의 정체성을 통한 공통의 목적들을 촉진할 목적으로, 종속된 집단 내부의 개별성과 집단 내의 다양성을 전략적으로 유예하는 것이다. (역주: 식민자들이 종속 집단의 정체성을 획일적으로 규정하는 것을 전략적으로 활용하여, 종속 집단의 개별성과 다양성을 일시적으로 유예하여 피식민 종속 집단 공통의 정체성과 공통의 목표를 강화하는 것을 말한다) 다른 말로 하면, 그것은 의도적인 이중의 기준들 주위에 세워진 특정한 종류의 정체성의 정치학을 분명히 밝힌다.

이것은 스피박의 대문자 이론의 전형적인 예다. 스피박은 사이드와 푸코보다는 데리다에 훨씬 더 의존하는데—왜냐하면 푸코는 지나치게 정치 지향적이기 때문이다. 데리다는 언어의 모호성과 유동성에 초점을 두고 심히 이해할 수 없는 산문을 사용하기 때문에—원칙적으로 어떤 구체적인 것을 말하는 것에 저항하는—스피박의 작업 역시 심히 모호하고 불분명하다. 가령, 그녀는 다음과 같이 말한다.

> 나는 푸코와 들뢰즈가 더 "정치적인" 이슈들에 직접적이고 실질적으로 개입하는 것—이들의 "여성 되기"로의 초대—보다 [데리다의] 형태론morphology이 훨씬 더 공을 들인 작업이고 더 유용하다는 것을 안다. 푸코와 들뢰즈의 작업은 열성적인 급진주의자들 같은 미국의 학자들에게 훨씬 더 위험한 영향을 끼칠 수 있다. 데리다는 동화同化에 의해 타자를 전유하는 것의 위험에 대하여 급진적인 비판을 표한다. 그는 유토피아적인 구조적 충동을 "우리 안에 있는 타자의 목소리인 그 내면의 목소리를 헛소리로 만드는 것"으로 다시 쓸 것을 요구한다.[15]

불가해성과 비실제성이야말로 이 시기, 특히 탈식민 대문자 이론가들의 대문자 이론적 유행이었다. 1990년대를 통하여 이 분야에 많은 영향력을 행사했던 호미 바바는 거의 이해 불가능한 산문을 생산하는 능력으로 스피박의 빛을 가린다. 바바가 주로 라캉과 데리다의 영향을 받으면서 저명한 탈식민 학자들 중에 가장 해체론적이라는 것은 논쟁의 여지가 없다. 그는 주로 구성적 지식 안에서 언어의 역할에 주목한다.[16]

의미를 전달하는 언어의 능력를 급진적으로 회의하는 논자에 걸맞게, 바바의 글은 읽기가 악명 높기에 어렵다. 1998년에 그는 『철학과 문학Philosophy and Literature』의 나쁜 글 대회Bad Writing Contest에서 2등—1등 자리는 주디스 버틀러에게 빼앗겼다—을 차지했는데, 그 이유는 바바의 다음과 같은 문장 때문이다.

만일, 잠시 훈육을 활용하기 위하여 욕망의 책략을 계산하는 것이 가능하다면, 곧 죄, 정당화, 유사-과학 이론들, 미신, 가짜 권위들, 그리고 분류들의 반복이, 그것의 언명적 양식의 합리적이고 계몽화된 주장들을 위반하는 분열의 담론에 대한 훼손을 공식적으로 "정상화하려는" 필사적인 노력으로 보일 수도 있다. [17]

무슨 말인지 독자들을 어리둥절하게 만드는 이 문장은 어떤 의미를 가지고 있기는 한데, 그것은 철저하게 포스트모던적인 것이다. 상세히 들여다보면 이 문장은 다음과 같은 의미를 가지고 있다. 인종차별적이고 성적인 농담들은 식민자들이 종속 집단을 제어하기 위해 처음으로 말한 것이다. 그러나 궁극적으로 그런 농담들은 식민자들이 사물들에 대해 말하는 자신들의 방식들이 타당하다고―왜냐하면 그들은 은연중 자신들의 방식들이 타당하지 않을까 봐 공포에 떨었기 때문에―자신들을 확신시키려는 시도들이었다. 이렇게 특별한 독심술 같은 주장은 바바의 작업에 스며들어 안정된 기술적記述的 범주들에 대한 거부가 식민 지배를 전복할 수 있다는 그의 신념의 근저를 이룬다.[18] 이것은 물론 전적으로 논박 불가능하며, 위에 표현된 것처럼 이해하는 것 역시 불가능하다.[19]

바바의 작업은 불필요하게 난해하고 모호하며, 따라서 탈식민 이슈들을 전달하는 데 사용하기가 어렵다고 빈번히 비판받는다. 다른 탈식민 학자들과는 달리, 그는 또한 마르크스주의 그리고 민족주의와 더불어 탈식민 연구에 대한 유물론적, 정치적 접근을 명백히 거부한다. 바바는 그가 사용하는 포스트모던 대문자 이론의 언어가 잠재적으로 문제가 있다는 것까지 찾아내어 다음과 같이 질문한다. "이론의 언어는, 단지, 자신의 권력-지식 등식을 강화하는 대문자 타자the Other의 담론을 생산하기 위한, 문화적으로 특권화된 서구 엘리트의 또 다른 권력 술책이 아닌가?"[20] 여기에서 그는 푸코를 명백히, 그리고 데리다를 함축적으로 인용하는데, 한편으로는 이 둘 모두를 무효화하며, 결과적으로는 자신까지도 무효화한다.

탈식민 대문자 이론의 가장 주목할 만한 창시자들은, 탈식민 대문자 이론의 몸통에서 자라면서 적용된 응용 포스트모던 나무의 첫 번째 가지를 형성하였다. 이 포스트모던적 초점은 다음과 같은 결과들을 초래하였다. 그들의 이론은 이전에 식민 권력의 치하에 있었고 식민 권력이 국가들과 사람들에게 영향을 끼친 물질적 현실들에 대한 연구가 아니라, 신성화되고 문제시된 태도들, 신념들, 말들, 그리고 사고방식들에 대한 분석이다. 그들은 이런 것들을 단순하게도 서구 백인(그리고 "백인"과 "서양"의 것으로 이해되는 지식)을 동양, 흑인, 그리고 황인종(그리고 비-서구 문화들과 관련된 "지식들")보다 우위에 놓는 가정들로부터 끌어와 구성하는데, 이것이야말로 엄밀히 말해 그들이 투쟁하기를 원한다고 주장하는 고정관념이다.[21]

사고방식들을 비교하기

물론, 식민주의 서사들은 존재했다—식민 역사(유럽과 다른 곳들) 안에 무수히 많은 식민주의 서사들의 증거가 있다. 예를 들어, 1871년에 나온 어떤 문건의 다음과 같이 혐오스러운 구절을 보라.

우월한 인종들이 열등하고 퇴화한 인종들을 재생시키는 것은 인류를 위한 신의 섭리의 일부분이다.…… 자연은 노동자 인종, 중국 인종을 만들었는데, 이들은 놀라운 손재주를 가지고 있지만 자존감이라고는 거의 없다. 따라서 정의로 그들을 지배하고, 그들로부터 세금을 징수하며, 그 대가로 그들에게 그런 통치의 축복을 내려주고, 정복한 인종에게 충분한 보상을 준다면, 그들은 만족할 것이다. 가령, 땅을 경작하는 인종, 즉 검둥이들이 있다 치자. 그들을 친절과 인류애로 대하라. 그러면 모든 것이 제대로 될 것이다. 주인들이자 군인들의 인종인 유럽인들…… 인종별로 각자에게 부여된 일을 하게 하면, 모든 일이 잘될 것이다.[22]

그러나 이것은 우리가 오늘날 자주 마주치는 태도가 아니다. 그것은 지난 20세기를 거치면서 식민주의의 몰락과 민권운동의 발생과 더불어 점점 더 도덕적으로 옹호될 수 없는 것이 되었고, 이제는 당연히 극우 극단주의로 인식될 것이다. 그럼에도 불구하고 탈식민주의 대문자 이론은 과거의 이런 태도들의 존재가 오늘날 사람들이 이슈들에 대해 논쟁하고 그것들을 바라보는 관점에 지울 수 없는 각인을 생산한 것처럼, 이런 태도들을 인용한다. 탈식민 대문자 이론은 수 세기 전에 구성된 언어를 통하여 우리에게 이어져 내려온 영속적인 문제들이 여전히 존재한다고 가정함으로써 자신들 주장의 중요성을 확립한다.

위에 인용한 구절에 나타나는 태도들을 거의 보편적으로 무례한 것으로 인식하게 해준 진정한 사회적 변화들은 포스트모던적 분석이나 방향에 근거를 두지 않았다. 그 변화들은 포스트모더니즘 이론의 발전에 앞서서 일어났고, 보편적이며 개별적인 자유주의에 의해 진행되었고 작동되었다. 이와 같은 형태의 자유주의는 과학, 이성, 그리고 인권들은 모든 개인의 자산이며, 특정 부류의 사람들에게 배타적으로 귀속되지 않는다—그들이 남성이든, 백인 서양인이든 혹은 그 누구든지 간에—고 생각한다. 포스트모던 탈식민적 접근들은 이와 같은 자유주의적인 접근과 근본적으로 다르며, 오리엔탈리즘을 극복하기보다는 그것을 영속화한다고 종종 비판받는다.

서구의 식민적 사고방식은 다음과 같이 말한다: *"서구인들은 합리적이고 과학적인 반면에, 아시아인들은 비합리적이고 미신적이다. 그러므로 유럽인들은 아시아인들의 복리를 위하여 아시아를 통치해야만 한다."*

자유주의적인 사고방식은 다음과 같이 말한다: *"모든 인간들은 합리적이고 과학적일 수 있는 능력을 가지고 있다. 그러나 개인들은 널리 다양할 것이다. 그러므로, 모든 인간들은 모든 기회들과 자유들을 가져야만 한다."*

포스트모던적 사고방식은 다음과 같이 말한다: *"서양은 자신의 권력을 영속화하기 위하여, 다른 곳에서의 비합리적이고 비과학적인 지식 생산의 형태들을 주변화하기 위하여 합리성과 과학이 바람직하다는 생각을 구성해 왔다."*

자유주의적인 사고방식이 이성과 과학이 서구 백인들의 것이라는 오만한 식민주의적 주장을 거부하는 것에 반하여, 포스트모던적 사고방식은 그런 점에서는 동일하지만 이성과 과학 자체들을 지식의 한 방식으로, 그리고 억압적인 것—포스트모더니즘의 핵심적 교리로 그들이 바로 잡으려 시도하는 억압—으로 간주한다. 식민주의에 대한 응용 포스트모더니즘은 포스트모던적 사고방식과 유사하지만, 그것에 행동주의적 결론을 추가한다.

응용 포스트모더니즘은 다음과 같이 말한다: *"서양은 자신의 권력을*

영속화하기 위하여, 다른 곳에서의 비합리적이고 비과학적인 지식 생산의 형태들을 주변화하기 위하여 합리성과 과학이 바람직하다는 생각을 구성해 왔다. 그러므로, 우리는 이제 서양 백인들의 것인 서양, 백인들의 지식의 방식들을 평가절하하고, 동양의 방식들을 (권력의 불균형을 평등화하기 위해서) 고취해야만 한다."

이와 같은 실천들은 빈번히 탈식민화하기 그리고 **연구 정의**라 언급된다.

모든 것을 탈식민화하기

탈식민 대문자 이론 연구는 처음에는 대부분 문학비평과 식민주의에 대한 담론 분석의 형태를 취한 반면에—그리고 빈번히 매우 애매모호한 포스트모던 대문자 언어로 전달되었다—이 분야는 점차 확산되었고 단순화되었다. 2000년대 초반이 되자, 모든 것을 **탈식민화하기** decolonizing의 개념이 학문과 행동주의를 지배하기 시작했고, 새로운 학자들이 더욱 실행가능한 원리들을 가지고 다른 방식으로 개념들을 사용하고 발전시키고 있다. 그들은 포스트모던적 원칙들과 주제들을 유지하였고, 문자 그대로의 식민주의에 대한 생각과 말을 넘어서, 특정한 정체성의 지위들을 가진 사람들을 향하고 있는 우월성이라 지각된 태도들로 초점을 확장했다. 이것들은 어떤 방식으로 하위 주체적이고, 디아스포라적이며, 혹은 혼종적, 혹은 그들의 비서구적 신념들, 문화들혹은 관습들이라 평가절하되어 온, 인종적 혹은 종족적 소수자들과 대체된 원주민 집단들을 포함하였다. 포스트모던 대문자 이론의 목적들은 또한 더욱 구체적이 되었다. 그들은 포스트모더니즘에 전형적인 상당히 비관적인 방식으로 식민주의로 간주했던 담론들을 규명하는 것에는 덜 집중하고, 2010년 이래 주도권을 장악한 전투적인 대문자 사회정의적 접근법을 사용하여 이것들을 탈식민화하는, 더욱 적극적인 조치를 취하는 것에 더 초점을 두었다. 이것은 주로 다양한 **탈식민화** 운동들을 경유하며 일어났는데, 탈식민 대문자 이론의 가정들을 구체화하고 그것들을 행동으로 옮겼던, 더욱 최근의 대문자 이론가들의 산물로 간주할 수 있다.

문자 그대로 식민화되지 않은 것을 탈식민화하는 것이 무엇을 의미하는 것인지는 상당히 다양하다. 그것은 단순히 모든 국적과 인종의 학자들을 포함하는 것을 가리킬 수 있는데, 이는 영국의 전국 학생 연합 NUS, National Union of Students 캠페인들인 "왜 나의 교과과정은 백인의 것인가?"(2015)와 #내학위를해방하라#LiberateMyDegree(2016)의 주요한 초점이었다.[23] 이런 캠페인들은 과거 식민화 권력 국가들의 백인 학자들에 대한 의존도를 줄이고, 그들을 이전에 식민화되었던 지역들의 유색인 학자들로 대체하는 것에 초점을 둔다. 그러나 우리는 또한 대문자 이론 아래에서 종종 "앎의 (다른) 방식들"로 묘사된 "지식들"과 인식론들—무엇이 진리인지를 결정하는 방식들—의 다양성을 위한 운동을 본다. 이것은 서구로 이해된 지식을 비판하고, 문제시하고, 그리고 폄하하는 강한 경향과 더불어 온다.

이것은 해체의 필요에 따라 물리적 공간들을 마치 "텍스트들"인 것처럼 읽는 형태를 띨 수 있는데, 이것은 포스트모던 대문자 이론이 경계들을 흐리고 "언어"의 권력에 초점을 맞추는 방식의 한 예이다.

2015 로즈 동상 철거 운동The 2015 Rhodes Must Fall movement은 2015년에 케이프 타운 대학교University of Cape Town에서 세실 로즈를

기념하는 동상을 철거하려는 노력으로 시작되었는데, 나중에 옥스퍼드를 포함한 다른 대학들로 퍼져나갔다. 이것은 좋은 예를 제공한다. 영국 출신 남아프리카의 기업인이자 정치가인 로즈는 남아프리카 인종차별정책(아파르트헤이트aparteid)의 법체계를 만드는 데 많은 책임이 있었다. 그러므로 그를 오로지 호감의 빛만 가지고 묘사하는 것에 반대하는 것은 완벽히 사리에 맞는 일이다. 그러나, 이 운동을 둘러싼 수사rhetoric는 인종차별정책과 식민주의의 착취적이고 비非자유주의적인 관행들에 대한 반대를 훨씬 넘는 것이었다. 예를 들어 옥스퍼드 대학의 학생들은 "모욕적인" 식민주의자들의 조각상들과 이미지들의 철거와 같은 상징적 변화를 요구하는데, 이런 주장은 다른 활동가들의 요구들로 포장되었다.[24] 이것은 대학에서 대문자 이론에 동의하는 종족적이고 인종적인 소수자들의 대표권을 늘리려는 또 다른 압력을 포함하였고, 교과과정에서 *무엇이* 연구되었고, *어떻게* 연구되어 왔는지에 대한 초점을 증가시켰다.

『대학을 탈식민화하기*Decolonizing the University*』의 편집자들인 거민더 밤브라Gurminder K. Bhambra, 달리아 게브리얼Dalia Gebrial, 그리고 케렘 니산씨오글루Kerem Nişancioğlu는, 이 책의 도입부에서 탈식민화는 물질적 현현과 담론들을 통하여 식민주의를 연구하는 것을 가리킬 수 있으며, 또한 *사유의 대안적 방식*들을 제공할 수 있다고 상술하고 있다.[25]

이것은 일종의 **입장론**standpoint theory인데, 입장론은 사회 안에서 서로 다른 입장들을 가지고 있고, 그래서 사회의 다른 측면들을 바라보는, 서로 다른 정체성 집단의 산 경험에서 지식이 나온다는 신념이다.[26] 탈식민적 학자들에게 있어서 "유럽 중심적 지식"과 "지식 생산의 특권적 지위로서 서구의 대학에만 부여된 인식론적 권위"[27]는 모두 문제이고, "요점은 단지 그런 이해 방식들을 해체하는 것이 아니라, 그것들을 변혁하는 것이다."[28] 다른 말로 하면, 상징적이고 "텍스트적인textual" 목적을 성취하기 위한 행동주의를 활용하고 대학 캠퍼스의 조각상들에 영향을 끼침으로써, 탈식민 활동가들은 그들의 지위를 강화하려 하였는데, 한편으로는 그들의 대문자 이론의 적용들에 더욱 의존하도록 교육을 "개혁"하고자 하였다.

그러므로 모든 것을 탈식민화하는 노력 속에는 탈식민 대문자 이론의 두 가지 초점—즉 출신 혈통과 인종—이 명백하게 드러난다.[29] 예를 들어, 밤브라와 그 동료들은 사이드의 영향을 받아 지식을 지리적으로 위치화된 것으로 간주한다. "대학 지식의 내용은 주로 서구를 위해, 서구에 의해 지배된 원칙들로 남아있다."[30] 대문자 이론가 케힌데 앤드루스Kehinde Andrews에게 비판적 인종 대문자 이론은 훨씬 더 영향력이 있으며, 지식은 피부색과 더욱 밀접히 연관되어 있다. "사회가 흑인의 지식을 무시하는 것은 우연이 아니라 인종차별주의의 직접적 결과이다." 그러므로 앤드루스는 다음과 같이 말한다. 우리는 "지식이 가치와 무관하게 생산될 수 있다는 생각을 영원히 버려야 한다. 우리의 정치가 세계에 대한 우리의 이해를 형성하고, 중립성을 가장하는 것이 역설적이게도 우리들의 노력을 덜 정당하게 만든다."[31]

"가치와 무관한" 그리고 "중립적인" 지식은 습득 불가능하고 영원히 포기해야 한다는 단언에 주목하라. 대문자 이론은 지식이 항상 문화적 가치들과 불가분의 관계에 있기 때문에 객관적인 지식—정체성과 무관하게 모두에게 진리인 지식—은 습득 불가능하다고 생각한다. 이것이 포스트모더니즘의 지식 원칙이다. 대문자 이론의 관점으로 현재 가장 가치 있다고 평가되는 지식은 본질적으로 백인, 서구의 것이고, 대문자 이론은 이것을—지식이 아무리 신뢰할 만하게 생산되었다 할지라도—

부당하다고 해석한다. 이것이 포스트모더니즘의 지식 원칙이다. 이런 공통의 신념이 옥스퍼드에서 벌어진 로즈 동상 철거 운동의 "목적들" 속에 있는 "보편적"이라는 단어가 나타내는 것인데, 그것은 "종속된 국부적 인식론들을 끌어들임으로써…… 지적으로 더욱 엄밀하고 완전한 학문을 창조함으로써, 전통적 학계의 매우 선별적인 서사—서양인들을 보편적 지식의 유일한 생산자들로 체계화하는—를 치유"하고자 하였다.[32]

심지어 대문자 이론을 가장 최근 응용한 주장들을 통해서도, 우리는 지식이 객관적으로, 보편적으로 혹은 중립적으로 진리일 수 있다는 것에 대한 급진적인 회의주의를 볼 수 있다. 이것은 학문의 엄밀성과 완전성이 훌륭한 방법론, 회의, 그리고 증명에서 오는 것이 아니라, 정체성에 기반을 둔 "입장들" 그리고 다양한 "앎의 방식들"로부터 온다는 신념으로 이어진다.[33] 그런 접근법은 제대로 기능할 수 없다는 사실은 중요하지 않은 것으로 간주된다. 왜냐하면 그런 접근법이 더욱 *정당하다*고 여겨지기 때문이다. 즉, 이와 같은 신념은 *현실what is*에 대해서는 꼭 관심을 가질 필요가 없는 "*당위ought*"에서 출발한다.

이런 견해는 엄정한 방법들을 "실증주의", 따라서 편견이라고 비난함으로써, 역사적 수정주의—흔히 정치적 의제를 위하여 역사를 다시 쓰는 것—를 주창하고, 그것에 참여하는 데에 사용된다. 달리아 게브리얼은 『대학을 탈식민화하기』에서 이를 다음과 같이 말한다.

> 역사가 무엇이냐에 대한 대중의 감각은 실증주의에 의해 영향을 받은 채로 남아 있는데, 실증주의에 따르면, 역사가의 역할은 권력에서 제거된 과정 안에서, 단지 드러낼 가치가 있는 과거의 사실들을 "드러내는 것"이다. 실증주의적인 노력의 일환으로 역사에 대해 이런 인식론적 주장을 하는 것은 제도 안에서 식민성의 유효한 도구로 기능한다. 왜냐하

면 그것은 "역사의 생산"이 지금껏 어떤 모습을 해왔는지에 대한 근거를 제공해 주는 권력관계들을 지우기 때문이다.[34]

여기에서의 불만은, 역사는 사실상 승자들에 의해 써지기 때문에 믿을 수 없다는 것이다. 물론 이런 염려에도 일정한 진실이 있지만, 대부분의 엄정하고 실증적인 역사가들은, 자신들이 진리―그들이 대문자 이론가들과 달리 존재한다고 믿는―에 도달하도록 돕고, 역사가들이 주장하는 것들의 증거의 부당함을 증명함으로써, 역사가 쓰는 자의 편견에 의해 써지는 경향을 경감시키려 노력한다. 예를 들어, 중세의 전쟁에 대해 쓰는 역사가들은 더욱 현실적인 모습을 잡아내기 위해, 전투들에 대한 해석들을 순진하게 읽는 독자들에게 전쟁에 참여한 것으로 주장되는 군인들의 수를 10단위까지 나누어 보도록 종종 충고한다. 숫자들을 엄청나게 과장하는 경향(아마도 이야기를 더욱 자극적으로 만들기 위해)은 군인들의 급여 기록을 찾아내는 실증적 역사가들에 의해 발견되었다. 이와 유사하게, 실증적 페미니즘 학자들은 사회, 법, 그리고 사업 현장에서 오래전부터 가정해 왔던 것보다 여성들이 훨씬 더 적극적인 역할을 해왔다는 것을 드러내기 위해 법적이고 재정적인 기록들을 활용하였다. 역사에 대한 우리의 지식은 남아있는 편향된 기록들에 의해 왜곡된다. 그러나 이것을 경감시키는 방법은, 더 광범위한 편견들을 포함시켜서 그 중의 어떤 것은 비판의 대상이 되지 않는다고 선언하는 대신에, 그런 주장들을 실증적으로 조사하고, 편향된 서사들의 잘못들 드러내는 것이다.

실증적 학문을 비판하는 것에 덧붙여서, 탈식민 서사들은 빈번히 합리성을 공격한다. 그런데 그들에 따르면 합리성은 서양의 사유 방식이다. 예를 들어, 『대학을 탈식민화하기』에 나오는 2018년의 에세이인 「철학을 탈식민화하기」는 다음과 같이 시작한다.

> 일반적으로 말해서, 근대 서구 대학에서 분과 학문으로서의 철학이,
> 유럽중심주의의 요새, 즉, 일반적으로는 백인성, 그리고 특수하게는 백
> 인, 이성애 규범적, 남성 중심의 구조적 특권과 우월성의 요새로 남아있
> 다는 생각에 이의를 제기하기란 어려울 것이다.[35]

그들은 철학적 개념들의 값어치를 그 저자들의 젠더, 인종, 성적 취
향, 그리고 지리적 위치에 관련시키는데, 이것이야말로 입장론의 전형
적인 스타일이다. 역설적이게도, 위 책의 저자들은 푸코의 "권력-지식"
의 개념을 끌어들이면서 이런 작업을 하는데, 푸코는 사실 백인 서구 남
성이며 서구에서 가장 강하게 영향력을 끼쳐 왔다.

푸코의 지식 개념과 그 개념이 현실로 받아들여지는 범주들을 해체
하는 데 활용되는 방식은 대문자 이론의 사유의 전 영역에 영향을 미
치고 있다. 예를 들어, 탈식민화의 과업에 대한 다음과 같은 묘사에서
도 나타난다.

> 철학을 탈식민화하려는 어떠한 진지한 노력도, 단순히 기준의 권력/
> 지식 배열에 새로운 영역들을 추가하거나, 철학을 전체로 정의하는 유
> 럽중심적 규범들을 그대로 두거나 혹은 그런 규범들 자체를 재생산하는
> 것으로 만족하지 않는다. 예를 들어, 비非-유럽적 철학들에 개입할 때,
> 유럽의 철학과 그것의 화신들에 대한 유럽중심적 정의에 끼어들어 있
> 는 시간, 공간, 그리고 주체성에 대한 문제적인 개념들의 재생산을 회피
> 하는 것이 중요하다.[36]

즉, 탈식민화하기를 소망하는 영역에 다른 철학적 접근법들을 추가하는 것으로는 충분하지 않다는 것이다. 탈식민적 대문자 이론들은 유럽의 철학을 전적으로—서양이 구성하는 것으로서의 *시간과 공간*을 해체하는 지점까지—거부해야만 한다고 주장한다. (나중에 보겠지만, 이런 종류의 주장은 또한 퀴어 대문자 이론에서도 발견되는데, 이것은 미셸 푸코에서 끌어온 매우 유사한 포스트모더니즘의 용어로 작동된다.)

이 성숙한 탈식민 대문자 이론 안에서, 네 가지의 포스트모더니즘의 주제들—경계 흐리기, 언어의 권력, 문화적 상대주의, 그리고 집단 정체성을 위한 보편성과 개별성의 상실—이 자명하게 드러난다. 이런 주제들은 탈식민 대문자 이론의 사고방식과 탈식민화 운동에 명백하게 핵심적이다. 우리는 철학을 탈식민화할 목적으로 쓴 다음의 진술에서 이 모든 것들을 발견할 수 있다.

철학은 교양과목 담론에서 특별한 지위를 차지하고 있는 것으로 보이는데, 이는 그것이 대체로 대학의 뿌리, 즉 이성reason에 초점을 맞추기 때문이다. 이 특수한 지위는 이성과 신념, 세속주의와 종교, 그리고 "원시적"인 것과 옛것을 현대적인 것과 구분할 뿐 아니라, 인문학, 자연과학, 사회과학의 정체성을 확인하고 구별하는, 척도를 제공하는 것을 포함한다. 이런 것들은 근대 서양의 합리성과 근대 서양의 대학을 지탱하는 지적 건축물의 핵심적인 기둥들이다. 근대 서양의 연구 대학과 교양과목들은 그러므로 그들의 근본적인 개념적 하부구조를 합리성, 보편성, 주체성, 주체와 대상의 관계, 진리, 그리고 방법들로 이루어진 철학적 형성물들에 빚지고 있다. 그리고 이 모든 것들은 탈식민적 대전환에 있어서 비판적 분석의 적절한 표적들이 되었다.[37]

이는 응용 포스트모더니즘의 교과서적인 사례이며, 당연하게도 행동으로 옮길 수 있다. 그것이 주창하는 행동은 종종 "연구 정의"로 언급된다.

연구 정의를 성취하기

연구 정의는 감정, 경험, 전통적 서사들과 관습들, 그리고 영적인 신념들이 과소평가되어 온 반면에, 과학, 이성, 경험주의, 객관성, 보편성, 그리고 주체성이 과대평가되어 왔다는 신념에 토대하여 행동한다. 그러므로, 지식 생산의 더 완벽하고 정의로운 체계는 전자를 최소한 후자만큼 평가해야—서양에서 과학과 이성의 오랜 통치 기간을 고려하면, 사실상 더 높이 평가해야—한다. 앤드루 졸리베트Andrew Jolivette가 편집하여 2015년에 나온 『연구 정의: 사회 변혁을 위한 방법론들Research Justice: Methodologies for Social Change』은 이 분야의 핵심적인 텍스트이다. 샌프란시스코 주립대학교San Francisco State University 미국 원주민 연구American Indian Studies학과의 교수이자 전 학과장인 졸리베트는 이 책의 도입부에서 이와 같은 방법의 목적들을 다음과 같이 정의한다.

> "연구 정의"는 연구에서 구조적 불평등의 변혁을 목표로 하는 전략적인 체계이고 방법론적인 개입이다.…… 그것은 문화적인, 영적인, 그리고 경험적인 것들을 포함하는, 다른 형태들의 지식을 위한, 평등한 정치 권력과 정당성에 대한 비전을 가지고 세워지는데, 사회 변화를 생산하기 위하여 데이터와 연구에 의존하는 공적인 정책들과 법의 측면에서

3. 탈식민 대문자 이론

한층 더 큰 평등을 목적으로 한다.[38]

　이것은 행동주의이다. 그것은 대학의 교과과정에 있는 지식에 대한 이해들과 엄정성을 혁명화하려 할 뿐만 아니라—그것들을 꼭 개선하려 하는 것이 아니라—증거와 이성에 토대한 작업들을 벗어나서, *산 경험*에 대한 강조와 더불어, 감정적이고, 종교적이며, 문화적이고, 그리고 전통적인 것을 향하여 공적인 정책들에 영향력을 행사하고자 한다. 그 것은 "학문적 연구"를 분석에 필요한 경험적 자료들의 수집으로 이해하는 핵심적인 경향에 도전하는데, 이는 사회적 이슈들을 더 잘 이해하기 위해서이다. 이런 주제는 2004년에 나온 책, 『비교 문화적 맥락에서의 탈식민화 연구: 비판적인 개인 서사들*Decolonizing Research in Cross-Cultural Contexts: Critical Personal Narratives*』[39]에서 가장 강하게 마주칠 수 있는데, 이 책은 원주민 연구에 초점을 맞추고, 앨라배마 대학교 **University of Alabama** 특수교육 교수인 카겐도 무투아**Kagendo Mutua**, 애리조나 대학교**University of Arizona** 문화, 사회, 그리고 교육/정의와 사회적 질문 학부 교수인 베스 블루 스와더너**Beth Blue Swadener**가 편집하였다. 편집자들은 호미 바바를 인용하며 이 책에 실린 에세이들을 소개하는데, 다음과 같이 주장한다.

　　여기에 실린 글들은, 불협화하고, 반항적이며, 길들일 수 없는(그러므로 본질화할 수 없는) 지식을 "현존하게 하는 출발점"의 중심에 서 있다. 이런 지식은 신/탈/식민적 저항의 중심의 바깥에서 생산되며, "국가(라 쓰고 *식민주의의/서양이라 읽는다*)"의 역사가 그 자체를 나르시시즘적인 눈으로 보는 것을 결코 허락하지 않는다.[40](강조는 원저자의 것)

이 말은 이 책에 나오는 에세이들의 저자들이 타당하고 이성적인 주장들을 생산하며, 논리적인 모순을 피하고, 혹은 그들의 주장에 대해 어떤 증거를 제시하는 일을 부득이할 필요가 없음을 의미한다. 학문적 "연구"에 대한 정상적인 기대치는 이들이 소위 '연구 정의'를 추구할 때 적용되지 않는다. 이것은 심히 우려가 되는 일이나, 대문자 이론으로 정당화된다. 뉴질랜드의 와이카토 대학University of Waikato의 원주민 교육 교수인 린다 트히와이 스미스Linda Tuhiwai Smith는 다음과 같이 말한다.

> 내가 글을 쓰고 특권을 부여하는 입장인 피식민자들의 관점에서 보면, "연구"라는 용어는 유럽의 제국주의 그리고 식민주의와 떼려야 뗄 수 없이 연결되어 있다. "연구"라는 단어 자체는 아마도 원주민 세계의 어휘에서 가장 더러운 단어들 중의 하나이다.[41]

이런 태도가 시간의 탈식민화를 막고 또한 21세기로 진입하게 된 "원주민 세계"의 사람들에게 어떻게 도움이 될지는 불분명하다.

궁극적으로, "연구 정의"는 학문적 생산물들을 엄정성이나 질로 판단하는 것이 아니라 그 생산자들의 정체성으로 판단하는, 그리고 탈식민 이론에 의해 주변화된 것으로 이해되는 사람들—그들이 지식 생산 방법들과 탈식민 이론에 순응하는 결론들을 주장하는 한—을 특권화하는 지경에 이르렀다. 이것은 포스트모더니스트들에게는 이해 가능한 운동인데, 왜냐하면 그들은 엄정성이나 질에 대한 어떤 객관적인 기준이 있다는 사실을 부정하고, 오로지 특권화된 지식과 주변화된 지식만 있어 왔다고 생각하기 때문이다. 그러나 과학(사회과학을 포함하여)에서는 질에 대한 객관적인 척도, 즉 현실과의 상응성이 있다. 어떤 과학적 이론들은 효과가 있고, 다른 이론들은 효과가 없다. 현실에 상응하지 않고 결과적으로 효과가 없는 과학적 이론들이 어떻게 주변화된 사람들 혹은 다른 사람들에게 도움을 줄 수 있는지 이해하기 힘들다.

문제점을 거꾸로 지속하기

엄정하고, 증거에 토대를 둔 연구, 논리 정연하며, 비모순적인 주장들은 서양의 것이고, 경험적, 비합리적 그리고 모순적 "지식"은 피식민화된 혹은 추방된 원주민들의 것이라는 태도는 물론 피식민 원주민 학자들에 의해 보편적으로 받아들여지지 않는다. 그들 중 많은 학자들이 다양한 상황 속에 있는 경제적, 정치적, 그리고 법적인 이슈들에 대한 경험적이고 유물론적인 분석들을 계속 생산한다. 이런 학자들은 탈식민주의에 대한 포스트모던적 접근을 비판한다. 아마도 이런 입장을 가진 가장 걸출한 비평가는 인도의 탈식민 학자인 미라 난다Meera Nanda이다. 그녀는, 포스트모던 학자들이 과학과 이성을 서양적인 것으로 돌리고, 전통적이고 영적이며 경험적인 신념들을 인도적인 것으로 돌림으로써, 오리엔탈리즘을 영속화하고 과학과 이성을 사용하여 가장 잘 대처할 수 있는 많은 현실적인 이슈들을 다루는 것을 어렵게 만든다고 주장한다. 그녀는 다음과 같이 관찰한다. 이런 비평가들의 관점에서 "근대 과학이 서양의 국부적 전통인 것처럼, 비서구적 하위 주체에 대한 토착적 지식은 그들 문화에 대한 국부적 지식이다."[42] 그러므로 과학을 사용하여 전통적 지식을 비판하는 것은, 탈식민 대문자 이론 내에서 난다가 말했듯이, 다음과 같은 것으로 이해된다.

"오리엔탈리즘" 계몽주의는, 지식과 존재의 비-서구적 방식들에 대하여 서구의 이성과 근대성의 개념에 특권을 주는 식민적 근대성의 산물이다. 우리 탈식민적 혼종들hybrids은 과학의 "보편성"과 "진보"라는 주장을 통해 보아 왔어야 한다(두 인용부호는 의무이다). 우리는 이제 더 이상 과학과 비-과학, 진리와 관습적 신념들의 "이항대립들"을 믿지 않고, 그것들(이항대립들)을 대수롭지 않은 것으로 간주한다. 영속적인 혼종성의 조건은 그러므로 어떤 모순이든지 해결하라고 압박하지 않는다.…… : 수많은 모순들이 꽃 피게 하라.**43**

　　난다는 탈식민주의에 대한 대문자 이론적 접근이, 동일한 범주들을 세우고 단지 권력구조를 뒤집으려 함(스피박이 의도적으로 활용한, 그와 똑같은 바로 데리다적인 속임수)으로써 오리엔탈리즘의 문제를 지속하고 있다고 인식한다. 식민주의가 서양을 돋보이게 하는 것으로 동양을 구성함에 반하여, 탈식민 대문자 이론은 의도적으로 동양을 고상하게 억압된 서양의 반대물로 구성한다(반면에 자유주의는 어디에 살든 사람들은 사람들이라고 말한다). 난다에게 있어서 이와 같은 포스트모던적 접근은 비계급적 정체성들에 초점을 맞춤으로써 인도의 더 가난한 사람들에게 도움을 줄 수 있는 기술(테크놀로지)적이고 사회적인 진보를 가로막고, 그러므로 진보적인 태도들보다 보수적인 태도들과 훨씬 더 많이 일치한다.**44** 게다가 난다는 비합리적이고 미신적인 지식을 인도인들의 것으로 돌리고, 성취하기 어려운 유례없이 인간적인 발전이라기보다는 모든 사회에 극도로 도움이 되는 과학을 서양의 전통에 속하는 것으로 가정하는 것은, 인도인들을 비하하는 것이라 주장한다.**45**

　　정말이다. 서구 사회가 과학과 이성 담론들에 지배당한다는 포스트모던적 입장은 우리 대부분이 여전히 우리의 집단 서사들, 문화들, 그리고 신념들에 가치를 부여하며, 과학에 대해 잘 알지 못한다는 것을 증거로 지지될 수 있는 것은 아니다. 종교적 우파와 포스트모던적 좌파의 과학에 대한 공격은 이들에 맞서 싸워야만 하는 사회에 강한 영향력을 행사하고 있다.

위험하고 교만한 이론

응용 포스트모던 대문자 이론으로서, 탈식민 대문자 이론은 현실-세계에 상당한 관심을 가지고 있고, 사회에 대하여 위협적인 태도를 가지고 있다. 그런데 원래의 포스트모더니즘은 그렇지 않았다. 머리끝에서부터[46] 영문학 교과과정에 이르기까지[47] 모든 것을 탈식민화하고, 그림들을 찢으며, 동상을 부수고, 역사를 지우고, 다른 한편으로 역사에 대한 수정주의적 토론들을 밀어젖히는 응용 포스트모더니즘의 충동은 특히 걱정스럽다. 윈스턴 처칠Winston Churchill, 조지프 콘래드, 그리고 러디어드 키플링Rudyard Kipling은 인종차별주의적 제국주의의 상징들에 지나지 않게 되었고, 그들의 업적과 글들은 너무 더럽혀져서 인정받을 수 없으며, 우리는 역사와 진보에 대한 어떤 미묘한 토론을 위한 잠재성뿐만 아니라 인간 자신의 긍정적인 기여들까지 상실하게 만든다.

더욱 터무니없는 것은 여전히, 탈식민 대문자 이론은 과학과 이성을 지식에 대한 서양의 지역적 방식으로 폄하하면서 선진화된 당대 사회들의 토대들을 위협할 뿐만 아니라, 개발도상국들의 발전도 지연시킨다. 많은 개발도상국들이 테크놀로지적 하부구조로부터 혜택을 받고, 그것이 인간 고통의 가장 중요한 어떤 원인들을 개선하기 때문에—말라리아, 식수 부족, 외딴 시골 지역의 열악한 위생 같은 것들—이와 같은 주장은 현실적으로 잘못된 것일 뿐만 아니라, 도덕적으로 공허한 것이며, 교만하고 또한 태만하며, 위험하기까지 하다.

실제로 큰 피해는 탈식민주의의 문화적 상대주의 때문에 발생하는데, 이는 학문과 행동주의 양쪽에서 모두 발견된다. 그것은 서양이 다른 문화들을 짓밟고 다른 문화들에 이국의 도덕적 틀들을 강요해 왔으므로, 이제 다른 문화에 대한 비판을 중단하거나 어떤 경우에는 그런 문화들의 어떤 측면들을 더욱 직접적으로 도와야만 한다고 믿는다. 이것은 민권운동에 있어서 심각한 현실-세계의 결과들과 더불어 중대한 윤리적 모순을 초래한다. 예를 들어, 사우디아라비아 출신의 페미니스트들, 파키스탄 출신의 일반인 자유주의자들, 우간다 출신의 성소수자 인권 운동가들이 인권 남용에 대한 주목을 끌기 위해 소셜 미디어에 영어로 해시태그를 사용함으로써 영어권 세계의 지원을 불러일으키려 시도했을 때, 그렇지 않았더라면 그들의 편에 섰을 응용 포스트모던 학자들과 활동가들로부터 거의 아무런 반응을 얻지 못했다. 이것은 겉으로는 당혹스럽거나 위선적으로 보일 수도 있지만, 인권에 대한 보편적 원칙들을 따라 움직이지 않고, 서양을 억압자, 동양을(세계적으로 볼 때는 남부) 피억압자로만 바라보는, 권력의 이항대립을 신뢰하는 이론적 체계 안에서는 이상한 일도 아니다. 이것은 다음과 같은 두 가지 공통의 주장을 초래한다.

첫째, 탈식민 대문자 이론은 다음과 같이 주장한다. 비-서구 문화가 해당 지역에서 인권 침해가 있다는 것을 받아들이게 만드는 것은, 인권과 그 침해에 대한 서구의 개념들을 가지고 그 문화를 식민화할 것을 요구하는 것이다. 이것은 탈식민 대문자 이론이 해체하려고 하는 권력의 역학을 더 강화하는 것이기 때문에 금지된다.

둘째, 탈식민 대문자 이론은 이전에 식민화되었던 나라들에서 일어나는 모든 인권 침해들은 식민주의의 유산이라 빈번히 주장하면서 식민주의에 대한 분석을 거기서 끝낸다. 이것은 명백히 그런 침해들을, 비-서구적인 종교와 문화적 신념들과 흔히 연결되어 있는, 자신들의 맥락 안에서 자신들이 진술한 동기들을 가지고 알리는 것을 어렵게 만든다. 예를 들어, 엄격한 이슬람 문화권 안에서 여성들, 세속주의자들, 그리고 성소수자들에게 널리 가해지는 인권 침해는 이슬람교에 대한 권위주의적 해석들의 특징으로 받아들여지지 않고—이슬람교도들이 스스로 주장하는 것 같이—서구의 식민주의와 제국주의의 결과로 해석되는데, 이는 그 문화를 왜곡하고 그것이 남용되도록 만드는 것이다. 이것은 그런 문제들을 개선하는 것에 도움이 되는 바로 그 세속화 운동들에 직접적인 걸림돌이 된다.

이것은 현상의 원인을 먼저 가정하고 그리고 난 후에 그 원인의 증거를 찾는 데서 기인한다. 그들이 억압을 오로지 식민주의의 관점에서만 보기 때문에, 식민주의만이 이 학자들과 활동가들이 발견할 수 있는 모든 것이다. 그 결과, 그들은 자신들이 해결하고자 하는 문제들을 이해하는—그러므로 개선하는—자신들의 능력을 방해할 뿐만 아니라, 그것들을 더 악화시키는 경향이 있다. 이런 것은 흔히 그들이 서양의 백인들에 의해 협박당하지 않는 한, 여성들, 성적, 종교적 소수자들의 인권을 무시하는 뚜렷한 경향을 가져온다. 이것은 사회 정의를 성취하는 것과는 반대로 가는 것이고, 역으로 대문자 사회 정의라 불리는 이데올로기에 종속되는 것이다.

탈식민 대문자 이론가들은 지식과 윤리를 언어에 스며든 문화적 구성물로 간주하기 때문에, 그들에게 반론을 제기하기란 극도로 어려울 수 있다. 증거를 제공하는 이성적 주장들은 대문자 이론에 의해 서구적 구성물로 이해되며, 그러므로 부당하고 심지어 억압적인 것으로 간주된다. 탈식민 대문자 이론에 동의하지 않는 사람들은 오히려 대문자 이론의 정당성을 더 확실하게 해주는 인종주의, 식민주의, 혹은 제국주의를 자신들의 이득을 위하여 옹호하고 다른 관점들을 거부하는 사람들로 간주된다.

게다가 이런 학문은, 언어와 상호작용이 해체되면 권력의 불균형이 드러난다는 가정 위에서, 훨씬 더 극단적인 방법으로 "타자화", "오리엔탈리즘", 그리고 "전유"의 예를 점점 더 "발견"하지 않을 수 없다. 이것은 헛것이 아니라 하나의 특징이다. 이것이 바로 대문자 이론에서 *비판적*이라는 것이 *의미하는 바*이다. 항상 더 많은 해석의 대상과 더 많은 해체의 대상들이 있으며, 넘치는 동기부여와 창의성을 가지고 무엇이든지 문제 삼을 수 있다. 언어에 대한 극도의 예민함, 그리고 주변화된 정체성을 가진 개인과 서구 백인을 포함하는 모든 상호작용에서 권력의 불균형을 읽어내는 것은 모든 형태의 응용 포스트모던 대문자 사회 정의 학문이 공통적으로 가지고 있는 특징이다.

이런 문제는 과소평가 되어서는 안 된다. 우리는 오로지 엄정한 연구를 통해서만 식민주의와 그것의 여파가 초래한 현실들로부터 배울 수 있다. 객관적 현실에 대한 지식의 가능성을 거부하고 대문자 이론의 맥락을 따라 역사를 다시 쓰려고 하는 탈식민 학자들과 활동가들은 이런 것을 하고 있지 않다. 논리적 추론과 증거에 토대한 연구, 과학, 그리고 의학을 거부하는 사람들, 공간과 시간 자체들도 서구적 구성물이라고 주장하는 사람들, 그리고 이해 불가능하며, 혼란스러운 산문을 쓰며 언어가 의미를 가질 수 있다는 것을 거부하는 사람들은, 그 누구도 엄정한 연구를 하고 있는 것이 아니다.

숫자에 비해 훨씬 더 큰 영향력을 행사하고 있는 이런 학자들은 일반적으로 서구의 엘리트 학교에서 훈련을 받았거나 일하며, 프랑스에서 시작해 미국과 영국에서 급증한 고도로 이론적인 체계에 따라 움직인다. 그들의 작업은 식민주의 이후 그것의 정치적이고 경제적인 여파를 해결하려고 애쓰고 있는 이전의 피식민지 국가들에서 살고 있는 사람들과 실제적인 관련성이 거의 없다. 이전의 피식민지 민중들에게 수학도 서구 제국주의 도구라고 주장하고,[48] 알파벳으로 이루어진 문해력을 식민주의 테크놀로지이자 식민 후의 전유로 간주하며,[49] 연구를 식민적 지식의 메타-텍스트들을 총체화하는 생산으로 간주하고,[50] 프랑스와 미국을 커다란 검은 엉덩이로 생각하고 그것에 맞서는,[51] 탈식민 대문자 이론 혹은 탈식민성이 쓸모가 있다고 믿을 만한 이유는 거의 없다.

정상적인 것으로부터의 자유

퀴어 이론은 특히 젠더와 성적 취향의 규범과 맞닥뜨렸을 때 정상적인 것으로부터의 해방을 지향하는 이론이다. 왜냐하면 퀴어 이론이 섹스, 젠더, 그리고 성적 취향이라는 범주들의 존재 자체를 억압적인 것으로 간주하기 때문이다. 퀴어 대문자 이론이 포스트모더니즘에서 직접적으로 파생된 것이기 때문에 퀴어 이론은 이런 범주들이 생물학적 현실 속에 토대한다는 것을 급진적으로 부정한다. 대신 퀴어 이론은 그 범주들을 아주 인위적인 것으로—전적으로 그런 이슈들에 대하여 우리가 말하는 방식(담론)의 산물로—본다. 따라서 생물학을 거의 완전히 무시하며(혹은 생물학을 사회화의 밑바닥에 위치시키며), 언어에 스며든 사회적 구성물로서 그것(섹스, 젠더, 성적 취향의 문제들)에 초점을 맞춘다. 그 결과 대부분의 사람들에게 가까이할 용기를 거의 북돋지 못하는데, 대부분의 사람들은 당연히 그것을 아주 정신 나간 생각으로 간주하기 때문이다.

퀴어 이론은 억압이 범주화에서 나오는 것이며, 범주화는 언어가 섹스(남성과 여성), 젠더(남성적인 것과 여성적인 것), 그리고 성적 취향

(동성애, 게이, 레즈비언, 양성애 등)에 대한 엄격한 범주들을 생산하고 만듦으로써, 그리고 사람들을 그 속에 "기입해 넣음"으로써, "정상적인" 것의 의미를 구성할 때마다 발생한다. 퀴어 이론은 이 외견상 단도직입적인 개념들을 폭력적이지는 않을지라도 억압적인 것으로 간주했고, 그리하여 퀴어 이론의 주요 목적은 개념들을 와해시키기 위하여 검토하고, 문제를 제기하며, 전복시키는 것이다.

이 모든 것은 명백하게 포스트모더니즘적 지식 원칙—객관적 현실에 대한 지식의 습득 가능성을 거부하는—과 포스트모더니즘적 정치 원칙—사회가 부당한 권력 체계들을 강화하고 영속화하는 방식으로 구조화되어 있다는—에 의존하는 방식으로 이루어진다. 퀴어 이론은 이 원칙들을 활용하여 자신들의 궁극적 목적—이런 범주들의 언어적 존재가 억압을 만들어 내는 방식을 확인하고 폭로하며, 그것들을 무너뜨리는 것—을 충족시킨다. 그렇게 할 때 퀴어 이론은 언어의 권력—언어가 범주들을 창조하고 강화하며, 범주들 안에 사람들을 기입해 넣는다는—과 경계 흐리기—경계들은 자의적이고 억압적이며, 그것들을 부조리한 것으로 흐려서 지워버릴 수 있다는—라는 포스트모더니즘의 주제들을 거의 아무런 수정 없이 표명한다. 이는 "퀴어"의 관점에서 정상적이고 타고난 것으로 간주되는 모든 것을 전복시키고 거부한다는 목적과 함께 퀴어 이론을 절망적일 정도로 이해하기 난해한 것으로 만든다. 왜냐하면 퀴어 이론은 비일관성, 비논리성, 그리고 이해 불가능성에 가치를 두기 때문이다. 결국 이러한 경향은 자신을 제외하고는 고의로 이론을 모호하게 만들고, 엉뚱하게 만든다. 그럼에도 불구하고 퀴어 이론은 포스트모던 대문자 이론을 더욱 최신의 응용 모델로 발전시키는 데에 심대한 영향력을 행사해 왔다. 특히 젠더 연구, 트랜스 행동주의, 장애 연구, 그리고 비만 연구와 같은 영역에서 그러했다.

퀴어 대문자 이론의 간략한 역사

탈식민 대문자 이론처럼 퀴어 대문자 이론도 특수한 역사적 맥락에서 발전했다. 퀴어 이론은 1960년대 이래 페미니스트, 게이, 그리고 레즈비언 연구를 혁명화하고 있었던 급진적인 집단들, 그리고 이들과 연계된 행동주의로부터 성장해 나왔다. 민권운동들 역시 동성애 연구와 동성애가 역사적으로 그리고 현재 어떻게 범주화되어 왔고 오명을 덮어썼는지에 대한 새로운 관심을 불러일으키는 데 도움이 되었다. 퀴어 대문자 이론은 게이 인권 이슈들을 긴박하고도 중요한 사회적이고 정치적인 관심거리로 만들었던 1980년대의 에이즈AIDS 위기에 깊은 영향을 받았다.

탈식민 대문자 이론처럼, 퀴어 대문자 이론도 견고하고도 근원적인 요소를 가지고 있다. 우리가 성적 취향을 보는 방식을 아주 심대하게 변화시켰다. 기독교의 역사를 통틀어, 남성 동성애는 극악무도한 죄로 간주되어 왔다. 이는 고대 그리스 문화와 현격히 대조되는데, 그리스 사회에서는 남자들이 아직 결혼을 하지 않은 청소년들과 섹스를 하는 것이 그들이 결혼을 할 준비가 될 때—이제 남성이 아니라 여성과 섹스를 할 것으로 기대되는 시점—까지는 수용 가능한 것이었다. 그러나 양쪽 모두의 경우에 동성애는 *그들이 누구였는가*라기보다는 *사람들이 행한 어떤 것*이었다. 어떤 사람이 동성애자가 *될* 수 있다는 생각은 19세기에 들어 처음으로 인정받기 시작했는데, 처음에는 의학 텍스트들과 동성애자들의 하위문화들 안에서 나타났다. 당대의 의학 텍스트들은 동성애를 성도착으로 묘사했다. 동성애자들에 대한 공적인 지각은 그 후 점차 변하기 시작했는데, 이것은 19세기 말의 성과학sexology의 발생 때문이었고, 20세기 중반에 이르면 동성애자들은 징벌을 반드시 받아야 하는 타락한 퇴행자들이라기보다는 심리 치료를 꼭 받아야 하는 수치스러운 장애가 있는 개인들로 간주되었다.

20세기 후반기를 지나면서 이와 같은 태도는 다시 변화하기 시작했고, 동성애를 둘러싼 지배적인 자유주의적인 담론들—오늘날에도 여전히 도덕적으로 높은 토대를 가지고 있는—이 진화해 나왔다. 이런 태도의 입장을 가장 잘 요약하면, "어떤 사람들은 게이이다. 극복해야 할 일이다" 정도가 될 것이다. 그러나 퀴어 대문자 이론이 응용 포스트모던 대문자 이론이 된 이래로, 특정한 사람들의 정체성보다 우리의 보편적 인류를 강조하는 이와 같은 보편적이고도 자유주의적인 생각은 문제가 많은 것으로 간주되었다. 이렇게 대문자 이론에서 문젯거리가 된 까닭은 자유주의적인 관점이 성소수자LGBT(레즈비언, 게이, 양성애, 그리고 트랜스) 정체성을 고정된 범주로 표현하기 때문이고, 성소수자의 지위들을 지배와 억압을 일삼는 권력자들이 만든 사회적 구성물로 전경화하지 않기 때문이다.

지난 한 세기 반 동안 우리가 동성애를 대하는 방식에는 극적인 변화가 있었지만, 섹스와 젠더에 대한 우리의 이해는 훨씬 덜 변해 왔다. 우리는 일반적으로 그리고 항상, 인류는 압도적으로 남성과 여성, 두 가지 섹스로 구성되어 있고, *젠더*는 대부분 섹스와 서로 관련되어 있다고 이해했다. 대부분의 기독교의 역사를 통하여 남성은 공적인 공간과 *정신sapientia*에, 그리고 여성은 사적인 공간과 *몸scientia*에 관련되었고, "남성과 여성의 관계는 문화culture와 자연nature의 관계와 유사하다"[1]는 유추를 활용했다. 여성들은 따라서 부차적이고, 집안에서 양육을 하는 역할에 적합한 것으로 간주되었고, 남성들은 지도자, 공적인 일, 적극적인 경영의 역할에 적합한 것으로 생각되었다. **생물학적 본질주의** biological essentialism라 언급되는 이런 태도들은, 페미니즘 사상과 행동주의가 잠식하기 시작했던 대략 19세기 후반까지 사회를 지배했던, 대체로 문화적인 필요조건에 해당하는 것이었다.

생물학적 본질주의가 불안정해짐에 따라 섹스와 젠더를 더욱 분명히 구분할 필요가 발생했다. "젠더"라는 단어가 20세기까지는 인류를 묘사하는 용어로 사용되지 않았지만—어떤 언어들은 아직도 이에 상응하는 단어를 가지고 있지 않다—젠더에 대한 *생각*은 우리와 항상 함께 존재해 왔던 것 같다. 섹스와 젠더의 관계는 남성과 남성적인 것 혹은 여성과 여성적인 것과의 관계와 유사하다. 그러므로 젠더는 외견상으로는 항상 섹스와 서로 연관이 있되 섹스와 구분되는 것으로 이해되어 왔다. 만일 "그녀는 매우 남성적인 여성이다"라는 문장이 당신에게 타당한 것이라면, 당신은 이미 섹스—생물학적인 범주—와 젠더—한 가지 섹스에서 흔히 더 강하게 표명되는 행위들과 특징들—를 구분하고 있는 것이다. 역사는 사람들을 "남자다운" 그리고 "여자다운" 혹은 남성적이거나 여성적인 특징들과 행위들로 언급하는 예들과 함께 이런 형용사들을 남성과 여성 양쪽에 찬성 혹은 비난의 의미로 적용하는 예들로 가득 차 있다.

그러나 여성들이 피임을 할 수 있게 되었고, 모든 직업을 가질 수 있게 되고, 동일한 업무에 대하여 남성과 동일한 물질적 대우를 받게 된, 20세기 후반 서구의 제2의 페미니즘 기간에 커다란 변화가 일어났다. 이제 여성들은 여전히 남성들과 동일한 숫자만큼의, 동일한 선택을 하지 못하기는 하지만 모든 직업에 들어가 있고, 서구 도처에서 법적인 혹은 문화적인 장벽들을 거의 경험하지 않는다. 이와 유사한 변화들이 게이 인권 그리고 결국 게이 프라이드Gay Pride(게이들의 자긍심을 표현하는 퍼레이드 행사)와 트랜스 인권운동에도 일어났는데, 이런 변화들은 그간 성소수자들에게 주어진 수많은 법적이고 문화적인 장벽들을 제거하기에 이르렀다. 비록 대부분의 이런 변화들이 섹스, 젠더, 그리고

4. 퀴어 대문자 이론   135

성적 취향의 생물학적 근거에 대한 인정의 결과였고, 이것에 포함된 입장들이 대체로 자유주의적이고 개인주의적인 것—"그녀는 트랜스야. 오케이, 좋아"—이었음에도 불구하고, 이런 태도들은 퀴어 대문자 이론가들, 특히 페미니즘적 관점을 가진 퀴어 이론가들에 의하여 젠더와 성적 취향의 사회적 구성성의 증거로 여겨졌다. 예를 들어 섹스와 젠더의 차이는 젠더—심지어 섹스조차도—가 사회적 구성물이라는 증거로 간주되어 왔다.[2]

퀴어 대문자 이론가들은 섹스, 젠더, 그리고 성적 취향이 주로 지배적인 문화에 의존하는 사회적 구성물이라고 믿기 때문에 지배적인 담론들이 어떻게 발흥하여 "남성", "여성" 그리고 "게이"라는 범주들을 강화하는지에는 관심이 많은 반면, 물질적 과정에는 관심이 덜하다. 공평하게 말하면 이런 학자들과 활동가들은 이들 범주들이 현실적이고, 의미 있으며, *규범적인* 범주들일 때 자연스레 따라오는 문화적 권력의 역학에 당연히 관심을 가지고 있다. 퀴어 대문자 이론은 이런 맥락에서 일어났으며,[3] 게일 루빈Gayle Rubin, 주디스 버틀러, 이브 코소프스키 세지윅Eve Kosofsky Sedgwick같은 창시자들은 미셸 푸코와 그의 **생체 권력**biopower—과학적(생물학적) 담론들의 권력—의 개념에 상당히 의존한다. 궁극적으로 그들은 섹스, 젠더, 그리고 성적 취향의 지위들을 생물학적으로 정당화하는 것이 사람들로 하여금 그것들을 훨씬 더 잘 받아들이게 한다는 사실[4]과 함께 그런 담론들이 더 이상 배제하고 억압하기 위해 남용되지 않는다는 사실을 놓치고 있는 것 같다. 자유주의는 포스트모던 대문자 이론가들이 자신들의 공적이라고 주장하는 바로 그런 유형의 진보를 포스트모던 대문자 이론들을 사용하지 않고도 만들어 냈다.

동사 퀴어 하기와 명사 퀴어

퀴어 대문자 이론은 담론들을 문제시하고—사물들에 대하여 어떻게 말하는가—범주들을 해체하며, 그리고 과학을 깊이 의심하는 것에 지배를 받고 있다. 푸코를 따르면서 이론은 빈번히 역사를 검토하고, 당대에는 명백히 합당하고 진실한 것으로 여겨졌던 범주들과 담론들이 지금은 그렇게 간주되지 않는다는 사실을 지적한다. 우리에게는 지금 명확하게 보이는 범주들—남성/여성, 남성적인 것/여성적인 것, 이성애적인 것/동성애적인 것—또한 지배적인 담론들에 의해 사회적으로 구성된 것이라는 주장으로 사용된다. 이것이 퀴어 대문자 이론가가 섹스, 젠더, 그리고 성적 취향을 미래에는 다르게 생각하고 말하고 범주화할 수 있게 될 뿐만 아니라, 우리가 그런 범주들을 대체로 자의적이고 거의 무한정 재단해서 사용할 수 있는 것으로 간주할 수도 있다고 믿는 근거이다.

이것이 **퀴어**라는 단어가 도입되는 지점이다. "퀴어"란 이항대립물의 바깥에 위치하는 모든 것(남성/여성, 남성적인 것/여성적인 것, 그리고 이성애적인 것/동성애적인 것)을 가리키고, 섹스, 젠더, 그리고 성적 취향들 사이의 연결고리에 도전하는 방식을 의미한다. 예를 들어 그것은 여성들이 여성적이며 성적으로 남성에게 매혹된다는 기대치들에 의문을 제기하고, 우리가 남성 혹은 여성, 남성적인 것 혹은 여성적인 것, 또는 어떤 특정한 성적 취향에 속해야만 한다는 것과 이 모든 범주들을 안정적인 것으로 간주해야만 한다는 생각에 이의를 제기한다. 퀴어가 된다는 것은 누군가를 동시에 남성이고 여성이며 혹은 그 둘도 아닐 수 있음을 용납하는 것이고, 누군가를 남성적이고 여성적이며 중성적이거나 혹은 이 세 가지의 혼합으로 표현하며, 아무 성적 취향이나 채택하는 것—그리고 아무 때나 이와 같은 정체성들을 바꾸거나 혹은 그것들이 우선적으로 어떤 것을 의미한다는 사실을 거부하는 것—을 받아들이는 것이다. 이것은 개인적인 표현의 수단일 뿐만 아니라, 섹스, 젠더, 그리고 성적 취향이 사회적으로 구성된 "현실들"임을 정치적으로 진술하는 것이다.

다른 포스트모던 대문자 이론들처럼 퀴어 대문자 이론은 정치적인 기획이며, 그 목적은 사람들이 섹스 혹은 젠더와 관련하여 이항대립의 위치 안에 맞아떨어져야 한다는 그 어떤 기대들을 훼손하는 것이고, 섹스 혹은 젠더가 성적 취향과 연관되어 있거나 지시한다는 그 어떤 가정들의 기반을 약화시키는 것이다. 그리고 그들은 단순한 범주화에 저항한다. 그러므로 일반적으로 퀴어 대문자 이론의 정치적 의제는 소위 **규범성**normativity—어떤 것들이 인간 조건에 더 흔하거나 규칙적이고, 그래서 다른 것들보다는 사회적(그러므로 도덕적) 관점에서 보면 더욱 규범적이라는 사실—에 도전하는 것이다. 퀴어 대문자 이론가들의 주요 과업은 "규범적인 것"의 두 가지 의미를 의도적으로 융합하고, 이 용어의 설명적 의미를 가지고 문제점들을 끄집어내기 위하여 고의로 이 용어에 대한 도덕적 의미를 전략적으로 활용하는 것이다. 퀴어 대문자 이론가들은 규범성을 경멸적인 것으로 간주하고, 이 용어 앞에 흔히 *이성애적hetero-*, *시스cis-* (젠더와 섹스가 일치하는 것) 혹은 *날씬한thin-* (비만이 아닌) 같은 접두사를 붙인다. 이 모든 표명들을 통해 규범성에 도전함으로써, 퀴어 대문자 이론은 그러므로 규범적인 범주들의 바깥에 있는 소수 집단들을 "퀴어"라는 단일한 깃발 아래 통합하려 한다. 이런 기획은 섹스, 젠더, 성적 취향의 범주들에 단정하게 맞아떨어지지 않는 사람들을—그런 범주들로 사회화되지 않고 사회적 강제에 통제되지 않아서 그런 범주들에 들어가지 않을 사람들과—더불어 해방하는 것이다. 그것은 소수 젠더와 성적 정체성을 LGBTQ[5]로 시작되는 적절하게 불안정한 두음 문자들 아래에서의 *사실상*의 연합체로 만들어 냈다.

이것이 퀴어 활동가들의 정치적 기획이다. 그렇기에 최근에 동사로 사용된 "퀴어"를 흔히 들을 수 있기도 하다. 무엇인가를 *퀴어한다*To queer는 것은 그 안정성에 의문을 제기하고, 외견상 고정된 범주들을 훼손하며, 그 안에 있는 모든 "이항대립물들"을 문제시하는 것이다. 학자들이 무언가를 *퀴어하기*에 대해 말할 때, 그것은 우리가 지금 이해하는 범주들로부터 대상을 의도적으로 제거하는 것과 대상을 새롭고 반직관적인 방식들로 바라보는 것을 의미한다. 퀴어하기란 규범들이 가져오는 기대치로부터 사람들을 해방하기 위하여 그것이 어떤 의미이든 정상적인 것이라면 무엇이든 파괴한다는 것을 의미한다. 퀴어 대문자 이론에 따르면 정상적인 것에 대한 기대치들은—명시적이든 함축적이든— 문화적이고 정치적인 권력("개인적인 것은 정치적이다")을 만들어 내는데, 규범성으로 언급되는 이것은, 규범성과의 동일시에 실패한 사람들을 강제하고 억압한다. 이런 현상은 젠더 혹은 성적 취향에 국한되지 않을지도 모른다. 이런 현상은 시간과 공간[6] 그리고 퀴어 대문자 이론 자체를 포함할 정도로 확장되었다.[7] 따라서 퀴어 대문자 이론은 근본적으로 젠더와 성적 취향(혹은 다른 어떤 것)을 범주화하는 것은 어떤 담론—규범적 담론—을 지식으로 정당화하고 개인들을 강제하기 위하여 이용하는 것이라는 신념에 관한 것이다. 그리고 이 문제를 포스트모던적 방식들로 전달하는데, 특히 미셸 푸코와 자크 데리다를 대문자 이론화하기 위해 적극 의존한다.

이는 퀴어 대문자 이론을 악명 높을 정도로 정의하기 어렵게 만드는데, 아마도 부분적으로는 이해 가능하다는 것이 언어에 대한 퀴어 대문자 이론의 급진적인 불신과 일치하지 않고, 자신을 포함하여 모든 것의 범주화를 부정하려는 포부를 위반하는 것이기 때문이다. 그럼에도 불구하고, 데

이비드 핼퍼린David Halperin은 1997년에 나온 그의 책『성인聖人푸코: 게이 성인전聖人傳을 향하여Saint Foucault: Towards a Gay Hagiography』에서 "퀴어"를 정의하려 시도한다. 이 책에서 그는 성적 취향이 담론의 산물이라는 푸코의 사상이 게이와 레즈비언 행동주의를 혁명화했다고 주장한다. 그는 퀴어를 "정상적인 것, 정당한 것, 지배적인 것과 불화하는 *모든 것*"이라 규정하며, "*그것이 반드시 가리키는 어떤 특수한 것이 없다. 그것은 본질 없는 정체성이다*"[8](강조는 원저자의 것)라고 말한다.

퀴어 대문자 이론의 핵심적 특징이 범주화를 거부하고 언어를 불신하는 것이기에 일반적으로 언어로 작업을 하기란 어렵다. 퀴어 대문자 이론은 일반적인 의미의 정의定義에 저항할 뿐만 아니라 그것이 작동하는 데에 바탕을 둔 기능적 정의들에도 저항한다. 퀴어 대문자 이론을 사용하는 논문들은 통상 어떤 생각을 검토하고, 그것을 퀴어적 방식으로 문제시하며(혹은 "퀴어하기queering"나 "젠더를 퍽킹하기genderfucking[9]"), 결국 어떠한 결론들이 있을 수 없다고 결론짓는다.『퀴어 이론 입문Queer Theory: An Introduction』의 저자인 애너매리 야고스Annemarie Jagose는 다음과 같이 말한다. "퀴어는 단순히 더 일관성 있는 개요를 공고히 하는 것이 아니라, 기술적記述的 미결정성, 탄력성이 구성적 자질들 중의 하나이다."[10] 그러나 퀴어 대문자 이론의 비일관성은 의도적인 특징이지 실수가 아니다.

성적 취향의 역사에 대한 퀴어의 유산

고의적인 괴팍함에도 불구하고—야고스가 퀴어의 "매력들"이라고 열거한 것들 중—퀴어 대문자 이론의 사회 구성주의적인 견해들은 모두 그

런 것은 아니지만 대부분 비합리적이다. 대부분의 사람들이 지금 받아들이고 있는 섹스, 젠더, 그리고 성적 취향—특히 그것들의 관련된 역할들—에 대한 우리의 다양한 생각들은, 문화가 시간에 따라 변하기 때문에 어느 정도 탄력성이 있는 사회적 구성물들이다. 엄격한 생물학적 본질주의자들인 사람들—과학자들이 볼 때 잘못된 사람들—은 더 이상 거의 없다.[11] 인간의 생물학과 어떤 문화의 조합이 함께 모여 섹스, 젠더, 그리고 성적 취향의 표현들을 만들어 낸다는 사실을 거의 모든 사람들이 받아들인다. 진화 생물학자인 윌슨E. O. Wilson도 다음과 같이 말한다. "그 어떤 진지한 학자도 인간의 행위가 문화의 개입 없이 동물적 본능으로만 통제된다고 생각하지는 않을 것이다."[12]

그러나 이것이 퀴어 대문자 이론가들의 지배적인 견해인 것은 아니다. 퀴어 대문자 이론은 철저히 포스트모던적이기 때문에, *급진적인* 사회적 구성주의자들이다. 어떤 담론에도—과학적 사실의 문제들조차도—생물학적 본질주의를 촉진하거나 정당화하는 것으로 해석될 수 있는 몫은 절대적으로 주어지지 않는다. 그 결과 만일 생물학이 퀴어 대문자 이론적 학문에 나타난다면, 그것은 통상 두 가지 목적 중 하나를 위한 것이다. 즉, 그것을 단지 지식의 한 가지 방식—남성 정체성을 가진 이성애 남성처럼 권력 집단들의 편견을 코드화한 남성 국수주의—으로 문제시하기 위한 것이거나, 양성을 모두 가지고 있는 사람들이 존재한다는, 그 누구도 부정하지 않는 어떤 것을 논증하기 위한 것이다. 간성애자intersex people들이 존재한다는 사실을 지적하는 것은, 오로지 **인류**Homo sapiens의 비율이 압도적으로 남성 혹은 여성이라는 사실과 인간에게 젠더 표현이 압도적으로 자연스럽게 섹스와 강력한 연관이 있다는 사실을 모호하게 만들기 위해서이다. 퀴어 대문자 이론은 이런 거부할 수 없는 사실들조차 규범성을 옹호하는 것으로 즉시 문제시하며 억압한다.

생물학에 대한 이와 같은 근본적인 무시는 단지 퀴어 대문자 이론뿐만 아니라 젠더 표현과 기대치들의 사회적 측면들을 엄정하게 검토해야 할, *이들 주제를 연구하는 모든 학문*의 능력을 제한한다. 반면에 퀴어 대문자 이론으로부터 잠재적으로 가치 있는 통찰들을 만들어 내는 것은 그런 질문들을 진지하게 생각하는 사람들과 거의 전적으로 관련이 없다. 생물학적으로나 심리적 평균치로 볼 때 섹스들에 따라 어떻게 다르고, 성 정체성은 어떻게 작동하며, 왜 어떤 사람들은 게이, 레즈비언, 양성애자, 혹은 트랜스젠더가 되는지에 관한 지식들을 발전시키는 생물학자들과 심리학자들이 있지만, 이들의 작업은 퀴어 대문자 이론에서는 환영받지 못한다. 거꾸로 그런 지식은 통상 본래 위험하거나 혹은 다음의 두 범주들—"여성들에게 매혹당하는 남성적인 남자"와 "남성들에게 매혹당하는 여성적인 여성"[13]—에 잘 맞지 않는 사람들을 범주화하고 강제하는, 심지어 "폭력적인" 방식이라는 극단적인 의심을 받는다.

과학의 억압적 역할에 대한 이와 같은 이해는 대체로 미셸 푸코에게까지 거슬러 올라갈 수 있다. 푸코는 "권력-지식"의 생산—지식이 권력을 위하여 담론에 의해 어떻게 사회적으로 구성되는지—을 연구했는데, 특히 "생체-권력"—권력자들이 자신들의 지배를 유지하기 위해 사용하는 지식을 생명 과학이 어떻게 정당화하는지—에 관심이 많았다. 네 권으로 이루어진 연구서인 『성의 역사*The History of Sexuality*』[14]에서 푸코는 다음과 같이 주장한다. 17세기 후반 이래 섹스에 대한 말을 억압하기는커녕(네오-마르크스주의자인 마르쿠제Herbert Marcuse같은 논자가 주장했던 것처럼), 섹스에 대한 말의 폭증—행위와 생물학적인 개념 모두—이 있어 왔다. 푸코가 주장하기를, 과학자들은 성을 연구하고 범주화하기 시작했으며, 동시에 성을 구성하고, 이와 같은 구성물들을 동반하는 성적 정체성들과 범주들을 창조했다.

> 19세기에 부상했던 사회―부르주아 사회, 자본주의 사회, 혹은 산업 사회 등 무어라 부르든 간에―는 섹스를 근본적으로 인정하기를 거부하는 방식으로 대하지 않았다. 거꾸로 섹스와 관련된 진정한 담론들을 생산하는 모든 장치들을 작동시켰다.[15]

푸코의 견해에 따르면, 이런 "장치들"에 의해 생산된 담론들은 "진리"로 사회적 정당성을 획득했고, 사회의 모든 층위에 스며들었다. 마르크스주의 철학자들이 주장했던 것처럼 이것이 권력의 과정이기는 하지만 종교적 혹은 세속적 권위를 갖춘 자들이 일반인들에게 어떤 이데올로기를 강요했던 과정은 아니다. 마르크스주의 사상 안에서, 권력은 프롤레타리아를 짓누르는 무거운 추 같은 것이다. 푸코에게 권력은 사회의 모든 층위를 관통하며 사람들이 무엇을 진리로 받아들이는지를 결정하고, 결과적으로 사람들이 그에 관해 말하는 방식까지도 결정하는 격자처럼 작동했다. 푸코의 견해, 그러므로 대문자 이론의 입장에 따르면, 권력은 우리 모두가 사물에 대해 어떻게 말을 하고, 또 어떤 생각들을 정당하다고 여기는가 하는 방식들에 의해 항상적으로 참여하는 체계이고, 그 안에서 우리가 사회화되는 체계이다. 푸코의 견해에 따르면, 지식을―그러므로 권력을―정당화하는 주범은 과학이었고, 과학은 정확히 사회에서 그 목적을 위한 특권을 가졌다. 이것이 바로 푸코가 말하는 "생체 권력"인데, 푸코는 과학적 담론이 "위생적인 필요성 안에서 자신을 최고의 권위로 세웠다." 그리고 "생물학적이고 역사적인 절박성의 이름으로, 생체 권력은 국가의 인종차별주의들을 정당화했는데", 왜냐하면 "그것(생체 권력)이 인종차별주의들에게 '진리'라는 토대를 세워

주었기 때문이다."[16] 푸코에 따르면, 권력은 사회의 모든 체계를 관통하며 강력한 담론들을 통하여 자신을 영속화한다. 그는 이것을 "권력의 편재성遍在性"이라 부른다.

　푸코는 다음과 같이 말한다. "모든 곳에 권력이 있다. 그 이유는 그것이 모든 것을 포괄하기 때문이 아니라 모든 곳에서 나오기 때문이다."[17] 푸코에게 권력은 사회의 모든 층위에 현존하는데, 이는 특정한 지식들이 정당화되고 진리로 받아들여지기 때문이다. 이것이 사람들로 하여금 이런 담론들로 말하는 법을 배우게 하고, 그리하여 그 담론들은 더욱 강화된다. 푸코에게 권력이 이런 식으로 작동되는 이유는 "권력이 모든 것을 아무도 꺾을 수 없는 통일성 아래 모든 것을 견고히 하는 특권을 가지고 있기 때문이 아니라, 권력이 한순간에 이어 다음 순간에서, 모든 지점에서, 혹은 오히려 한 지점에서 다른 지점으로의 모든 관계 속에서 생산되기 때문이다."[18] 이런 견해는 계속되어서 마침내 오늘날 응용 포스트모더니즘과 대문자 사회 정의 행동주의의 핵심적인 신념 중의 하나가 되었다. 부당한 권력은 모든 곳에 항상 있으며, 그것은 "정상적인 것"으로 내면화되어서 대체로 보이지 않는 편견들로 자신을 표명한다.[19] 결과적으로 인종차별주의, 성차별주의, 동성애 혐오증, 트랜스 혐오증 혹은 다른 잠재적 편견들이 담론들 속에 존재하며 따라서 그것들을 생산한 사회의 풍토병 같은 것이라는 가정 아래, 말speech을 꼼꼼히 분석하여 그것이 어떤 담론들을 영속화하고 있는지 찾아내야 한다. (이것은 순환 논증이다.) 이런 "복잡한 문제들"은 그것이 대통령의 연설이든 혹은 누구와도 관계가 없는 10년 전 청소년의 트위터 메시지이든 어디에서 표명되든, 확인하고 폭로해야 한다. "깨어나라woke(역주: 성차별, 인종차별 등 모든 형태의 차별을 거부하는 사회 정의 운동의 슬로건으로 원래는 '깨어 있는 상태에 있어라 Stay woke'의 뜻으로 사용되었다)"라는 널리 퍼진 은어는 이와 같은 문제들을 의식하고 더 잘 따져봐야 하는 상태를 묘사한다.

1970년대에 처음으로 상술되기 시작했던 이와 같은 근본적인 전제들로부터, 푸코는 1990년대 퀴어 대문자 이론의 철학적 토대들을 제공했다. 이것은 과학을 지식의 생산이 아닌 권력의 억압적 행사로 깊이 의심하는 것, 젠더와 성적 취향을 묘사하는 모든 범주들에 대한 회의주의, 사회적 구성주의에의 헌신, 그리고 지식이 사회의 모든 층위들로 스며들어 정상적인 것의 기준을 확립하듯이 권력이 자신을 지식으로 위장하는 수단인 언어에 대한 지대한 관심을 포함한다.

퀴어 대문자 이론의 구원자들

퀴어 대문자 이론은 섹스, 젠더, 그리고 성적 취향에 대한 포스트모더니즘적 사유에서 진화해 나왔다. 그 세 명의 창시자들은 게일 루빈, 주디스 버틀러, 이브 코소프스키 세지윅인데, 이들은 모두 푸코에게 대단히 의존하고 있다. 이들 각자는 또한 퀴어 대문자 이론이 대부분 주목하는 섹스, 젠더, 그리고 성적 취향의 규범성에 대해 격렬하게 저항했다. 이 세 이론가들은 1980년대 중반에 부상했던 퀴어 대문자 이론의 핵심적 프로젝트들의 주춧돌을 놓았다.

게일 루빈은 1984년에 발표한 에세이 「섹스를 생각하기Thinking Sex」에서 우리가 "좋은 섹스" 그리고 "나쁜 섹스"(도덕적 관점에서, 모든 품질 보증은 차치하고)라 여기는 것들은 성적 취향에 관한 다양한 집단들과 그 집단의 담론에 의해 사회적으로 구성된다고 주장한다.[20] 19세기에 시작된 성적 취향이 사회적 구성물이라는 푸코의 개념에 의존하면서 그녀는 섹스와 성적 취향에 관한 그 모든 생물학적 연구에 대해 심각하게 회의적이었다. 그녀의 에세이는 그녀가 "성적 본질론"—"섹스는 사회적 삶 이전에 존재하며 제도들을 형성하는 자연스러운(타고난) 힘이라는 사상"[21]—이라고 간주하는 것을 거부함으로써, 퀴어 대문자 이론의 토대가 되는 기여를 했다. 루빈은 다음과 같이 말한다.

> 인종 혹은 젠더를 사회적 구성물들이 아닌 생물학적 실체들로 생각하는 한, 인종 혹은 젠더의 정치학을 명쾌하게 생각하기는 불가능하다. 이와 유사하게, 성적 취향도 주로 생물학적 현상 혹은 개인적 심리학의 측면으로 받아들이면 정치적 분석의 대상이 될 수 없다.[22]

이것은 매우 실용적인, 심지어 의제-추동적인agenda-driven 주장이다. 루빈은 우리가 섹스, 젠더, 그리고 성적 취향을 사회적 구성물이라 믿어야만 하는데, 이는 그것이 꼭 진실이기 때문이 *아니라*, 그것들이 생물학적인 것이 아니라 사회적 구성물들일 때 *그것들을 정치화하고 변화를 요구하기가 더 쉽기* 때문이라고 단언한다. 성의 역사에 대한 푸코의 냉소적 읽기를 최소한 지금까지 실제로 있어 온 현상들을 있는 그대로 읽은 것이라 간주할 수도 있는 반면, 루빈의 읽기는 분명히 *당위*를 미리 선택해서 그것을 *존재*에 앞세우는 것이다. 이것이 그 이전의 포스트모더니즘과 **응용 포스트모더니즘**을 구별하는 특징이고, 이것은 다음과 같은 결과를 초래한다. 응용 포스트모더니즘은 *실제*의 수호자인 학교에 대한 공적인 신뢰의 기반을 무너뜨리는 일인데, 그것은 학교를 더욱 교회처럼 만들어 사람들이 생각하고 믿어야만 할 *당위*를 전달하려고 한다.

이 의제-추동적인 견해는 퀴어 대문자 이론의 중심에 놓여 있으며, 이는 과학적 질문의 엄정성과 젠더 그리고 성소수자의 평등을 위한 보편적이고도 자유주의적인 행동주의 윤리학에 위배되는 것이다. 왜냐하면 자유주의는 누군가를 차별하는 것이 정당화될 수 없음을 주장하기 위하여 젠더와 성적 취향이 사회적으로 구성된 것임을 사람들에게 믿으라고 강요하지 않기 때문이다. 루빈은 이에 대하여 「섹스를 생각하기」에서 자신의 입장을 다음과 같이 진술한다.

성적 억압에 대한 개념들은 성적 취향에 대한 생물학적 이해를 통하여 훨씬 더 많이 제기되어 왔다. 한층 더 구성주의적인 틀 안에서 성적 불의의 개념들을 재형성하기보다는 비인간적인 억압에 종속된 타고난 리비도의 개념에 기대는 것이 흔히 더 쉽다. 그러나 우리가 한층 더 구성주의적 방법으로 이 문제에 접근하는 것은 필수적이다.[23]

루빈은 서로 다른 성적 취향들이 자연스럽게 존재하며, 그들 중 어떤 것들이 부당하게 차별당하고 있다는 생각이 훨씬 더 진실에 가까운 것으로 받아들이기 쉽다는 것을 인정하면서도, 생물학을 거부하고 섹스와 성적 취향이 부당한 사회적 위계[24]에 의해 구성되어 왔다는 생각을 전적으로 끌어안는 것이 매우 중요하다고 주장한다.

루빈의 「섹스를 생각하기」는 교차성 이론의 발달을 예고하는 초기의 표지임과 동시에 당대의 급진적 페미니즘의 형태들에 대한 거부이다. 성적 취향의 위계를 설명하면서, 루빈은 다음과 같이 주목한다. "이런 종류의 성적인 도덕성은 진정한 윤리학보다는 인종차별주의 이데올로기들과 훨씬 더 많은 공통점을 가지고 있다. 그것은 지배적 집단들에게는 선을 선사하고 비특권화된 사람들에게는 악을 선사한다."[25] 그녀는 또한 다음과 같은 점을 인지한다. "섹스는 억압의 벡터인데…… 사회적 불평등의 다른 모델들을 가로지르고, 그 자신의 고유한 역학에 따라 개인들과 집단들을 솎아낸다."[26] 루빈은 따라서 당시의 (급진적) 페미니즘의 지배적인 형태—섹스와 성적 취향에 대하여 매우 부정적이었고 성적 대상화의 물질적 피해에 초점을 맞추었던—를 겨냥하여 (완전히 잘 못된 것은 아니지만) 그 접근법을 사회적으로 보수적인, 우파의 견해들에 비유한다.

루빈이 급진적 구성주의와 섹스를 둘러싼 담론들에 초점을 맞추는 것은, 전형적으로 시스젠더도 아니고, 젠더에 순응하지도 않으며, 이성애자도 아닌 젠더 정체성 혹은 성적 취향을 가진 사람들의 해방에 필수적이었다. 생물학과 그것이 제공하는 성적 취향 혹은 젠더 정체성에 대한 다양한 설명을 거부하는 것은, 정치적인 필수 사항으로 고려되었고, 성적 취향에 관한 전적인 도덕적 상대주의(소아성애에 대한 변호를 포함하여)를 통하여 정당화되었다. 그러므로 우리는 대문자 이론에서 파생된 결과들로 되돌아갈 때 퀴어 대문자 이론에서 과학에 대한 거부, 보편적 인류의 개념을 우선시하는 자유주의에 대한 거부, 또 다른 계급의 사람들(남자들)에 의해 억압받는 계급으로서 여자를 보는 페미니즘에 대한 거부를 본다. 그 대신 그들은 "퀴어성queerness"에 우선권을 부여한다.

이와 같은 퀴어성이란 이슈를 이론화한 가장 영향력 있는 퀴어 대문자 이론가는 주디스 버틀러이고, 그녀의 작업은 퀴어 대문자 이론의 경계들을 가장 성공적으로 무너뜨렸으며, 많은 형태의 학문 영역은 물론이거니와 심지어 학문보다 더 넓은 사회까지 영향력을 끼쳤다. 버틀러는 프랑스 페미니즘 사상의 영향을 받은 미국의 철학자로서 포스트모더니즘, 특히 푸코와 데리다의 포스트모더니즘에 상당히 의존한다. 퀴어 대문자 이론에 대한 버틀러의 주요한 기여는 섹스—남성과 여성에 대한 생물학적 범주들—와 젠더—한 섹스 혹은 다른 섹스에 공통적으로 연관된 행위들이나 특징들—와 성적 취향—성적 욕망의 성격—의 관계에 대하여 질문을 던지는 것이었다.

1990년대에 버틀러는 생물학적 본질주의의 냄새만 나도 혐오하였다. 그녀는 젠더와 섹스는 다르고, 양자 사이에 어떤 필연적인 관련성도 없다고 널리 주장하였다. 버틀러에게 젠더는 *전적*으로 사회적으로 구성되는 것인데, 이런 주장은 너무 터무니없어서 믿음을 확립하려면 많은 대문자 이론화가 반드시 필요로 했다. 버틀러는 주로 그녀의 가장 잘 알려진 개념인 **젠더 수행성**gender performativity을 동원하여 이 작업을 하였다. 젠더 수행성은 1993년에 나온 그녀의 책 『중요한 것은 몸이다: "섹스"의 담론적 한계에 대하여*Bodies That Matter: On the Discursive Limits of "Sex"*』에서 정의된 매우 복잡한 생각인데, "담론이 통제하고 강제하는 현상들을 생산하는 반복적인 권력"[27]을 의미한다. 이는 말 속에 약호화된 행위들과 기대치들에 의해 사물이 존재하게 되고, 의미 있는 범주들 속에 자리매김 되고, "현실적"인 것이 되는 방식을 가리킨다. 이 주장을 보면, 우리는 다른 특질들 중에서도 푸코에게서 파생된 포스트모더니즘의 정치 원칙, 그리고 그와 연관된 언어의 권력에 대한 주제를 즉시 간파할 수 있다.

비록 이 용어가 무대에서의 공연을 연상시키지만, 젠더 수행의 개념은 언어학에서 파생된 것이지 연기를 가리키는 것은 아니다. 예를 들어 남성 배우가 무대에서 여성의 역할을 수행할 때에도 그는 여전히 남성으로서의 자신에 대한 확신을 보유한다. 이것은 버틀러가 젠더를 "수행적performative"이라 묘사할 때, 그리고 "어떤 행동 혹은 특징의 잣대가 되는 기존의 어떤 정체성"[28]을 요구하는 것이라 묘사할 때 의미하는 바가 아니다. 버틀러에 따르면 젠더가 관련된 곳에서 이런 것은 존재하지 않는다고 주장한다. 대신 버틀러는 그의 획기적인 저서인 『젠

더 트러블: 페미니즘과 정체성의 전복Gender Trouble: Feminism and the Subversion of Identity』(1990)에서, 젠더 역할은 일련의 행동들, 행위들, 태도들, 그리고 기대치들과 사람들이 그에 따라 역할을 수행하는 것으로 교육되고 학습되는 것이라고 주장한다. 버틀러에게 젠더는 어떤 사람이 *수행do*하는 일련의 일들이지 그들이 *누구who they are*인가와는 관련이 없다. 사회는 이런 행동들을 강요하고 그것들을 "남성" 그리고 "남자다운" 같은 언어학적 단서들과 연관시키고, 이런 역할들은 젠더 수행성을 통하여 "현실적인" 것이 된다. 버틀러가 보기에 젠더 역할이 가지고 있는 사회화의 엄청난 압박들과 규범성 때문에, 사람들은 자신들의 젠더를 "정확히" 수행하도록 배우는 것을 도울 수 없다. 이것은 마치 리허설을 하면서 대본을 연기하는 것과 같고, 그러므로 결과적으로 "젠더"라 불리는 사회적 현실을 영속화한다.

버틀러에 따르면, 사람들은 태어나면서 자신들이 남성, 여성, 이성애자 혹은 게이라는 것을 알지만 그런 타고난 요인들에 따라 행동하지 않는다. 대신에 그들은 가까이 편재해 있는 그리고 그에 수반된 사회적 기대치들과 지시들(규범성)에 의해 태어날 때부터 이런 역할들 속으로 사회화된다. 그들 안에서, 이성애 혹은 동성애와 같은 역할들은 안정되거나 고정된 범주들을 나타내는 것이 아니라 그저 사람들이 해야 하는 일들이다. 버틀러에게 사람들의 역할들 자체가 현실적이고, 안정적이며 본질적으로 의미 있는 것이라는 (억압적) 환상을 만들어 내는 것은, 오로지 그러한 사회적 기대치들에 따라 사람들이 그런 역할들을 받아들이고 "수행함"(수행성)에 의해서이다. 따라서 **담론적 구성물**discursive construction이라는 개념—특정 사회가 사물들에 관하여 이야기하는 방식이 그것들을 정당화하고 자명한 것처럼 보이게 만든다는 생각—은 퀴어 대문자 이론을 이해하는 열쇠이다. 왜냐하면 이런 역학들과 기대치들이 만들어지고 영속화되는 것은 바로 담론적 구성물을 통해서이기 때문이다.

역설적이게도 젠더에 대한 사심 없는 이러한 버틀러의 견해는 푸코를 면밀히 따르는 것이며, 고의적으로 그리고 부지불식간에 수행하는 광대한 사회적 음모를 묘사하는 것인데, 이는 응용 포스트모던 대문자 이론의 공통된 주제이다. 그녀는 "진정한 젠더 정체성"을, "폭로해야 할" 필요가 있는 "강제된 허구fiction"[29]로 묘사한다. 그녀에 따르면 섹스, 젠더, 그리고 성적 취향에 대한 "강제된 허구들"은 젠더 수행성의 편재성을 통해 지속되는데, 이는 "젠더의 수행적 특징을 은폐하는 전략"[30]이다. 그러므로 그녀에게 퀴어 대문자 이론과 행동주의의 임무는, "남성주의적 지배와 강압적 이성애의 통제적 체계 밖에서 젠더의 배열체들을 확산함으로써 수행적 가능성들"[31]을 해방시키는 것이다. 즉 우리가 젠더를 수행적인 것으로 인식하면, 우리는 또한 젠더가 남성적인 것과 이성애적인 것에 특권을 부여하지 않는 방식으로 수행될 수도 있음을 알 수 있다.

버틀러는 데리다의 **남근로고스중심주의**phallogocentrism—사회적 현실은 남성적인 것을 특권화하는 언어에 의해 구성된다는 생각—를 활용하고, 에이드리언 리치Adrienne Rich의 **강제적 이성애**compulsory heterosexuality[32] 개념—이 안에서 이성애는 존재의 자연스러운 상태로 받아들여지고, 동성애는 따라서 도착으로 묘사되며, "이성애 하기"에 충성하는 것이 강화된다—을 활용함으로써 이런 입장을 대문자 이론화한다. 그러나 버틀러는 이와 같은 이른바 헤게모니적 담론들(마르크스주의 철학자인 안토니오 그람시Antonio Gramsci의 견해를 대문자 이론에 적용한 개념으로, 거의 난공불락의 권력을 가진 사물들에 대해 말하는 방식들)을 훼손할 수 있는 우리의 능력에 대하여 낙관적이지 않았다. 대신 그녀는 담론에 의해 창조된 사회적 구성물 밖으로 나가는 것은 불가능하다고 생각했으며, 우리는 그것에 잘 맞지 않는 사람들을 위한 공간을 만들기 위하여 단지 그것들을 문제시하고 훼손할 수 있을 뿐이라고 믿었다.

이 다루기 힘든 문제에 대해 버틀러가 제안한 해결책은 그녀의 논지를 따랐던 활동가들에게 깊은 영향을 주었는데, 그녀는 해결책으로 **패러디의 정치학**the politics of parody, 즉 "권력을 전복적이고 패러디적으로 재배치할 것"[33]을 주창했다. 이러한 접근법은, "자신들의 논리와, 형이상학과 자연화된 존재론들의 지속적인 반복을 통하여 자신들을 강화하려고 하는"[34] 젠더 수행성 패턴들—특히 남근로고스중심주의와 강제적 이성애—을 터무니없는 것으로 만듦으로써 전복하려고 한다. 이것을 성취하기 위하여 버틀러는 "정체성 자체의 억압적 실천에 문제를 제기할" "전복적 반복subversive repetition"[35]을 의도적으로 주창했다. 이것은 흔히 "젠더퍼킹"으로 성취되는데, <윅셔너리*Wiktionary*>는 이를 드래그drag(동성애자들의 과시적인 여장 혹은 남장 행위)의 사용, 즉 "퀴어-캠프queer-camp" 미학을 동원하여 "젠더 정체성과 젠더 역할들에 대한 전통적인 개념들을 전복시키려는 의식적인 노력"이라고 정의한다.

버틀러식 패러디의 목적은 사람들로 하여금 수행성이 바탕에 두고 있는 가정들에 문제를 제기하고, 그리하여 그것을 사회적으로 구성된 환상, 즉, 궁극적으로 그 현대적 형태들이 얼마나 자의적이고 동시에 억압적인 환상인지를 볼 수 있게 하는 것이다. 이것의 요점은 이런 범주들, 그리고 그것들과 함께 오는 기대치들로부터의 해방을 성취하는 것이다. 주디스 버틀러는 비일관성을 향한 조치를 주창한다. 만일 어떤 활동가가 섹스, 젠더, 그리고 성적 취향의 엄격한 범주들의 비일관성을 분명하게 만들어 낼 수 있다면—터무니없는 것은 아닐지라도—그런 범주들과 그것이 창조한 억압은 더 이상 의미를 가질 수 없게 된다. 버틀러는 이것을 고집스럽게 단언하며, 심지어 생물학적 섹스도 문화적 구성물에 지나지 않는 것은 아닌지 의문을 던지기도 하였다.『젠더 트러블』에서 그녀는 다음과 같이 말한다.

> 섹스의 불변의 성격을 반박하면, 아마도 "섹스"라 불리는 이 구성물도 젠더처럼 문화적으로 구성된 것이 된다. 실로, 그리고 아마도, 섹스와 젠더의 차이가 어떤 차이도 아니라는 것으로 판명되는 결과와 더불어 섹스는, 항상, 이미, 젠더였다.[36]

버틀러는 불가해하게도 다음과 같은 질문을 던지며 지배적인 페미니즘의 형태들에 대하여 도전을 제기했다. "여성의 범주를 일관되고 안정된 주체로 구성하는 것은 젠더 관계들을 부지불식간에 강제하고 물화하는 것은 아닌가?"[37] 즉 우리가 "여성"을 실제의 생물학적 범주로 간주하는 방식들은, 의도한 것은 아닐지라도 여성에 대한 "일관되고 안정된" 개념을 만들어 내는 결과를 초래한 것은 아닌가?

따라서 버틀러에게는 "여성"과 같은 일관되고 안정된 범주들의 바로 그 존재 자체가 전체주의적이고 억압적인 담론들로 이끈다. 비록 대부분의 사람들이 버틀러의 이와 같은 결론을 사실상 터무니없는 것으로 간주하지만, 그녀의 퀴어 대문자 이론은 이런 범주들에 저항하고, 전복하는 것에 매달린다. 그녀는 자신의 진지함을 강조하면서 사람들을 젠더와 같은 어떤 범주 속에 가두는 것은, 사람들이 그런 범주화가 자신들을 적절히 혹은 정확히 묘사하는 것이 아니라고 느끼므로 일종의 범주화에 의한 폭력이라고 묘사한다. 버틀러에게 행동주의와 학문은 이런 명백한 "폭력"의 피해를 최소화하기 위해 이와 같은 담론들을 훼손해야만 한다.

범주들을 명백히 비일관적인 것으로 만듦으로써 범주들을 해체하는 것에 초점을 맞추는 것은, 또한 이브 코소프스키 세지윅에게도 중요하다. 그녀의 작업은 퀴어 대문자 이론의 기초를 이룬다. 대문자 이론에 대한 그녀의 기여는 궁극적으로 모순들을 해결하고자 하는 유혹에 저항하고 **복수성plurality**─그것들이 서로 모순적일 때조차도 많은 관점들을 동시에 받아들이는 것─과 **비일관성incoherence**─어떤 것에 대하여 합리적 의미를 만들려고 시도하지 않는 것─안에서 가치를 발견하는 것에 있다. 일반적으로 응용 포스트모더니즘을 특징짓는 당위를 강조하는 사고방식을 따라, 그녀는 이런 가치들을 행동주의에 유용한 것으로 간주한다. 그녀는 다음과 같이 말한다.

> 이중의 충돌하는 정의定義의 수행적 관계에 대한 나의 강조와 일치하는, 이와 같은 독법들에 함축되어 있는 현실적인 정치학에 대한 이론화된 처방은 다양한 갈래를 가진 운동을 위한 것인데, 그 운동의 관념론적이고 유물론적인 충동들, 소수자 모델과 보편주의적 모델의 전략들, 그로 인한 젠더-분리주의와 젠더-통합적 분석들은, 마찬가지로 그들 사이의 이데올로기적 합리화에 놓여진 그 어떤 대단한 특혜도 없이 나란히 나아갈 것이다.[38]

여기에서 세지윅은 생산적인 운동은 이데올로기적 차이들을 해결할 필요 없이 성소수자 학문과 행동주의에서 발견되는 모든 생각들─심지어 서로 모순적인 접근들까지도─을 끌어들일 수 있다고 말하고 있다. 그녀에게는 모순들 자체가 정치적으로 가치가 있는데, 특히 그 모순들이 행동주의의 배후에 있는 생각들을 매우 이해하기 어렵게, 따라서 비판하기 어렵게 만들기 때문이다. 이것은 물론, 매우 퀴어적이다.

이런 생각들은 1990년에 나온 세지윅의 책, 『벽장의 인식론*The Epistemology of the Closet*』에서 가장 두드러지는데, 여기에서 그녀는 성적 취향이란 과학 담론이 가져온 사회적 구성물—특히 동성애를 정신병리학적으로 분류했던 의학 관계자들이 정당화했던 담론들—이라는 푸코의 사상을 발전시켰다. 그럼에도 불구하고 그녀는 데리다를 더 선호하며, 푸코로부터 상당히 급진적으로 벗어난다. 세지윅은 지배적인 담론들이 동성애와 이성애를 창조했다는 푸코의 신념을 뒤집었으며, 대신에 동성애와 이성애라는 이항대립이 우리에게 이항대립적 사유—사람들은 게이이거나 혹은 이성애자, 남성 혹은 여성, 남성적 혹은 여성적, 둘 중의 하나라는 식의 생각—를 가져다준다고 주장한다. 세지윅에게 성적인 이항대립은 모든 사회적 이항대립의 근저에 있다.『벽장의 인식론』은 처음부터 이를 상세히 설명한다.

> 이 책은 사실상 근대 서구 문화의 어떤 측면에 대한 이해도 단지 불완전할 뿐만 아니라, 그 핵심에 있어서 근대의 동성애/이성애라는 정의定義에 대한 비판적 분석을 포함하지 않을 정도로 훼손되어 있다고 주장할 것이다.[39]

따라서 세지윅에게는 성적 취향에 대한 이항대립적 이해가 모든 이항대립적 사유가 의존하는 토대이다. 게다가 그런 사유는 모두 잘못된 것이다. 그러므로 성적 취향의 유동적 복합체들에 대한 이해는 사회의 수많은 흑백 논리적 사유의 형태들을 무효화하는 열쇠이다. 세지윅은 그러므로 모든 종류의 이항대립들이 억압의 자리가 되지 않도록 그것의 영속화를 "심문하고", 그것에 저항하는 퀴어 대문자 이론의 경향을 확립하는 데 매우 중요한 논자이다.

세지윅의 벽장closet이란 상징은 특히 이와 같은 잘못된 이항대립에 대한 생각에 근거를 두고 있다. 사람들은 결코 벽장 안에 혹은 바깥에 있지 않다. 어떤 사람들은 자신의 성적 취향을 알 것이고, 어떤 사람들은 모를 것이다. 어떤 것은 말해질 것이고, 어떤 것은 말해지지 않을 것이며, 말해진 것과 말해지지 않은 것 양쪽에서 얻어지는 지식이 있다. 세지윅에게 벽장은 그러므로 동시에 모순적 현실들을 점유하는 것을 상징한다. 이것을 수용하고 보이게 만드는 것이 퀴어 대문자 이론에 대한 그녀 접근법의 핵심이고, 이 안에서 우리는 퀴어라는 개념이 동사로 사용됨과 더불어 성적 취향의 문제 바깥으로 확산되기 시작하는 것을 볼 수 있다.

세지윅은 포스트모더니즘적 접근법을 취하기 때문에 언어―특히, 화행speech act(역주: 말을 일종의 행위로 간주하는 오스틴John Langshaw Austin의 용어)―를 (그 안에서) 이와 같은 부당한 이항대립들과 "벽장"이 구성되고 유지되는 방식으로 간주한다. 그러므로 세지윅은 자신의 대문자 이론적 접근법을 잠재적으로 폭로적이며, 따라서 해방(자유롭게 하기)의 작업으로 간주한다.

> 이 책의 근저에 있는 가정은, 벽장의 관계들―동성애/이성애라는 정의定義와 관련하여 알려진 것들과 알려지지 않은 것들의 관계, 명시적인 것들과 함축적인 것들의 관계―이 사실 화행들을 특별히 드러내는 잠재성을 더욱 일반적으로 가지고 있다는 것이다.[40]

세지윅은 데리다에 근거하여 이러한 관계들을 해체할 필요가 있다고 간주한다. 예를 들어 그녀는 동성애가 이성애보다 열등한 것으로 간주

156

되지만, 동성애가 차이의 범주가 아니라면 "이성애"라는 용어도 존재하지 않을 것이라는 것을 인정하는 분석을 강조한다. 이와 같은 관찰은 그것이 우월적 지위를 차지할 수 없다는 것을 강조함으로써—이성애의 개념은 동성애라는 개념의 존재와 그것의 종속적인 지위에 의존하기 때문에—이항대립 안의 권력관계를 해체하기 위한 것이다. 이런 식으로 그녀는 이성애가 정상적이고 기본이라는 널리 퍼진 기대치인 이성애-규범성을 해체하고자 한다.

세지윅은 우월성과 열등성의 위계들을 불안정하게 만드는 방식으로서 성적 취향에 적용되는 이항대립에 대한 이와 같은 이해를 사회 안에서의 다른 이항대립들로 일반화하는 것이 유용하다는 사실을 발견한다. 이런 점에서 그는 철저하게 데리다적이다. 다른 데리다주의적 사상가들과 마찬가지로, 이는 그녀가 겉보기에 충돌하는 두 개의 견해들을 동시에 받아들일 때 발생하는 긴장으로 간주하는 것을 강조하고 잘 활용할 수 있게 해준다. 세지윅이 볼 때, 성적 취향에 대한 이런 견해들은 "소수화하는 견해"와 "보편화하는 견해"이다. *소수화하는 견해*의 경우 대다수의 사람들은 이성애자임에 반하여, 동성애는 소수의 사람들만이 가지고 있는 것으로 간주된다. 한편, *보편화하는 견해*의 경우 성적 취향은 그 안에서 모든 사람들이 자리를 가지고 있는 일종의 스펙트럼으로 간주된다. 즉, 모든 사람은 조금 (혹은 많이) 게이이다. 이 두 가지 생각은 모순적인 것처럼 보이지만 세지윅은 모순 그 자체가 생산적이라고 믿는다. 그녀는 다음과 같이 말한다.

이 책은 성적 취향에 대한 이와 같은 소수화 혹은 보편화하는 이해들이 반대편의 주장을 자신들의 "진리"와 비교하여 단호하게 엉터리인 것으로 간주하는 식의, 사유의 어떤 입장도 제시하지 않을 것이다(나는 또한 그런 것이 현재 존재한다고 믿지도 않는다). 대신에, 이런 것들의 중첩이 가져오는 자기-모순적인 담론의 세력장이 갖는 수행적 효과들이 나의 주제가 될 것이다.[41]

세지윅에게 생산적인 정치적 작업은 명확한 모순의 유지를 강화함으로써 성취될 수 있다. 왜냐하면 그렇게 하는 것이 관련된 개념들이 가지고 있는 의미의 안정감을 약화시킬 수 있기 때문이다. 성적 취향의 두 가지 모순적인 모델들을 동시에 인정하는 이런 불일치가 성적 취향의 복잡성과 유동성을 우리가 수용하는 데 도움을 줄 수 있다. 그러므로, 그러나 또다시, 우리는 여기에서 객관적 진리와 구체적인 범주들을 거부하고 불일치와 유동성이 해방적이며 정치적으로 필수적이라는 생각에 대한 헌신을 볼 수 있다. 퀴어 대문자 이론들은 이와 같은 생각을 거의 모든 것을 포괄하는 쪽으로 확산시킬 수 있으며, 그들은 이를, 논제를 "퀴어 하기"라고 생각한다. 예를 들어 대문자 이론가들은 시간과 역사,[42] 그리고 삶과 죽음[43]의 범주들도 퀴어했다.

퀴어 이론의 포스트모던적 원칙들과 주제들

퀴어 대문자 이론은 오늘날 정체성 연구 분야에서 가장 분명한 포스트모던적인 대문자 이론 중의 하나이며, 성적 취향이 담론에 의한 성적 구성물이라는 근본적인 개념의 많은 것을 푸코에게서 빌려 온다. 객관적 현실을 거부하거나 단순히 무시하는 포스트모던적 지식 원칙, 사회는 권력의 체계들과 지식의 범위를 결정하는 특권에 의해 구성된다고 주장하는 포스트모던적 정치 원칙은 퀴어 대문자 이론의 전면에, 그리고 중심에 있다. 이들 원칙들은 과학이 억압적 규율의 한 형식이라는 포스트모더니즘의 근본적인 개념 안에 자명하게 나타난다. 그들에 따르면 과학은 범주들을 확립하고 엄정한 권위와 사회적 정당성으로 그것들을 진리라고 단언하려는 노력을 통하여 젠더 순응성과 이성애를 강화한다.

포스트모더니즘의 네 가지 주요한 주제 중에서, 경계 흐리기와 담론들에 대한 집중적인 관심은 퀴어 대문자 이론에 절대적으로 중요하다. 이것들은 우리가 단도직입적으로 논의할 수 있는 안정된 현실의 개념에 가장 적대적인 두 가지 주제이고, 그러므로 매우 자기-파괴적이다. 그러나 퀴어 대문자 이론은, 경계들을 흐려 자신들이 선호하는 정치적 행동주의의 형태로 만들고, 그것을 "퀴어하기"라 부름으로써 원래의 포스트모더니즘이 가지고 있는 자기-파괴성에서 벗어난다. 즉, 그것의 파괴성은 때로 자기-파괴적인데 정치적 목적을 가지고 의도된 것이다. 이런 행동의 대부분은 담론에 적용되는데, 섹스, 젠더, 그리고 성적 취향이 말해지는 방식들에 대한 거의 정신병리학적인 강박증으로 이끌며, 이는 젠더 정체성과 성적 취향의 미묘한 차이들을 나누는 개념들을 증식하고, 이렇게 되면 정체성과 성적 취향은 유동적이고 변덕스러운 공간에 위치하며, 언어에 대해 불가능할 정도로 극단적인 민감성을 동시에 요구한다.

네 가지 주제 중 다른 두 가지는 또한 퀴어 대문자 이론에서는 덜 분명하게 나타난다. 문화적 상대주의란 주제는 퀴어 대문자 이론이 젠더와 성적 취향에 대한 이해들이 항상 문화적 구성물들이라고 주장한다는 점에서 함축적이다. 이것은 퀴어 대문자 이론이 탈식민 대문자 이론과 공유하는 특성인데, 그러므로 퀴어 대문자 이론가들은 탈식민 대문자 이론을 활용하고, 그 역도 마찬가지이다. 이 두 집단과 그들의 목적들 사이에는 상당한 차이가 존재하지만, 이 두 가지 대문자 이론들은 둘다 푸코와 데리다의 영향을 깊이 받았기 때문에 방법론적으로 충분히 양립 가능하고 그렇기에 서로에게 의존한다. 한편 개체성과 보편성의 상실이라는 주제 또한 함축적인데, 이는 개인들의 젠더화된 그리고 성적인 자아들이 권력 담론에 의해 구성된 것으로 간주되고, 따라서 학습될 수밖에 없으며 주변화된 방법들로만 전복될 수 있다고 생각하기 때문이다. 보편성 역시 퀴어하기가 불가능한데, 왜냐하면 이것이 퀴어 대문자 이론이 전적으로 거부하는 공통의 인간 본성이라는 개념을 반드시 요구하기 때문이다.

파괴적인 기술들과 권력의 구성물로서의 지식이라는 개념에 초점을 맞춘다는 점에서 퀴어 대문자 이론은 거의 틀림없이 응용 포스트모더니즘의 가장 순수한 형태이다. 그것은 많은 트랜스 행동주의의 근저에 있으며, 대문자 사회 정의 학문의 다양한 형태들로 나타난다. **교차성**intersectionality이라는 개념적 체계는 퀴어 대문자 이론의 기본이 되는 텍스트들의 일부를 형성했고, "교차성"이라는 용어가 비판적 인종 대문자 이론가인 킴벌리 크렌쇼와 더 관련이 있지만, 버틀러 역시 크렌쇼와 동시에 주변화된 정체성의 다른 형태들과 더불어 "교차들intersections"에 관해 겉으로는 크렌쇼와 무관하게 말했다. 버틀러에게 "젠더는 담론으로 구성된 정체성들의 인종적, 계급적, 종족적, 성적, 그리고 지역적 양식들과 교차한다."[44] 그러므로 버틀러식의 퀴어 대문자 이론은 교차론적 사유의 주요 차원으로서 쉽게 통합된다. 결과적으로 교차론적 페미니스트들은 그들의 작업에 퀴어 대문자 이론을 포함하기가 매우 쉽다.

아마 가장 중요하게도 퀴어 대문자 이론은 그것에 선행한 자유주의적 페미니즘과 성소수자 행동주의와는 근본적으로 다르다. 퀴어 대문자 이론만이 이성애가 아니거나 젠더-순응적이 아닌 사람들을 해방하는 유일한 방법이라는 주장들은 그 이전과 이후에 보편적이고도 자유주의적 접근법들의 성공으로 거짓임이 드러난다. 대문자 이론 이전의 자유주의적 행동주의와 사상은, 우리의 수많은 공통성과 공유된 인간성, 그리고 보편적이고 자유주의적 원칙들에 호소함으로써 특정한 섹스, 젠더, 그리고 성적 취향의 사람들에 대한 편견적인 태도들의 변화에 초점을 맞추었다. 이것은 아마도 트랜스 행동주의도 또한 집중할 수 있는 것인데—퀴어 대문자 이론이 보편적이거나 규범적인 것을 전복하려고 애써 시도하지만 않는다면—그 이유는 트랜스 이슈들을 둘러싼 과학이 발전하고 있기 때문이다.

대신에 퀴어 대문자 이론은—매우 도움이 되지 않게도—섹스, 젠더, 그리고 성적 취향들의 개념 자체를 수정하거나 폐지할 것을 목적으로 한다. 따라서 퀴어 대문자 이론이 변화시키기를 소망하는 대부분의 사회 구성원들을 분명히 소외시키는 것이 아니라면, 퀴어 대문자 이론은 그 자체를 당혹스럽고 부적절한 것으로 만드는 경향이 있다. 퀴어 대문자 이론에 의존하는 퀴어 활동가들은 특히 규범적 성적 취향과 젠더 개념들을 조롱하고, 그것들을 인정하는 사람들을 후진적이고 천박하다고 묘사함으로써 놀랄만한 (스스로 부여한) 자격과 공격성—대부분의 사람들이 반대할 만한 태도—을 가지고 행동하는 경향이 있다. 일반적으로 사람들은 자신들의 섹스, 젠더, 성적 취향이 실제가 아니라 잘못된 것이거나 나쁜 것이라고 말하는 것—퀴어 대문자 이론가들이 다른 사람들보다 더 잘 받아들인다고 우리가 생각할 수 있는 어떤 것—을 받아들이지 않는다.

게다가 이성애가 사회적 구성물이라는 생각은 인간이 성적으로 번식하는 종種이라는 현실을 완전히 무시하는 것이다. 동성애가 사회적 구성물이라는 생각도 그것이 생물학적 현실이라는 수많은 증거들을 무시하는 것이다. 이와 같은 생각이 어떤 "해방"을 성취할지라도, 이것은 "라이프 스타일의 선택"이라는 신념—낭만적이고 성적인 매혹들이 단지 동일한 원리의 두 가지 표현물 안에서 존재하는 것으로 대문자 이론화될 수 있거나 혹은 포기될 수 있다는—에 대한 논박을 통해 레즈비언과 게이 활동가들이 성취한 중대한 진보들을 무효화할 위험이 있다. 동성애가 완전히 수용 가능한 라이프 스타일의 선택일지라도, 모든 증거—그리고 게이들과 레즈비언들의 증언—는 그것보다 훨씬 더 많은 것을 보여준다.[45]

퀴어 대문자 이론은 의도적으로 다른 견해들을 무시하고, 역설적이며, 반과학적이고, 대체로 이해 불가능하게 만듦으로써 생산적인 행동주의를 이루려고 하지 않는다. 또한 어떤 것을 정상적인 것으로 간주하는 것 자체가 문제라고 주장함으로써 자신들의 섹스, 젠더, 그리고 성적 취향이 정상적인 것으로 받아들여져서 어떤 의미의 정상성으로부터도 지속적으로 구제받기를 소망하는 사람들에게는 도움이 되지도 않는다. 그러므로 퀴어 대문자 이론이 레즈비언, 게이, 양성애자, 그리고 트랜스 젠더들을 옹호하는 것이라 아무리 주장할지라도 대부분의 성소수자들은 그 이론과 친숙하지도, 지지하지도 않는다. 그것은 자신을 젠더, 섹스, 그리고 성적 취향을 연구하거나 논의할 유일하게 정당한 방법이라고 지속적으로 주장하기 때문에 오히려 자신이 가장 관심을 가지고 지지하고자 하는 그 대의들에 지속적으로 해가 되는 일을 하고 있는 것이다.

5장

비판적 인종 대문자 이론과 교차성

모든 곳에서 인종차별주의를 봄으로써 인종차별주의를 끝장내기

비판적 인종 대문자 이론의 뿌리는 미국적인 현상이다. 그 사상이 한동안 미국 바깥에서 논의되어 왔을지라도 그 이론에 종종 미국의 인종차별의 역사가 깊이 각인되어 있는 것은 철저하게 그 이유 때문이다. 비판적 인종 대문자 이론은 인종이 백인의 특권과 우월성을 유지하기 위해 창조된 사회적 구성물이라고 주장한다. 이러한 생각의 기원은 포스트모더니즘 훨씬 이전의 듀보이스W. E. B. Du Bois에게 있다. 그에 따르면 인종이란 개념은 인종적 소수자들, 특히 아프리카계 미국인들에 대한 부당한 대우를 영속화하기 위하여, 사회적이고 문화적인 차이가 생물학적인 차이임을 주장하기 위하여 활용되어 왔다.

이런 주장을 받아들일 만한 바람직한 근거들이 있다. 인간 개체들의 어떤(인구 분포에 따른) 평균적인 차이들—피부색, 머리카락의 결, 눈의 모습, 그리고 특정 질병들에 상대적으로 취약한 것 등—이 관찰 가능한 현실이고, 개인의 지리적 유산이 유전자DNA 검사를 통해 발견될 수 있기는 하다. 그러나 그렇다고 해서 그것이 "인종"이라 지칭되는 집단으로 사람들을 나눌 만큼 의미심장한 것이 될 만한 이유로는 충분치 않다. 우선 첫째로, 생물학자들이 그렇게 말하지 않는다. 생물학자들은 인간 개체들이 미세하게 다른 진화적 유산들을 가지고 있으므로 유전자적 표식을 확인할 수 있다고 이야기하기도 한다. 그러나 이를 소위 "인종"으로 환원하는 것은 실제로 거의 쓸모가 없기에 흔히 빠지기 쉬운 잘못이다. 예를 들어 의학에서 "인종"은 전혀 유용하지 않은데, 그 이유는 사회적으로 구성된 인종이란 범주들이 생물학적으로 유전적 혈통에 관한 의미 있고 신뢰할 만한 지도를 그려주지 못하기 때문이다. 이전 시대에는 그것이 중요한 것으로 간주되지 않았다는 것도 신뢰할 만한 강력한 이유가 된다. 가령 흑인, 황인, 그리고 백인들이 있었던 지중해에서 2000여 년 전에 쓰인 성경은 도덕적 부족중심주의로 가득 차 있지만 피부색에 대해서는 거의 언급이 없다. 중세 후반의 영국에서 "흑인"에 대한 언급들은 지금은 "하얀" 것으로 간주되는 유럽인들의 피부 색깔과 견줄 경우에만 종종 묘사되었다.

다른 요인들도 있겠지만 우리가 오늘날 이해하는 인종과 인종차별주의는 아마도 유럽의 식민주의와 대서양 노예무역을 도덕적으로 정당화하기 위하여 유럽인들이 만든 사회적 구성물들로서 발생한 것이다. 유럽의 역사가들은 근대 초기, 즉 대략 1500년대에서 1800년에 걸쳐 피부색에 근거한 편견들이 발생했음을 추적해 왔으며, 종교적 차이에 토대한 편견들이 17세기에 걸쳐 인종차별주의—어떤 인종들이 다른 인종들보다 우월하다는 신념—로 바뀌었다.[1] 식민주의의 남용과 유괴, 착취, 그리고 노예 학대를 정당화하기 위해 자신들의 피해자들이 열등하거나 인간 이하의 존재(설사 그들이 기독교로 개종했다 해도)로 간주되어야만 했다. 이것이 혼란을 야기하는 공통점인데, 왜냐하면 다른 시대, 다른 민족들도 노예제, 식민주의, 그리고 심지어 집단 학살을 자행하는 제국주의를 실행했으며, 그들은 이와 같은 잔혹한 행위들을 마찬가지로—오늘날 우리가 인종을 확인하는 방식으로 피부, 머리카락, 그리고 눈의 색깔과 같은 특징들을 사용하여 자신들이 노예화하거나 정복했던 사람들을 열등한 존재로 특화함으로써—정당화했다. 이런 종류의 차별과 심지어 탈인간화는 이미 유럽과 그 식민지에서 널리 퍼졌지만, 몇몇 주요한 차이들이 독특한 분석을 이끌어 낸다.

첫째, 인종의 개념은 16세기까지 유럽에서 *상속 가능성heritability*과 일관되게 연결되지 않았다. 그 이전에는 피부색과 같은 특징들은—중국어로 된 기록들과 더불어 고대 그리스어 *게노스genos*와 라틴어 *게누스genus*로 된 관련 개념들이 혈통을 전적으로 무시하지 않았음을 보여주지만[2]—유전적이라기보다 대개 환경적으로 결정된다고 일반적으로 가정되었다. 둘째, 인종을 구성하는 생각들은 특히 유럽의 식민주의와 대서양 노예무역의 잔혹한 행위들을 정당화하기 위하여 사용되었다. 셋째,—아마도 가장 중요한 것인데—우리가 지금 "인류학", "사회학", 그리고 "생물학"이라 부르는 분과 학문들로 명확히 분리되지도 않았고, 오늘날 엄정한 방법론이라 생각하는 모습도 아니었지만, 인종의 개념은 지금 사회과학, 자연과학이라 부르는 학문이 태동하던 시대의 양상에 발맞추어 이루어졌다.

이 점이 중요하다. 왜냐하면 자연주의와 과학은 급속하게 일종의 지식-생산물, 즉 생각을 정당화하는 것, 다시 말해 지금까지 세상이 본 적 없는 방법론이 되고 있었다. 포스트모더니즘이 궁극적으로 가장 격렬하게 비난하는 것이 어떤 것을 정당화하는 과학의 권위다. 과학의 부상—과학을 정당한 것으로 수용하는 지적이고 정치적인 문화의 부상—은 식민주의와 대서양 노예무역의 공포와 더불어 인종을 새로운 사회적 구성물로 이끌었다. 이것이 바로 오늘날 우리가 대문자 이론가들로부터 듣는 인종차별주의의 "과학적 기원"이며, 이는 과학의 매우 예비적인 결과들을 잘못 적용했던 담론들이 *사회적으로 구성된 인종차별주의자*들을 처음으로 존재하게 만들었다는 의미로 받아들여질 수 있다. 다른 말로 하면 이처럼 과도하게 단순화되었고, 지나치며, 자신의 잇속만을 챙기는 과학적이란 범주들과 더불어 극도로 낮은 해상도의 범주들과 연관된 사회적 구성물들—즉 그것에 곧바로 가치 판단들이 부여된, 흑인적인 것("흑인성")과 백인적인 것("백인성") 같은 것들—이 생겨났다는 것이다. 오늘날 우리가 이해하는 것으로서의 인종차별주의로 들어가 보자.

인종차별주의의 근저에 있는 가정들에 대하여 최초로 도전한 논자들은 소저너 트루스Sojourner Truth[3]와 프레더릭 더글러스Frederick Douglass[4]를 포함한 과거 19세기 미국의 노예들이었다. 20세기에 들어 듀보이스[5]와 윈스럽 조던Winthrop Jordan[6] 같은 영향력 있는 인종차별주의 비판가들이 미국에서의 피부색에 토대한 인종차별주의의 역사 연구에 착수했다. 이런 학자들과 개혁가들의 작업은 인종차별주의가 백인들의 인종적 우월성에 대한 신념에 불과했음에도 살아남게 된, 추하고 근거 없는 이데올로기라는 사실을 폭로하는 것으로 충분했다. 그러나 인종차별주의는 에이브러햄 링컨Abraham Lincoln이 1863년에 노예들을 해방하기까지 노예제가 경제의 필수적인 부분으로 남아 있었던 미국 남부에서 특히 극단적이었고 오래 살아남았다. 짐 크로우 법Jim Crow laws(역주: 미국 남부에서 19세기 말에서 20세기 초에 걸쳐 제정된 후에 1965년까지 지속되었던 인종차별법), 인종 분리, 그리고 법적 차별은 1960년대 중반, 그리고 어떤 방식으로는 그 이후까지 오래도록 지속되었다. 마틴 루터 킹 주니어Martin Luther King, Jr.의 주도 아래 민권운동이 승리하며 인종에 토대한 차별이 불법적인 것이 되고, 역사적인 관점에서 인종에 대한 태도가 현저하게 변한 뒤에조차 이 유구한 인종차별의 서사들은 사라지지 않았다. 비판적 인종 대문자 이론은 이 서사들을 끄집어내고, 강조하며, 그것을 다루기 위해 기획된 것이다.

비판적 접근법 취하기

비판적 인종 대문자 이론이 법에 대한 비판적 연구를 통하여 공식적으로 부상한 것은 1970년대인데, 그 이유는 법이 인종 문제와 관계가 있기 때문이다. 여기에서 *비판적*이라는 단어는 인종 대문자 이론의 의도와 방법들이 혁명적인 정치적 변화를 추동하기 위하며 문제점들을 인식하고 드러내도록 특별히 설계되었다는 것을 의미한다. 일련의 중대한, 하지만 불완전한 법적 변화들이 인종차별의 금지를 목적으로 했다. 명확하게 논증하기는 어려워도 아직 남아있던 인종차별주의에 대하여 많은 활동가들이 노력할 필요를 느꼈다는 것을 감안한다면 이는 특히나 적절한 것이었다. 이를 성취하기 위하여 그들은 당시에 상승세를 타고 있던 문화 비평의 도구들에 의존했다. 이것은 그들이 비판적 접근법들, 그리고 결국 대문자 이론을 채택했음을 의미한다.

결과적으로 인종 문제에 대한 비판적 접근법은 다른 문화 비평의 방법들과 마찬가지로 항상 최소한 두 개의 부분—하나는 "유물론적인" 것이고, 다른 하나는 "포스트모던적인" 것—으로 나뉘어 왔는데, 이 두 가지는 모두 자유주의적인 접근법과는 거리를 유지했다. 명칭이 암시하듯 유물론적 인종 비평가들은 물질적 체계들—경제적, 법적, 정치적—이 인종적 소수자들에게 영향력을 행사하는 방법을 이론화한다. 이와는 대조적으로 포스트모던 대문자 이론가들은 언어적이고 사회적인 체계들에 더 많은 관심을 가졌으며, 따라서 담론들을 해체하고, 담론들에 함축되어 있는 편견들을 탐색하고, 근저에 있는 인종적 가정들과 태도들에 대한 반박을 목적으로 삼았다. 이 초점 상의 근본적인 차이 때문에 어떤 유물론자들은 포스트모더니스트들이 불분명하고 주관적인 담론 분석을 행하고 있다고 비판해 왔다. 이들에 의하면 포스트모더니스트들의 담론 분석은 통상 풍족한 환경과 학술적인 환경에서 일어나며, 특히 빈곤과 같은 현저하고 널리 퍼진 물질적 논제들을 무시한다. 이에 대해 포스트모더니스트들은 물질적 현실이 실제적으로 중요하지만 담론들이 지속적으로 백인들을 특권화하는 한, 그것의 의미 있는 개선은 불가능하다고 논박해 왔다.

유물론과 포스트모더니즘이라는 두 가지 관점에서 진행되어 온 비판적 인종 대문자 이론은 자유주의에 반발하며 급진주의의 형태를 강조한다. 비판적 인종 대문자 이론가들인 리처드 델가도Richard Delgado와 진 스테판치크Jean Stefancic는 다음과 같이 말한다.

> 점진적인 진전과 단계적 과정을 강조하는 전통적인 민권운동 담론과 달리, 비판적 인종 이론은 평등 이론, 법적인 합리화, 계몽주의적 합리주의, 그리고 헌법의 중립적 원칙들을 포함하는 자유주의적인 질서라는 바로 그 토대들을 문제 삼는다.[7]

델가도와 스테판치크는 다음과 같이 더 나아간다.

> 비판적 인종학자들은 미국의 인종 문제를 다루는 틀로써 자유주의에

만족하지 않는다. 많은 자유주의자들이 헌법의 색맹성(피부색의 차이를 문제 삼지 않는 특징)과 중립적 원칙들을 믿는다. 그들은 사람들의 서로 다른 역사들 혹은 당대의 상황들과 무관하게 평등, 특히 모든 사람에 대한 평등한 대우를 믿는다.[8]

이것은 사실이다. 그리고 비판적 인종 대문자 이론의 비非자유주의적 성격은 자유주의에 대한 가장 강력하고 가장 지속적인 비판 중의 하나이다.

하버드 법대에서 아프리카계 미국인으로서는 최초의 종신직 교수가 되었던 고故 데릭 벨은 흔히 우리가 지금 비판적 인종 대문자 이론이라 부르는 것의 창시자로 간주되고 있다. 그는 인종 문제를 자신의 전공에 집어넣음으로써 "비판적 법 이론critical legal theory"이라는 이름을 끌어냈다. 벨은 유물론자였으며, 아마도 비판적 방법론을 가져와 민권과 민권을 둘러싼 담론들의 이해를 연관시킨 것으로 가장 잘 알려져 있다. 벨은 역사적 수정주의의 공개적 주창자였으며, 1970년에 나온 그의 책 『인종, 인종차별주의, 그리고 미국의 법Race, Racism, and American Law』[9]에서 묘사한 "이해관계의 수렴interest convergence"이라는 테제로 가장 유명하다. 이 테제는, 백인들은 오로지 그렇게 하는 것이 그들의 이해관계에 맞을 때에만 흑인들에게 권리를 허락한다고 주장하는데, 이는 짐 크로우 시대 이후 어떤 도덕적 진보가 이루어졌을 가능성을 부정하는 우울한 견해다. 이것은 절대로 그의 의도를 과장하는 것이 아닌데, 1987년에 나온 책 『그리고 우리는 구원받지 않았다: 인종적 정의에 대한 지난한 탐구And We Are Not Saved: The Elusive Quest for Racial Justice』[10]에서 다음과 같이 명확하게 말한다. "미국 인종 관계의 진보란 대체로 신기루에 불과한데, 이 신기루는 백인들이 의식적으로 혹은 무의식적으로, 자신들의 지배를 확실히 하고 통제를 유지하기 위한 권력을 바탕으로 그 모든 것을 지속해 가고 있다는 사실을 불분명하게 만든다."[11] 이처럼 냉소적인 비관주의가 벨의 분석에는 만연해 있다. 예를 들어, 그는 또한 백인들이 인종차별 폐지 정책을 도입했던 것도 흑인 문제의 해결로서가 아니라 냉전 시대에(그리고 다른 시대에) 흑인 급진주의를 억압하면서 자신들의 이익을 증진시키기 위해서였다고 생각했다.[12] 미국 사회에서 백인 지배 체제가 만연하고, 그것이 회복 불가능하다는 그의 신념 때문에,[13] 예를 들어 그는 그런 변화들이 백인들의 보복과 테러와 같이 흑인들의 이해관계에 대한 백인의 우월성을 지속적으로 확실하게 함으로써, 수많은 새로운 문제들을 초래한다고 주장하였다.[14] 그의 동시대인인 앨런 프리먼Alan Freeman도 그와 유사하게 냉소적이고 비관적인데, 그는 반인종차별주의적인 법률의 제정이 실제로 인종차별주의를 지원한다고 주장하는 수많은 법학 논문들을 썼다.[15]

물론 인종들 사이의 단순한 법적 평등이 모든 사회적 불평등들을 해결하기에는 충분하지 않다. 정치적, 법적, 그리고 경제적인 영역에서 산정 가능한 불평등을 다루는 것도 귀중한 작업이다. 가령 주류 백인과 흑인 지역에서의 학교들에 대한 재정지원, 흑인과 백인 범죄자들에 대한 형량의 차이, 흑인과 백인 동네에서의 주택 공급과 대출의 차이, 흑인들과 백인들이 고위직을 차지하는 비율의 차이를, 왜 이런 차이가 발생하는지를 알기 위한 목적으로 비교하는 것도 가치 있는 일이다. 그럼에도 불구하고 유물론적이고 비판적인 인종 이론가들이 자신들의 비관주의에 더하여 만든, 수많은 일반적이고 자유주의적인 비판들이 있다. 유물론적이고 비판적인 인종 이론가들은 빈번히 보편적 인권과 연대하여 힘을 모으는 것보다 흑인민족주의와 분리주의[16]를 주장한다. 또한 그들의 물질적 현실에 대한 소위 경험적인 분석들도 통상 인종차별주의와 차별이 전혀 줄고 있지 않다는 것을 발견해 내지만, 최악의 예들을 자기 입맛에 맞게 자의적으로 선택해서 일반화하는 경향이 심하다.

유물론자들의 비관주의는 지속되었지만, 그들의 접근법은 계속되지 않았다. 유물론자들은 1970년대부터 1980년대까지 비판적 인종운동을 지배했다. 그러나 1990년대부터 포스트모더니스트들이 점차 상승세를 탔다. 시간이 지나면서 포스트모더니스트들은 미세한 차별들, 증오 발언, 안전 공간들, 문화적 전유, 암시적인 연상 검사들(역주: 여기에서 "연상 검사"는 비유적으로 사용된 것이다. 연상 검사란 한 단어를 보고 다른 단어를 떠올리게 해서 성격, 심리, 정신 상태 등을 진단하는 검사를 말한다), 미디어에서의 재현, "백인 특권성whiteness" 그리고 이제 오늘날 인종 담론의 모든 친숙한 특징들에 초점을 맞추게 되었다.[17] 이런 변화는 많은 경우 1980년대 후반과 1990년대에 각광을 받은, 많은 비판적 대문자 여성 이론가들의 영향 때문에 일어났는데, 벨 훅스, 오드리 로드Audre Lorde, 그리고 퍼트리샤 힐 콜린스Patricia Hill Collins를 포함하는 이들은 급진적 흑인 페미니즘 사상을 고취하였다. 이런 학자들은 가부장제와 백인 우월주의 양자가 특히 젠더적인 방식을 바탕으로 법적인 것을 사회학적인 것, 문학적인 것, 그리고 자전적인 것과 뒤섞는 방식들을 열정적으로 주장함으로써 기꺼이 분과 학문들 사이의 경계를 모호하게 만들었다. 그들은 중요하게도 페미니즘의 "백인 특권성"에 대하여 상세하게 불평을 털어놓았다. 그렇게 함으로써 그들은 영향력 있는 대문자 이론가들—퍼트리샤 윌리엄스Patricia Williams, 안젤라 해리스Angela Harris, 그리고 데릭 벨이 "비판적 인종 이론"이라는 용어를 만들도록 도움을 준 그의 제자 킴벌리 크렌쇼 같은 학자들—의 또 다른 흐름을 위한 무대를 제공하였다. 이들은 계급 분석이 포함된 비판적 인종 대문자 이론을 이끌어 냈으며, 젠더와 성적 취향에 대한 생각들을 결합한 페미니즘을 이끌어 냈다. 이것은 매우 다양한 층위를 가진 사회적, 법적, 그리고 경제적 요인들을 포함한 정체성과 경험에 대한 "매우 복잡한" 분석을 생산해 냈다. 권력과 특권의 다층적 체제들을 살펴보고, 경험을 그 체제들 안에 있는 지식의 근원에 위치 설정함으로써 그들은 유물론적 분석에서 벗어나 포스트모더니즘적인 것으로 향했다.

이와 같은 변화는 연구의 새로운 경향을 암시한다. 인종차별주의에 대한, 특히 빈곤에 대한 체계적이고 구조적인 이해와 관련된 물질적 현실에 대한 중심적인 관심은 사라졌고, 이 자리를 담론과 권력에 대한 분석이 차지했다. 동시에 비판적 인종 대문자 이론은 정체성의 정치학과 그것의 소위 지적 정당화인 입장 이론standpoint theory—대체로 말하면, 사회 안에서의 정체성과 입장이 지식 형성에 영향을 준다는 생각—에 힘껏 역량을 쏟아부었다. 경계들을 흐리는 것과 집단 정체성이란 측면에서 개인성을 희석하는 것이 결합된 이러한 발전들은 1990년대 초부터 비판적 인종 대문자 이론에 포스트모던적인 사유가 지배적이었음을 드러내 준다.

이런 변화는 그 이후에 나온 수많은 글들을 통해 자명하게 나타난다. 예컨대 상법商法 교수인 퍼트리샤 윌리엄스를 들 수 있다. 그녀는 단행본 분량의 자전적 에세이 『인종과 인권의 연금술The Alchemy of Race and Rights』(1991)[18] 로 가장 잘 알려져 있다. 이 책을 낸 하버드대 출판부는 이 책이 "인종, 젠더, 그리고 계급의 교차점"에서 작동하며, 포스트모더니즘적 접근법들에서 매우 공통적으로 나타나는 특징인 경계 흐리기를 떠올리게 한다고 설명하며, 다음과 같이 말한다. "윌리엄스는 법률을 신화론적인 텍스트로 묘사하는데, 그 안에서 상법과 헌법, 부와 가난, 제정신과 정신이상 담론의 복잡하고 중첩적인 경계들을 가로질러 각축을 벌인다. 그녀는 의도적으로 그런 경계들을 횡단하며, 궁극적으로 변혁적인 인종적 정의의 경로를 추구한다."[19] 부상했던 비판적 인종 대문자 이론에서 우리는 또한 언어와 담론에 대한 강조와 그것을 해체할 필요성에 대한 주장 역시 볼 수 있다. 물론 대문자 이론가들이 제대로 관찰하고 있듯이, 사안에 대하여 말하는 방식―담론―에 드러나는 편견에 사로잡힌 태도들과 가정들에 대한 우선적인 언급이 없이 사회적 불균형들을 바로 잡는 것이 훨씬 더 힘들다는 응용 포스트모더니스트들의 주장은 정당하다.

이와 같은 인식을 실제적으로 가장 잘 사용하는 것은 인종을 둘러싼 사회적 태도들에 대한 순전히 이론적이거나 해석적인 것보다는 학문적 연구일 것이다. 그러나 응용 포스트모더니스트들이 담론에 초점을 맞추는 것은 주로 **"입장성"**―집단 정체성에 의해 결정된, 우리의 사회 안에서의 입장position이 세계를 이해하고 또 그 안에서 이해되는 방식을 좌우한다는 생각―과 관련되어 있다. 이런 생각은 퍼트리샤 윌리엄스의 『인종과 인권의 연금술』의 바로 첫 번째 문장―"주체의 입장이 법률에 대한 내 분석의 모든 것이다"―에서 자명하게 나타나듯이 비판적 인종 이론의 핵심이다. 그리고 나서 그녀는 언어와 담론의 중요성을 분명히 언급하면서 의미들, 법적인 것, 그리고 다른 것들 사이의 경계들을 흐림으로써 그것들을 해체할 필요가 있음을 다음과 같이 말한다.

> 나는 법률 언어가 어떤 주어진 문제 안에 내재하는 의미의 복잡성을 (절대적으로) 파괴하고, 그리고 쓸모없는 것으로 가두는 방식에 관심이 있다. 나는 전통적으로 법률적인 고딕체가 아니라 의도적으로 이중의 목소리이자 관계적인 어휘를 사용함으로써 상법商法 담론의 통상적인 한계에 도전하고 있다.[20]

"입장적" 자아a "positional" self—특권/억압의 지평 안에서 특정한 위치를 차지하는, 사회적으로 구성된 정체성—에 대한 포스트모던적인 개념은 자명하다. 법률학자인 안젤라 해리스는 다층입장 이론을 주창함으로써 이 생각을 더 발전시켰다. 그녀는 다음과 같이 말한다. "이 논문의 전제는 이것이다. 우리는 하나의 '자아'로 태어나는 것이 아니라, 엄청나게 많은, 편파적이며, 때로는 모순적이고, 혹은 심지어 대조적이기까지 한 '자아들'로 이루어져 있다."[21] 정체성과 입장성에 뿌리박고 있는 다층적 의식에 대한 이런 생각은 주변화된 정체성의 상이한 층위들의 뒤섞임에 주목하는 포스트모더니즘적 학문에 반복적으로 나타나는데, 페미니즘 학문과 비판적 인종 대문자 이론 안에서 지식을 연구하고 이해하는 방식에 엄청난 충격을 주었다.

우리의 사회적 입장이 화자와 인식 주체 양자에 미치는 충격, 그리고 그것을 우리 주변의 사회적 입장들과 관련시키는 것에 미치는 영향을 지속적으로 고려하는 것은 명백히 복잡한 일이다. 그럼에도 비판적 인종 대문자 이론은 그것을 설명할 때 보기 드물게 예외적으로 명쾌하다. 실로 탈식민 대문자 이론과 퀴어 대문자 이론들에 관한 한 좌절감을 느끼게 할 정도로 불분명하고 모호한 포스트모던적인 언어가 비판적 인종 대문자 이론에서는 두드러지게 드러나지 않는다. 비판적 인종 대문자 이론은 사회적 현실을 구성하는 담론의 역할에 대한 깊은 관심을 유지하고, 명백하게 무한한 복잡성의 논제들에 관해 말을 하지만 명쾌한 언어로 의미를 전달하는 것에 관한 한 대체로 절망적이지 않다. 그것은 정치적 목적을 가지고 있는데, 그 목적은 메타서사들을 해체하거나 훼손하는 것으로 한정되어 있지 않다. 그러므로 비판적 인종 대문자 이론의 교리를 이해하는 것은 훨씬 더 쉬운데, 이는 특히 그 학자들이 교리들의 목록을 열거하는 경향을 가지고 있기 때문이다.

예를 들어, 리처드 델가도와 진 스테판치크는 매우 영향력이 있는 독본인 『비판적 인종 이론*Critical Race Theory*』에서 핵심적 교리를 다음과 같이 설명한다.

"인종차별주의는 일탈적인 것이 아니라 일상적인 것이다." 즉, 그것은 미국에서 유색 인종들이 매일 겪는 경험이다.

"백인을 유색인종보다 우위에 놓는 체계는, 지배 집단을 위하여 심리적이면서 동시에 물질적인 중요한 목적들에 이바지한다." 즉, 백인 우월주의는 체계적이며, 백인들을 이롭게 한다. 그러므로 "색맹의" 정책들은 오로지 가장 끔찍하고 논증 가능한 형태의 차별만을 문제 삼을 수 있을 뿐이다.

" '사회적 구성물'이라는 테제는 인종과 인종들이 사회적 생각과 관계들의 산물이라는 생각을 가지고 있다." 이것을 말하기 위해서는 교차성과 반본질주의—인종적 차이를 타고난 것으로 간주하는 생각에 대한 반대—가 필요하다.

"유색 인종의 독특한 목소리"가 존재하며 "소수자의 지위는 인종과 인종차별주의에 대하여 말할 당연한 능력을 수반한다." 이것은 본질주의가 아니라 공통된 억압 받은 경험들의 산물로 이해해야 한다. 달리 말하면 이것이 입장 이론이다.[22]

이 핵심적인 교리들은 비판적 인종 대문자 이론에서 진행되고 있는 것—인종차별주의는 모든 곳에 항상 있고, 이것을 의식하고 있는 유색인종들에게 수미일관 부정적으로 작동하며, 그것이 특권이기 때문에 의식조차 하지 않는 백인들에게 유리하게 작동한다는 것—을 확실히 보여준다.[23]

다른 대문자 이론가들과 교육자들은 자유주의에 대한 근본적인 불신과 능력중심주의에 대한 거부,[24] 그리고 대문자 사회 정의를 위하여 헌신하는 쪽을 선택한다.[25]

비판적 인종 대문자 이론의 확산

비판적 인종 대문자 이론은 법학 연구에서 시작되어 대문자 사회 정의와 연관된 많은 분과 학문들로 확장되어 왔다. 교육이론(교육학)은 특히 강한 영향을 받았다. 델가도와 스테판치크는 다음과 같이 관찰한다.

비록 비판적 인종 대문자 이론CRT, critical race Theory은 비록 법학에서의 운동으로 시작되었지만, 그 분야를 넘어서 급속히 확대되었다. 오늘날 교육 분야의 많은 학자들이 자신을 비판적 인종 이론가—학교의 훈육과 위계, 능력별 교육, 소수 집단 우대 정책affirmative action, 고부담 시험high-stakes testing(역주: 성적의 결과에 따른 상벌[이익/불이익의 부여]이 분명해서 부담스러운 시험), 교육과정과 역사에 관한 논쟁들, 이중 언어와 다문화 교육, 그리고 대안 학교와 차터스쿨charter school들과 같은 이슈들을 이해하기 위하여 비판적 인종 대문자 이론을 사용하는 이론가—들로 생각한다.[26]

그들은 비판적 인종 대문자 이론의 가장 강한 발판들을 열거하며, 그 것이 얼마나 효과적으로 다른 학문 영역으로 끼어들 수 있는지를 보여 준다.

> 정치학자들은 비판적 인종 대문자 이론가들이 만든 선거 전략들을 깊이 생각하고, 여성학 교수들은 교차성에 대해—두 개 이상의 범주의 교차점에 놓여 있는 유색 및 다른 여성들의 곤경에 대해—가르친다. 종 족 연구 코스는 종종 비판적 인종 이론에 한 꼭지를 할애하고, 미국학 학과들은 비판적 인종 대문자 이론이 발전시킨 비판적 백인 연구에 대 한 자료를 가르친다. 사회학자들, 신학자들, 그리고 건강 관리 전문가들 도 비판이론과 그 생각들을 활용한다. 철학자들은 관점 상의 차별과 같 은 논제, 그리고 철학이 그 방향, 가치 그리고 추론의 방법에 있어 근본 적으로 백인적인지 아닌지의 여부를 분석할 때에 비판적 인종 이론의 생각들을 끌어들인다.[27]

실로 그렇다. 우리는 8장에서 논의할 것이지만, 비판적 인종 그리고 페미니즘 대문자 이론의 접근들은 이성이 서양의 철학적 전통이며 여성 과 인종적 소수자들을 부당하게 대한다고 생각한다. 결과적으로 비판적 인종 대문자 이론은 당당하게 행동주의적 입장을 취한다.

> 어떤 학문 분야들과 달리 비판적 인종 이론은 행동주의적 차원을 안 고 있다. 그것은 우리의 사회적 상황을 이해하려고만 하는 것이 아니라 바꾸려고 하며, 사회가 인종적 경계와 위계들을 따라 자신을 조직하는 방식을 알아낼 뿐만 아니라, 그것을 더 나은 것으로 변혁하고자 한다.[28]

그 결과 우리는 삶의 모든 국면에서 활동가들로부터 비판적 인종 대문자 이론의 언어를 듣게 되고, 비판적 인종 대문자 이론이 백인들의 도덕적, 인격적 실패의 원인들을 (백인 지배 사회에서의 백인이기 때문이라고) 백인에게 돌린다면 그 자체가 오히려 인종차별주의 같다는 생각을 해도—만일 비판적 인종 대문자 이론이 이것을 용서하는 것이 인종차별주의라고 간주하지만 않는다면—쉽게 용서받을 수 있다. 그들에 의하면 인종차별주의는 문화 안에 끼워 넣어져 있고, 따라서 우리는 백인들이 본질적으로 인종차별주의자라는 말을 듣는다. 그들에 의하면 인종차별주의는 "권력에 편견을 더 한 것"이며, 따라서 오직 백인들만이 인종차별주의자가 될 수 있다. 그리고 유색인종만이 인종차별주의에 대하여 말할 수 있으며, 백인들은 단지 듣기만 해야 하며, 그것에 참여할 "인종적 체력"을 가지고 있지 않다고 가르친다. 그들에 따르면 사람들을 인종의 관점에서 보지 않는 것(색맹인 상태)은 사실상 인종차별주의이며, 사회를 지배하고 백인 특권성을 영속화하는 만연한 인종차별주의를 무시하려는 시도이다. 우리는 삶의 많은 영역에서 이런 주문呪文들을 듣지만, 주문들은 특히 대학 캠퍼스에 만연해 있다. 델가도와 스테판치크는 이를 긍정적인 것으로 간주한다.

이 책이 역설해 왔듯이, 수많은 캠퍼스에서 학생들은 "안전한 공간", 그리고 일상적인 모욕, 욕설, 비방, 남부 연합기와 상징물들을 내세운 인종적으로 적대적인 환경으로부터의 보호를 외치며 시위하고 있다. 이와 같은 "캠퍼스 환경"의 논제들은 정당한 사유로 대학의 관리자들을 진지하게 다시 생각할 것을 촉구하고 있다. 날카로운 공격을 받고 있는 소수 집단 우대 정책과 더불어, 대학들은 그들의 캠퍼스가 가능한 한 소수자들을 환영하는 분위기가 되도록 확실히 할 필요가 있다. 동시에 밀레니

엄 신세대는 부당한 권력에 다시 새롭게 기꺼이 맞서는 의지를 보여주고 있는 것 같다.[29]

비판적 인종 대문자 이론은 수많은 대학에서 캠퍼스 문화의 많은 부분이 되었고, 흥미롭게도 이런 현상들은 가장 엘리트적인 대학에서 가장 뚜렷하게 나타난다. 교차성은 이 문화의 중심에 있고 또한 그 바깥에서도 생명력을 얻어 왔다.

응용 포스트모더니즘으로서의 비판적 인종 대문자 이론

담론, 입장, 그리고 편견에 대해 점점 더 포스트모던하게 초점을 맞추고는 있지만, 일부 학자들은 이 비판적 인종 대문자 이론의 갈래가 진정으로 포스트모던적인지 의심해 왔다. 한 가지 공통된 반대 의견은 포스트모더니즘은 전형적으로 공유된 의미와 안정된 정체성(혹은 주체성)을 거부했다는 것이다. 그러므로 정체성의 정치학은 정통 포스트모더니즘의 관점에서 보면 말이 안 되는 것이어야만 한다.

이와 같은 주장을 하는 비평가들은 일리가 있다. 이들이 최초의 포스트모더니스트들만을 "진정한" 포스트모더니스트들로 인정하자고 주장하는 것은 당연하다. 그러나 1980년대 후반과 1990년대 초반에, 비판적 인종 대문자 이론가들이 처음에는 급진적으로 해체론적인 것에서 포스트모더니즘의 핵심적인 생각들을 받아들인 후에 그것들을 새롭고 의도적으로 정치적인 응용 프로젝트에 적용시킨 것도 사실이다. 새로운 비판적 인종 대문자 이론가들은 원래 포스트모더니즘의 끝도 없이, 목적도 없이 해체하는 작업을 명백히 거부했고, 그것을 백인 남성으로서 자신들의 특권화된 입장들을 설명하는 데에 실패했던 푸코와 데리다 같은 백인 남성의 당연하게 특권화된 지위의 산물로 종종 간주하였다. 예를 들어, 흑인 페미니즘 학자이자 운동가인 벨 훅스는 1980년대에 주체성과 일관된 목소리들을 제거하고자 했던 원래의 포스트모더니스트들은 부유한 백인 남성들이며, 이들의 목소리는 먼 옛날부터 사람들에게 들렸고, 그들의 정체성은 사회 안에서 지배적이었다고 말했다.[30] 1990년에 발표된 영향력 있는 에세이 「페미니즘 법률 이론에서 인종과 본질주의Race and Essentialism in Feminist Legal Theory」에서, 안젤라 해리스는 페미니즘이 흑인 여성들의 경험을 단지 백인 여성 경험의 변종으로 다룸으로써 그들에게 전혀 도움을 주지 못했다고 주장한다. 이와 같은 생각들은 교차성 개념의 발전에 중요한 비판적 인종 대문자 이론의 핵심적인 사유의 한 방식으로 발전해 나갔다.

교차성

자신의 작업 안에서 포스트모더니즘을 가장 명백하게 언급하고, 포스트모더니즘을 더욱 정치화하고 실천 가능하게 활용해야 한다고 가장 분명히 주장하는 비판적 인종학자는 킴벌리 크렌쇼다. 그녀는 비판적 인종 대문자 이론의 설립자이자 **교차성** 개념의 창립자이다. 교차성 개념은 처음에는 자기 발견적인 것—누군가가 스스로 무언가를 발견하도록 하는 도구—에서 시작했는데 이론으로 대접받은 지 오래되었고, 이제는 크렌쇼에 의해 "실천적인 것"으로 묘사된다. 크렌쇼는 1989년에 논쟁적인 법률학 논문인 「인종과 섹스의 교차를 탈주변화하기: 반차별 원칙, 페미니즘 이론, 그리고 반인종차별주의 정치학에 대한 흑인 페미니즘적 비판

Demarginalizing the Intersection of Race and Sex: A Black Feminist Critique of Antidiscrimination Doctrine, Feminist Theory and Antiracist Politics」에서 처음으로 교차성의 개념을 소개하였다.[31] 여기에서 그녀는 세 가지 법률적인 차별의 경우들을 검토하고, 다른 형태의 편견들이 한 개인을 두 가지 혹은 그 이상의 주변화된 정체성으로 "부딪힐hit" 수 있는 방식을 따져보기 위해 교차로의 은유를 활용한다. 그녀는—마치 두 도로의 교차로에 서 있는 사람이 둘 중 어느 쪽에서 오는 차에 의해서든 부딪힐 수 있는 것처럼 혹은 한 번에 한 번 이상 부딪힐 수 있는 것처럼—주변화된 사람은 어떤 주어진 경우에서 그들의 정체성 중에 어떤 정체성이 부당하게 차별을 당하고 있는지 말할 수가 없다고 주장한다. 크렌쇼는 인종 혹은 젠더에 토대하여 차별을 방지하는 법률을 제정하는 것은 이 문제를 다루기에 불충분하다고 주장한다. 예를 들어 흑인 여성이 백인 여성도 흑인 남성도 직면하지 않은 차별의 독특한 형태들을 경험할 수 있다는 것을 다루기에는 만족스럽지 않다고 설득력 있게 주장한다.

외견상 상대적으로 논란의 여지가 없어 보이지만 이 통렬한 생각은 세계를 바꾸자는 것이었다. 그것은 2년 후(1991)에 나온 크렌쇼의 매우 영향력이 있는 에세이 「주변인들의 지도를 그리기: 교차성, 정체성의 정치학, 그리고 유색인 여성들에 대한 폭력」에서 더욱 완전하게 다듬어졌다. 이 글에서 그녀는 교차성을 "현대의 정치학을 포스트모던 이론과 연결하려는 잠정적 개념"[32]이라고 정의한다. 크렌쇼의 교차성에 대한 포스트모던적 접근법은 비판적 인종 대문자 이론과 페미니즘이 문화적 구성물로서 인종과 젠더의 이해를 지속하게 하면서 동시에 정치적 행동주의를 이끌어 낼 수 있게 해주었다. 게다가 이 대문자 이론적 접근법은 주변화된 정체성의 더욱 많은 범주들을 교차성의 개념으로 분석할 수 있게 해주었으며, 이 개념과 이것을 활용하는 학문과 행동주의에 눈에 띄는 세련미와 복잡성을 켜켜이 더해 주었다. 퍼트리샤 힐 콜린스가 『흑인 페미니즘 사상 *Black Feminist Thought*』(1990)[33]에서 "지배의 모체"라 이름 붙인 이 대문자 이론의 복잡성은 학자들과 활동가들에게 20년 동안의 신선한 활동에 박차를 가했다. 한편 「주변인들의 지도를 그리기」는 정체성 범주들의 사회적 의미를 제거하고 사람들을 정체성과 무관하게 동등하게 대하고자 했던 자유주의적인 보편주의를 넘어 정체성의 정치학을 공개적으로 주장하는 수단을 제공해 주었다. 정체성의 정치학은 정체성 범주들의 사회적 중요성를 복원시키는데, 이는 권한 부여와 공동체의 원천으로서 그것들에 가치를 부여하기 위해서이다. 크렌쇼는 다음과 같이 말한다.

> 우리는 모두 "나는 흑인이다"와 "나는 우연히 흑인이 된 사람이다"라는 두 주장의 차이를 인정할 수 있다. "나는 흑인이다"는 사회적으로 부과된 정체성을 받아들이되 그것에 주체성의 닻이라는 힘을 부여한다. "나는 흑인이다"는 단지 저항의 진술일 뿐만 아니라, 흑인 민족주의자들이 "검은 것이 아름답다"라고 말할 때의 찬사와 밀접하게 연관된 자기-동일시의 긍정적 담론이다. 반면에 "나는 우연히 흑인이 된 사람이다"는 어떤 보편성(사실상, "나는 우선 사람이다")을 위해 안간힘을 쓰는 반면, 그리고 그에 따라 부과된 범주("흑인")를 우발적이고, 상황에 따라 비결정적인 것으로 묵살함으로써 자기-동일시를 성취한다.[34]

인종과 젠더의 사회적 중요성, 그리고 흑인과 여성 정체성의 정치학에 힘을 다시 부여하고자 할 때 「주변인들의 지도를 그리기」는 오늘날 실천되고 연구되는 것에서 확인되듯 대문자 사회 정의에 핵심적이고 근본적인 것으로 간주될 수 있다. 이는 또한 자유주의적인 접근법들에 의해 수십 년 동안 서서히 사라진 후에 사회적 구성주의적 인종주의가 장악한 조건들—사회적으로 구성된 인종적 범주들의 구체화—을 다시 활성화시켰다. 그 결과 「주변인들의 지도를 그리기」는 최근 대문자 사회 정의 연구의 인종적 차원을 특화한 "전략적 인종주의"의 토대를 마련하였다. 이에 대해서는 8장에서 더 자세히 논의할 것이다. 교차성이 대문자 사회 정의 학문과 정체성 기반의 정치학으로 말미암아 자유주의적인 보편주의에 대한 명백한 거부라는 최근의 맥락에서 이토록 중요한 체계가 되었기 때문에, 그 근본적인 교리들을 더 깊이 들여다보는 것은 가치 있는 일이다. 한편으로 교차성은 억압을 객관적인 현실로 간주하고, 실천 가능한 정치적 목표들을 주장하며, 다른 한편으로는 포스트모더니즘적인 문화적 구성주의를 끌어오면서, 또한 응용 포스트모더니즘의 부상, 긴요함, 방법, 그리고 기풍의 가장 분명한 예를 제공하며, 1980년대 후반과 1990년대 초반의 응용 포스트모더니즘으로부터의 전환을 위한 패러다임이 된다.

교차성과 응용 포스트모더니즘으로의 전환

「주변인들의 지도를 그리기」에서 크렌쇼는 사회를 이해하는 두 가지 방식들을 비판한다. 보편적 자유주의와 극히 해체론적인 포스트모더니즘이 그것이다. 크렌쇼가 느끼기에 차별에 관한 주류 자유주의 담론은 한 가지 이상의 주변화된 정체성 범주를 가진 사람들에게 권력의 구조가 영속화된 차별을 행사하는 방식들을 이해시키기에 부적절하다. 자유주의는 정체성 범주들로부터 사회적 기대치들—흑인들은 하찮은 일을 하고, 여성들은 가사와 양육의 역할을 우선적으로 하는 것으로 기대하는 것 등—을 제거하고자 했으며, 정체성과 *무관하게* 모든 사람들이 모든 권리, 자유, 그리고 기회를 누릴 수 있게 하려 했기 때문에 개별성과 보편성, 그리고 정체성 범주들의 탈특권화를 강조하였다. 크렌쇼는 이것을 받아들일 수 없었으며, 다음과 같이 말한다.

> 아프리카계 미국인들, 다른 유색인종들, 그리고 게이와 레즈비언들, 그 밖의 다른 사람들에게…… 정체성 기반의 정치학은 힘, 공동체, 그리고 지적 발전의 원천이 되어 왔다. 그러나 정체성의 정치학을 받아들이는 것은 사회 정의에 대한 지배적 개념들과 긴장된 관계를 유지하는 것이었다. 인종, 젠더, 그리고 다른 정체성의 범주들은 주류 자유주의 담론에서 편견 혹은 지배의 흔적들로—즉, 사회적 권력이 그 안에서 다른 사람들을 배제하거나 주변화하는, 본질적으로 부정적인 체계들로—가장 자주 취급되어 왔다. 이런 식의 이해에 따르면, 우리의 해방적 목표는 그런 범주들에서 어떤 사회적 중요성을 팽개치게 만드는 것이어야만 한다. 그러나 예를 들어 페미니즘과 인종적 해방운동의 어떤 갈래에서는, 차이를 상술하고자 할 때 사회적 권력이 꼭 지배의 권력일 필요는 없으며, 대신에 주변화된 집단들에게 사회적으로 힘을 부여하며 재구성하는 원천이 될 수 있다는 견해도 있다.[35]

크렌쇼는 여기에서 주요한 변화를 꾀하고 있다. 해체론적 단계의 최고점에서, 포스트모더니즘은 권력 분석을 가능하게 했으며, 크렌쇼의 견해에 따르면 인종과 젠더를 사회적 구성물로 유용하게 이해하게 되었다. 그러나 과격한 회의론 때문에 포스트모더니즘은, 그러한 근거 위에서 차별을 논하고자 한다면 반드시 인정해야 할, 사회적 구조들과 범주들의 현실성을 감안하지 않았다. 따라서 그녀는 과격하게 해체론적인 포스트모더니즘의 그와 같은 측면을 비판하면서도, 다른 한편으로는 포스트모더니즘적인 정치 원칙이 설득력이 있다고 주장한다.

> 의미가 사회적으로 구성되는 방식들을 의문시하는 포스트모더니즘의 기술적記述的 프로젝트가 일반적으로는 건전하지만, 이런 비판은 때로 사회적 구성물의 의미를 오독하고 그것의 정치적 적절성을 왜곡한다.…… 그러나 인종 혹은 젠더와 같은 범주가 사회적으로 구성된 것이라 말하는 것은 그런 범주가 우리 세계에서 아무런 중요성이 없다고 말하는 것은 아니다. 거꾸로, 종속된 사람들을 위한 거대하고도 지속적인 프로젝트―실로 포스트모던 이론들이 그것에 많은 도움이 되는 프로젝트들 중의 하나이다―는 권력이 어떤 범주들 주위에 무리를 짓고 타자들을 향해 행사되는 방식에 대하여 사유한다.[36]

그러므로 1990년대 초에 크렌쇼는 전적으로 새로운 사유가 반드시 필요하다고 제안하였다. 차별의 복잡한 층위들이 객관적으로 존재하고, 사람들 그리고 권력 체계들의 범주들도―설사 그것들이 사회적으로 구성되었다고 하더라도―객관적으로 존재한다는 것을 받아들여야 한다는 것이다. 이것이 교차성의 개념이다. 그것은 포스트모더니즘적인 정치 원칙을 명백히 끌어들이고, 포스트모더니즘적 지식 원칙―지식을 입장론적으로 바라보는―상의 변종을 수용한다. 크렌쇼의 교차성은, 적어도 그녀가 글을 쓰는 정치적 맥락 안에서는, 집단 정체성을 위하여 보편성을 명백히 거절한다. 그때부터 교차론적 페미니스트들과 비판적 인종 대문자 이론가들은 대체로 이런 입장을 지속해 왔다.[37]

사회적으로 부적절한 것―자유주의에서처럼―과는 거리가 먼 이런 틀 안에서, 젠더와 인종은 다시 새로워진 정치적 행동주의의 현장이 되고, 정체성의 정치학은 상승세를 탄다. 교차성은 그 위에서 응용 포스트모더니즘이 전환되는 축이고, 약 20년 후에 대문자 사회 정의 학문으로 싹이 튼 씨앗이다. 그러므로 교차성과 그것이 포스트모더니즘적인 원칙들과 주제들을 실천 가능하게 활용하면서 견지한 방식들을 이해하는 것은 중요하다.

복잡한, 그러나 아주 단순한

그 개념이 정립된 이래, 교차성의 의미와 목적은 거대하게 확장되어 왔다. 교차론적 사회학자들인 퍼트리샤 힐 콜린스와 서마 빌게Sirma Bilge는 다음과 같이 말한다.

> 교차성은 세계와 사람들, 그리고 인간의 경험 안에 있는 복잡성을 이해하고 분석하는 한 방법이다. 사건들과 사회적, 정치적 삶의 조건들, 그리고 자아는 한 가지 요인에 의해 형성되는 것으로 이해될 수 없다. 그것들은 일반적으로 다양하고 상호 영향을 주고받는 방식들 안의 많은 요인들에 의해 형성된다. 사회적 불평등에 관해 말하자면, 사람들의 삶과 주어진 사회에서 권력의 조직화는, 인종이든 젠더든 계급이든 사회적 분할의 단일한 축에 의해서가 아니라, 함께 작동하고 영향을 주는 많은 축들에 의해 더욱 잘 이해된다. 분석 도구로서의 교차성은 사람들로 하여금 세계와 그들 자신에 대해 더 훌륭한 접근법을 제공해 준다.[38]

교차성 아래에 있는 사회적 분할 축들의 수는 거의 무한대이지만, 그것들은 *개인적인 것*으로 환원될 수는 없다. 사람들을 더 작고 작은 집단들로 분할하는 교차론적 접근법의 논리적 종점이 개인이라고 사람들은 종종 농담을 한다. 그러나 이것은 *집단 정체성*에 대한 근본적인 의존을 잘못 이해하는 것이다. 설사 어떤 사람이 주변화된 정체성들의 독특한 혼합물, 즉 교차적으로 독특한 개인이라 할지라도, 그녀는 그런 집단 정체성들의 모두 그리고 전체를 통해 이해될 것이고, 그 세부 사항들은 대문자 이론에 의해 채워질 것이다. 그녀는 개인으로 이해되지 않을 것이다. 결과적으로 교차성이 관심을 갖는 범주들은 매우 많다. 인종, 섹스, 계급, 성적 취향, 젠더 정체성, 종교, 이민자 지위, 육체적 능력, 정신 건강, 그리고 신체의 크기 등에 더하여, 정확한 피부색, 몸의 모습, 그리고 복잡한 젠더 정체성들과 성적 취향들 같은 하위 범주들까지 합치면 수백 가지에 이른다. 이 모든 것들은 상호 연관 속에 이해되어야 하며, 그리하여 각각의 교차성이 부여하는 위치 설정이 확인되어야 하고 개입되어야 한다. 게다가 이것은 교차성을 내적으로 믿을 수 없을 정도로 복잡하게만 만드는 것이 아니다. 그것은 또한 골치가 아플 정도로 엉망인데, 그 이유는 그것이 매우 해석적이며 정체성의 수많은 요소 위에서 동시에 작동되는데, 그 모든 것을 직접 비교할 수도 없고, 각각의 것은 또 서로 다른 상대적인 정도의 주변화를 주장하기 때문이다.

그러나 교차성의 매우 중요한 생각 혹은 그 위에서 만들어진 대문자 이론들에 관해서는 복잡해할 것이 없다. 어찌 보면 이보다 더 단순한 것도 없다. 그것은 같은 일―권력 불균형들, 심한 편견들 그리고 선입견들이 반드시 있다고 가정하고 그것을 찾아 공격하는 일―을 계속 반복한다. 그것은 *모든 것*을 단일한 변수, 단일한 대화 주제, 단일한 초점과 해석―대문자 이론이 주장하는 권력 역학 하에서 이해되는 것으로서의 편견―으로 환원한다. 그러므로 예를 들어, 서로 다른 결과들이 하나의, 오직 하나만의 설명을 가질 수 있고, 그것은 바로 편견이다. 문제는 바로 그것이 주어진 상황 속에서 어떻게 표명되는지를 찾아내는 것이다. 그러므로 항상, 모든 상황에서 어떤 형태의 대문자 이론적 편견들이 존재하며 그 증거를 보여줄 방법을 찾아야 한다고 가정한다. 그런 의미에서, 교차성은 그 모든 복잡성과 미묘한 차이를 깨부수고 교차성의 비전에 따라 정체성의 정치학을 촉진할 수 있도록 계획된 도구—"실천"—이다.

대문자 사회 정의의 카스트 시스템

내적 복잡성과 억압에 집요하게 초점을 맞추기 때문에 교차성은 수많은 갈래들과 하위 범주들로 넘쳐나는데, 이것들은 서로 경쟁—혹은 심지어 완고할 정도로 대립—한다. 그러므로 미국의 어떤 사람들은 게이 백인 남성들[39]과 비非흑인 유색인종들—일반적으로 주변화된 집단들로 평가되는—은 그들의 특권과 반反흑인성을 인정할 필요가 있다고 주장한다.[40] 이는 또한 더 밝은 피부의 흑인들이 더 어두운 피부의 흑인들에 대해 갖고 있는 특권성을 인정해야 한다는 주장으로 연결될 수도 있다.[41] 흑인 이성애 남성들은 "흑인의 백인"[42]이라고 묘사되었다. 트랜스 남성들은 자신들의 트랜스 지위에 대한 태도들 때문에 여전히 억압을 당하지만, 그들은 남성 특권을 가진 자로 부상했다.[43] 그에 따라 트랜스이면서 동시에 여성이기 때문에 이중으로 억압받는 트랜스 여성들의 목소리를 증폭해야만 한다는 사실을 인정할 필요가 있다는 주장들도 흔하다. 남성 게이들과 레즈비언들도 특히 트랜스 남성들과 트랜스 여성들에게 매력을 느끼지 않는다면, 자신들이 억압당하는 것으로 간주할 수 없다는 것이 당연할지도 모른다. 그것은 오히려 트랜스 혐오와 젠더 오인misgendering이라 간주된다.[44] 아시아인들과 유대인들은 그들의 인구

통계상 비교적 경제적으로 성공했고, "백인 특권성" 혹은 다른 요인들에 참여하므로 주변화된 지위에서 벗어났다고 생각할지도 모른다.[45] 퀴어성은 탈식민화될 필요가 있고,—인종적으로 더욱 다양하게 만들어진다는 의미로—주디스 버틀러 같은 백인 논자들에게서 시작된 그 개념의 기원은 심문받을 필요가 있다.[46]

그러나 현실 세계에서 자신들의 문화적 집단들과 연결된 내재적이고 의심할 수 없는 지혜를 가진 독특한 목소리들로 모든 주변화된 정체성을 일거에 "존경"하려는 시도는 갈등과 충돌을 초래할 수 있다. 우리는 평생 인권 운동가로 활동했던 피터 태첼Peter Tatchell이 게이들을 죽이겠다고 노래하는 흑인 랩 음악가를 비판했다는 이유로 인종차별주의라고 비난을 당한 사례들을 보았다.[47] 인종적 소수자인 미용사들이 자신들의 종교와 관습이 남성 성기와의 접촉을 금지하고 있다는 것을 토대로 트랜스 여성이라 주장하는 사람의 고환 주위의 털 왁싱을 거부함으로써 성별을 근본적으로 잘못 구분했을 때 우리는 도대체 누구 편을 들어야할지 혼란스럽고 갈등에 다시 빠진다.[48]

이 모든 "복잡함"은 교차론자를 분주하게 만들고, 내적으로 논쟁적이게 만들며, 의견이 분분하게 만든다. 그러나 그것은 대문자 이론으로 보았을 때 다양한 피억압 집단을 하나의 메타-집단, 즉 **대문자 사회 정의**의 매우 중요한 메타서사 아래에서 "피억압자" 혹은 "타자"로 결속시키기 위해서 모두 행해지는데, 이는 억압에 대하여 대문자 이론화된 상태에 토대를 둔 카스트 시스템을 확립하려는 시도이다. 그러므로 당대적인 의미에서 대문자 사회 정의는 민권운동들을 특징짓는 보편적 인권을 위한 행동주의와는 확연히 다르다.[49] 자유주의적이고 평등주의적인 접근법들은 차별을 범죄화하고, 권리 박탈의 문제를 개선하고, 편견을 사회적으로 수용할 수 없는 불변의 특징을 가진 것으로 규정하여 철폐함으로써 기회를 균등하게 할 것을 추구한다. 그러므로 그것들은 선의의 자유주의적인 개인을 위하여, 정체성과 무관하게 사람들을 평등하게 대하라는, 성취 가능한 목표를 제시한다. 대문자 사회 정의적 접근법은 자유주의를 기껏해야 심각하게 편견이 지배하는 사회적 현실을 순진하게 보는 것이며, 최악의 경우에는 우리가 그런 종류의 사회에서 살고 있다는 사실에 대한 의도적 거부로 간주한다. 결과적으로 대문자 사회 정의 아래에서 고매한 사람이 되는 유일한 길은, 이와 같은 권력 불균형과 편견들이 자유주의의 평등주의적 가짜-약속들의 가면을 쓴 채 어디에나 항존한다고 가정하고, 대문자 이론 같은 올바른 분석을 통하여 열심히 찾아내는 것이다. 콜린스와 빌게는 다음과 같이 말한다.

> 사회 정의는 교차성의 가장 논쟁적이고 핵심적인 개념이지만, 교차성의 범위를 사회 정의를 위한 분석적 도구로 교차성을 사용하는 사람들을 포함하는 것으로 확장해야 한다. 사회 정의를 위해 일하는 것이 교차성의 필수조건은 아니다. 그러나 교차성을 분석 도구로 활용하는 것에 참여하는 사람들과 사회 정의를 자신들의 삶에 있어서 변방의 것이 아니라 중심적인 것으로 간주하는 사람들은 대체로 같은 사람들이다. 이런 사람들은 전형적으로 현상을 수용하기보다는 비판적이다.[50]

이러한 주장은 레베카 린드Rebecca Lind에게서도 반복되는데, 그녀는 교차성을 "우리 모두를 독특한 개인으로 창조하기 위해 연결하는 다양하고, 사회적으로 구성된 정체성들의 풍요로움을 인정하는 다양한 면모를 가지고 있는 관점"[51]이라고 정의한다. 그러나 이런 방법에서 "독특한 개인"은 실제로 개인으로 이해되지 않는다. 이미 지적한 바와 같이 교차성 아래에 있는 사회적 갈래들의 수는 거의 무한대이지만, 그렇다고 *개인*으로 환원되지는 않는다. 대문자 이론은 다양한 집단들과 그런 집단들 주변의 사회적 구성물에 대한 이해만이 사회, 사람들, 그리고 그들의 경험들을 진정으로 이해할 수 있다고 주장한다. 이런 개념적 변화는 집단 정체성과 때때로 급진적인 정체성의 정치학을 가능하게 한다.

교차성의 도구로 쓰일 때 교차성의 순전한 다목적성 때문에, 교차성은 법률적인 행동주의와 소수 집단 우대정책에 대한 학문적 분석, 그리고 교육이론에 걸쳐 다양한 형태로 참여하는 사람들에게 호소력을 가지고 있다.[52] 주류 행동주의는 또한 교차성을 열심히 끌어들인다. 그것은 특히 교차성의 **특권**이라는 개념을 끌어들이는데, 위협과 협박의 지점까지 갈 정도로 활발하게 주장되는 개념이다.

대문자 사회 정의의 모방적 문화 요소

교차성의 영향력이 미치는 영역의 확장은 상당하며 아마도 회피할 수도 없게 되었다. 안지 마리 핸콕Ange-Marie Hancock은 교차성의 지적 역사에 관한 그녀의 책에서, 지적이고 학문적인 영역 양쪽에서 그리고 일종의 모방적 문화 요소meme로서 교차성이 점점 더 인기를 끌고 있음을 지적하는데, 온라인에서 활용 가능한 많은 다른 정의들과 개념화가 있다는 사실에 주목한다.[53] 핸콕은 다음과 같이 말한다. "결과적으로, 분석적 체계로서의 교차성은 학문, 비영리 영역(세계적 자선 활동을 포함하여), 그리고 정치학을 가로지르며 가장 현저해져 가는 과정 속에 있다."[54] 핸콕은 대중문화에서 교차성이 흔히 사람들과 미셸 오바마 Michelle Obama나 페미니스트 그룹인 코드 핑크 등과 같은 유명한 인물들이 "작동 중인 권력의 다범주적 역학을 깊이 인식하는 자리에서 이해하고 행동하는 데"[55]에 실패했다고 비판받은 사실에 주목한다. 비판적 인종 대문자 이론을 적용하면서, 핸콕은 교차성의 주류가 그 자체 문제적이라고 주장했다. 그 이유는 교차성을 백색화whitening하고 "모방적으로 문화화"하기 때문이다. 핸콕에게, 교차성을 "백색화"하고 흑인 여성들의 경험에서 제거하려는 위험[56]은 모든 층위에서 발생한다. 그 개념의 기원을 백인 남성인 푸코에게로 돌아가 추적하든지 아니면 그녀가 "모방적 문화화"[57]라고 과소평가하는 단순화된 문화적 비판의 미로 같은 형태들을 포괄하는 데에까지 확장하든지 관계 없다.

핸콕이 지적하듯이, 교차성은 입소문이 났으며—특히 행동주의에 있어—급속히 새롭고도 예기치 않은 방식들로 적용되고 있으며, 이들 중 많은 것들은 이 주제에 대한 학문적 문헌에 의해 정당화된다. 2017년 크렌쇼 자신의 관찰에 따르면, 교차성은 그녀가 의도했던 범위를 넘어·확장되었으며, 억압을 완화하는 무언가를 하기보다는 주변화된 정체성의 복잡한 교차들에 대하여 말하는 하나의 방식이 되어버렸다.[58] 그러므로 우리가 개괄한 포스트모더니즘적인 원칙들과 주제에 뿌리를 박고 있는, 매우 해석적인 대문자 이론에서 유래된 혼란에 더하여, 비판적 인종 대문자 이론과 교차성은 거대한 분열성, 비관주의, 그리고 냉소주의를 특징으로 한다. 인종차별주의적 태도들이 감소하고 있다는 것은 대체로 신기루였으며, 백인들은 자신들에게 이로울 때만 유색인종들에게 권리와 기회를 허락한다는 믿음은 특히 활동가들 사이에서, 대학 캠퍼스에서, 그리고 경쟁적인 업무 환경 안에서 엄청난 신경증과 적대감을 생산할 수 있다. 이런 감정들은, 특히 선의의 사람들, 즉 인종차별주의와 백인 우월주의라는 비난에 대해 자신을 끊임없이 방어하길 원하지 않는 사람들이 이런 상황들에 복종하거나 도망치거나 회피할 때, 가끔 분출

하여 제도들 내부에서 균열을 일으킨다.[59]

　비판적 인종 대문자 이론의 품질보증 마크인 신경증적 사고방식은 인종차별주의가 모든 곳에 있으며 단지 그것을 찾아내기만 기다린다는 것을 가정한다. 그러나 이러한 가정은 그것에 익숙해진 사람들에게 도움이 되거나 그들을 건강하게 만들 가능성이 극도로 낮다. 누군가가 차별당할 것이고, 차별당하고 있으며, 방법을 찾아내려 하고 있다고 항상 믿는 것은 어떤 상황에서도 결과를 개선할 수 있는 가능성이 낮다. 이것은 또한 일종의 자기-공격일 수도 있다. 변호사인 그레그 루키아노프Greg Lukianoff와 사회심리학자인 조너선 하이트Jonathan Haidt는 공저인『미국 정신을 애지중지하기The Coddling of the American Mind』에서 이런 과정을 일종의 거꾸로 전도된 인지 행동 치료CBT: cognitive behavioral therapy(역주: 부정적인 상황이나 느낌에 대응하여 그것을 완화 혹은 개선하도록 하는 심리 치료 방식의 하나)라고 설명하는데, 이는 여기에 참여하는 사람들을 그 이전보다 정신적으로 그리고 심리적으로 덜 건강하게 만든다.[60] 인지 행동 치료의 목적은 모든 상황을 재난으로 만들고 가장 부정적인 시각에서 해석하지 *않도록* 환자를 훈련시키는 것이며, 그 목표는 세상에 대하여 더욱더 긍정적이고 탄력적인 태도를 갖도록 발전시켜서 가능한 한 온전하게 살아갈 수 있도록 해주는 것이다. 우리가 만일 젊은 사람들을 모든 상호작용 속에 있는 모욕, 적대감, 그리고 편견을 읽도록 가르친다면 그들은 아마도 점점 더 세계를 자신들에게 적대적인 것으로 간주할 것이고, 그 안에서 잘 살지 못하게 될 것이다.

고상한 목적, 끔찍한 수단

비판적 인종 대문자 이론과 교차성은 주로 인종차별주의를 끝장내는 것에 관심이 있다. 그리고 그 방법은 모든 사람이 항상 모든 곳에서 인종 문제를 더욱 의식하게 만든다는, 개연성이 희박한 수단을 통해서이다. 그들은 인종차별주의가 규범적이고 영속적이며, 일차적인 문제는 사람들이—특히 백인들이—그것을 보고, 인정하고, 말하지 못한다는 전제 위에서 움직인다. 행동주의 학자들인 헤더 브루스Heather Bruce, 로빈 디안젤로Robin DiAngelo, 기다 스와니Gyda Swaney(살리시Salish 원주민), 그리고 아미 서버Amie Thurber는 2015년에 퓨젯 사운드 대학에서 열린, 영향력이 큰 '전국 인종과 교육학 학회National Race and Pedagogy Conference'에서 다음과 같이 말했다.[61] "문제는 '인종차별이 발생했는가'가 아니다", 왜냐하면 이것은 이미 그렇게 가정된 것이기 때문이다. 문제는 오히려 "'그 상황에서 인종차별주의가 어떻게 표명되었는가'여야 한다." 즉, 우리는 인종차별주의가 항상 일어나고 있으며, 우리가 할 일은 그 증거를 확보하기 위해 상황들을 검토하는 것이라고 가정한다. 이것은 "다양한 사회적 위치에도 불구하고, 사회의 모든 구성원들이 인종차별주의의 체제에 참여하도록 사회화되고 있다"는 것과 "모든 백인들이 의도와 무관하게 인종차별주의로부터 이익을 얻고 있다"[62]는 신념을 따르는 것이다. 이런 철저한 비판적-인종론의 주장들은 다음과 같이 우리에게 친숙한 대문자 이론의 명령들을 촉진한다. "인종차별주의는 반드시 지속적으로 확인, 분석되어야 하며, 도전받아야 한다. 그런데 그 어느 것도 아직 되지 않았다." 그리고 "현재의 인종적 상황은 대부분의 백인들에게 편안한 것이다. 그러므로 백인의 안락을 유지하는 것이면 무엇이든지 의심해야 한다." 게다가 "반인종차별주의 교육에 대한 저항은 예상 가능한 반응이므로 우리는 그것에 대해 명백하게 그리고 전략적으로 발언해야만 한다."[63]

비판적 인종 대문자 이론의 핵심적인 문제들은 다음과 같다. 그것은 사회적인 의미를 인종의 범주로 환원시키고, 인종차별주의에 불을 붙이며, 순수하게 대문자 이론적이고, 포스트모더니즘적 지식과 정치 원칙을 활용하고, 심히 공격적이며, 대문자 사회 정의의 모든 측면에 자신의 적합성을 주장하며, 특히 인종차별주의는 모든 곳에서 항상 일어나는 일상적이고 동시에 영속적인 것이라는 가정에서 출발한다. 결과적으로 지배적인 인종 정체성을 가진 사람과 주변화된 정체성을 가진 사람의 모든 상호작용은 권력 불균형의 개념으로 규정되어야만 한다(포스트모더니즘적 정치 원칙). 대문자 이론가 혹은 활동가가 하는 일은 그것을 해체하기 위하여 이와 같은 불균형—흔히 인종차별주의 혹은 백인 특권성이라 불리는 것—에 주목하는 것이다. 또한 인종차별주의가 도처에 편재하며 영원한 것으로 간주하며, 이는 그것에 죄 혹은 타락과 같은 신화적인 지위를 부여한다.[64] 왜냐하면 대문자 이론 하에서 주변화된 인종 집단의 구성원은 자기만의 목소리와 저항 서사를 가지고 있으므로 그것을 대문자 이론적으로 "진정한"(포스트모더니즘적 지식 원칙) 것이며, 상황에 대한 이들의 해석을 실제로 반박할 길이 없을 정도로 권위 있는 것으로 간주*해야만* 한다. 그러므로 주변화된 개인이 인종차별주의라고 해석하는 모든 것은 논란 없이 인종차별주의로 간주된다. 이것은 확증 편향을 강화하고 무원칙주의에 문을 활짝 열어놓는 에피스테메이다. 학문에서도 이것은 이론들을 단지 대문자 이론에 기반하여 세우도록 하며, 그것들을 검증하고 그것들의 잘못을 따져볼 어떤 실제적인 수단도 갖지 못하게 만든다. 한편, 추종자들은 숨겨져 있거나 명백히 드러난 인종적 위반의 사례들을 끝까지 열심히 찾아내고, 그 어떤 대안 혹은 사태를 완화시키기 위한 설명들도 허락하지 않는다. 그들에 의하면 인종차별주의는 모든 곳에 영속적으로 존재하며 체제들 안에 내재해 있을 뿐만 아니라, 전적으로 용서할 수 없는 것이다. 이것은 군중들의 분노와 공적인 공격을 유도할 수 있고, 우리를 인종 정치학에만 초점을 맞추도록 하는 경향이 있고, 이러다 보니 불가피하게도 점점 더 예민하고 염려스러운 상태가 되고 있다.

　게다가 모든 것을 인종차별주의로 해석하고, 거의 계속 그런 식으로 말하는 것은 백인들(혹은 소수자들)을 위해서도 바람직한 결과들을 만들어 내기가 거의 불가능하다. 회의주의와 분노를 창출함으로써 반인종차별주의적 행동주의의 기반을 훼손하기까지 하고, 인종차별주의를 극복하기 위한 가치 있는 기획들과의 협조도 꺼리게 만든다. 어떤 연구는 이미 다음과 같은 사실을 보여준다. 즉 지배 집단의 구성원들에게 인종차별주의는 어디에나 있고, 그들이 그것을 영속화하고 있다고 말하는, 다양성을 가르치는 교과목들은 역으로 주변화된 집단들을 향한 적개심을 증가시키는 결과를 가져왔다.[65] 이런 경우에는 자신들이 인종차별주의자라고 믿지 않는 사람들—심지어 인종차별주의자를 적극적으로 경멸하는 사람들—까지 인종차별주의자로 만드는 것을 막기 위해 할 수 있는 일이 없다. 그러니 그들에게 당신을 도와 달라고 말하는 것은 심리학적으로 말도 안 되는 일이다. 게다가 그들이 지닌 선의의 의도들조차도 잠재적인 인종차별주의의 증거라고 말하는 것은 훨씬 더 도움이 안 된다. 가장 최악인 것은 이중적 잣대를 들이대는 것인데, 가령 그들이 인종을 감지한다면 그들이 인종차별주의자인 것이기 때문이라고 말하면서, 만일 인종을 감지하지 못한다면, 그것은 그들의 특권이 그들에게 인종을 감지하지 못하는 사치, 즉 또 다른 형태의 인종차별주의를 제공하기 때문이라고 말한다. 마지막으로 인종에 의도적으로 초점을 맞추고 동시에 "색맹"을 반대—인종에 사회적 의미를 부여하는 것에 대한 거부—함으로써 비판적 인종 대문자 이론은 사람들을 인종으로 평가하는 것에 저항하는 사회적 금기를 원점으로 되돌리라고 협박한다. 자유주의적 보편주의와 개별성(대문자 이론이 대체로 백인들에게 이익을 주고 현상을 영속화하는 신화로 간주하는)을 비판하면서도 인종에 대해 그렇게 강박증적으로 집중하는 것은—소수집단을 위해서도 혹은 더 넓은 의미의 사회적 응집을 위해서도—바람직한 것 같지 않다. 그런 태도들은 당대의 다양한 사회 집단들을 함께 묶어주는 풍토를 파괴한다.

6장

페미니즘과 젠더 연구

복잡한 만큼의 단순화

　지상의 인구 절반 이상의 삶을 개선하기 위한 노력 가운데 페미니즘은 한 세기 이상 동안 인류 역사에서 가장 의미 있는 사회 운동 중의 하나였다. 페미니즘은 항상 논쟁을 불러일으켜 왔으며, 특히 그 성공들 때문에 많은 사람들에게 인기가 없었다. 그러나 새천년의 도래와 더불어 페미니즘 안에 모종의 변화가 일어났다. 이런 변화들은 대부분의 페미니즘 학문과 행동주의의 방향을 재조정하였다. 놀랄 만큼 많은 활동가들이 많은 형태의 정체성 대문자 이론과 연계하여 "교차성"이라 지칭되는 새롭고 "점점 정교해진" 접근법을 채택하였기 때문이다. 이전 세기 대부분 페미니즘의 특징이었던 자유주의적이고 유물론적이며 급진적인 접근법들은 새로운 교차론적 접근법으로 거의 모두 대체되었다. 주 변화된 정체성의 다양한 축들이 초기 페미니스트들의 면전에서 대문자 이론화되어 존재하게 되었고, 그것들과 더불어 잠재적 억압, 편견, 부당함, 그리고 불만―그리고 권력과 특권의 체제들 안에서의 자신의 공모―을 확대해 보는 렌즈를 통하여 모든 것을 읽을 필요성이 대두되었다. 이 변화는 매우 빠르고 전면적인 것이어서, 2000년대 초반까지만 하더라도 페미니즘 이론에 유물론적이고 급진적인 접근법들이 여전히 필요하다고 죽는소리를 하는 학술 논문들이 쏟아져 나왔었다.[1] 그러나 오래 지나지 않아 이것들은 극적인 변화와 그 변화가 왜 우리의 학문 안에서 페미니즘의 수준 높은 문화를 위해서 올바른 방향을 제시했는지를 설명하는 논문들에 자리를 내주었다.

외부에서 보면 교차론적 접근들은 귀에 거슬리고, 괴팍하며, 이해 불가능한 것처럼 보인다. 그것은 사소한 차이들과 불만들에 대해 지속적으로 자신의 기반을 훼손하는, 일종의 자해단처럼 가동되는 것 같다. 교차론적 접근들은 처음에는 "연합(역주: 억압, 주변화, 차별화를 당하는 사람들의 연합)"의 기치 아래, 나중에는 "단결"의 기치 아래, 다양한 피억압 집단들이 서로를 지원할 것을 요청함으로써 작동하는데, 이 경우 양쪽 모두 계속 증가하는 특수한 피억압 소수 집단들을 희생하는 대가로 더욱 특권화된 연합들의 요구를 "중심에 두는" 문제틀로 대문자 이론화된다. 아마도 그 의도 자체로 말미암아 어떤 것도 제대로 할 가능성이 없다는 인상을 피하기 어려운데, 이 인상은 정확한 것이다.

페미니즘, 과거와 현재

공평하게 말하자면 페미니즘은 지금까지 한 번도 통합된 전선을 제시하지 않았다. 이것은 아마도 페미니즘의 가장 근본적인 정의가 "젠더 평등성에 대한 신뢰"를 의미하고, 이런 관점에서 보면 인구의 대다수는 지금 페미니스트이기 때문이다.[2] 그러나 페미니즘 연구와 행동주의는 항상 훨씬 더 이데올로기적이고 이론적이었으며, 지배적 이데올로기와 이론들이 시간이 흐르는 가운데—많은 분파적 내분을 동반하며—극적으로 변화해 왔다. 그러므로 정치적이고 철학적인 의미에서 페미니즘은 현란하도록 다양한 진영들을 포함하고 있다. 급진적이고 문화적인 페미니즘, 급진적 레즈비언 페미니즘, 급진적인 자유주의적 페미니즘, 분리주의, 프랑스의 정신분석학적 페미니즘, 여성주의, 자유주의적 페미니즘, 신자유주의적 페미니즘, 마르크스주의 페미니즘, 사회주의/유물론적 페미니즘, 이슬람 페미니즘, 기독교 페미니즘, 유대 페미니즘, 선택적 페미니즘, 평등권 페미니즘, 포스트 페미니즘, 그리고 교차론적 페미니즘 등이 그러하다.[3] 이들 집단은 저마다 사회에서의 여성의 권리와 역할, 그리고 경험에 관심이 있지만 그것을 이해하는 방식은 굉장히 다르다.

분명히 개별적으로 깊이 검토할 만한 페미니즘의 갈래가 너무나 많기 때문에 여기에서는 페미니즘 사상의 아주 단순화된 네 가지 종류에 대해서만 논하기로 한다. 그 네 가지는 자유주의적 페미니즘, 급진적 페미니즘, 유물론적 페미니즘, 그리고 교차론적 페미니즘이다. 자유주의적 페미니즘은 1960년대 후반에서 1980년 중반에 걸친, 페미니즘의 "제2의 물결" 시기에 가장 넓은 기반을 확보했던 행동주의다. 급진적 페미니즘과 유물론적 페미니즘은 시기가 어느 정도 겹치고, 일정 정도 서로 경쟁하던 페미니즘의 학문적 갈래들이다. 교차론적 페미니즘은 새로운 변종인데, 1990년대 중반 이후 학문적이고 행동주의적인 무대에서 다른 것들을 대체해 버렸다. 페미니즘에 대한 교차론적 접근들은 새천년에 들어 결정적으로 지배적인 흐름이 되었고, 위에서 설명했던 심대한 변화의 원천 역시 교차론적 관점이다.

1960년대에 페미니즘 행동주의의 두 번째 물결이 시작할 시기 페미니즘의 세 가지 주요 갈래는 자유주의적, 유물론적, 그리고 급진적 페미니즘이었다. 자유주의적 페미니즘은 여성에게 자유주의적인 사회의 모든 권리와 자유를 점차 확장해 나가고자 했다. 이들은 더 넓은 자유주의적인 사회와 더불어 "근저에서부터" 인기를 얻었으며, 사회의 풍경, 특히 일터에서의 풍경을 성공적으로 다시 만들었다. 다른 두 가지 페미니즘은 또한 행동주의에서도 존재했고, 페미니즘 연구로는 지배적인 것이었다. 유물론적 페미니즘은 가부장제와 자본주의가 어떻게 함께, 특히 일터와 가정과 같은 환경 속에서 여성들을 옥죄는지에 관심이 있었다. 그렇기에 그들의 이론은 마르크스주의와 사회주의에 더욱 폭넓게 의존했다. 급진적 페미니스트들은 가부장제를 전경화前景化하고, 여성들과 남성들을 피억압 그리고 억압 계급으로 보았다. 그들은 사회를 다시 만들고, 젠더의 개념(성차가 *아니라*)을 해체하고, 가부장제와 자본주의를 타도할 목적을 가진 혁명가들이었다. 이 세 가지 주요 분야들은(이것들은 여기에서 상세히 언급할 수 없을 정도로 무수히 많은 더 작은 갈래들을 포함하고 있다) 영역에 따라 달리 발전했다. 중요하게 이해해야 할 것은 자유주의적 페미니즘은 사회로부터 가장 큰 지지를 얻었던 반면, 급진적, 유물론적인 (따라서 사회주의적인) 페미니즘은 특히 1970년대 이래로 학문 영역을 지배했다는 사실이다.

이런 상황은 1980년대 후반과 1990년대에 변하기 시작했는데, 그 무렵 대문자 이론가들은 새로운 세대의 활동가들을 위한 더욱 "복잡한" 접근법—포스트모던 대문자 이론—을 성공적으로 묶어냈다. 이 접근법이 바로 응용 포스트모더니즘이었는데, 이는 정체성에 토대한 억압을 "현실적인 것"으로 받아들였으며, 그리하여 포스트모더니즘을 페미니즘 행동주의에 적합하게 만들었다. 그것은 퀴어 대문자 이론, 탈식민 대문자 이론, 그리고 특히 교차성의 개념을 통한 비판적 인종 대문자 이론을 끌어들였다. 이러한 새로운 발전들은 대중적 의식이나 학문 양쪽에서 페미니즘의 성격을 근본적으로 변화시켰다. 그 결과 페미니즘에 대한 "제

3의 물결"은 계급 이슈를 무시하는 경향이 있었고, 인종, 젠더, 그리고 성적 취향의 형태로 정체성에 초점을 맞추었다.[4] 교차론적 페미니즘과 퀴어 페미니즘은 소위 "자매애sisterhood"로 이해되는 여성의 공유된 정체성을 중시하기보다 여성들이 공동의 경험을 가지고 있다는 것을 거부했고, 여성성의 의미조차도 복잡하게 만들었다. 자유주의적 페미니스트들이 젠더 역할을 거부하고 남성들과 동일한 기회에 접근하기를 원했고, 급진적 페미니스트들이 억압적인 사회적 구성물로서의 젠더를 전적으로 해체하기를 원했다면, 교차론적 페미니스트들은 젠더를 문화적으로 구성된 것이자 동시에 사람들이 현실로 경험하고 또 그렇게 인식해야 하는 것으로 간주했다.

"갈수록 복잡해진" 대문자 이론

2000년대 초반까지 페미니즘의 교차론적 변화는 부인할 수 없는 것이었다. 그 이전의 페미니즘 연구와 행동주의는 여성들을 계급으로 간주하였고, 그 계급을 위한 긍정적인 변화를 창조하려고 했다. 그러나 응용 포스트모더니즘의 영향력이 페미니즘 안으로 들어옴에 따라 초점이 법, 경제, 그리고 정치 같은 사회적 구조들 안에서의 물질적 불이익에서 담론의 억압적 본질로 바뀌었다. 2006년에 사회학과 젠더 연구 교수(지금은 명예 교수)인 주디스 로버Judith Lorber는 이와 같은 "패러다임 변화"의 네 가지 주요한 경향들을 다음과 같이 요약했다.

1. 젠더―생물학적 성차가 아니라―중심적인 것으로 만들기

2. 젠더와 성적 취향을 사회적 구성물로 취급하기

3. 그런 사회적 구성물들 속에서 권력—푸코적 의미의 스며드는 격자의 역할을 하는 권력—을 읽어내기

4. 사람의 *입장standpoint*—즉, 정체성—에 초점을 두기[5]

　이러한 변화들은 로버의 작업에서 페미니즘 사상의 "갈수록 복잡해진" 모델로 묘사된다. 사실 이런 변화들은 응용 포스트모던 대문자 이론이 가져온 영향의 직접적인 결과다. 위의 네 가지 특징들은 모두, 응용 포스트모던 대문자 이론이 퀴어 대문자 이론(그러므로 사회적 구성물로서 젠더와 그 지위에 초점을 맞추는 것), 비판적 인종 대문자 이론(교차성), 그리고 탈식민 대문자 이론(교차성을 탈식민 주제들을 포함하는 것으로 확산하는 것)으로 표현될 때, 포스트모더니즘적 지식 원칙과 포스트모더니즘적 정치 원칙을 구체화한다. 이와 같은 새로운 페미니즘 패러다임 안에서 지식은 "어떤 상황에 처해진다." 즉 지식은 사회 안에서의 사람의 "입장"으로부터 나오는데, 여기에서 입장이란 서로 교차하는 정체성 집단들 안에서의 구성원임을 의미한다. 이것은 역으로 객관적 진리를 습득 불가능하게 하고, 지식을 권력과 연결하며, 권력과 지식 모두를 담론들—사회 안에서 지배와 억압을 형성하고 유지하며 정당화하는 것으로 믿어지는—에 연결한다.

　이 대문자 이론의 응용적 갈래들은 각 이론이 취해 왔던 일정한 특징들을 지니고 있다. 가장 중요한 것은 교차성이 활동가들에게 새로운 의미의 목적을 부여했다는 것인데, 교차성은 따져볼 새로운 문제들과 특히 서로에게 새로운 비난거리들을 제공했다. 예를 들어 이런 변화에 영향을 미친 많은 흑인 페미니즘 사상과 비판적 인종 대문자 이론은 페미니즘을 "백인적"이며, 백인 특권의 부패한 영향 때문에 인종에 적절한 문제를 무시한다고 비난했다. 한편 퀴어 페미니즘 사상은 페미니즘이 규범

성 그리고 그와 연관된 특권들에 대한 다양한 가정들 때문에 먼저 레즈비언, 다음에는 LGB(레즈비언, 게이, 바이섹슈얼), 그다음에는 LGBT(레즈비언, 게이, 바이섹슈얼, 트랜스), 그리고 나중에는 LGBTQ(레즈비언, 게이, 바이섹슈얼, 트랜스, 퀴어) 이슈들을 배제한다고 비난했다. 이것은 다양한 소수집단에 대한 배려-지향적 학자들로 하여금 다른 사람들이 억압받는 방식뿐만 아니라 페미니즘 자체가 대문자 이론화되어 억압에 동참했거나 공모한, 죄를 유도하는 방식들에 대하여 점점 더 "깨어있게 woke" 만들었다. 궁극적으로 이 마지막 관심은 젠더 연구로 포괄되었는데, **젠더 연구**는 페미니즘 사상을 끌어들이고 그것에 영향을 미치지만, 기술적으로는 페미니즘과 다르다.

이는 자신의 역사를 가지고 있는 젠더 연구의 발전이라는 측면에서 이해되어야만 한다. 젠더에 대한 학문적 연구는 주로 문학이론으로부터 1950년대와 1960년대에 부상했다. 처음에는 단순하게 "여성 연구 women's studies"라 지칭되었는데, 이는 젠더 연구가 여성들에 관한 의제를 다루었고, 여성들에게 정치적 권한을 부여해야 한다고 주장했기 때문이다. 이와 관련된 중요한 텍스트로는 시몬 드 보브아르Simone de Beauvoir의 『제2의 성 The Second Sex』(1949)[6]이 있다. 이 책은 여성들이 남성에 비해 열등하다는 것이 문화적 인식들에 의해 구성된 것임을 주장했던 획기적인 책이다. 베티 프리단Betty Friedan의 『여성의 신비 The Feminine Mystique』(1963)[7]는 여성들의 삶이 가정생활과 어머니로서의 역할로 충족된다는 생각을 비판했다. 케이트 밀레트Kate Millet의 『성의 정치학 Sexual Politics』(1970)[8]은 남성 작가들의 문학 텍스트에 나타난 여성에 대한 부정적 재현들을 꼼꼼히 읽어냈고, 저메인 그리어Germaine Greer의 『여성, 거세당하다 Female Eunuch』(1970)[9]는 여성들이 성적으로 억압당했으며, 자신의 몸으로부터 소외당했고, 남성들이 그들을 얼마나 증오하는지 의식하지 못했다고 주장했다. 이런 텍스트들은 모두 급진적 페미니즘의 틀 안에 있는 것들로, 여성성이 문화적으로 구성된 것이며 남성들에 의해 규정된 것(위에서 아래로)이라고 주장했으며, 가부장제의 혁명적 타도를 주장했다.

1970년대와 1980년대 내내, 페미니즘 학자들은 가정과 일터에서의 여성의 역할들과 여성들이 성적이거나 포르노의 주인공이 아닐지라도 여자답고, 복종적이며, 아름다워야 한다는 사회적 기대치들을 꼼꼼히 들여다보았다. 남성들(결국, 자본주의를 지원하는)을 보좌하기 위해서 존재하는 종속 계급으로 여성을 바라보는 마르크스주의 사상이 널리 퍼졌으며, 페미니스트들은 "의식 수준을 높이는" 학회의 모임들을 위해 모였다. 거기에서 그들은 마르크스의 "허위의식false consciousness"의 개념—누군가로 하여금 자신이 처해 있는 현실적 상황을 알 수 없도록 막는 사유의 방식들을 의미함(역주: 마르크스는 이런 의미에서 이데올로기를 "허위의식"이라 하였다)—에 바탕을 두고 자신들의 억압과 문화적으로 구성된 억압의 본질을 충분히 이해하고자 하였다. 이것은 여성의 열등함을 주장하는 사회적 강요를 정상적이고 자연스러운 것으로 받아들이는 여성들을 묘사할 때 사용하는 "내면화된 여성 혐오"의 개념과 유사하다. 그러나 1980년대 후반과 1990년대 초반에 걸쳐 퀴어 대문자 이론, 탈식민 대문자 이론, 그리고 교차성 등의 응용 포스트모더니즘이 알려지면서 페미니즘의 지형도가 달라지기 시작했다.

주디스 로버의 2006년 에세이「변화하는 패러다임들과 도전적인 범주들Shifting Paradigms and Challenging Categories」는 마르크스주의 페미니즘이 여성들을 *계급*으로 간주하는 방식을 기술한다.[10] 그녀는 1970년대와 1980년대 초를 거치면서 일터에서 벌어진 불평등의 사례들을 언급하며 다음과 같이 말한다. "마르크스주의 페미니스트들은 가정주부에 대한 착취가 자본주의 경제의 필수적인 부분임을 입증하는 분석을 확산시켰다."[11] 이 유물론적 페미니즘의 관점은 억압적 남성/피억압적 여성이라는 단순한 이분법에 토대한, 남성, 여성, 그리고 사회에 대한 메타내러티브를 제시한다. 포스트모던 대문자 이론가들은 그런 이분법을 받아들일 수 없었다. 그들은 이러한 지배와 종속에 대한 유사한 역학이 '언어 게임'에도 존재한다고 가정하는 자크 데리다적인 렌즈로 그런 이분법을 읽었다. 이에 함께 1980년대 후반에 페미니즘 사상에 많은 영향력을 가졌던 새로운 대문자 이론가들은 언어학적 토대에서 '여성들'과 '남성들'의 범주에 도전하기 위하여 퀴어 대문자 이론을 끌어들였다.

개념의 이 같은 변화는 젠더 연구의 발전에 대한 제인 필처Jane Pilcher와 이멜다 웰러헌Imelda Whelehan의 설명에 요약되어 있다.[12] 이들은 이와 같은 변화들이 포스트모던적 관점에서 볼 때 중요하다고 다음과 같이 지적한다. "우리가 한데 모아서 '여성들' 그리고 '남성들'이라 부르는 사람들의 개인적 지위와 입장은 시간, 공간, 그리고 문화에 따라 너무 다양하기에 그와 같은 집합 명사들을 사용하는 것은 거의 정당화하기 어렵다."[13] 그러므로 2000년대 초반까지 페미니즘 내부의 지배적인 견해—젠더가 서로 다른 시대와 공간에 따라 지배 담론에 의해 다르게 구성되어 왔기 때문에—는 "여성들"과 "남성들"에 대하여 말하는 것이 전혀 일관성이 없다라는 것이다. 그들은 대문자 이론 하에서 "여성들"과 "남성들"은 담론, 수행Performance, 그리고 반복을 통하여 성취된 구성물들 혹은 재현물들—"실체"라기보다는—로 간주된다고 주장했다.[14] 이 새로운 견해는 연구를 통해 섹스를 본질적으로 불안정한 토대로 만들고, 서로 다른 문화적 체계들 안에서 일하는 사람들의 경험들을 무시할 위험에 노출시킨다. 이는 **페미니즘**이 젠더와 젠더 정체성에 대한 더 넓고 느슨한 연구로 넘어갈 수밖에 없게 만들었다. 대문자 이론 하에서 "여성들" 혹은 "남성들"을 연구하고자 하는 것은 요점을 놓치는 것이다. 응용 포스트모더니스트들의 최대 관심은 "젠더"—사람들이 여성들과 남성들에게 수행하도록 가르친다고 생각하는 행위들과 기대치들이라고 그들이 정의하는—인데, 그들이 볼 때 젠더는 완전히 제거하지는 못할지라도 훼손되고 혼란스럽고 복잡해질 수 있는 것이다.

대문자 이론은 사회적 구성물로서의 젠더에 대한 인식을 단순한 억압적 이분법에서 해방적 잠재성을 가진 유동적이고 불안정한 것으로 변화시킴으로써 페미니즘에 극적으로 도전했을 뿐만 아니라 또한 페미니즘이 교차성에 초점을 맞추도록 하였다.[15] 필처와 웰러헌에 따르면, 이는 페미니즘에서 젠더 연구로의 개념적 변화를 나타내 주는 것이다. "젠더에 대한 인식들이 복잡하고 다면적이며, 젠더들 사이뿐만 아니라 젠더들 내부의 관계에 대한 연구를 포함하여 다양한 분야의 영역으로 발전하면서 '젠더 연구'는 논란이 없는 것은 아니지만 점점 더 크게 유통되고 있는 개념이 되었다."[16] 다른 말로 하면, 응용 포스트모더니즘 단계를 거치면서 다양한 소수자 지위의 집단들을 억압의 단일한 깃발 아래 통합하는 것이 페미니즘이 할 유일한 "권리"로 간주되었다. 한편 페미니즘은 퀴어 대문자 이론의 비호 아래 젠더 연구에 자리를 넘겨주었으며, 교차성을 일종의 사회적 권력과 사회적 부당함에 대한 거대한 통합 이론으로 채택하였다.

로버는 계급으로서의 여성들이 계급으로서의 남성들에게 억압당하는 방식에 대한 이야기를 단순히 옹호할 수 없게 만드는 이 새로운 복수성과 비결정성을 다음과 같이 설명한다.

페미니즘 연구는 이제 백인 여성들만이 아니라 많은 상이한 사회적 집단들의 남성들과 여성들을 주목한다. 이 연구는 다문화적 관점들에 민감하여 자료 분석에 서구의 비교 자료들만 포함시키지 않으려고 노력한다. 이 연구는 젠더, 섹스, 그리고 성적 취향의 복잡하고 상호적인 작용을 탐구하고 있다. 젠더, 섹스, 그리고 성적 취향들의 다의성을 인정함으로써, 페미니즘 연구는 전통적인 이분법을 넘어설 수 있게 되었다. 그들이 해결하고자 했던 문제는, 한편으로는 비판적으로 해체하기까지 하면서 어떻게 비교의 범주들을 생성할까 하는 것이었다.[17]

한편 그때까지 젠더 연구는 포스트모던적이었다. 그것은 지식을 문화적 구성물로 간주하였으며(포스트모더니즘적인 지식 원칙), 권력과 특권의 수많은 벡터vector들에 관해 작업하였고(포스트모더니즘적인 정치 원칙), 담론, 문화적 상대주의의 실천 그리고 정체성-집단의 지혜를 존중하는 것에 초점을 맞춤으로써 범주들을 해체하고 경계들을 흐렸다(포스트모더니즘적인 네 가지 주제들). 로버는 이와 같은 변화를 네 가지 측면으로 나누어 설명한다. 첫째, 젠더를 사회의 모든 원칙들을 조직화하는 매우 중대한 원칙으로 중심에 두는 경향이다.

> 페미니즘 사회과학 연구의 패러다임 전환은, 가정의 울타리만이 아니라 경제, 정치, 종교, 군사, 교육, 의료를 포함하는 모든 사회적 제도들과 현대 사회 안에서 전체적인 사회적 질서를 조직하는 원칙으로서의 젠더 개념에서 시작한다. 이런 개념화 안에서, 젠더는 개인의 구조들과 정체성의 부분뿐만 아니라 다차원적 계층화 체제들, 정치 경제, 그리고 권력의 위계 안에서의 공식적이고 관료적인 지위를 가리킨다.[18]

로버가 2006년에 이런 변화를 기록할 때까지, 페미니즘은 젠더가 권력과 특권의 체제들에 핵심적인 것이라는 신념을 중심으로 자신을 조직했다. 게다가 그것은 세계에 대한 포스트모던적인 개념을 띠고 있었다. 즉, 페미니즘은 대문자 이론을 중심으로 자신을 재조직했다. 페미니즘 사상은 이제 더 이상 "가부장제"를 문자 그대로 "아버지들(그리고 남편들)의 지배"로 이해하지 않았으며, 대신에 푸코적 의미에서 모든 담론에 스며드는 남성 지배의 모호한 개념들로 이해했다. 새로운 패러다임은 권력과 특권을 "조직 원칙"으로, 즉 "다차원적 계층화 체계들 안에서의 지위"를 부여하는 것으로 이해했는데, 이는 곧 사람들이 위계적으로 범주화되며 그것이 사람들이 생각하고 말하는 방식에 영향을 미친다고 보았다.

로버는 계속해서 다음과 같이 말한다.

> 이 패러다임 전환의 두 번째 측면은 젠더와 성적 취향이 사회적으로 구성된다는 것이다. 이 원칙은 조직적 과정으로서의 젠더의 내용, 대면적 상호작용에서의 체계, 그리고 개인적 정체성의 행위적 측면들을 제공한다.[19]

이 새로운 응용 포스트모더니즘의 개념 안에서, 젠더는 사람에 의해 사람에게 행해지는 어떤 것이 되었으며, 우리 모두가 서로에게 작동하는 어떤 것이 되었다. "발화 행위speech acts"—발화로 현실을 창조하는 것—를 중요하게 여겼기 때문에 퀴어 대문자 이론에서 "퀴어 하기to queer"가 동사가 된 것처럼, "젠더 하기to gender"도 동사가 되었다. 그 결과 대문자 이론가들은 사회 구조에서 "젠더가 되는" 방식들에 주의를 돌렸다. 예를 들어 이전에는 세탁기 세제를 사용하는 여성을 보여주는 광고가 가부장적 기대치들을 강화하고 여성들을 물질적인 의미에서 착취하는 것으로 간주되었다면, 응용 포스트모더니즘으로의 전환 이후

에는―설거지를 하는 것은 곧 여성이 된다는 것의 일부라는 생각을 정
당화하는 담론을 사용하면서―집안일을 "젠더 하는" 방식으로 간주될
것이다. 이런 "젠더 하기"는 광고가 그런 생각을 사회적으로 정당화된
담론―여성들을 그 안에서 사회화하기 위하여 여성의 젠더 역할을 정
의하는―체계의 일부로서 제시할 때 발생한다. 이런 관점은 사회적 구
성주의를 강조한다.

로버는 이런 사회적 구성물들을 창조하고 유지하기 위한 권력의 역
할을 다음과 같이 설명한다.

> 세 번째 초점은 젠더와 성적 취향의 사회적 구성물 안에 녹아들어 있
> 는 권력과 사회적 통제에 대한 분석인데, 이것은 지배적 남성들의 헤게
> 모니, 그들 식의 남성성, 그리고 이성애를 발가벗긴다.[20]

그러나 1980년대와 1990년대에 일어났던 포스트모더니즘으로의 선
회에도 불구하고, 여성을 제2의 계급적 지위에 종속된 것으로 간주했
던 시몬 드 보부아르의 영향은 여전히 매우 강했다. 특히 여성의 역할
이 남성의 역할에 종속되는 방식을 바라보는, 많은 급진적 페미니스트
들의 영향력 또한 마찬가지였다. 그러나―비록 젠더의 구성이 남성들
을 섹스의 기본값으로 그리고 이성애를 성적 취향의 기본값으로 만들
면서, 여성들과 동성애는 이들에 대한 타자의 지위 속에서 구성되는 것
으로 이해하지만―법, 정치, 그리고 경제에 관한 유물론적 관심사로부
터는 멀어지고, 포스트모더니즘적인 담론 분석을 지향하는 강한 움직
임이 있었다. 말하자면, 초기 페미니즘의 생각들은 견지되었으나 그것
들에 대한 강조와 이해는 달라졌다. 이전에 법률적으로 강제된 역할들
과 제한들, 그리고 남성들이 여성들에게 부과한 젠더 역할에 대한 명백

하게 성차별주의적인 기대치들로 간주되었던 것들이 응용 포스트모더니즘으로의 전환 이후에는, 더욱 미묘하고, 상호작용적이며, 학습되고, 수행되며, 그리고 모두에 의해 영속화된, 내면화된 기대치들로 귀속되었다. 이것은 미셸 푸코에 의해 촉진된 권력에 대한 포스트모던적 관점과 일치하는 것이다.

로버는 패러다임 전환 이후의 지식의 구성을 말하면서 입장(당신을 당신이 속해 있는 집단, 그리고 권력과 관련된 사회적 지위로 본다는 의미에서)과 교차성의 중요성을 다음과 같이 주장한다.

> 네 번째로 페미니즘 사회과학은 전 세계의 억압 받는 여성들의 입장을 전면에 내세우고, 계급, 인종적 민족성, 종교, 그리고 성적 취향에 대한 점점 복잡해지는 교차론적 분석들을 반영하는 연구 계획과 방법론들을 고안해 냈다.[21]

로버는 입장 이론과 교차성을 젠더 연구 내부에서의 지식 생산의 핵심으로 간주한다. 그러므로 2006년에 '여성 연구'—주로 급진적 혹은 유물론적 페미니즘, 그리고 생물학적 범주들과 자본주의를 위한 젠더 구성에 초점을 맞춘 상대적으로 단순한 형태의 입장 이론—는 '젠더 연구'—매우 포스트모던적이고 로버의 말대로 "점점 더 세련된" 교차론적 모델을 사용하는—가 되었다.

소위 이 세련됨의 증가가 십중팔구 그것이 토대하고 있는 교차론적 생각과 포스트모던 대문자 이론이 그렇게 급속히, 널리, 그리고 결정적으로 유행하게 된 이유이다.[22] 활동가들(주로 자유주의적 페미니스트들)은 성차에 관한 법적, 전문적, 그리고 사회적 평등을 향한 엄청난 진보를 이루었다. 그러나 그 성공이 상대적으로 할 일을 거의 남기지 않았기 때문에, 그들은 자신들을 쓸모없게 만들었다. 급진적 페미니스트들과 유물론적인 페미니스트들—특히 학자들—에 의해 촉진된 상명하달식의 가부장제적 자본주의 모델들 역시 더 이상 버틸 수 없게 되었다. 교차론적 사상은 사회 안에서만이 아니라 *페미니즘 그 자체* 안에서도 전적으로 새로운 일련의 작업들을 도입했다. 교차론적 전환은 학자들과 활동가들이 밀어붙였는데, 이들은 그들이 다루기 힘들 정도로 복잡하고 억압적인 사회로 묘사한 논평에 추가하여, *페미니즘과 페미니스트들을 문제 삼기 위하여*, 퀴어 대문자 이론, 탈식민 대문자 이론, 특히 비판적 인종 대문자 이론의 요소들을 활용하였다. 교차론적 대문자 이론은 전적으로 새롭고, "점점 더 세련된" 방식을 제공함으로써 사회 안에서의 권력의 역학을 이해하였으며, 이는 그들의 실패하고 있는 이론적 모델들을 더 산만하고 반증이 덜 가능한 것으로 다시 수립할 수 있도록 해주었다.[23]

우리는 사람들이 명백히 실패하고 있는 이론적 접근법에 매우 개인적으로 그리고 이데올로기적으로 헌신할 때, 이런 식으로 더 "세련된" 그리고 모호한 모델로 변화하는 것을 종종 목격한다. 레온 페스팅거Leon Festinger는 자신의 미확인 비행물체 숭배UFO cult에 대한 연구에서 처음으로 이런 현상에 대하여 기술하였으며, 이는 **인지 부조화** cognitive dissonance(역주: 자신의 태도, 신념, 행위 등이 일관성이 없고 자기 안에서 서로 모순되고 충돌되는 상황을 말한다) 개념의 발전으로 이어졌다.[24] 페스팅거의 관찰에 의하면, 매우 헌신적인 숭배자들은 숭배의 예언이 실패로 돌아갔을 때—미확인 비행물체가 결코 오지 않았을 때—에도 자신들의 믿음을 포기하지 않았다. 대신에 그들은 이런 부인할 수 없는 모순을 그 사건이 이미 일어났다고 주장함으로써 해결하는데, 그러나 사람들이 허위라고 반증을 할 수가 없는 방법으로 한다(특히, 그들은 숭배자들의 믿음의 결과로 신이 그 행성을 구하기로 결정했다고 주장했다).

포스트모더니즘으로의 선회 이전에 마르크스주의, 사회주의, 그리고 다른 급진적인 페미니즘 이론들은 권력을 가부장제 그리고 자본주의 사회 안에서 힘 있는 남성들에 의한 의도적인 상명하달식의 전략이라고 간주했다. 그러나 페미니즘 2차 물결의 진전은 이런 개념을 불필요한 것으로 만들었다. 가부장적인 생각들을 가지고 있는 천박한 남성들은 계속 존재했지만, 서구 사회를 진짜 가부장적인 것으로 간주하거나 혹은 대부분의 남성들이 여성들의 성공에 반대하여 공모하는 것으로 보는 것을 옹호하기가 갈수록 힘들어졌다. 포스트모던 대문자 이론은 동일한 신념들과 예견들—남성 지배가 존재하고 여성들을 희생하는 대가로 그것에 이바지한다는—을 보유할 기회를 제공하였는데, 이것들을 아무런 증거도 필요가 없는, 믿음의 문제가 되기에 충분할 정도의 산만한 용어들—사회적 구성물, 담론, 그리고 사회화—로 다시 정의하였다. 권력 역학의 산만한 그물망이 모든 사람을 통하여 그리고 그들의 부지불식간의 언어의 사용을 통하여 끊임없이 작동한다는 푸코적인 개념은 이 것에 완벽하게 맞아떨어진다.[25]

젠더를 연구하기

그렇다면 점점 더 세련된 모델을 통하여, 인종, 계급, 젠더, 그리고 성적 취향을 끌어들임으로써 젠더 연구는 무엇을 연구하고자 하는가? 한마디로 모든 것이다. 젠더 연구는 매우 학제적이어서 이 연구를 하는 학자들은 인간이 일반적으로 관여하고 있는 모든 것을 연구하는 것에 정당함을 느낀다. 한결같은 점은 그들이 특별한 방식으로 그렇게 한다는 것이다. 그들은 교차성, 퀴어 대문자 이론, 그리고 탈식민 대문자 이론, 따라서 궁극적으로 지식, 권력, 그리고 담론에 대한 포스트모더니즘적 개념들에 토대한, 젠더화된 분석의 렌즈를 적용한다.

"젠더 하기"의 개념을 억압적 행위로 받아들여라. 그것은 흔히 권력이 있는 개인들이 짐짓 알고서도 하는 어떤 것이 아니다. 대신 그 개념은 모든 층위에서의 사회적 상호작용, 정체성의 더 큰 층위들이 분석적 혼합체에 추가되어서 훨씬 복잡해진 상호작용에 의해 창조된다. 캔디스 웨스트Candace West와 돈 지메르만Don H. Zimmerman이 1987년에 발표한 논문인 「젠더 하기Doing Gender」[26]는 엄청난 파급력을 보여주었고, 이후 13,000개가 넘는 다른 학술 논문에 인용되어 젠더 연구에 있어서 가장 많은 인용 횟수를 기록했다. 여기에서 그들은 "일상적인 상호작용 안에 끼워 넣어진 일상적인 성취로서의 젠더에 대한 새로운 인식을 개진할 것"을 목표로 삼았다. 그들은 다음과 같이 말한다.

우리는 젠더 "하기"가, 사회의 구성원으로서 각자의 능력이 젠더의 생산에 지배당하는, 여성들과 남성들에 의해 이루어진다고 주장한다. 젠더 하기는, 특정한 추구방식을 남성적이고 여성적인 "본질들"의 표현으로 묘사하는, 사회적으로 유도된, 지각적이고, 상호작용적이며, 미시 정치적인 행위들을 포함한다.[27]

섹스에서 젠더로 초점이 변한 것과 보조를 함께하며 웨스트와 지메르만은 젠더를 사회적 구성물로 이해하고, 남성과 여성의 행위들, 선호들, 혹은 특성들 상의 차이의 원천으로서 생물학을 거부한다. 그들은 다음과 같이 말한다.

젠더 하기란 소녀들과 소년들, 그리고 여성들과 남성들 사이의 차이들, 즉 타고난, 본질적인, 그리고 생물학적인 것이 아닌 차이들을 창조하는 것을 의미한다. 일단 그 차이들이 구성되면, 그것들은 젠더의 "본질성"을 재강화하는 것으로 활용된다.[28]

그들은 이런 과정이 사회화에 의해 성취되며, 다섯 살짜리 어린애들도 이를 잘 알고 있다고 다음과 같이 말한다.

"소녀" 혹은 "소년"인 것은, "아기"보다 더 능력이 있을 뿐만 아니라, 또한 유능하게 여성 혹은 남성으로 존재함, 즉 자신의 "본질적인" 여성 혹은 남성적 정체성의 행위적 전시behavioral displays 생산 방법을 학습하는 것이다.[29]

「젠더 하기」와 같은 시기에 부상하였고 성적 취향의 구성에 대한 푸코의 개념들에 강하게 의존했던 주디스 버틀러를 우상으로 만든 책『젠더 트러블』에서 젠더는 언어처럼 학습되고 재생산됨으로써 현실로 만들어지는 것이었는데, 웨스트와 지메르만도 젠더를 대체로 동일한 방식으로 인식한다.[30]

1995년에 "수행되는" 어떤 것으로서의 젠더 개념은 캔디스 웨스트와 사라 펜스터메이커Sarah Fenstermaker에 의해 교차론적 관점을 한층 더 띠게 되었다. 「젠더 하기」의 뒤를 잇는 에세이 「차이 하기Doing Difference」에서 웨스트와 펜스터메이커는 젠더가 인종 그리고 계급과 교차되는 것을 보았다. 이것은 로버가 10년 후에 지적한 입장 이론에 대한 강조가 점점 강화되는 과정이었다. 그 이후로 젠더 연구는 다양한 정체성들을 갈수록 많이 고려하려고 시도했는데—그 과정도 점점 더 복잡해지고—특히 그것과 관련된 트랜스 연구가 점증하면서 더욱 그랬다. 2010년에 캐서린 코넬Catherine Connell은 사람들의 "일상적 상호작용"이 젠더 전시gender displays를 감시하는 데 핵심적이라는 생각을 유지하였지만, 이와 같은 분석의 경향을 문제시하고 확대하여, 「젠더 하기」에서의 생각들이 적절하지 못했다고 주장하면서 "다시 젠더 하기 redoing gender"의 개념을 끌어들였다.[31] 명백히 젠더 연구는 이제 더 이상 번식 기능에 의해 결정되었던 여성들의 젠더 기대치에 관한 것이 아니라 훨씬 더 복잡하고 다루기 힘든 정체성들의 집합과 씨름하며 마구 확산되어 가는 연구 분야가 되었다. 이는 모두 근본적으로 동일한 방식으로 자신들이 마침내 찾아낼 때까지 불평을 계속 늘어놓는 "문젯거리들"을 찾음으로써 그렇게 한다.

자유주의적 페미니즘의 죽음

포스트모더니즘적 교차론자들에 의해 널리 대체된 것은 급진적, 그리고 유물론적 페미니스트들만이 아니다. 자유주의적 페미니즘—학계보다는 일상적 행동주의에서 항상 더욱 두드러졌던—도 또한 포스트모더니즘적인 페미니스트들에 의해 압도당했다. 자유주의적 페미니즘이 세속적이고 자유주의적인 민주주의에 대한 *근대주의적* 이상들, 보편적 인간 권리의 체계 안에서의 개인의 역할, 그리고 이성과 과학에 대한 계몽주의적 초점에 준거하여 움직이기 때문에, *포스트모더니스트*들에게 명백하고도 핵심적인 표적이 되어 왔다. 필처와 웰러헌은 2004년에 젠더 연구에서 부상하는 분야에 대한 이야기를 하면서 자유주의적 페미니즘에 대하여 다음과 같이 설명했다.

자유주의적 페미니즘은 계몽주의 이래 서구 사회에서 지배적인 자유주의적인 사상의 다양성에 의존하는데, 여성의 종속된 사회적 지위는 민주주의에서의 기존의 정치적 과정들에 의해 변화될 수 있다고 확신한다. 자유주의자들에게 중요한 전투는 교육 문제에 접근하는 것이다. 메리 울스턴크래프트Mary Wollstonecraft를 따라 자유주의 페미니즘은, 남성들과 여성들이 동등하게 교육을 받는다면 사회에서도 동등한 접근권을 갖게 될 것이라고 주장한다. 자유주의 페미니스트들은 급진주의자들과 사회주의자들이 선호했던 "혁명" 혹은 "해방"이라는 언어를 사용하기를 꺼려했는데, 이는 민주주의 자체가 양쪽 성의 평등에 자연스럽게 적용될 수 있다고 믿었기 때문이다. 이와 같은 자유주의적인 입장은, 페미니즘의 지배적인 입장으로, "상식적인" 태도로, 자신을 "페미니스트"라 주장하는 다수의 여성들에게 적용 가능한 것으로 널리 받아들여지고 있으며, 대중적인 담론 속에 매우 가시적인 상태로 남아 있다.[32]

자유주의적 페미니스트들은 일반적으로 사회가 여성들의 성공적인 삶에 꼭 필요한, 거의 모든 기회들을 이미 제공하고 있다고 믿는다. 그들은 단순히 그런 기회들에 대하여 남성들과 동일한 접근권을 원하며, 그와 같은 접근을 허용하고 보호하는 조치들—교육 기회, 경제적으로 감당 가능한 보육, 탄력적인 노동 시간 등—을 주창한다. 자유주의적 페미니즘은 그러나 결과의 차이가 차별을 의미한다고 자동적으로 가정하지 않으며, 그러므로 교차론적 페미니즘의 공정성에 기반한 접근법들을 회피한다. 정체성의 범주들—즉 젠더, 계급, 혹은 인종적 기대치들을 준수하는 데 꼭 필요한 법적이고 사회적인 요구들—의 사회적 의미를 제거하는 것에 초점을 두는 자유주의적인 입장은 계몽주의의 기획과 민권운동의 유산들을 새롭게 규정하고자 하며, 사회주의 혹은 포스트모던한 목적들을 위해 폐기하려고 들지 않는다. 결과적으로 많은 자유주의 페미니스트들은 일단 여성들이 남성들과 동등한 법적 평등권을 획득했고, 피임을 통한 생식권의 선택과 통제가 이루어졌으며, 사회적 기대치들이 아주 많이 변해서 이제 여성들이 모든 직업 분야에서 일을 하는 것이 더 이상 놀랄 일이 아니게 되었을 때 자신들의 과업이 대체로 이루어졌다고 믿었다.

페미니즘에 대한 이런 자유주의적인 접근법은 특정한 정체성 범주들에 사회적 의미를 필사적으로 되돌려주기를 원하고, 그렇게 해서 정체성의 정치학을 적용하며, (특히 인종적) 소수자들을 위한 의미 있는 구조를 제공하려고 하는 응용 포스트모더니스트들의 분노에 찬 반박을 불러일으켰고 문제시되었다. 그러므로 킴벌리 크렌쇼가 "나는 우연히 흑인이 된 사람이다" 대신에 "나는 흑인이다"[33]라고 말하는 것의 중요성을 강조한 것이나, 성적소수자 정체성을 더욱 가시적인 것으로 만들고자 하는 퀴어 대문자 이론의 프로젝트는 이런 이유에서 나온 것이다. 응용 포스트모던 대문자 이론의 모든 분야에서 자유주의를 반대하는 것은 핵심적인 교리이다. 예를 들어 자유주의가 주로 지배계급을 이롭게 한다는 비판적 인종 대문자 이론의 주장이나, 자유주의를 제국주의의 보편화된 형태로 바라보는 탈식민 대문자 이론의 관점, 그리고 성적 취향의 다양성과 젠더화된 특성들을 죄악이나 범죄로 비난하지 않고 이해하려 하는 자유주의(그리고 계몽주의) 과학에 대한 퀴어 대문자 이론의 거부를 돌이켜 보라. 과학과 이성에 의해 확인될 수 있는 객관적 지식의 존재에 대한 계몽주의적 정신을 이어받은 자유주의자들의 확신은, 포스트모더니스트들에 의해 주로 모든 사람을 백인, 서구, 남성, 이성애 지식 담론에 순응하도록 만들려는 노력의 한 방식으로 간주된다. 대문자 이론의 견해에 따르면 자유주의 페미니스트들이 말하는 기회에 대한 동등한 접근은 원칙상 결코 동등하게 접근할 수 없는 것이고, 자유주의를 통한 평등의 약속은 권력을 가진 자들이 체제 안에 내재하는 복구 불가능한 불공정들을 모호하게 만들기 위해서 사용하는 또 다른 거짓말이다. 대문자 이론은 기회란 늘 다른 여성들보다 백인, 시스젠더, 이성애 여성들에게 더 많이 주어지며, 그 똑같은 여성들이 대문자 이론이 비판하고자 하는 불공정한 체제들과 *공모하*는 것을 사실로 상정한다.

결과적으로 급진적 페미니스트들은 여성을 억압하는 것으로 간주되는 자본주의와 가부장제를 타도하려고 하고, 포스트모던 페미니스트들이 기존의 구조들을 문제시하고, 그것들을 떠받치는 범주들을 분석하고 해체하려는 반면에 자유주의 페미니스트들(그리고 일반적으로 자유주의자들)은 세속적 자유민주주의의 구조와 제도를 유지하려고 하며 그것들을 개선하려고 한다. 필처와 웰러헌은 페미니즘 내부의 서로 다른 세 가지 목적들—평등, 차이, 그리고 다양성(혹은 공정성)—을 구분한다. 평등에 대한 접근은 자유주의(그리고 일정 정도 급진적) 페미니스트들이 선호한다. 이런 접근은 "불평등하게 대우받는 영역들을 확인하고, 그것들을 법률적인 개혁을 통해 배제함으로써 여성들에게 남성들이 가지고 있는 것과 동일한 권리와 특권들을 확장"[34]하고자 한다. 교차론적 페미니스트들은 빈번히 이와 같은 접근법을 비판하는데, 이는 그들이 이런 접근법을 주변화된 집단들이 세계 안에서의 지식과 존재로서 백인, 남성적인 방식에 순응해야 한다는 요구로 받아들이기 때문이다.

다양성 대문자 이론가들의 시험과 시련

다양성 대문자 이론가들diversity Theorists—교차론자들—은 모두 다른 접근법을 주창한다. 그들은 "상호 존중"과 "차이의 긍정", 즉 "주변화된 집단들 사이의 연대와 연합체"[35]를 향하여 나아가고자 한다. 여기에서의 차이에 대한 존중은 다른 관점을 가진 개인들 사이의 차이가 아니라, 사회적이고 문화적인 집단들 사이의 차이에 대한 존중임을 주목해야 한다. 그들은 다른 생각들을 표현할 수 있는 권리를 옹호하지 않으며, 특정한 집단에 속하는 것으로 표명된 생각들의 가치를 긍정한다. 이것은 문화적 상대주의와 입장 이론—주변화된 집단에 속하는 것이 그 구성원들로 하여금 지배와 그들의 억압에 대한 통찰을 허용함으로써 진리에 대한 특별한 접근을 제공한다는 관점—을 반드시 필요로 한다. 그러므로 다양성 대문자 이론가들은 개인주의적이거나 혹은 여성들에 의한 개인적 선택을 중시하는("선택 페미니즘choice feminism")—어떤 대문자 이론가들이 배신의 형태라고 불러왔던—페미니즘에 대한 어떤 접근도 통상 허용하지 않는다.[36] 그 결과 교차론적 접근법은 모순적이고 엉망이 된다. 교차론적 접근법은 특정한 가치와 신념들을 특정한 집단들에 귀속시키고, 그 집단들을 권위적이거나 문제적인 것으로 적시하고, 집단들 내부의 이데올로기적이고 지적인 다양성을 무시하기 위해 사용되어 왔다. 교차론적 접근법은 평등이 아니라 **사회적 공평성**을 성취하여, 즉 사회적이고 경제적인 몫들을 재조정해서 시민들(혹은 시민들로 이루어진 집단들)이 "평등하게 되도록" 하기 위해서, 이 대문자 이론적 구성물을 사용한다.

상이한 집단들이 경험, 신념, 그리고 가치를 가지고 있다는 것에 대한 인식은 대체로 일부 흑인 페미니스트들에 의해 영향을 받았는데, 이들은 제2 물결 페미니즘이 흑인 여성들의 경우 백인 여성과는 상이한 편견과 고정관념에 직면한다는 사실을 인정하지 않았다고 비판했다. 벨 훅스의 『나는 여성이 아닌가? *Ain't I a Woman?*』(1982)는 책의 제목에서 소저너 트루스와 동일한 입장에 자신을 놓고자 한다. 매우 영향력이 있는 이 책에서 훅스는 다음과 같이 주장한다.

> 1960년대 말에 여성운동이 시작되었을 때, 그 운동을 지배했던 백인 여성들은 그것을 "자신들의" 운동으로 느꼈으며, 백인 여성이 사회에 대한 자신의 저항의 목소리를 내기 위한 매개물로 활용하였다. 백인 여성들은 페미니즘의 관심사로 사회의 주목을 끌 수 있었기 때문에 마치 페미니즘 이데올로기가 자신들만의 이익을 위해 존재하는 것처럼 행동하였을 뿐만이 아니라 그들은 비백인 여성들이 미국 사회에서 집합적 여성 집단의 일부였다는 사실을 인정하기를 꺼려하였다.[37]

이와 유사하게 퍼트리샤 힐 콜린스는 『흑인 페미니즘 사상』(1990)[38]에서 아프리카계 미국 여성들에게 독특하게 영향을 끼치는 고정관념에 대하여 기술한다. 그녀는 (백인) 페미니즘에서 배제된 것으로 그녀가 간주하는 몇 가지 고정관념들—노예 같은 무성애자로서의 유모 Mammy, 가족의 단호한 지배자(그러므로 비여성적인)로서의 여자 가장 Matriarch, 수동적으로 애나 낳는 기계로서의 복지후생용 어머니 Welfare Mother, 성적으로 공격적이며 쓸모 있는 흑인 여성으로서의 부정한 여자 Jezebel를 포함하는—을 추적하여 노예제를 정당화하는 데 사용된 비유들까지 거슬러 올라간다. 그러나 (백인) 페미니스트들이 이와 같은 인종 차별적, 성차별적 비유들을 끌어들이려는 시도들은 콜린스에게도 달갑지 않았다. 그녀는 1993년에 발표한 에세이에서 다음과 같이 말한다.

유색 여성들의 경험을 끼워 넣음으로써 페미니즘에 "색채를 입히려는colorize" 오랜 노력은 기껏해야 여성 연구에 편견을 줄이려는 진심 어린 노력에 해당될 뿐이다. 그러나 최악의 경우 이와 같은 색채화colorization는 또한 관음증과 학문적 식민주의, 양자를 포함한다.**39**

"갈수록 복잡해진" 새 대문자 이론은 정체성에 토대한 권력 역학 때문에 실제로는 과도하게 단순화—*모든 것은 어떤 식으로든 문제가 있다*는 식으로—된다. 그것은 또한 극도의 복잡성으로 잘못 해석된다는 특징 때문에 기능적으로도 작동하지 않는다. 콜린스가 (백인) 페미니스트들이 실을 끼울 것으로 기대하는 바늘은 유색 여성들의 경험을 포함—전유가 아니라—하는 것과 그들의 목소리가 들릴 수 있도록 공간을 제공하고 증폭하는—그 목소리들을 착취하거나 그들의 억압을 관음증적으로 소비하지 않고—것을 수반한다. 이런 종류의 불가능하고, 모순적이며, 이중적인 요구들은 응용 포스트모던 대문자 이론의 일관된 특성이며, 젠더 연구와 대문자 사회 정의 학문의 다른 형태들을 지속적으로 힘들게 한다. 그리고 그것이 바로 인종의 이슈이기도 하다. 이와 유사한 문제들이 퀴어 대문자 이론의 적용에서도 발생한다. 그리고 그 결과 젠더 연구에 더욱 많은 레즈비언, 게이, 양성애, 그리고 트랜스젠더의 목소리를 끌어들이려고 하는 시도들은 종종 좌절에 직면하게 된다.

계급 없는 대문자 이론

주로 담론의 권력에 초점을 맞추는, 이 "갈수록 복잡해진" 교차론적 모델의 폐해는 여성들(그리고 많은 인종적, 성적 소수자들)이 직면하는 많은 문제들 중에서 가장 물질적으로 유의미한 변수인 경제적 계급을 무시하는 것이다. 계급에 대한 이 명백한 무시는 좌파 자유주의 페미니스트들, 사회주의적 페미니스트들, 그리고 더 넓게는 사회주의자들에게 심각한 우려를 안겨주었다.[40]

　매우 역설적이게도 사회 이론에서 계급을 대체한 축은 **특권**이다. 우리가 이미 살펴본 대로, 특권의 개념은 부유한 백인 여성이자 1989년에 쓴 에세이 「백인 특권: 보이지 않는 배낭을 풀기White Privilege: Unpacking the Invisible Knapsack」[41]의 저자인 대문자 이론가 페기 매킨토시Peggy McIntosh와 가장 밀접한 연관을 가지고 있다. 비판적 인종 대문자 이론의 영향을 받은 매킨토시는 **백인** 특권에 초점을 맞추지만, 경제적 계급과 연결되지 않은 사회적 특권의 개념은 다양한 주변화된 정체성의 범주들에 의해 경험된 것과의 비교를 통하여 차별과 권리 박탈의 상대적 부재를 기술하기 위하여, 곧 다른 정체성의 범주들—남성, 이성애, 시스젠더, 날씬한, 능력 있는 몸을 가진 등등의—로 확산되었다. 그 이래로 특권-의식은 학문적, 행동주의적, 그리고 정치적 좌파의 주요 관심사로서 계급-의식을 거의 완전히 대체하였고, 특권을 부여받은 사람의 지위는 적절히 적용된 포스트모던 대문자 이론들을 활용하여 교차론적으로 평가되었다. 차별과 권리 박탈의 *부재*를 전략적으로 부당하고 문제적인 것으로 재정의함으로써 예기치 않게 판을 뒤집으려는 이와 같은 시도는 선진 세계 전역의 좌파 정치학에 확실한 재난이 되어 왔다.

　계급으로부터 이렇게 등을 돌리고 젠더 정체성, 인종, 그리고 성적 취향으로 방향을 전환하는 것은 전통적인 경제적 좌파들을 괴롭히는데, 이들은 좌파가 노동계급으로부터 떨어져 나가고 학계 안에서 부르주아들에게 장악되는 것을 두려워한다. 더 염려스러운 것은 그것이 노동계급 유권자들을 우파 포퓰리즘의 팔 안으로 몰고 갈 수도 있다는 사실이다.[42] 전통적으로 자신들—노동 계급—을 지원해 왔던 정치적 좌파들이 자신들을 버렸다고 믿는다면, 좌파는 정치권력을 얻는 데 꼭 필요한 수많은 유권자들을 잃을지도 모른다. 좌파가 자신에게서 보편주의를 삭제함에 따라 이와 같은 분노는 커져 가는 듯하다. 뉴욕대학교의 역사가인 린다 고든Linda Gordon은 교차성에 대한 노동계급의 분노를 다음과 같이 요약하였다.

> 어떤 비평은 잘 몰라도 이해할 수 있다. 가난한 백인 남성이 자신이 백인 특권을 가지고 있다고 교차성 이론이 말한다는 사실을 알게 된다. 그러자 그는 다음과 같이 말한다. "그래서 페미니스트가 나에게 내가 '백인 특권'을 가지고 있다고 말했을 때, 나는 그녀에게 나의 하얀 피부는 아무 짓도 하지 않았다고 말했다." 그는 이어서 설명한다. "당신은 몹시 추운 일리노이주 북부에서 난방도, 수도도 없이 겨울을 보낸 적이 있는가? 나는 그랬다. 당신은 열두 살 때 공중화장실에서 떠온 물로 커피 메이커에 라면을 끓여본 적이 있는가? 나는 그런 적이 있다." [43]

교차성 이론이 발전하고 주류 정치적 행동주의와 학계 양쪽에서 지배력을 행사하게 되자, "이성애, 백인, 시스젠더 남성들"이 문제라는 말을 듣는 것이 점점 더 흔한 일이 되었다. 예를 들어 저명한 페미니즘 저널인 『기호들: 문화와 사회에 있어서의 여성들Signs: Journal of Women in Culture and Society』의 편집 주간인 수잔나 다누타 월터스Suzanna Danuta Walters는 2018년 <워싱턴 포스트> 의 칼럼에서 매우 솔직히 다음과 같이 질문한다. "왜 우리는 남성들을 미워할 수 없지?"[44] 이런 말은 교차론자들로 하여금 이성애 백인 남성들—특히 그들이 가난, 홈리스 상태 혹은 다른 고난을 경험했다면—의 사랑을 받게 할 것 같지는 않다.

남성성과 남성에 대하여

젠더 연구 안에서 "남성과 남성성"에 대한 (비판적) "연구"의 발달이 이와 같은 상황을 완화시켜줄 것 같지는 않다. 남성과 남성성을 연구하는 학자들이 대부분 남성들임에도 불구하고, 그들은 남성성을 페미니즘의 체계 안에서 연구한다. 『남성다움의 정치학: 페미니즘을 옹호하는 남성들이 신화를 만드는 남성들의 운동에 답하다 *The Politics of Manhood: Profeminist Men Respond to the Mythopoetic Men's Movement*』의 저자인 마이클 키멀Michael Kimmel이 창간한 저널인 <남성과 남성성*Men and Masculinities*>은 이에 대한 충분한 증거를 제공해 준다.[45] 젠더 연구의 어디에서도 페미니즘이 아닌 다른 렌즈로 남성 혹은 남성성을 연구하는 것을 찾아볼 수 없다. 이것은 특별히 놀랄 일이 아닌데, 남성 혹은 남성성 연구가 대문자 이론과 완전히 일치하기 때문이다. 이들의 주장에 따르면 자신들을 위하여 말하는 남성들은 권력으로 권력 담론을 말하는 것이며, 남성들을 위하여 말하는 여성들은 이미 가지고 있는 권력 담론으로 말하는데 이 중 어느 것도 허락될 수 없다.

남성과 남성성에 대한 연구는, 흔히 오스트레일리아의 젠더 대문자 이론가인 래윈 코넬Raewyn Connell(그는 또한 '로버트Robert' 혹은 '밥 Bob'이라는 이름으로 출판하기도 했다)이 발전시킨 '헤게모니적 남성성 hegemonic masculinity'의 개념에 깊이 의존한다.[46] 헤게모니적 남성성은 남성성의 지배적인 형태들을 가리키는데, 그것은 여성들에 대한 남성들의 우월성을 유지하고, 남자다움의 공격적이고 경쟁적인 표현들을 영속화하는 것으로 이해된다. 그리고 이것은 '진짜 남자'를 의미하는 헤게모니적—지배적이고 강력한—담론들에 의해 사회적으로 강화된다. 헤게모니적 남성성은 감옥에서 출소한 남성성에 대한 담론을 연구하면서

테리 쿠퍼스Terry Kupers가 발전시킨 '유해한 남성성'의 개념과 연결되는데, 그는 이것을 "여성들에 대한 평가절하, 지배, 동성애 혐오, 그리고 악의적인 폭력을 조성하는, 사회적으로 퇴행적인 남성적 특징들의 총계"라고 정의한다.[47] 이 논쟁적인 개념은, 미국 사회가 왜 천박한 도널드 트럼프Donald Trump를 기꺼이 대통령으로 뽑았을까,[48] 그리고 미국 심리학 협회American Psychological Association가 2018년에 내놓은 「남성들과 소년들의 심리 치료를 위한 가이드라인Guidelines for Psychological Practice with Men and Boys」에서 제안한 대로 "전통적 남성성"을 왜 심리적 질병으로 취급해야만 하는지에 대한,[49] 아마도 긴급한 질문들에 대하여 대문자 이론을 적용하기 위한 중요한 수단이었음이 판명되었다. 사람들은 미셸 푸코가 이와 같은 발전에 대하여 무덤 속에서 매우 화를 내고 있지 않을까 생각한다.

어떤 학자들—『남성에 대한 질문Man Question』(2010)[50]을 쓴 낸시 다우드Nancy Dowd 같은—은 이처럼 남성성을 여성 혐오, 지배, 그리고 폭력과 연계시키는 작업을 더욱 복잡하게 만들려고 했지만, 교차론은 일반적으로 남성들이 또한 어떤 주변화된 정체성의 형태를 가질 때에만 남성들을 구원한다. 예를 들어 에릭 앤더슨Eric Anderson이 2000년대 중반에 발전시킨 "포괄적 남성성inclusive masculinity"의 개념은 동성애와 페미니즘에 초점을 맞추었기 때문에 널리 환영받았다(앤더슨이 대문자 이론의 방법론에 동의하지 않고 더 엄정한 경험적 접근을 옹호한다는 사실이 발견될 때까지 그랬다. 그러나 이 사실이 발견되면서 그의 개념은 문제시되었다).[51] 결과적으로 남성들이 단지 남성이기 때문에 직면하는 문제들에 대한 연구는—대문자 이론적으로 제기된 페미니즘, 인종, 혹은 성적 취향의 이슈들 바깥에서—거의 이루어지지 않았다.

변화의 요약

그러므로 젠더 연구 내부에서 페미니즘의 지배적인 형태는 교차론적 페미니즘인데, 이는 비판적 인종 대문자 이론, 퀴어 대문자 이론, 그리고 탈식민 대문자 이론에 의존한다. 젠더 연구는 대문자 이론의 발전과 응용 포스트모더니즘으로의 전환과 더불어 "여성 연구"라는 그것의 기원에서 그리고 유물론적 분석이라는 그것의 뿌리에서 급속히 빠져나갔다. 이 변화에 따라 2006년까지 젠더 연구 내부의 페미니즘은 다음과 같은 네 가지 주요 교리들에 의존하게 되었다.

1. 젠더는 사회 속에서 권력이 구조화되는 방식에 있어 매우 중요하다.

2. 젠더는 사회적으로 구성된다.

3. 젠더화된 권력 구조들은 남성들에게 특권을 부여한다.

4. 젠더는 다른 정체성의 형태들과 연결되어 있으며 이를 인정해야 한다. 그리고 지식은 상대적이며 정체성에 달려 있다.

2000년대 초반까지, 페미니즘은 거의 완전히 젠더 연구에 포함되었으며, 포스트모던 지식 원칙—객관적 지식은 손에 넣을 수 없다—과 포스트모던 정치 원칙—사회는 권력과 특권의 체계들로 구조화되어 있다—을 채택했다. 게다가 페미니즘은 대체로 급진적이고 유물론적인 학문적 뿌리들과 자유주의적 페미니즘을 포기했으며, 그 자리를 포스트모더니즘의 범주 흐리기와 문화적 상대주의로 대체했는데, 이는 젠더 연구가 교차론과 퀴어 대문자 이론에 깊이 의존함으로써 생겨난 불가피한 결과였다. 젠더 연구의 많은 분석들이 담론 분석이기 때문에 역시나 언어에 대한 강렬한 집중도 특징적이다. 이제는 대문자 사회 정의 사상의 중추를 형성하고 있는 집단 정체성과 교차론적 입장 이론에 대한 집중은 보편성과 개별성의 개념들이 들어설 여지를 남겨두지 않는다. *보편적 여성이란 없다*는 구절이 젠더 연구의 모토가 될 수도 있다.[52]

이와 같은 분석적 체계는 이점들 역시 가지고 있었다. 그것은 지나치게 단순하리만큼 인종론적이고 유물론적인 페미니즘 메타서사들—이에 따르면 여성들은 억압된 계급이고 남성들을 여성을 억압하는 자들이다—을 권력이 그렇게 단순하게, 의도적인 이원론으로 가동하지 않는다는 것을 인식함으로써 복잡하게 만들었다. 이것은 특히 아프리카계 미국 페미니스트들에게 가치 있는 것이었는데, 그들은 백인 미국 페미니스트들보다 매우 다른 선입견들과 장벽들에 자신들이 직면해 있음을 보여줄 수 있었으며, 페미니즘 학문을 그 문제까지 포함하도록 확장시켰다. 그것은 또한 트랜스 남성과 여성들이 직면하고 있는 편견과 차별을 끌어들임으로써 젠더를 가부장제가 남성들과 여성들에게 부과한 역할들보다 훨씬 복잡한 것으로 탐구할 수 있도록 장려하였다.

그러나 교차성 이론으로 전환한 이래 젠더 연구 내부에서 발생한 문제들도 상당하다. 지배적 젠더에 속한 것으로 지각되는 사람들과 주변화된 젠더에 속한 것으로 지각되는 사람들 사이의 모든 상호작용의 근저에 젠더 불균형이 존재한다는 가정—그리고 이와 같은 불균형은 항상 남성성을 선호한다는 가정—은 섹스와 젠더에 대한 엄밀한 연구를 수행하는 능력에 심각한 한계로 작용했다. 현재의 분석적 체계들은 젠더 불균형이 존재하지 *않거나* 혹은 그것이 남성들에게 불이익을 가져다주는 상황의 어떠한 가능성도 용납하지 않는다. "가부장제가 남성들에게도 해가 된다"고 빈번히 주장하면서, 남성의 지배가 그 *어떤* 주어진 불균형의 요인이 아니라고 주장하는 것은 간단히 말해 불가능하다. 또한 남성들이 바로 그들 자신의 지배의 의도하지 않은 결과들에 의한—예를 들자면, 교차론적 페미니즘의 사회적 특권과 남성들의 이슈에 대해 말하는 상대적으로 잘 대접받은 운동의 결여에 의한—성차 때문에 체계적으로 불이익을 당하고 있다고 말하는 것도 불가능하다.

모든 젠더의 차이들을 사회적 구성주의로 설명할 수 있다는 가정들이 가지고 있는 문제들도 심각하다. 급진적 페미니즘과 퀴어 대문자 이론으로부터 젠더를 사회적 구성물로 보는 생각을 중심에 놓음으로써, 평균적으로 볼 때 왜 남성들과 여성들이 서로 다른 삶을 선택하며 다른 심리적 특징의 정도들을 보여주고, 다른 관심들을 가지며 혹은 다른 성적인 행위들을 보여주는지에 대한 생물학적 설명들은 교차론적 페미니즘의 분석 안에 포함될 수가 없다. 그런 차이들이 존재하고,[53] 여성들이 자유롭게 자신들의 선택을 할 때에도 그런 차이들이 실제로 증가한다는—그리고 우리가 만일 그런 차이들이 없는 유일한 영장류라면 놀라울 것이다—상당한 증거가 있기 때문에,[54] 이는 또한 젠더 연구 안에서 한편으로는 엄정하고 가치 있는 연구에 대한 신뢰를 훼손하면서 그와 같은 연구를 할 수 있는 능력에도 제한을 가한다.

마지막으로 모든 젠더 분석을 교차론적으로 만들려는 시도, 즉 지나치게 정체성에 뿌리를 둔 사회적 특권이라는 너무 단순한 개념에 여지없이 초점을 두는 것, 그리고 비판적 인종 대문자 이론과 퀴어 대문자 이론의 요소들을 끌어들이는 것은 매우 혼란스럽고, 대문자 이론적이며, 추상적인 분석의 결과를 가져온다. 그런데 이는 이성애 백인 남성이 부당하게 특권화되어 있으며, 따라서 회개할 필요가 있기에 최선의 노력을 다해야 한다는, 과도한 단순화가 아닌 다른 결론에 도달하는 것을―그것이 불가능한 것이 아니라고 하면서도―어렵게 만든다. 지식에 접근하는 입장의 관련성에 치중하기 때문에 학자들은 그들이 유색 트랜스 여성이 아닌 한(실제로 대부분 유색 트랜스 여성이 아니다) 젠더 연구를 하는 것조차 심각하게 제한을 받는다. 결과적으로 수행적인 입장에서 어떤 유용한 연구를 하기보다 자신의 입장성을 인정하고 자신의 연구 작업에 의문을 제기하는 학자들에게 바쳐진 대부분의 학술 논문들을 양산해 낸다. 젠더 연구 자체의 대문자 이론적 체계는, 지금 그것이 사회 정의의 대의에 맞는 가치 있는 학문을 생산하는 것을 방해하고 있다. 이것이 바로 "갈수록 복잡해진" 이론 때문에 치러야 하는 대가이다.

7장
장애와 비만 연구

지원-집단 정체성 대문자 이론

대문자 이론은 점점 더 발전해 감에 따라 정체성과 입장성에 사로잡히게 되었다. 포스트모던 지식 원칙은 객관적 지식이 불가능하다고 주장하면서 특정한 정체성을 가진, 사회에 의해 특정한 방식으로 어떤 입장에 처한 개인들의 산 경험에서(삶의 경험) 나오는 특화된 '지식들'을 선호한다. 포스트모던 정치 원칙은 근본적으로 정체성의 정치학에 대한 요청이며, 정체성을 어떤 주변화된 집단의 일부로 채택하거나 혹은 상대적으로 특권화된 집단에 귀속시킬 것을 요구한다. 이것은 보편성을 해체하고 개인을 집단으로 대체하는 포스트모던 주제에 의해 지지를 받는다. 우리는 이러한 경향을 탈식민 대문자 이론에서 볼 수 있으며, 탈식민 대문자 이론은 "타자"가 서구적 방식에서 벗어날 필요가 있다고 본다. 우리는 이를 퀴어 대문자 이론에서도 볼 수 있는데, 퀴어 이론은 바로 그 존재 자체에 부과된 함축 때문에 "정상적인" 정체성들을 문제시하는 반면 "퀴어" 성애, 젠더, 그리고 다른 정체성들을 특수한 매혹의 대상으로 간주한다. 우리는 다른 정체성을 비판적 인종 대문자 이론에서도 볼 수 있는데, 인종 이론은 사람들에게서 사회적으로 구성된 인종적 지위를 확인하고, 특정한 문화들을 채택하고 진작시키며 보호할 것을 주창한다. 이는 교차론적 페미니즘에서도 발견된다. 교차론은 다양한 정체성들이 교차하면서 얼마나 더 많은, 틈새에 있는 정체성의 지위들을 창조하는지를 검토한다. 우리는 또한 장애와 비만에 대한 포스트모던적 연구에서도 이런 경향을 볼 수 있다. 이들 연구는 자신들이 검토하는 장애와 비만이라는 객관적 현실을 대문자 이론화하는데, 그것들(객관적 현실로서의 장애와 비만)의 존재를 거의 지워버릴 정도로 사회적 구성물이란 개념에 초점을 맞춘다. 이것은 일종의 가부키 극장(역주: 가부키는 노래, 춤, 연기가 혼합된 일본의 전통 연극)인데, 그 안에서 대문자 이론은 지원-집단의 주도권을 학문과 무지한 행동주의로 전환하기 위하여 사용된다.

젠더 연구와 마찬가지로, 장애와 비만을 정체성으로 연구하는 비판적 접근들은 응용 포스트모더니즘으로의 전환기인 1980년대 말 그리고 1990년대 초에 시작되었으며, 응용 포스트모더니즘은 상호 연관된 두 가지 포스트모던 정체성 연구 분야인 장애 연구와 비만 연구로 이어졌다. 젠더 연구와 마찬가지로 이들 연구들은 모든 것이 순전히 사회적인 구성물이라는 것을 쉽게 믿지 않는, 더욱 실제적인 학문과 행동주의적인 여러 접근들을 널리 대체하였으며, 정체성의 정치학에 매우 감정적으로 호소하면서 대두하였다. 이들은 많은 면에서 유사하지만 서로 다른 역사를 가진 분야들이며, 그렇기에 여기에서는 각각 별도로 논의할 것이다.

장애 연구

장애 행동주의는 1960년대에 민권운동, 제2의 페미니즘 물결, 그리고 게이 프라이드 운동과 같은 시기에 유사한 목적을 가지고 시작되었다. 원래 목적은 사회가 장애인들에게 더 큰 편의를 제공하고 장애인들을 수용함으로써 그들 삶의 질을 개선하도록 하는 것이었다. 이 운동은 많은 부분 비장애인들에게 가용한 기회들에 장애인들의 접근성을 높이고자 했고, 이런 점에서 운동은 대단히 성공적이었으며, 전체적으로 볼 때 탁월한 진전을 이루었다.

그러나 이 완전히 합리적인 목적은 1980년대에 들어와 변하기 시작했다. 응용 포스트모더니즘으로의 전환, 교차론적 페미니즘, 퀴어 대문자 이론, 그리고 비판적 인종 대문자 이론의 도입 이후에 장애 연구는 능력ability(역주: 장애와 반대되는 개념으로서 어떤 일을 수행할 수 있는 능력)의 개념을 사회적 구성물로 간주하기 시작했고, 갈수록 급진적이 되어 객관적 현실조차 거부하게 되었다. 다양한 형태의 장애들은 문화적 구성물들—비장애의 몸(장애를 결여하고 있는)이 되는 조건과 마찬가지로—로 간주되었다. 장애(어떤 치료 가능한 정신질환을 포함하여)는 그것과 관련된 일련의 주변화된 정체성 집단으로 평가되었고, "정상적인" 능력 있는 몸을 가진 정체성과 대조적인 지위를 갖게 되었다. 그 결과 장애 연구는 갈수록 교차론적이고 퀴어 대문자 이론의 접근법을 취하게 되었다. 그리고 이는 연구를 지속적으로 한층 모호하고 추상적으로 만들었으며, 장애인들의 삶의 기회와 질을 개선하는 데 도움이 되지 못하게 만들었다.

1980년대에 '장애/비장애dis/abled'[1] 연구와 행동주의로의 이와 같은 변화는 장애를 개인에게 내재된 그 어떤 것으로 이해하는 것에서부터 그들의 편의를 도모하지 않는 사회가 개인들에게 부과한 어떤 것으로 변화했다고 이해하면 가장 정확하다. 이러한 변화가 일어나기 전에 장애인들은 어떤 형태의 장애를 가진 사람들로 이해되었지만, 이후에는 장애인들에게 상대적으로 비호의적이고 관심이 없는 사회가 그들에게 부과한 어떤 지위로 간주되었다. 예를 들어 귀가 먹은 사람은 이전에는 들을 수 없는 사람, 그리고 신체적 결함 때문에 일정 정도 장애가 생긴 사람으로 간주되었다. 그러나 변화된 이후에는 절대적인 의미에서 청각 장애인Deaf person, 즉 들을 수 없는 사람임과 동시에 그들을 청각 능력이 있는 사람들(기본값)과 동일한 대우를 하는 데 실패한 사회가 "장애로 만든" 사람들로 간주되었다. 다른 말로 하면 사람들은 오로지 일반적으로 비장애인 몸을 가지고 있는데 그로 인해 혜택을 받을 수 있다는 사회적 기대치 때문에 *장애*가 된다는 것이다. 이것이 신체적 결함이 있는 사람들에게 부과된 (장애라는) 지위이다.

장애를 사회 구성주의적 관점으로 보는 이러한 변화는 두 단계에 걸쳐 일어난 것으로 보인다. 첫 번째 단계에서 흔히 말하는 '장애의 사회적 모델'이 '장애의 의학적 모델', 때로는 '개인적 모델'이라고 불리는 것을 대체했다. 이것은 1980년대에 일어났으며, 영국의 사회복지 학자이자 사회학자인 마이클 올리버Michael Oliver 때문이다. 의학적 혹은 개인적 모델(어떤 사람들은 이 두 모델을 서로 동일시하고, 어떤 사람들은 이것들을 서로 구별한다) 내부에서 장애는 개인에게 영향을 주는 어떤 것이며, 그 해결책은 장애의 조건을 고치거나 신체적 결함의 상태를 완화시켜서 장애인들이 비장애-몸을 가진 사람들과 하등 다를 것 없이 세계에 참여할 수 있도록 하는 것이다.[2] 반면 장애의 사회적 모델 안에서 책임 소재는 장애를 가진 개인을 도와야 할 사회에 있다. 올리버는 다음과 같이 말한다.

장애의 사회적 모델은 신체적 결함을 개인적 능력의 한계의 원인으로 인정하지만, 장애는 이것 위에 부과되는 것이다. 이를 요약하면 다음과 같다. 장애는 신체적 장애를 가진 사람들을 거의 고려하지 않거나 아예 무시하고, 그들을 주류 행위로부터 배제하는 사회의 정치적, 경제적, 그리고 문화적 규범에 의해 야기된, 행위에 대한 불이익 혹은 제한을 의미한다(그러므로 장애는 인종차별주의 혹은 성차별주의와 마찬가지로 차별이며 사회적 억압이다).…… 이와 같은 장애의 사회적 모델은 모든 패러다임들처럼 사회의 세계관과 그 안에서 특별한 문제들을 바라보는 방식에 영향을 끼친다.[3]

올리버는 개념상의 변화를 가져오려고 하였으며, 그 변화는 장애인 대 비장애인 *사람*들이라는 이분법적 이해를 서로 다른 시대와 문화마다 의미가 다르게 이해되는 역량capability의 스펙트럼이라는 개념으로 바꾸려는 것이었다. 1980년대에 존재했던 장애에 대한 이해는, 특히 영국에서, 비장애인이거나 장애인이거나 이들에 대한 책임을 사회에 귀속시키는 것으로 변화하였다. 이와 같은 개념상의 변화는 다른 우회적인 방식이 아니라 사회가 개인에게 적응할 것을 요구한다.

올리버가 원래부터 특별히 포스트모던적 접근법을 취했다는 징후는 없으며, 장애를 사회적 구성물로 간주하는 그의 견해는 급진적이지 않다. 그런데 얼마 후부터 변화가 일어났다. 1988년에 처음 출판된 그의 『장애인들과의 사회 복지*Social Work with Disabled People*』는 현재 4판까지 나왔는데, 최근판은 정체성 연구 분야의 최근 작업을 상당히 많이 참조하고 있다. 예를 들어 최근판에서 그가 사용하는 언어는 교차성 이론에 의해 분명히 영향을 받았음을 잘 보여준다.

경험들은 의심할 여지 없이 문화적으로 자리매김되며, 계급, 인종, 젠더 등의 차이들을 반영한다. 그러므로 담론에 문화적 선입견이 개입되는 것은 당연하다. 사회적 모델을 사용할 때 역사적으로 장애에 대한 경험들이 신체적 결함에 대한 반응들 속에 문화적으로 자리매김된다는 사실을 인정하는 것에서 새로운 인식이 나온다. 사회적 모델은 다른 문화 속의 사람들에 의해서 그리고 그런 상황들 속에서 장애를 설명하는 인종, 퀴어 혹은 젠더 연구 내부에서 활용될 수 있다. 마찬가지로 이런 분야들은 모두 그들 공동체에서 장애인 차별주의에 대하여 고려할 필요가 있다.[4]

장애 연구는 두 가지 포스트모던 원칙들—지식은 사회적 구성물이다. 그리고 사회는 권력과 특권의 체계들로 이루어져 있다—에 강력하게 의존한다. 장애 연구 내부의 이런 경향은 빈번히 비판적 인종 대문자 이론을 활용한다. 장애 연구는 전체적으로 볼 때 미셸 푸코와 주디스 버틀러에 크게 의존하며, 결과적으로 가장 빈번한 포스트모던적 주제들은—과학에 대한 급진적 불신을 동반한—경계 흐리기와 담론의 중요성이다. 장애 연구 내부에서 개인의 개념은 또한 빈번히 경멸당하는데 이는 개인주의가 개인의 장애 상태에 잘 적응해서 자본주의 사회의 생산적 구성원이 되어야 한다는 "신자유주의적 기대치"를 가능하게 한다는 신념 때문이다.

비장애인 중심주의

장애 연구 내부에서, '비장애인 중심주의ableism'는, 일반적으로 장애보다는 비장애의 몸이 더 좋으며, 비장애의 몸이 '정상적'이라는 가정들을 수용하는 것(대문자 이론은 이를 문제시하지만)으로 이해된다. 반면에 '장애인 차별주의disableism'는, 장애인들의 지위는 '정상'에 대한 일반적 이해의 바깥에 존재한다는 생각과 비장애의 몸을 가진 사람이 장애인보다 우월하다는 신념을 포함하여 장애인들에 대한 편견을 나타낸다. 이런 억압은 수많은 다른 형태의 심각한 편견들의 일부이다. 자칭 자폐아이자 장애인이고, 비성애자이며 젠더퀴어(역주: 남성도 여성도 아닌 제3의 성)인 활동가 리디아 브라운Lydia X. Y. Brown은 이를 다음과 같이 정의한다.

> 비장애인 중심주의는 소위 뇌나 몸이 장애인이 아닌 상태에 특권을 부여하는 비장애 정상성ablenormativity의 가치 체계를 기술하고, 장애인 차별주의는 몸과 정신이 일탈적이고 장애로 간주되는 사람들을 목표물로 삼은 폭력적인 억압을 기술하는 용어이다. 다른 말로 하면 장애인 차별주의가 퀴어 적대주의라면, 비장애인 중심주의는 이성애주의라 할 수 있다.[5]

따라서 정상적인 것을 해체하는 데 초점을 두는 퀴어 대문자 이론이 장애 연구와 특별히 양립 가능하다는 것이 증명된다. 퀴어 대문자 이론가인 주디스 버틀러가 에이드리언 리치의 '강제적 이성애'—정상적인 기본값으로서의 이성애를 사회적으로 강화하는 것—개념을 환기시켰듯이, 장애 연구에서는 로버트 맥루어Robert McRuer가 그렇게 했다. 그는 『크립 이론: 퀴어성과 장애의 문화적 기호들Crip Theory: Cultural Signs of Queerness and Disability』(2006)[6]에서 퀴어 대문자 이론과 장애 연구가 어떻게 서로에게 영향을 미치는지 다음과 같이 주장한다.

그러므로 강제적 이성애처럼 강제적 비장애-몸 됨able-bodiedness
은, 선택의 출현과 함께, 실제로는 그 안에서 아무런 선택이 없는 시
스템을 완전히 은폐한다.…… 이성애/동성애 정체성의 기원들이 대부
분의 사람에게 이제는 희미해져서, 강제적 이성애는 외견상 모든 곳
에서 방출되고, 어떤 곳에서도 방출되지 않는 규율 구성체disciplinary
formation으로 기능한다. 마찬가지로 비장애-몸 됨/장애의 기원들도 희
미해져서…… 유사하게 모든 곳에서 방출되고 어떤 곳에서도 방출되지
않는 강제적 비장애-몸 됨의 시스템 안에서 일관성을 갖는다.[7]

여기에 푸코의 영향이 자명하게 드러난다. 이 인용문에는 사람들을 기
대치에 순응하도록 통제하고 제약하는, 모든 층위에서 작동하는 그(푸
코)의 권력 개념이 메아리친다.[8] 해결책은 범주들의 경계들을 지워버리
는 지점까지 흐리는 것이다. 그에게 영향을 준 푸코와 퀴어 대문자 이론
은, 성적 취향들과 광기는 사람들을 부당하게 "정상적" 그리고 "비정상
적"이라고 범주화하고, "비정상적"인 것을 사회의 지배적인 담론에 대한
참여에서 배제하는 의학 담론들의 구성물에 불과하다고 주장했다. 비장
애의 지위를 "정상적"(비장애-몸) 혹은 "비정상적"인 것(장애)으로, 이
항대립 속에서 부당하게 구성된 어떤 것으로 간주하는 견해는 퀴어 대
문자 이론적 접근법들을 채택한 이래로 장애 연구를 결과적으로 지배
해 왔고 혼란을 야기해 왔다.

이 새로운 포스트모던적 접근은 장애의 사회적 모델에 예외적으로
잘 맞아떨어지며, 응용 포스트모더니즘으로의 변화라는 그것의 제2단
계의 토대를 형성했다. 그것은 단 구들리Dan Goodley의 『장애/비장애
연구: 장애인 차별주의와 비장애인 중심주의를 이론화하기Dis/ability
Studies: Theorizing Disableism and Ableism』(2014)에서 가장 중요한 논

점이다. 푸코에게서 직접 빌려와 구들리는 다음과 같이 말한다. "장애는 의료화의 시선, 즉 의학 담론의 환원주의적 사용을 통하여, 생명이 재단되는 과정을 통하여 규범적으로 이해된다."[9] 그는 푸코의 "생체 권력" 개념을 적용하는데, 그 안에서 과학 담론들은 특히 높은 특권을 가지며, 진실로 받아들여지고, 사회를 통하여 영속화되고, 사회 안에서 과학 담론들은 그것들이 기술하는 범주들을 창조한다.[10] 구들리가 과학을 식민주의에 비유할 때, 그가 포스트모던 지식 원칙과 정치 원칙을 채택하고 있음—그는 과학 담론들을 억압적이고, 다른 방식의 지식보다 더 엄정하지 않다고 이해한다—은 분명하다.

> 우리는 식민적 지식이 인도주의적이고 박애적이며 가난을 경감하는
> 조치들과 같은 관련 담론들의 가동을 통하여 중립적이고 보편적인 것으
> 로 구성된다는 것을 안다. 우리는 또한 다음과 같이 질문할 수 있을 것
> 이다. 비장애 중심주의적 지식은 어떻게 자연스러운 것이 되고, 중립화
> 되며, 보편화되는가?[11]

놀랍게도 구들리는 장애를 진단하고, 취급하고, 치료하는 것을 타락한 비장애인 중심주의의 가정들에 의존하고, "신자유주의적 체제"—그 안에서 사람들은 완전히 자율적이며, 고기능을 가진 개인들이어서 그들은 자신들의 노동을 자본주의 시장의 유지, 발전을 위해 기여한다—에 의해 옹호되는 냉소적 실천들로 간주한다. 더욱 걱정스럽게도 그는 "자율성, 독립성, 그리고 합리성은 신자유주의적 비장애중심주의가 욕망하는 미덕들이다"[12]라고 주장한다.

세계를 권력 체제의 구성물로 간주하는 포스트모던 정치 원칙이 구들리의 책에 퍼져 있다. 그는 교차론적 용어를 빌어, 사회를 "특권의 합쳐

지고 중첩된 담론들"이라고 기술하며 다음과 같이 말한다.

> 나는 비장애 중심주의적 문화의 재생산과 장애를 만드는 물질적 조
> 건의 양식들이 이성애/성차별주의, 인종차별주의, 동성애 혐오, 식민주
> 의, 제국주의, 가부장제 그리고 자본주의와 결코 분리될 수 없다고 주
> 장한다.[13]

구들리의 관점으로 보면 올리버의 사회적 모델은 충분히 교차론적이
지 않다. 그는 그것이 인종과 젠더의 분석을 포함하고 있지 않으며, 장애
를 퀴어 대문자 이론의 측면—규범들을 훼손하고 사회의 가치들을 전복
시킬 때 칭송받을 수 있는 정체성으로 장애를 보는—에서 다루는 데 실
패한다고 주장한다.[14]

장애인들이 범주들에 대한 포스트모던적 해체를 위하여 사회적 규범
들을 전복시키는 데 그들의 장애를 활용할—그리고 심지어 장애를 취급
하거나 치료할 어떤 시도들도 거부할— 책임이 있다는 이런 생각은 장애
연구의 또 다른 우려스러운 자질인데, 이는 구들리에게만 특수한 것이
아니다. 이런 경향은, 자주 인용되는 피오나 캠벨Fiona Campbell의 『비
장애 중심주의의 윤곽: 장애와 비장애성의 생산Contours of Ableism: The
Production of Disability and Ableness』[15]에서도 나타난다. 구들리처럼 캠
벨은 장애를 치료되어야 할 문제로 간주하는 것은 문제가 있다고 본다.

> 비장애인 중심주의적 관점의 중요한 특징은, 신체적 결함 혹은 장애
> ("유형"과 관계없이)가 본질적으로 부정적인 것이며, 기회가 되면 그
> 것을 드러내고, 개선하고, 치료하거나 혹은 정말 제거해야 한다는 신
> 념이다.[16]

248

학계와 행동주의 내부에서 장애를 방지하거나 치료하려는 바람은 놀랍게도 종종 *장애인들*(그들의 장애보다는)이 존재하지 않기를 바라는 것으로 재구성되는데, 이는 말장난을 남용하는 냉소적인 술책이다. 캠벨은 여기서 한 걸음 더 나아간다. 주디스 버틀러의 퀴어 대문자 이론에 의존하여 그녀는 비장애-몸 됨과 장애를 사람들이 사회로부터 학습하는 수행들로 특화한다. 그들은 전복되어야 할 이분법 안으로 서로를 "함께 구성"한다.

> "특정한 몸을 가진 종種"(과학에 있어서)이든, "규범적 시민"(정치 이론의 차원에서)이든, "합리적인 인간"(법적으로)이든, 이 모든 기표들은 우리를 생명으로 몰아넣고, 그리하여 정치적 구성물의 결과이자 도구인 바로 그 영혼 속으로 들어가 닿는 구성물을 가리킨다. 존재론적으로 분리된 이러한 체제들을 창조하는 것은 권력과 분리된 것처럼 보인다.…… *장애와 비장애의 정체성들이 매일 반복적으로 수행된다.*[17] (강조는 원문)

이것은 단지 제정신이 아닌 것도 아니고, 약자에 대한 물신주의도 아니다. 그것은 응용된 포스트모더니즘이다. 이런 극단적인 구절은 명백히 자크 데리다와 주디스 버틀러의 영향을 보여준다. 데리다적 관점은 장애와 비장애-몸 됨은 위계적 이분법으로 서로를 만들어 낸다고 가정한다. 즉 우리는 각각의 개념을 서로 상대가 아닌 것으로 이해하며, 두 개의 개념들을 공평한 관점으로 보지 않는다. 이것은 수행성이라는 버틀러적인 개념으로 해석되는데, 이 개념은 그녀가 데리다와 푸코를 적용해 언어철학에서의 존 오스틴John Austin의 동명의 개념을 해석할 때 끌어들인 것이다.

캠벨은 또한 비판적 인종 대문자 이론, 특히 그것의 교리를 끌어들인다. 비판적 인종 대문자 이론에 따르면 인종차별주의는 규범적이고, 일상적이며, 서구인들 삶의 자연스러운 부분이라서 그 누구도 그것을 감지하거나 문제를 제기하지 않는다.[18] 그녀는 이런 입장을 장애 연구에 적용하여, 장애인 차별주의가 일상적인 형태의 편견이기 때문에 우리는 장애보다 비장애-몸 됨이 왜 더 좋은 것이라고 믿는지에 대하여 질문하지 않는다. 그녀는 만일 장애인들이 장애이고 싶어 하지 않는 어떤 소망이라도 표현하면, 심지어 장애인들이 "내면화된 장애인 차별주의"—장애인임에도 불구하고 장애인 차별주의를 수용하도록 그들을 유도하는 가짜 의식—를 가지고 있다고 비판한다. "부지불식간에 장애인 차별주의를 수행함으로써 장애인들은 자신들의 고통과 공모하게 되며, 바람직하지 못한 상태로서의 장애를 더욱 강화한다."[19]

이런 것들은 장애 연구에서 상당히 전형적인 생각이다. 예를 들어, 리디아 브라운 또한 장애를 수행으로, 장애를 가진 것을 축하해야 할 정체성으로 묘사한다. 이는 히잡 뒤에 있는 정숙함의 개념을 믿지 않으면서도 히잡을 입는 이유를 설명하는, 무슬림으로 개종한 한 친구와의 대화에 대한 다음의 설명에서도 분명히 드러난다.

> 히잡을 입는 것은 무슬림이라는 것의 외적인 기호다. 그녀는 "무슬림임"을 수행하고 있었으며, 무슬림이라는 사실과 연계되고 히잡을 입기를 선택함으로써 다른 사람들—무슬림이든 아니든—이 그녀의 정체성을 알아볼 수 있기를 원했다. 이것은 내가 본능적으로 혹은 선천적으로 내 손이나 팔을 퍼덕거리지 않는—이것은 내가 스스로 개발한 것이 전혀 아니었다—자폐 장애인으로서 특히 공적인 장소에서 사람들의 주목을 끌기 위해서 고의로 그리고 자주 손과 팔을 퍼덕여서 다른 사람

들—자폐든 아니든—이 나를 자폐아로 확인할 수 있도록 하는 것과 유사하다. 나는 이것을 외적인 기호로 사용한다. [어떤 무슬림 여성이 머리에 쓰는 것에 대한 종교적 신념도 없이 히잡을 선택하는 것과 같이].[20]

이렇게 공개적으로 주의를 끌기 위한 수행을 자폐 장애인들(혹은 무슬림들이 하는 무슬림 수행)이 보편적으로 인정하는 것은 아닐 것이다. 그럼에도 어떤 활동가들은 자신들의 장애—우울증, 불안증, 그리고 심지어 자살과 같은, 치료 가능한 정신병들[21]—를 긍정적인 것이라고 주장하며, 정체성의 정치학에서 힘을 부여하는 형태들로 사용될 수 있는 다른 정체성의 양상들과 동일시하려고 한다.

이렇게 정치화된 접근은, 장애를 받아들이고 자신들의 현실을 심리적으로 긍정적인 방식으로 껴안는 것과는 구별되어야만 한다. 이것은 비판적 인종 대문자 이론가들이 "나는 흑인이다/나는 우연히 흑인이 된 사람이다"(5장을 보라)로 구분하는 것과 유사하다. 예를 들어, 조지프 셔피로Joseph Shapiro는 그의 『동정하지 말라: 새로운 민권운동을 일구는 장애인들No Pity: People with Disabilities Forging a New Civil Rights Movement』에서 비장애인이 장애인을 장애인이 아니라고 생각하는 것이 칭찬받을 만하다는 생각에 반대한다. 그는 다음과 같이 말한다.

그것은 마치 누군가가 흑인에게 "당신은 내가 만났던 사람 중에 가장 흑인 같지 않은 사람이야"라고 칭찬하는 것처럼, 유대인에게 "나는 결코 당신이 유대인이라 생각하지 않아"라고 말하는 것처럼 잘못된 것이고, 여성에게 "당신은 여자처럼 행동하지 않아"라고 아첨하는 것이 섣부른 짓인 것과 같다.[22]

셔피로는 장애 프라이드Disabled Pride를 게이 프라이드와 동일시한다. 그는 장애를 갖는 것이 칭찬할 만한 것이라고 느낀다.

> 1970년대의 동성애자들처럼 많은 장애인들은 자신들의 조건에 무언가 슬프고 부끄러워해야 하는 "오점"이 있다는 사실을 거부하고 있다. 그들은 장애인으로서 자신들의 정체성에 자부심을 가지고 있으며, 그것을 밀실에 감추는 대신 보란 듯 드러내고parading 있다.[23]

성적 취향, 인종, 종교, 젠더 혹은 장애 상태에 대하여 그 누구도 수치심을 느껴서는 안 되지만, 많은 장애인은 아마 장애가 축하받을 일이라는 견해에도 동의하지 않을 것이다. 그리고 그들이 원하는 것이 축하가 아니라면, 그런 식의 입장은 장애인들이 효과적인 처치나 치료를 받는 데에도 도움이 되지 않을 것이다. 그리고 장애 연구의 주장에도 불구하고, 이것은 비장애인이라고 해서 결핍이라 부끄러워할 일도 아니다.

활동가들이 장애를 축하의 목적들을 위한 혹은 정치적 권한 부여를 위한 정체성으로 받아들이기를 소망하고, 심지어 의사들이 장애라고 이름 붙이기를 원하지 않을 때, 또 다른 문제가 발생한다. 이런 문제는 종종 의사들이 다른 누구보다도 장애를 진단할 자격을 가지고 있다는 생각을 거부하는 포스트모던 지식 원칙 때문에 일어난다. 이것은 사람들이 정체성 집단에 소속될 목적으로 자가 진단을 하는 것을 부추긴다. 리디아 브라운과 제니퍼 스쿠로Jennifer Scuro의 기록된 대담이 이런 예를 제공해 준다(각각 LB, JS라 표기한다).

LB: 사람들이 나에게 이렇게 말해요. "내 생각에 나는 자폐 환자이지만, 내가 그렇게 진단받은 적이 전혀 없기 때문에 그렇게 말하는 걸 정말 원하지 않아요." 여기에서 진단받은 적이 없다는 말은 누군가가 그들의 이름을 따라 문자로 한 진단을 말하는 거지요. 그럼 나는 이렇게 말해요. "글쎄요, 나는 당신에게 당신의 정체성에 대해 이렇게 해라 저렇게 해라 말할 수가 없네요." 그렇지만 나는 자폐 환자로서 누가 중요하고 누가 중요하지 않은지를 규정하고 결정하는 의료산업복합체와 그것에 독점적 권한을 부여하는 것이 옳다고 생각하지 않습니다.……

   JS: 네, 내가 일단 진단의 영역으로 들어가기 시작하면, 즉 진단이 훈련된 진단 전문의사에게만 맡겨져 있을 때, 내가 진단적으로 사고하는 것의 문제점들에 직면했을 때 우리 모두 어떻게 진단적으로 생각하는 것과 싸워야만 할지, 도전 의식이 생겨요.[24]

   이와 같은 대화는 사람들이 집단 정체성을 얻을 목적으로 자신의 정체성을 장애로 파악하는 것(포스트모던 주제)을 옹호하고, 의학의 지식 생산 능력에 대한 포스트모던적 해체(포스트모던 지식 원칙)에 개입하며, 혹은 장애가 회피나 처치의 대상이라는 지배적인 신념을 정치적 동기를 가지고 훼손하는 것으로 본다(포스트모던 정치 원칙). 이들 중 도대체 어떤 것이 장애인에게 도움이 될 수 있을지 분명치 않다.

탈선된 옹호

   장애 연구와 행동주의, 그리고 장애에 대한 사회적 모델의 시작은 좋았다. 일부 염려스러운 개념적 변화에도 불구하고 그들의 처음 목표는 사회에 적응해야 하는 장애인의 책임을 줄이고, 장애인들과 그들의 장애 상태들을 돕도록 사회에 더 큰 책임을 돌렸다. 이러한 강조점의 변화는 다양한 법률에 포함되어 왔는데, 역사적으로 차단되어 왔던 고용과 사회적 기회들에 장애인들이 접근할 수 있는 길을 더 많이 열어 놓았다. 이것은 페미니즘의 제2의 물결, 민권운동, 그리고 게이 프라이드와 유사한 목적을 가지고 있었고, 학계 역시 개선의 목적을 가지고 장애에 대한 사회적 태도들을 연구하였기에 이런 작업을 지속하는 것은 적절했다.

불행하게도 응용 포스트모던 대문자 이론이 장애 연구에 통합되면서, 학문은 이런 궤도를 이탈한 듯 보인다. 이런 정체성에 얽매인 접근법은 장애인들에게 자신들의 장애를 확인하고, 축하하고, 정치화하라는 압력을 가한다. 장애인들이 의학적인 명칭의 남용으로 제한을 *받을* 수도 있지만, 의학에 대한 깊은 불신은 그 자체 장애인들이나 그 누구에게도 도움이 될 것 같지 않다. 교차론은 장애인들에 대한 편견이라는 이슈를—전적으로 불필요하게—"특권의 중첩된 담론들"이라는 산에 묻음으로써 혼란스럽게 하고 복잡하게 만들기 쉽다. 장애가 궁극적으로 사회적 구성물이라는 것을 주장하기 위한 모델로 비판적 인종 대문자 이론을 사용하는 것은 특히 도움이 되지 않는데, 이는 인종의 사회적 범주들과 달리 육체적, 정신적 장애는 객관적 현실이며 사람들이 장애인들을 만나기를 싫어한다는 것을 놓고 볼 때 그러하다. 그 이유는 장애인들이 자신들의 삶에 물질적으로 끼치는 영향 때문이지 그들이 장애인들을 싫어한다고 믿도록 사회화되었기 때문은 아니다.

포스트모던한 정치 원칙을 적용하여 장애인들에게 자신들의 장애를 일종의 정체성으로 받아들이고, 비장애인 중심주의의 문화적 규범을 훼손하기 위하여 장애를 찬양하라고 요구하는 것은 특히 비윤리적이다. 어떤 장애인들은 정체성 우선의 정치운동에서 위안과 힘을 얻을지도 모르지만 많은 장애인들이 그렇지는 않을 것이다. 많은 장애인들은 자신들이 장애가 아니기를 소망하며—이것이야말로 완전히 합리적인 것이다—자신들과 다른 사람들을 위하며 자신들의 조건을 개선하거나 완화할 방법들을 모색한다. 이것이 그들의 권리이다. "내면화된 비장애인 중심주의"에 대한 비난들은 주제넘고 모욕적인 것이다. 장애인은 우선적으로 자신들의 장애에 의해 자신들의 정체성이 확정되는 것을 소망하지 않으며, 자신이 누구인지 더 잘 표상할 수 있다고 느끼는 자신들의 어떤 측면들에 의해 자신들의 정체성이 확인되기를 원한다. 정말 가치 있는 장애 행동주의는 이것을 문제 삼기보다는 지원할 것이다.

육체적 혹은 정신적 장애를 정체성으로 받아들임으로써 초래되는 한 가지 문제는 그것이 장애의 그 어떤 가능한 완화에 대한 의욕을 꺾어 놓는다는 것이다. 예를 들어 이것은 귀먹은 사람이 들을 수 있도록 해주는 의료기술을 문제 삼거나 거부하도록 유도할 수 있다. 그 이유는 치료를 받을 경우 그 후로는 귀먹은 것이 더 이상 정체성이 될 수 없기 때문이다. 개인들은 자신들의 소망대로 해야 하지만, 이는 선택권에 심대한 혼란을 야기한다. 보청기를 사용함으로써 청각 장애를 바로[25] 해결할 수 있는 대부분의 듣지 못하는 사람들은 그런 개입을 거부하지 않을 것이며, 보청기를 받아들였다고 자신들을 정체성의 배신자들이라고 부르는 사람들의 도움을 받고 싶어 하지 않을 것이다. 그러므로 장애 연구와 그 행동주의는 자신들이 옹호한다고 주장하는 사람들을 대변하지도 못할뿐더러, 장애인들이 진단을 받고 자신들이 바라는 치료를 받을 가능성을 억제한다. 게다가 장애인으로서의 정체성에 초점을 맞추는 것은, 더 큰 만족과 삶의 질을 높일 수 있는 한 개인의 다른 측면들을 평가 절하할 수도 있다. 주변화된 정체성들에 우월성을 부여하는[26] 최근의 피해자 문화의 발흥이란 문제를 놓고 볼 때, 덜 장애가 되기보다는 더 장애가 되고 싶은, 그리고 장애성에 과도하게 초점을 맞추고자 하는 유혹이 증대될지도 모른다. 사람들이 전문적인 진단 혹은 의학적 보살핌이 없이 자신을 스스로 장애로 판단한다면 이는 특히 문제가 많다. 이런 점에서 장애 연구는 좋은 의도의 나쁜 실패작이다.

비만 연구

장애 연구의 문제점들은 비만 연구라 지칭되는 유사한 영역에서도 반영된다. 장애 연구처럼 비만 연구도 미국에서 1990년대에 비만 행동주의로 시작되었고, 그 이래로 다양한 형태를 띠어왔다. 그러나 비만 연구가 독특한 정체성 연구의 영역으로 자기 입지를 세워온 것은 최근의 일이다. 그것은 또한 퀴어 대문자 이론과 페미니즘을 강력히 끌어들이고 있다. 특히 영국에서 이런 경향이 더욱 발전하였으며, 교차론적 초점도 강하다. 이들 연구들은 비만에 대한 부정적 시각들을 인종차별주의, 성차별주의, 그리고 동성애 혐오와 유사한 것으로 조명하며, 과학을 명백히 부정한다. 이들 연구들은 포스트모던한 경향 속에서 사회적 구성물로서의 비만에 초점을 맞추고, 비만인 사람들에게 의학적 충고를 거부하고, 그들에게 우호적이며 그들을 지원하는 공동체의 "지식"을 포용하도록 힘을 실어준다. 비만 연구는 지식을 사회적 구성물, 즉 담론들로 영속화된 것―여기에서 담론들이란 비만인들에 대한 "증오"(*비만 혐오*fatphobia)에 뿌리박고, 여성혐오와 인종주의와 연관된 담론들을 말한다―으로 보는 포스트모던 지식 원칙에 강력히 의존한다. 비만 연구는 그러므로 억압의 고도로 복잡한 틀들을 대문자 이론화하는 것에 순종하고, 과학에 대한 급진적 회의론을 피력하며, 개인적인 경험들, 대문자 이론, 페미니즘, 그리고 심지어 시(역주: 과학의 반대 개념으로서의 시詩)까지 포함하는 "지식의 다른 방식들"을 주창한다.

현재는 영국에서 가장 유행하고 있지만 비만 행동주의는 미국에서 1969년에 '비만의 수용을 증진시키기 위한 전국 연합NAAFA, the National Association to Advance Fat Acceptance'[27]의 창립과 1970년대에 '비만 언더그라운드the Fat Underground'[28]의 발전과 더불어 시작된 것으로 알려져 있다. 비만 행동주의는 정확히 1970년대에 문화 연구와 정체성 연구, 그리고 포스트모더니즘을 부추기기 시작했던 일련의 사회적, 문화적, 그리고 정치적인 변화들 내부에서 시작되었다. 그러나 비만 행동주의는 응용 포스트모던 대문자 이론에 의존하는 다른 유형의 정체성 연구들보다 최근 들어 훨씬 더 포스트모던적인 특성들을 띠고 있는 듯하다. 이는 비록 페미니스트 학자들이 여성들에게 가해지는 날씬해지라는 압박을 오래도록 대문자 이론화했음에도 불구하고 아마도 비만 연구가 아주 최근까지도 그 자체 학문적 영역이 되지 못했기 때문이다. 비만 연구는 널리 퍼진, 그리고 사회적으로 수용된 "비만 혐오"가 비만을 진지하게 받아들이지 못하게 한다고 주장하며, 위험하고 (일반적으로) 치료 가능한 의학적 상태로서의 비만에 대한 그 어떤 연구도 비만 혐오라 간주한다.

역사적으로 비만 연구를 진행한 학문과 행동주의는 비만 페미니즘fat feminism이라 불렸다. 이것은 페미니즘의 급진적인 그리고 급진적-레즈비언의 갈래들과도 강하게 연관되어 있었으며, 결과적으로 한정된 후계자들을 가지고 있었다. 이것은 "비만인 몸"의 수용과 경하에 초점을 맞춘 자기 몸 긍정주의body positivity movement가 사회 안의 자유주의적인 흐름들 내부에서 부상했던 1990년대까지 변하지 않았다. 이와 연관된 '모든 사이즈의 건강Health at Every Size' 운동은 1960년대까지 다양한 형태로 존재해 왔는데 '사이즈의 다양성과 건강 연합Association for

Size Diversity and Health'이 이 문구를 상표화했던 2003년에 널리 알려졌다.[29] 2010년에 린다 베이컨Linda Bacon은 『모든 사이즈의 건강: 당신의 몸무게에 관한 놀라운 진실Health at Every Size: The Surprising Truth About Your Weight』[30]이란 유명한 책을 썼는데, 이 책에서 그녀는 모든 사이즈의 몸들이 건강할 수 있다고 주장한다.[31] 그러나 의학계의 합의된 견해는 이 입장에 반대한다.[32]

비만 연구는 급속도로 발전하여 응용 포스트모던적 접근법을 취하기 시작했고, 이내 철저히 교차론적이 되었으며, 다음과 같은 비논리적 주장들을 하였다. "모든 억압의 교차성에 대하여 언급하지 않고서는 몸무게/사이즈의 억압을 해체할 수 없다."[33] 비만 연구가 독립된 학문 분과가 되어야 한다는 주장은 2012년 학술지 『비만 연구Fat Studies』가 창간되었을 때 강화되었다. 이 학술지는 비만에 대한 부정적 견해들—과체중이나 비만에 대해 있을 수도 있는 건강 관련 염려들에 대한 관심들을 포함하여—을, 사람들이 가지고 있는 불변의 특성들에 대한 편견과 명백히 동일시하며 다음과 같이 주장했다. "『비만 연구』는 인종, 종족, 젠더 혹은 연령에 초점을 맞추는 학문 분과들과 유사하다."[34]

비만 연구의 발전은 지도적인 비만학자이자 『비만 행동주의: 급진적 사회 운동Fat Activism: A Radical Social Movement』(2016)의 저자인 샬럿 쿠퍼Charlotte Cooper에 의해 광범위하게 세분화되어 왔다. 영국인인 쿠퍼는 급진적 페미니즘과 포스트모더니즘 페미니즘의 부활로 인해 사실상 비만 행동주의가 포기된 것에 주목한다.

비만 페미니즘의 기원들은 문제가 많고, 비난받아 왔으며, 유행에 어울리지 않고, 이해하기도 힘든, 때로 레즈비언 분리주의를 포함한 급진적 레즈비언 페미니즘에 푹 빠져 있다. 이와 같은 페미니즘에 대한 비판들은, 예를 들어 그 본질주의와 근본주의 때문에 퀴어, 제3의 물결, 그리고 포스트모던 페미니즘들 안에서 표면화되었다.[35]

비만 연구 내부에서, 비만이 건강에 중대한 위험을 초래하는 필요 이상의 칼로리를 지속적으로 소비한 결과라는 강력한 증거가 있음에도 불구하고, 인종차별주의, 성차별주의, 동성애 혐오, 트랜스 혐오, 장애인 차별주의, 그리고 제국주의와 함께 비만에 대한 부정적 태도들에 대해 언급하는 것은 흔한 일이다. 비만 행동주의와 비만 연구들은 이제 두드러지게 교차론적이며, 페미니즘적이며, 퀴어 대문자 이론과 버틀러식의 패러디의 정치학에 크게 의존한다.[36] 샬럿 쿠퍼는 자신의 책에서 본질적으로 극도의 비만 혐오로 여겨졌던 2012년 런던 하계 올림픽에 대한 대응으로 벌어진 비만-행동주의 이벤트에 대하여 묘사한다. "똥보 올림픽Fattylympics"으로 불린 이 행사에는 비만 혐오에 대한 전략적 저항과 항의 행위로서 런던 파크에서 고의적으로 우스꽝스러운 유사 운동 경기들이 조롱하듯이 열렸다.

퀴어 대문자 이론과 주디스 버틀러는 비만 연구의 발전에 특히 큰 영향을 미쳤다. 가령 샬럿 쿠퍼는 자신의 책을 "공개적으로 퀴어적"이라 선언하고, "비만 활동가들이 외부로부터 접근해서 동화하려는 힘에 저항하도록, 그리고 할 수만 있다면 그 운동에 새로운 힘을 불어넣기 위해 퀴어적 전략을 독려하는 것"[37]으로 시작한다. 여기에서 다시, '생체 권력'이라는 푸코의 개념—이는 과학 담론들이 지식 생산자로서 과도한 권력을 가지고 있으며, 따라서 담론을 통해 사회의 모든 층위에서 영속화된다고 주장한다—이 상당히 편집증적으로 활용된다. 쿠퍼의 다음과 같은 주장을 보라.

『성의 역사』, 그리고 다른 곳에서, 권력이란 권력 당국 안에 잘 모셔진 상태에서 최하위 계층에게 공급되는 것이 아니라, 모든 사람이 연루된 역동적인 장이다.[38]

그녀는 또한 다음과 같이 주장한다.

통치에 대한 미셸 푸코의 작업은 권력과 관계된 몸들을 이론화하는 데 흔히 사용되고, 비만인들이 어떻게 사회적으로 통제되고, 계층화되고, 감시되고, 줄 세워지고, 순찰의 대상이 되고, 자기 통제를 가하는지에 관심이 있는 사람들에 의해 활용된다.[39]

이것은 단지 샬럿 쿠퍼만의 특별한 경우가 아니다. 메리마운트 맨해튼 대학의 학사 담당 수석 부학장인 캐슬린 레베스코Kathleen LeBesco도 『비만 연구 독본The Fat Studies Reader』에서 유사한 입장을 취한다.[40] 권력이 전달되고 규율이 유지되는 숨겨진 담론들에 대한 이와 같은 믿음은 모든 차원의 비만 행동주의 텍스트들을 관통하고 있으며, 푸코뿐만 아니라 주디스 버틀러를 호출한다.[41] 쿠퍼에게 "비만 담론은 전체주의이며, 내가 볼 때 그것은 자신을 비만에 대한 유일한 권위로 내세우며, 그 밖에 다른 것은 중요하지 않다."[42] 비만학자인 매릴린 완Marilyn Wann도 마찬가지다. 그녀는 다음과 같이 말한다.

비만을 혐오하는 문화 속에 사는 모든 사람은 불가피하게 반anti-비만 신념들, 가정들, 그리고 고정관념들을 흡수하고, 또한 어찌할 수 없이 몸무게에 토대한 권력 배열과 관련된 일정한 지위를 점유하게 된다. 우리 중 그 누구도 그런 훈련으로부터 완전히 자유롭거나 권력 망에서

완전히 풀려나올 것을 희망할 수 없다.[43]

　잠시 더 넓은 관점에서 보자. 권력 망을 마음속에 그려 보라. 이것은 포스트모더니즘의 세계관을 구성하는 인간 사회에 대한 개념이다. 그들은 다음과 같이 상정한다. 우리는 우리의 정체성을 결정하는 요소들에 의해 태어나고 자리매김되며, 그리하여 권력에 대한 서로 다른 층위로 접근하게 되고—특권이란 그 네트워크 속으로 연결되는 것과 같은 것이다—우리는 우리의 위치를 수행하는 법을 배우고, 그리하여 그 시스템의 일부로서 종종 권력 망이 거기에 있다는 사실조차 모른 채 우리 자신들을 통해 권력을 '행사한다'. 이와 같은 학습은 대부분 사회에 의해 구성되고 수용된, 그리고 거의 의도적이 아닌 '헤게모니적' 정체성의 역할 속으로 사회화됨으로써 대부분 성취된다. 우리의 역할들을 수행함으로써, 우리는 권력에 대한 접근을 수용하고 거부하는 사회적이고도 문화적인 가정들을 유지한다. 게다가 권력에의 접근은 자동적으로 부패된 영향력을 행사하는데, 이는 우리로 하여금 우리의 역할들을 수행하게 이끌고, 그리하여 우리 자신을 사회화하며 다른 사람들이 시스템의 불공정을 받아들이게 하고, 우리 자신의 접근을 정당화하며, 타자들을 배제하는 것을 합리화한다. 이 모든 것이 담론들—비언어적 미디어로 우리가 사물들을 재현하는 방법을 포함하여, 우리가 사물들에 대하여 말하는 방식—을 통하여 이루어진다. 원래의 포스트모더니스트들의 모호하고 복잡한 언어에서 기인된, 사회에 대한 이런 식의 개념이 진화해 왔고, 그것은 일종의 신념 체계로 공고화되었다. 그러므로 우리는 빈번히 대문자 이론가들이 이와 같은 설명을 객관적인 신념에 대한 자신감을 가지고 말하는 것을 본다. 그런데 이는 최초의 포스트모더니스트들에게는 불가능했을 어떤 것이다.

7. 장애와 비만 연구

대문자 이론—편집증적 판타지

권력으로 충만한 담론들의 이 복잡한 망을 추적하기 위해서는 우선 그것을 찾아내는 훈련을 해야 한다. 이것이 바로 비판적 대문자 이론이 발명된 이유이다. 그래서 순환론적인 자기 정당화 논지로서 대문자 이론은 우리가 대문자 이론을 필요로 한다고 주장한다. 가령 어떤 비만 연구 학자들에게는 젠더—그러므로 교차론적 페미니즘과 퀴어 대문자 이론—가 가장 중요하다.

> 성차별주의는 당신이 보는 법을 모르면 밝혀내기 힘든, 깊이 약호화된 행위들의 세트가 되었다. 대문자 이론은 성차별적 행위의 진상을 밝히기 위하여 교육과 언어에 대하여 특별한 접근을 할 수 있다. 종종 그 비판적 언어(역주: 대문자 이론)는 명백히 지적이거나 혹은 편집증적 판타지의 산물이라는 혐의의 대상으로 의심받는다.[44]

평가와 훼손에 대한 교차론적, 퀴어적 접근이 생산적이고 동시에 적절할지라도 다른 논자들이 보기에는 모든 것들이 궁극적으로 자본주의로 환원된다. 예를 들어 샬럿 쿠퍼는 구들리가 『장애 연구Disability Studies』에서 한 것과 유사한 주장을 한다. 쿠퍼가 볼 때, "신자유주의(말하자면 자본주의 사회)" 세력들은 사회가 사람들에게 편의를 제공하도록 요구하는 것이 아니라 사람들이 사회에 적응하도록 압박한다. 그러므로 쿠퍼는 자기 몸 긍정주의에 대하여 매우 비판적인데, 그녀는 그것을 "집단성보다는 개인주의에 대한 강조"를 통한 "젠트리피케이션"의 한 형태로 간주한다.[45] 그녀가 볼 때, 자기 몸 긍정주의는 비만을 부정적으로 보는 것을 중단해야 할 사회에 책임을 두기보다는 자기 몸을 사랑해야 할 개인들에게 책임을 돌리는데, 이는 개인들을 *책임화하는 것으*로 때때로 언급되는, 문제적인 접근법이다. 쿠퍼가 "비만 공동체"라 부르는 집단의 한 멤버인 "리즈Liz"는 다음과 같이 주장한다. "비만에 대한 증오는 자본주의로부터 동력을 얻는다. 왜냐하면 (자본주의 사회의) 회사들이 모두 뚱뚱한 사람들을 날씬하게 만드는 상품들을 생산하기 때문이다."[46] 그리고 "자본주의를 행동주의의 기반으로 활용하는 것은, 행동주의의 주된 동력이 되어온 것이 사회 변혁이라기보다는 비만 행동주의의 젠트리피케이션 안에서 사회에 어떻게 접근할 것인지를 보여준다."[47]

대문자 이론이 편집증적 판타지처럼 보인다면 바로 이런 이유 때문이다. 비만 행동주의를 둘러싼 교차론적 권력 망은 불필요할 정도로 엉망이다. 그들은 생물학과 영양학을, 사람들을 속박하고 훈육하는 푸코식의 '생체 권력'으로 오해한다. 그들에게 비만 관련 의학은 사람들에 대하여 억압적이고 훈육적인 서사를 강요하는 것으로 곡해된다. 매릴린 완은 『비만 연구 독본』 서문에서 푸코를 떠올리며 다음과 같이 말한다. "비만인들을 '뚱뚱하다'고 부르는 것은 사람들의 다양성을 무시하고 환자로 만드는 것이다."[48] 그리고 "다양성을 환자화하는 것은 자연스레 발생하는 차이를 치료가 필요한 일로 호도한다."[49] 캐슬린 레베스코는 비만을 동성애와 동일시하는데, 동성애가 이제는 자연스레 발생하는 현상으로 치료를 필요로 하지 않는 것으로 인식되는 것처럼 비만도 마찬가지로 인식되어야 한다고 추론한다. 동성애 자체는 그렇지 않지만 비만이 심각한 질병과 조기 사망의 위험을 증대시킨다는 광범위한 증거에도 불구하고, 레베스코는 자신의 몸무게가 문제라고 생각하는 비만인들은 자신들에 대한 억압을 받아들이도록 조건화되었다고 다음과 같이 주장한다.

비만인들과 퀴어들이 사회적으로 구성된 자신들의 문제에 대한 해결책으로 과학과 의학을 진심으로 받아들여야 한다는 주장은 스톡홀름 증후군(역주: 인질이 납치범에게 동화되고 감화되어 납치범의 행위에 동조하거나 변호하는 심리현상)을 떠올리게 한다. 결국 과학과 의학은 오랫동안 비만인들과 퀴어들을 억압하는 도구가 되어 왔으며, 동성애자나 "뚱뚱한" 개인(정신적이든 육체적이든)을 병리화하는 지속적인 주장들을 제공해 왔다.[50]

이에 대한 한 가지 해결책은 자신의 비만을 받아들이거나 심지어 증대시키는 것이다. 비만 연구 학자인 앨리슨 미첼Allyson Mitchell은 "비만인 몸을 만드는 데는 시간이 필요하다"라며 다음과 같이 말한다. "정치화된 비만의 몸을 만들기 위해서는 더 많은 시간이 필요하다."[51] 레베스코는 한 걸음 더 나아가 비만에 대한 혐오가 우생학에 의해 동기화된다고 암시하고, 비만에 대한 증오를 다루기 위한 사회적이고 정치적인 도구들의 활용을 주창하면서 다음과 같이 말한다. "과학적 지식은 우리가 알아야 할 모든 것을 드러내지 않는다."[52] 이와는 대조적으로, 건강의 가치에 대한 강조는 **건강주의**healthism라 불리는 문제적 이데올로기로 내쳐진다.

건강주의는 **영양주의**nutritionism에 의해 강화되는데, 영양주의는 영양학과 식이요법학(음식과 음식이 건강에 미치는 강력한 영향을 연구하는 것)을 통해 음식의 영양적 가치의 타당성에 초점을 두는 것이라고 주장된다. 이와 나란히 식이요법학과 영양학에 대한 비판적 분야들이 있는데, 이들은 식이요법과 영양에 관한 분야 대신에 대문자 사회 정의에 관한 분야들을 만들고자 모색한다. 예를 들어 루시 아프라모Lucy Aphramor와 재키 징그러스Jacqui Gingras는 식이요법학과 영양학이 어떻게 전형적으로 과학에 근거하고 있는지 그 방식을 탐구한다.

식이요법학은 지식을 엄밀하고 계량화할 수 있는 과학적 방법들을 중심으로 발전한, 지배적인 과학적 문헌들의 지원을 받을 수 있는 것으로 인식한다. 그런 합리적 지식은 식이요법학이 학습되고 실천되는 방식에 대한 함축된 의미들을 가지고 있다.[53]

나아가 이렇게 말한다.

그러나 과학적 관습의 엄밀성을 옹호하는 것은 의미 만들기에 대한 참여를 제한시킨다. 즉 언어는 중립적인 도구가 아니라 강력하게 충전된 정치적 벡터이다. 우리가 여기에서 사용하는 말들은 가능성들을 생성하는 우리의 능력에 영향을 미친다.[54]

식이요법과 영양, 그리고 건강을 이해하기 위하여 과학을 사용하는 대신 이와 같은 비판적 식이요법 학자들은 " '실천 지향적 문화'와 '현재 상황에 문제를 일으키는 것'을 기술적으로 잘 결합하는 방법으로 시詩를 선택했다."[55] 그들은 "비만과 젠더에 대한 식이요법적 태도들이 과학을 정당화하고 구성하는 데 어떤 역할을 하는지 다시 생각할 것"[56]을 강권한다. 이런 관점은 어떤 연구의 적절한 분야를 발전시키지도 못할뿐더러 일시적으로 특별한 느낌을 주는 것 외에 그 누구에게도 도움이 되지 않는다.

학부생들을 대상으로 한『비판적 식이요법학과 비판적 영양학*Critical Dietetics and Critical Nutrition Studies*』은 그러므로 지극히 문제가 많다. 『모든 사이즈의 건강: 당신의 몸무게에 관한 놀라운 진실』같은 접근법이 의학을 거부하는 데까지 나가지는 않고 대신에 몸무게와 상관없이 건강할 수 있다는 주장을 위해 의학 연구를 수상하게 해석하는 데 반하여, 『비판적 식이요법학과 비판적 영양학』은 과학을 음식, 영양, 식이요법, 그리고 비만을 이해하기 위한 다른 어떤 접근법보다 더 유용하지 않은 것으로 다음과 같이 묘사한다.

> 우리는 세계에 대한 지식을 창조하기 위한 수단으로서 과학적 방법을 전적으로 거부하지는 않지만, (우리의) 비판적인 경향은 객관적이며, 가치로부터 자유롭고, 인간의 편견이 개입되지 않은 지식의 생산이 가능하다는 생각을 거부한다. 또한 비판적 경향은 세계에 대한 지식을 창조하는 어떤 방식이 다른 방식보다 우월하다거나 혹은 심지어 그 자체로 충분하다는 생각을 거부한다.…… 그런 식으로 [비판적 식이요법학은] 포스트-구조주의와 페미니즘 과학(두 개의 다른 창들)에 의존하는데, 이들은 특정한 사물에 대하여 생성 가능한 한 가지 진리란 존재하지 않고, 질문하는 자가 누구이고, 무엇을 위해서 질문하느냐에 따라 다양한 진리들이 가능하며, 실증주의적인 것으로 사료되는(즉 가치중립적이거나 편견이 없는) 지식일지라도 비정치적인 지식은 없다고 주장한다.[57]

이것은 객관적 현실에 대한 명백한 거부이다. 이들은 "포스트-구조주의와 페미니즘 과학"을 영양이 건강상 중요한 역할을 한다는, 그리고 비만이 다낭성 난소증, 관절 문제, 기동성 문제와 호흡 문제들뿐만 아니라 심장병, 여러 종류의 암, 그리고 당뇨병의 위험을 증대시키고, 조기 사망과 깊이 연결되어 있다는 엄청난 증거를 무시하기 위하여 사용한다. 이 "비만 공포증적인" 건강 부정론은 쿠퍼 같은 논자도 채택하는 접근법이다. 그녀는 "연구의 정의"를 주창하는데 그 안에서 비만에 대한 경험적 연구는 "비만인들에 의해 이미 생성되어 온 지식을 밝혀내기 위하여"[58] "구현된 공통의 지식"[59]과 제멋대로 교체될 수 있다.

지원-집단 연구

비만 연구와 비만 행동주의는 다양한 시기, 다양한 장소에서 출발하였으며, 많은 갈래를 가지고 있는 것 같다. 그것은 급진적 페미니즘이라는 기원 외에도 찬양적 자기 몸 긍정주의, 미심쩍지만 인기 있는 모든 사이즈의 건강 운동 모델, 그리고 최근에는 소위 대문자 이론과 연결된 연구로서의 교차론적 퀴어 페미니즘의 갈래들을 포함한다. 이런 접근법들이 늘어난 것은 비만인들을 위한 어떤 종류의 지원과 공동체가 필요하다는 것을 강력히 암시한다. 비만 행동주의는 급진적인 사회적 구성주의, 편집증, 그리고 과학에 대한 거부로 떨어지지 않고, 비만인들에 대한 차별과 편견에 저항하며, 그들을 지원하는 네트워크를 제공한다면 사회 안에서 소중한 역할을 할 수 있을 것이다.

그러나 슬프게도 비만 연구는 현재 정체성 연구에서 가장 비합리적이고 이념적인 학문-행동주의 형태 중 하나이다. 이 분야에 늦게 뛰어든 비만 연구는, 내적으로 일관성이 있는 자신만의 뼈대를 갖추지 못한 채 기존의 수많은 정체성 주도의 대문자 이론을 끌어들이지 않을 수 없었고, 그러다 보니 전체적으로 엉망진창인 채 혼란스러운 것이 되고 말았다. 한편으로는 장애 연구에서 취한 반자본주의적 수사와 생각들을 누비고 다녔고, 다른 한편으로는 비판적 인종 이론에서 페미니즘으로 그리고 퀴어 대문자 이론으로 방향을 바꾸며 돌아다녔다. 비만 연구는 인종, 섹스, 그리고 성적 취향과 같은 변화 불가능한 특징들에 근거한 편견에 관하여 논하는 유형들의 행동주의와 학계를 자신과 연결하느라 많은 시간을 낭비하는데, 비만이 과식의 결과라는 증거 때문에 이런 노력은 번번이 설득력을 잃는다. 물론 생산적인 유형의 행동주의가 과식이 단순히 자기 규율 부족 혹은 탐욕의 결과라는 생각에 저항하고 그렇게 많은 사람이 이와 같은 문제를 극복하기 어렵게 만드는 심리적이고 생리적인 이슈들을 대할 수도 있지만 비만 연구는 이와 같은 접근법을 취하지 않는다. 대신에 그것은 포스트모던 지식 원칙과 정치 원칙들을 채택하여 그것들을 포스트모더니즘의 네 가지 주제에 적용하고, 스스로 철저하다고 주장하는 지원 집단의 접근법과 매우 유사한 접근법으로 이것들을 통합한다.

이것은 또한 비만 행동주의가 다른 형태의 행동주의와 너무 가까운 친족관계를 주장함으로써 다른 유형의 행동주의를 훼손하고 있다는 비판에 자신을 쉽게 노출시킨다. 예를 들어 비만이 동성애와 같다는 생각은 동성애가 타고난 것이고, 가치의 문제로부터 자유로우며, 그 자체 완전히 건강한 것이라는, 어렵게 끌어낸 최근의 동의를 위협할 수 있다. 비만인들이 과체중 때문에 불행해한다고 해서 그들을 스톡홀름 증후군 혹은 내면화된 비만 혐오증이라고 비난하는 것 또한 명백히 비윤리적이다. 그러나 집단 정체성을 중시하기 위해 개인을 지우고 언어의 권력에 초점을 맞추는 것이 비만 연구의 우선적인 관심사들인 것처럼 비만 연구는 이런 수순을 반드시 필요한 미덕으로 간주한다.

특히 이런 유형의 비만 행동주의는 잠재적으로 위험하다. 체중 유지를 몹시 어려워하고 그 결과 낮은 자존감으로 고통받는 사람들은, 비만이 급속히 확산하고 있는 심각한 건강 문제라는 의학적 판단을 쉽게 거부할 동기를 비만 행동주의에서 얻을 수 있다. 비만 행동주의가 현재 페미니즘과 반인종차별주의 행동주의에 부여된 지위를 얻는 데 성공한다면 의사들, 과학자들, 그리고 연구자들은 비만인들에게 사실적인 정보를 제공하는 것에 위협을 느낄 수 있고, 이는 비만인들이 자신들의 건강에 관하여 충분한 지식을 가지고 선택할 수 있는 능력에 제한을 가할 것이다.

종합해 보면 비만 연구는 무엇이든지 엄밀한 접근을 거의 하지 않고 있으며, 집단적으로 **사회 정의 학문**이라고 불러도 좋을 연구의 다양한 영역 안에서 안식처를 찾았다. 이런 분야들은 이미 확인 가능할 정도로 공통적인 점들을 갖고 있지만 그 영역은 매우 넓다. 말하자면 그것들은 통상 "비판적 X" 혹은 "X 연구"라는 제목으로 지칭되며, 거기에서 X는 무엇이든지 그들이 불만의 대상으로 삼고, 포스트모던 지식 원칙과 정치 원칙들에 맞추어 방해하고 수정하기를 원하는 것이다. 그것들은 관심사의 범위를 언급하지만 사실상 거의 모든 인간의 노력을 포괄하고 있는데, 한 가지 공통된 요소를 가지고 있다. 그것이 바로 대문자 이론이며, 이 이론은 근저에 있는 포스트모던적인 가정들을 *객관적으로 현실적인 것*으로 취급하는 방식으로 적용된다. 우리는 이제 바로 이 대문자 이론에 관심을 돌려야만 한다.

8장
대문자 사회 정의 학문과 사상

사회 정의에 따른 진리

　'**물화된**reified'이라는 단어는 "실제의 사물이 된"을 의미하고, 마치 실제처럼 취급받는 추상적인 개념들을 가리킨다. 2010년경에 시작되었고, 그 이래로 꾸준히 힘을 얻고 있는 학문이 포스트모더니즘의 기획 안에서 "사회 정의"라는 넓은 깃발 아래 새로운 제3의 단계―우리가 **대문자 사회 정의 학문**이라 부를―를 형성했다. 이 단계의 학자들과 활동가들은 한때 추상적이었고 자기 회의적이었던 포스트모던 지식 원칙과 포스트모던 정치 원칙의 물화를 당연한 것으로 간주했다.

　우리가 1장에서 논의했듯이 근본적으로 포스트모던한 이 원칙들은, 객관적인 지식이란 불가능하며, 지식은 권력의 구성물이고, 사회는 해체될 필요가 있는 권력과 특권의 체계들로 구성되어 있다고 주장했다. 우리가 2장~7장에서 논의했듯이 이런 견해는 1980년대와 1990년대의 적용 단계에서 행동화되었으며, 이는 포스트모더니즘이 탈식민 대문자 이론, 퀴어 대문자 이론, 비판적 인종 대문자 이론, 교차론적 페미니즘, 장애 연구, 그리고 비만 연구로 분화되어 갔음을 보여주었다. 결과적으로 2010년 이래 이와 같은 포스트모더니즘적 사고들은 이와 연계된 교차론적 대문자 사회 정의 학문과 행동주의로 충분히 구체화되었으며, 지식, 권력, 그리고 인간의 사회적 관계들의 작동에 대한 이른바 사실적인 묘사들로 대중들의 의식 속에 각인되기 시작했다.

포스트모던 지식 원칙과 포스트모던 정치 원칙은 제1단계(1965~1990년경)에서는 주로 해체론적 목적으로 사용되었으며, 제2단계(1990~2010년경)에서는 응용 포스트모더니즘의 형태로 재구성을 위하여 적용되었으나, 주로 특정한 학문 영역들이나 행동주의 집단의 범주로 한정되었다. 그러나 포스트모더니즘의 3단계(2010년경 이후)에서 이 원칙들은 그것들의 내부와 너머에서 근본적인 진리들로 취급된다. 학계와 행동주의 분야에서 잘 알려진 지 수십 년이 지난 후에, 대문자 이론의 원칙들, 주제들, 그리고 주장들은 *안다고 알려진 것*—사람들이 "그냥 아는 것"이 진실이라는, 세계에 대한 진실한 진술로 당연시되는 생각들—이 되었다. 그 결과, 사회가 특정한 그러나 대체로 보이지 않는 (사물에 대하여 말하는 방식을 통하여 지식을 구성하는) 권력과 특권의 정체성에 토대한 체제들로 구성된다는 믿음이, 사회 정의 학자들과 활동가들에 의해 사회 조직 원리에 대한 객관적으로 진실한 진술로 간주된다. 이것은 메타서사(역주: 1차 서사에 대한 2차 서사로서 진리의 자리를 점유한 것처럼 보이는 서사)처럼 들리는가? 그렇다. 메타서사이기에 그렇게 들리는 것이다. 대문자 사회 정의 학문, 그리고 그 교육자들과 활동가들은 이런 원칙들과 결론들을 대문자 사회 정의에 따른 *대문자 진리*로 간주한다. 그리고 그들은 그 대문자 진리를 마치 자신들이 (편견과 억압이 아니라면) 질병의 세균병원론(역주: 세균을 질환의 원인으로 간주하는 이론. 여기에서는 사회적 질환의 원인을 편견과 억압으로 보는 것을 의미함)과 유사한 것을 발견이라도 한 것처럼 대한다.

두 가지 포스트모던 원칙들의 물화는, 어떤 지식이든 신뢰할 수 있다는 것에 대한 포스트모던적이고 급진적인 회의론에서 지식이란 정체성에 뿌리박은 권력으로 구성된 것이라는, 그리고 이는 언어를 사용하는 방식에 대한 꼼꼼한 읽기를 통해 폭로될 수 있다는 완전한 확신으로 변형되었음을 의미한다. 그러므로 대문자 사회 정의 학문에서 우리는 지속적으로 다음과 같은 사실, 즉 가부장제, 백인 우월성, 제국주의, 시스젠더주의, 이성애 규범성, 장애인 차별주의, 그리고 비만 혐오가 문자 그대로 사회를 구조화하며 모든 것을 오염시킨다는 내용을 읽을 수 있다. 대문자 이론들은 그 이론들로 완전히 품을 수 없는, 겉으로만 더욱 그럴싸해 보이는 표피 바로 아래에서 잠재성—항상 모든 곳에 현존하는—의 상태로 존재한다. 이런 주장이 포스트모던 지식 원칙의 물화이다. "현실"은 근본적으로 문제가 있으며, 따라서 끊임없이 확인하고, 규탄하고, 해체해서 바로 잡아야 하는 것으로 간주된다. 결과적으로 대문자 사회 정의를 다룬 텍스트들은 대문자 사회 정의에 관한 일종의 복음서가 되어 절대적인 확신을 가지고 다음과 같이 주장한다. 즉, 모든 백인들은 인종차별주의자이며, 모든 남자들은 성차별주의자이고, 인종차별주의와 성차별주의는 심지어 개인이 인종차별주의 혹은 성차별주의의 의도나 신념(통상적인 용어의 의미로)을 가지지 않았다 할지라도 존재할 수 있고 억압할 수 있는 체계들이란 것이다. 섹스는 생물학적인 것이 아니라 스펙트럼 위에 존재하고, 언어는 문자 그대로 폭력이 될 수 있으며, 젠더 정체성에 대한 거부는 사람들을 죽이는 것이고, 장애와 비만을 치료하려는 소망은 혐오스러우며, 그리고 모든 것은 탈식민화되어야 한다. 이것이 바로 포스트모던 정치 원칙의 물화이다.

이와 같은 접근은 범주들과 경계들을 불신하며 그것들을 흐릿하게 만들고, 언어를 권력 불균형들을 창조하고 영속화하는 수단으로 간주하는 데 강력하게 초점을 둔다. 그것은 뿌리 깊은 문화적 상대주의를 보여주며, 주변화된 집단에 초점을 맞추고, 보편적인 원칙들이나 개인적인 지적 다양성에 대해서는 거의 고려하지 않는다. 이것들이 바로 포스트모더니즘의 네가지 주제들이며, 대문자 사회 정의 학문의 수단과 윤리학의 핵심으로 남아 있다. 그러나 그것의 음역과 음조에는 변화가 있다. 새로운 대문자 사회 정의 학문 안에서 그 대문자 이론가들이 자신들의 근본적인 교리에 더욱 자신감을 가지고 성장함에 따라, 대문자 이론의 원칙들과 주제들은 훨씬 단순해졌으며 훨씬 더 직설적으로 표현되었다. 대문자 사회 정의 학문은 **물화된 포스트모더니즘**의 정점으로서 제3단계 포스트모더니즘으로의 진화를 대표한다. 대문자 사회 정의에 따른 대문자 진리를 의식하고 있는 도덕적인 사람이라면, 세계가 어떻게 작동하고 있는가 하는 의문 대신 어떻게 작동해야만 하는지에 대한 대문자 이론적 견해를 적극적으로 단언함으로써 메타서사에 이바지해야만 한다.

포스트모더니즘이 적용의 단계를 거치면서 시작된 근저에 있는 원칙들의 물화 때문에, 대문자 사회 정의 학문은 대문자 이론의 어떤 한 범주에 산뜻하게 맞아떨어지지 않는다. 그것은 교차론적으로 변형되어 필요에 따라 그 모든 것들을 소환하며, 지속적으로 사회와 심지어 자신의 어떤 측면까지 문제시하며 단 한 가지 황금률만을 준수한다. 즉 대문자 이론 자체는 결코 거부될 수 없으며, 대문자 이론이 현실이라는 것이다. 대문자 사회 정의 이론은 이렇게 해서 일종의, 모든 것의 대문자 이론, 그리고 대문자로 된 의심할 수 없는 대문자 진리들의 세트가 되었으며, 그 핵심 교리들은 원래의 포스트모더니스트들로부터 취해졌고, 그것에서 이끌어 낸 대문자 이론들 안에서 견고해졌다.

진화하는 포스트모더니즘

1960년대 후반에 급진적 회의론이자 절망의 표현으로서의 제1단계 포스트모더니즘이 등장했다면, 1980년대 후반 이후 절망으로부터의 회복이자 정치적으로 적용 가능한 핵심적 사상을 향한 충동으로서의 제2단계 포스트모더니즘이 있었다. 우리가 지금 논의 중인 제3단계의 포스트모더니즘은 2000년대 후반과 2010년대 초반 사이에 현저하게 나타났으며, 그 확실성과 행동주의적 열정을 완전히 복구했다. 첫 번째 포스트모더니스트들은 대체로 마르크스주의의 실패, 오래된 학문적 좌파의 분석틀, 주요한 환멸로부터의 고통에 대한 반작용이었다. 그들의 이론적 선택의 틀이 산산조각 나면서, 그들은 그 어느 것도 더 이상 신뢰할 수 없다는 냉소적 태도를 채택했다. 그들에게 회의의 대상이 된 메타서사들은 다른 것들 중에도 기독교, 과학, 그리고 진보의 개념을 포함하였으나, 이들의 입장은 결국 마르크스주의의 상실과 더불어 "정의"를 향한 사회를 재구성하는 것에 대한 희망의 상실로 나타났다. 따라서 그들은 일종의 기쁨 없는 유희성을 가지고 단지 기존의 틀들을 반어적으로 분해하고, 해체하며, 파괴하는 것에 몰두하였다. 이것이 1970년대 문화적 사상의 상태였다.

이 절망적 회의주의의 첫 번째 물결—포스트모더니즘의 *지극히 해체론적인 단계*—이 20년 후에 힘을 못 쓰게 될 무렵 학문적 좌파는 무언가 희망을 회복했고, 대문자 이론의 더욱더 긍정적이고 적용 가능한 형태들을 찾고 있었다. 그들은 포스트모더니즘의 두 가지 주요 원칙들과 네 가지 주제들을 끌어왔으며, 이것들을 가지고 무언가를 하려고 노력했다. 그리하여 포스트모던 대문자 이론은 복수의 응용 포스트모던 대문자 이론들로 발전해 나갔다. 가령 탈식민주의 대문자 이론 안에서 동양의 자신에 대한 다양한 감각들을 재구성하기 위한 시도들이 있었다(물론 바바와 스피박은 이에 대해 매우 비관적이었지만). 할 수만 있다면 주로 서양을 끌어내림으로써 서양으로부터 "타자"를 구해내려고 하였다. 퀴어 대문자 이론 안에서, 모든 범주들은 사회적으로 구성된 것이고 수행된 것이라는 믿음은 일종의 행동주의를 만들어 냈다. 범주들을 지속적으로 해체하고, 흐릿하게 만들며, 모든 것을 유동적이고 변화 가능한 것으로 만듦으로써 퀴어 대문자 이론은 섹스, 젠더, 그리고 성적 취향의 범주들 속에 맞아떨어지지 않았던 사람들을 당연히 그래야만 하는 것으로 여겨졌던 기대치들로부터 "해방하고자" 노력했다. 비판적 인종 대문자 이론은 법학에서 시작했기 때문에 더 구체적이고 적용 가능한 것이었으나, 궁극적으로 페미니즘을 지배하게 된 교차론적 접근법들을 형성하기 위하며 흑인 페미니즘 학자들에게 의존했다. 무엇보다도 교차론적 페미니즘은 정체성의 정치학과 집단행동을 통하여 권한을 찾으려 했으며, 이것이 대체적으로 현재의 문화적 분위기를 이루고 있다. 장애 연구와 새로운 주자인 비만 연구는 퀴어 대문자 이론에 더욱 무겁게 의존한, 어떤 의미로 밀도 높은 대문자 이론의 작업을 생산해 냈으나, 그들의 접근법과 전제들은—의학을 사회적 구성물로 간주하고 장애와 비만 정체성을 자랑할 만큼 호전적일 정도로—매우 직설적이었다. 그리하여 1990년대에 와서 응용 포스트모더니즘의 전환이 도래했고, 포스트모던 대문자 이론이 행동으로 옮겨지게 되었으며, 정체성과 정체성의 정치학에 초점을 맞추었다.

이런 대문자 이론들이 다양한 형태의 정체성 연구들—젠더 연구, 성적 취향 연구, 그리고 인종 연구와 같은—안에서 90년대 후반을 거쳐 2000년대로 발전해 나감에 따라, 점차 자신들의 목적을 연계시켰으며, 꾸준하게 더욱더 교차론적이 되어 갔다. 2000년대 중반에 이르면, 섹스, 젠더 정체성, 인종, 성적 취향, 이민자의 지위, 원주민성, 식민적 지위, 장애, 종교, 그리고 몸무게 등의 주요 주제들 중 하나를 연구할 경우 자연스레 다른 모든 것들을 고려하게끔 되었다. 학자들은 특수한 초점들을 가질 수 있었지만—여전히 가질 수 있지만—많은 혼합과 병합들이 있었다. 이것은 "주변화된 집단들", 그리고 권력과 특권의 다양한 체제들을 바라보는 보편적인 학문의 형태를 초래했다.

이 교차론적 정체성들의 목록 중에 놀랍게도 빠진 것이 하나 있다면 경제적 계급에 대한 어떤 의미 있는 언급이다. 이에 대해서 그들은 때로는 문제를 제기하기도 하지만, 그것이 실체적인 경우는 거의 없다. 전통적인 마르크스주의자들은 경제적인 계급을 사회의 주요 요인이라고 너무 단순하게 강조함으로써 때때로 억압의 다른 축들, 즉 여성들과 성적 소수자들의 문제를 간과하거나 폄하했다고 비판받기도 하였다. 1970년대 초에 시작한 페미니즘 운동과 뒤이어 바로 시작된 게이 인권운동은 계급만을 강조하는 이와 같은 경향에 대해 유효한 교정책을 제공하였다. 그러나 최근 들어 경제적인 계급의 개념은 다른 형태의 주변화된 정체성과 "교차론적으로" 연계되지 않는 한 거의 언급되지 않는다. 따라서 많은 노동계급 그리고 가난한 사람들이 오늘날의 좌파로부터 심각하게 소외감을 느끼는 것은 놀랄 일이 아니다. 마르크스주의자라면 오늘날의 좌파가 매우 부르주아적인 관심사를 채택했다고 제대로 지적할 것이다. 특권의 모든 원천을 문제시할 것을 주장하는 운동이, 사회의 특권층 구성원들로서 자신들의 지위를 망각한, 고등교육을 받은, 상위 중산층 학자들과 활동가들에 의해 주도되고 있다는 것은 심각하게 반어적이다.

이런 수많은 주변화된 집단들이 서로 연합했고, 사상의 다양한 흐름이 병합하여 유사하고 경쟁적인 이슈들로 이루어진 하나의 거대한 풀을 이루었을 때, 대문자 사회 정의 학자들과 활동가들은 또한 자신들의 근본적인 가정들에 관하여 훨씬 더 큰 자신감을 가지게 되었다. 2010년대가 시작됨에 따라 그때까지 포스트모더니즘의 특징이었던 모호성과 의심은 거의 완전히 사라졌고, 더불어 앨런 소칼Alan Sokal과 장 브리크몽Jean Bricmont이 1990년대 중반에 "유행하는 난센스"라 불러 유명해진,[1] 흐릿하고 애매모호한 언어도 사라졌다. 2010년대가 되면 언어는 여전히 전문적이지만 훨씬 더 명료해진다. 이 말들은 더 강한 말들이었고, 신념에 가득 찬 말들이었다.

이와 같은 확실성은 그 이전의 응용 포스트모던의 단계에 그 뿌리를 가지고 있는데, 그 안에서 학자-활동가들은, 체계적인 억압과 싸우기 위해서는 그 억압을 객관적인 사실로 받아들여야 한다고 주장하며, 급진적 회의론과 스스로 거리를 두었다. 킴벌리 크렌쇼는 교차론의 기본적인 텍스트인 「주변인들의 지도를 그리기」(1991)에서, 예를 들어, "나는 흑인이다"와 "나는 우연히 흑인이 된 사람이다"를 구분하는 것의 중요성에 특히 집중한다. 예를 들어 벨 훅스 같은, 비판적 인종 대문자 이론의 다른 학자들은 이와 같은 정서에 공감하며, 퀴어 대문자 이론가들은 게이, 레즈비언, 바이섹슈얼, 트랜스, 생물학적 성에 대한 불응, 그리고 퀴어 정체성에 대하여 유사한 진술들을 하였다. 국가적 근원과 역사에 토대한 정체성들은 탈식민 대문자 이론을 통하여 급속하게 명성을 얻었고, 비만과 장애 정체성들—우울증과 불안증과 같은 정신질환에 토대한 정체성들을 포함하여—은 비만 연구와 장애 연구의 영향 덕에 아주 흔한 일이 되었다. 2010년대가 되면 이런 "현실들"과 상호작용하기 위해 사용된 접근법들과 포스트모던 원칙들, 주제들은 모두 신념의 글들이 되었고, 활동가들과 대문자 이론가들은 그 신념들을 그렇게 단언하는 것에 대해 두려워하지 않았다.

대문자 사회 정의 학문은 이제 정체성에 깊이 몰입하였고, 정체성을 무엇이 진실인지를 결정하기 위해 들여다보는 렌즈로 사용하며, 정체성의 정치학을 세계의 변화를 위한 행동에 활용한다. 2010년 이래 많은 학문들은 따라서 "페미니즘", "퀴어" 등의 이름을 단 **인식론**(지식과 지식의 생산 방식에 관한 연구) 혹은 **교육론**(교육 이론)을 가지게 되었다. "인식론" 혹은 "교육론"이라는 단어들을 사용할 때조차도 거의 모든 대문자 사회 정의 학문은 무엇을 말하고, 무엇을 믿으며, 무엇을 가정하고, 무엇을 가르치며, 무엇이 전달되고, 교육, 담론, 그리고 고정관념들을 통하여 어떤 편견이 유입되는지에 관심을 갖는다. 이 모든 학문은 사회가 언어로 유지되는 권력과 특권의 시스템을 통하여 작동하며, 이런 것들이 특권을 가진 자들의 관점에서 지식을 창조하고, 주변화된 사람들의 경험들을 부인한다는 대문자 이론의 전제에서 출발한다. 그러므로 대문자 사회 정의 학문은 이러한 가정들 혹은 이런 가정하에서 나온 주장들과 충돌하는 과학²이나 여타의 분석적 방법들을 공격 목표로 삼는다.

그 결과 대문자 사회 정의 학문은 무엇이 진실인지 아는 방법으로 이성과 증거를 앞세우는 것이라면 그 어떤 것이든 분개하며, 대신 "에피스테메적 정의epistemic justice(역주: 에피스테메적 불의epistemic injustice에 반대되는 말로 권력이나 특권과 관련된 지식의 불의를 축소하거나 그것에 저항 혹은 그것을 대체하는 정의를 말한다)"와 "연구 정의"를 요구한다. 우리가 소수자 집단들의 산 경험들, 감정들과 문화적 전통들을 끌어들여 그것들을 "지식들"로 간주해야 하며, 부당하게 지배적인 이성과 증거 기반의 지식 위에 새로운 지식들을 특권화해야 함을 의미한다. 연구 정의는 종종 교차론적으로 주변화된 지위에 있는 학자들을 위하여 백인, 남성, 그리고 서양의 학자들의 말을 인용하는 것을 고의로 회피하는 것을 포함한다. 이것은 심지어 특권화된 정체성 집단들에 속한 학자들의 기여들에 대해 얼버무리는 것, 포스트모더니즘을 만들어 낸 백인 창시자들의 사상을 거꾸로 추적하는 것을 어렵게 만드는 실천 등을 포함할 수도 있다. 너무나 충격적이면서도 전형적인 예로, 흑인 페미니스트 철학자인 크리스티 돗슨Kristie Dotson은, "에피스테메적 폭력"에 대하여 가야트리 스피박을 방대하게 인용하면서도 스피박이 미셸 푸코에게 의존하고 있다는 것에 대해서는 결코 언급하지 않는다.[3] 이것은 단순히 학문 연구 상의 나태나 간과가 아니라(돗슨은 철두철미하며, 스피박은 그 유명한 에세이 「서발턴은 말할 수 있는가?Can The Subaltern Speak?」의 거의 매 페이지에서 자기 생각의 기원이 푸코라는 사실을 언급한다) 연구 정의와 관련하여 초기 포스트모더니스트를 고의적으로 지우려는 것에 가깝다. 이와 유사한 경우로 다음을 보라.

> 그 논문에 대한 나의 우호적인 비판 중의 하나는, 논문이 교차론적 이론을 다루고 있는데 퍼트리샤 힐 콜린스가 『흑인 페미니스트 사상』에서 분명하게 설명한 것 대신에 권력에 대한 푸코의 개념화를 사용하는 것에 대한 것이었다. 내 주장은 다음과 같이 두 가지였다. 첫째, 만일 저자가 교차론적 방식으로 다양성과 페미니즘 사상의 이슈들에 의미 있게 개입할 의도라면, 교차론적 권력에 대한 주도적 흑인 페미니스트 이론가의 설명 작업을 활용하는 것이 이치에 맞다는 것이다. 둘째, 내게는 그 특징들을 놓고 볼 때 푸코에 대한 의존이 교차론적 학문을 특별히 발전시키는 데 있어서 의미 있는 기여를 할 수 있는지 분명치가 않았다.[4]

다른 말로 하면, 개념들의 기원과 무관하게, 교차론적으로 책임 있게 연구를 하는 유일한 방법은 포스트모더니즘 백인 창시자 중의 한 사람인 푸코 대신 흑인 페미니즘 대문자 이론가의 작품을 인용하라는 것이다.

새로운 용어들의 동물원

이데올로기—즉, 철학과 도덕적 당위의 결합—가 핵심적 교리들을 물화할 때, 추종자들은 종종 지식과 지식의 생산에 민감한 관심을 보여준다. 이것이 바로 이데올로기가 자신의 가정들이 현실에 근거하고 있다는 것을 증명할 필요가 있는 이유이다. 대개 이것이 바로 철학의 작업—자신들의 도덕적 신념들이 그런 자격이 있음을 확실하게 하려고 지식의 개념을 어설프게 손보는 신학자들, 형이상학자들, 그리고 이론가들의 작업—이다. (이것이 바로 플라톤이 지식을 *정당화된 진실한 신념들*justified true beliefs이라고 묘사한 이유이다.) 그러므로 대문자 사회 정의 학문은 정체성과 지식의 관계에 심대한 관심을 가지고 있다. 이는 지식과 지식 생산 체제들, 그리고 그 지식들이 교육을 통하여 전달되는 방식의 특징인, 소위 불의들을 확인하고, 논증하며, 해체하려고 시도하는 것을 의미한다.

이것은 이데올로기들의 낡아빠진 관습이다. 심지어 포스트모더니즘의 영향 이전에도 정체성 연구는 항상 한 사람의 정체성이 무엇이며, 그 사람이 무엇을 알 수 있는지의 관계에 초점을 맞추어 왔다. 예를 들어 페미니즘 철학은 1980년대에 다양한 인식론들—지식의 생산과 이해 방식에 대한 이론들—을 고안했다. 페미니즘의 주장들을 정당화하기 위해서 세 가지 주요 방법들이 사용되었는데 페미니스트 경험주의, 입장 이론, 그리고 포스트모던적인 급진 회의론이다. 페미니스트 경험주의는 과학이 페미니즘 이전에 남성 중심적 편견들에 오염되어 진정으로 객관적이 되는 것을 방해했던 것을 제외하고는 과정으로서 일반적으로 정확하게 가동된다고 단언한다. 이런 방법은 응용 포스트모던 전환기인 1990년대에, 당시의 "과학 전쟁들"[5]의 피해자로 사라져 버렸다. 두 번째와 세 번째 방법들은 대문자 사회 정의 학문에 상당히 더 큰 관심으로 다가왔다. 왜냐하면 그 방법들이 지식이 정체성에서 흘러나온다는 포스트모던 지식 원칙과 일치하기 때문이다. 그 방법들은 이제 인식론에 대한 교차론적 접근의 뼈대를 형성하고 있다. 특히 지식과 지식 생산을 정의와 불의에 관한 대문자 이론적 개념들과 어떻게 연결할 것인가에 주로 관심이 있다. 또한 2010년대 이래에 전 사회에서 주류화되어 왔다.

이와 같은 목적을 위하여 미란다 프릭커Miranda Fricker는『에피스테메적 불의: 권력과 지식의 윤리학*Epistemic Injustice: Power and the Ethics of Knowing*』(2007)에서 "에피스테메적 불의"라는 용어를 만들어 냈다.[6] 프릭커는 에피스테메적 불의를 누군가가 지식자로서의 능력이 잘못되었을 때 발생하는 것으로 묘사한다. 프릭커에 따르면 이는 무수한 방식으로 발생한다. 예컨대 누군가가 무언가를 알 수 있는 사람으로 인정받지 못할 때, 알고 있는 지식이 정당한 것으로 인정받지 못할 때, 그가 무언가를 알 수 있음에도 접근이 금지당할 때, 혹은 그의 지식이 이해될 수 없을 때 일어난다. 프릭커는 에피스테메적 불의를 **증거적 불의**testimonial injustice—사람들이 그들의 정체성 때문에 신뢰할 수 없다고 간주할 때—와 **해석학적 불의**hermeneutical injustice—어떤 사람의 지식이 이해되지 못할 때—로 나눈다.

프릭커의 분석—어떤 집단들은 그들의 정체성 때문에 본질적으로 불이익을 당한다고 가정하는—이 전혀 장점이 없는 것은 아니다. 사람들은 흔히 다른 사람들보다 어떤 개인들 혹은 집단들의 지식을 더 신뢰하며, 이것은 때로 그 사람들이 가지고 있는 적절한 전문 지식의 실제 정도보다는 사회적 편견들(가령 인종차별주의) 때문일 수 있다. 또한 주변화된 집단들의 구성원들은 때로는 지식을 갖기 위해 분투할 때 방해를 받는다. 예를 들어 작은 공동체들 안의 레즈비언과 게이들은 자신들의 성적 취향을 이해하는 데 어려움에 처할 수 있으며, 이런 이슈들에 대해 전에 들어본 적이 없는 무신론자들이라면 자신들 신앙의 결핍을 이해하려고 무진 애를 쓸지도 모른다.

그러나 프릭커는 이런 것들을 *집단들의 속성*이라기보다는 *개인들*에 의해 만들어지고 직면하게 되는 문제들로 간주했다. 따라서 그녀는 모든 사람이 특정한 "덕목들"을 함양해서 에피스테메적 불의를 저지르지 말아야 한다고 주장했다. 그녀의 개인주의적인 접근은 대문자 사회 정의 포스트모더니스트들에게 제대로 받아들여지지 않았다. 왜냐하면 지식이란 본질적으로 정체성과 묶여있는 것으로 믿는 사회 정의 포스트모더니스트들은 그녀가 과도하게 단순하며, 널리 퍼진 구조적 변화를 무시한다고 비판했기 때문이다.[7] 프릭커의 작업은 개인들을 향해 있기 때문에, 주로 *사회적* 정의에 대해서는 말하지 않는다. 그 이후 학자들은 그녀의 작업을 수용하여 확장하고, 방향을 재설정하였으며, 그리하여 불의를 사회적 집단들의 특징이자 사회적 권력 역학이 야기되는 특징으로 묘사하였다. 2007년 이래로 대문자 사회 정의 철학은, 특히 교육과 법학 분야에서, 어떻게 지식이 불평등하게 취급되는지—항상, 소위 정체성의 결과로서—를 중점적으로 다루는 데에 초점을 맞추었다.[8]

이러한 방향은 방대하게 전문화된 어휘들을 낳았다. 2014년에 크리스티 돗슨은 프릭커의 에피스테메적 불의의 개념을 확장하고 재맥락화하였다. 그녀가 볼 때 프릭커의 개념은 그녀가 **에피스테메적 억압** epistemic oppression[9]이라고 부르는 더 크고, 추적하기 힘들며, 정체성 집단에 토대한 것의 피상적인 측면을 가리킨다. 그녀의 주장에 따르면 이와 같은 형태의 억압은, 주변화된 집단들에 의해 사용되는 지식과 지식 생산 방법들—민중들의 구전되어 오는 지혜와 마법을 포함하여—이 지식에 대한 우리의 지배적인 이해에 포함되지 않을 때 발생한다. 포스트모던 지식과 정치 원칙들 양쪽의 영향을 받아, 대문자 사회 정의 학자들은 "주변화된" 지식이나 "지배적인" 지식에 대한 다른 접근들을 범주화하였으며, 그들은 당연히 전자, 곧 "주변화된" 지식을 더 선호하였다. 그러나 그들은 이와 같은 경쟁적 방법들이 신념들을 현실에 더 밀착시킨다는 의미에서 얼마나 *효과적인지*를 아는 것에 대해서는 많은 관심을 가지지 않았다. 반면, 비판적 대문자 사회 정의 학문은 지식이 권력의 역학에 의존하고 있다고 가정하기 때문에 누군가의 정체성이 그가 이해되고 그의 말이 경청되는지의 여부 그리고 어떻게 이해되고 경청되는지에 대해 강한 영향을 주는 방식에 깊은 관심을 보였으며, 이것을 묘사하기 위해 많은 용어들을 만들어 냈다. 에피스테메적 억압에 대한 돗슨의 작업에서 **에피스테메적 폭력**―누군가의 문화적 지식이 지배적인 문화에 의해 억압되는 것―은 이해하기를 거부하는 청자들의 입장이 지닌 **치명적인 무지**pernicious ignorance의 결과이다.[10] 이와 같은 용어들은 2010년대 초반과 중반에 증식되었다. 예를 들어 노라 베런스테인Nora Berenstain은 2016년, 주변화된 사람들에게 자신들의 지식을 공유하라고 요구할 때 야기되는 불의를 **에피스테메적 착취**epistemic exploitation의 개념으로 묘사한다.[11] 그러므로 주변화된 지식자knower를 그 사람의 입장에서 이해하려고 노력하지 *않는 것*이 억압 행위라면, 주변화된 지식자에게 자신의 지식을 자신의 입장에서 설명하라고 요구하는 것은 착취(억압이라고 읽고) 행위이다.

대문자 이론가 호세 메디나José Medina는 2013년에 과장된 용어인 **해석학적 죽음**hermeneutical death이라는 용어를 만들어 냈는데, 이는 누군가가 자신에 대한 감각을 파괴할 정도로 그렇게 심원하게 이해되지 못하는 상태를 묘사한다. 이런 스펙트럼의 반대편에는 **해석학적 사생활**hermeneutical privacy이라는 용어가 있는데, 이는 전혀 이해될 수 없을 권리를 묘사하는 용어이다.[12] 그러므로 주변화된 사람들은 이해받지 못함으로써 심리적 죽음의 지점까지 억압될 수 있으나, 완전히 이해될 수 없을 권리도 또한 존중되어야 한다. 그 누구도 억압하지 않으려 결심한 좋은 의미의 개인에게 이런 지뢰밭과 협상하는 것은 매우 힘든 일임이 틀림없다. 프릭커의 **증거적 불의**라는 개념은 **증거적 배신**testimonial betrayal,[13] **에피스테메적 자유**epistemic freedom,[14] 그리고 **에피스테메적 책임**epistemic responsibility[15]과 같은 수많은 관련 개념들의 성장에 영감을 주었다. 계속해서 살펴보았듯이 "지식들"과 그와 같은 "지식들"에 대한 존중을 요구하는 것은 대문자 사회 정의 학문 전반을 통하여 중요한 초점이다.

당신의 정체성이 당신의 지식이다

지식들과 지식자들에 대한 이와 같은 강박의 이면에는 어떤 이유와 목적이 있을까? 그것은 바로 이론적이든 실제적이든 지식과 그 지식의 이데올로기적 목적들 사이에 엄정함이 요구될 때 그 엄정한 방법들을 회피하기 위해서이다. 대문자 사회 정의 학자들은 과학과 이성을—현실을 정확히 묘사하고 현실에 관하여 예측을 할 수 있는 이것들의 능력과 무관하게—매우 다양한 정체성에 근거한 "앎의 방식들" 위에 부당하게 특권화된 것으로 간주하는 태도로 의심을 정당화하려 한다. 그들이 보기에 문제는, 과학적 형태들의 지식 생산이 객관적이고 보편적인 것을 목표로 하며 (적어도 대부분의 사람들이 보기에) 바로 그 목적이 빈번히 성공한다는 것이다. 정체성 집단들에 큰 영향을 주는 어떤 사회적 이슈들에 대한, 증거에 근거한 과학적 설명들이 있기 때문에 과학은 종종 포스트모던 원칙들과 직접적으로 대척되는데, 특히 모든 중요한 것들은 사회적으로 구성된다는 믿음과 충돌한다. 게다가 많은 철학자들, 과학자들, 그리고 다른 학자들은 대문자 이론과 대문자 사회 정의 학문의 가정들, 방법들, 그리고 결론들에서 정체성의 개념은 결함이 있다고 이성적인 주장들을 제공해 왔다. 이런 유형의 비판은 대문자 사회 정의 학문과 행동주의의 핵심부에서 잘 받아들여지지 않는 경향이 있고, 그래서 과학과 이성에 대한 대문자 사회 정의에 기반한 공격들은 통상 노골적이고 직접적이다. 이것은 과학과 이성이 대문자 이론적 접근의 결함을 드러내는 자극적 습관을 가지고 있어서만이 아니라, 또한 이것들 (과학과 이성)이 *보편적이어서* 포스트모던 지식 원칙 그리고 포스트모던 주제를 위반하기 때문이기도 한데, 대문자 사회 정의 학문은 집단 정체성의 개념을 중심에 놓고, 그 개념을 중심으로 조직된다.

이와 같은 위반은 포스트모던 정치 원칙을 통해 다루어진다. 과학이 신뢰할 만한 지식 생산자로서의 높은 특권을 가지고 있기 때문에―그리고 리오타르에서 푸코에 이르는 포스트모더니스트들이 지난 50년 동안 그것을 권력 담론으로 경멸해 왔기 때문에―과학은 대문자 사회 정의 학자들과 활동가들에게 통상 깊은 의심의 대상이 된다. 사실 이러한 의심은 사람들이 때때로 불의를 지원하기 위해 과학과 이성을 사용해 왔다―특히 당신이 그 역사를 가능한 한 냉소적으로 읽는다면―는 사실을 지적함으로써 종종 합리화된다.[16] 이런 주장들은 때때로 훨씬 초기 시대들의 과학―예를 들어 이제는 유사과학으로 버려진, 식민주의를 지원하는 19세기의 주장들을 인용하면서―을 언급한다. 다른 경우에도 과학에 대한 의심은, 가령 생물학적 성차가 존재한다는 것과 같은, 과학이 사회적-구성주의자들의 생각에 부합하지 않는 것들을 발견해 왔다는 사실에서 비롯된다. 그리고 때로 과학에 대한 이와 같은 반대들은 다음과 같이 추정된 차별에 근거를 두고 있다. "과학 영역에서 백인 남성들의 현존과 영향력을 불균등하게 선호하는 효과를 초래했던, 과학적 기업들에 대한 여성들과 인종적 소수자들의 참여를 공식적이고 비공식적인 방법으로 막아온 장벽들"[17]이 그것이다. 그러나 이와 같은 불만들은 종종 애매모호하며, 모든 불평등은 사람들이 대체로 가지고 있는 서로 다른 관심사들보다는 억압의 결과임이 분명하다는 문화적 구성주의자들의 가정에서 시작하고, 수십 년 동안 증거조차 많지 않은 태도들과 문제들에 호소하는 것을 전형적으로 동반한다.

대문자 사회 정의 학문은 과학 대신 깊이 체감한 산 경험에 대한 대문자 이론의 해석들에서 끌어온 "앎의 다른 방식들"을 주창한다. 지금 껏 이성과 증거에 기반한 지식이 전통, 민담, 해석, 그리고 감정보다 우위에 있는 것으로 *부당하게* 선호되는데, 이는 지식들 안에서 굳어진 권력 불균형 때문이라고 주장한다. 인종차별적이고 성차별적인 영향들에 대한 최소한의 의식도 없이 대문자 이론의 견해들은 증거와 이성을 서구 백인 남성들의 문화적 자산으로 간주한다.

이런 예들은 흔하다. 돗슨이 2012년에 이성과 과학의 지배를 "합리화의 문화culture of justification"라 부르고, 그 대신 철학에 더욱 다양한 집단의 사람들을 포함하기 위하여 "실천의 문화culture of praxis"라는 말로 앎의 다양한 방식들을 끌어들이려고 한 것은 널리 알려진 일이다.[18] 다른 학자들도 합리적이고 과학적인 접근들이 영미권 학자들로 하여금 앎의 더 넓고 다양한 방식들을 수용하는 것에 제한을 가한다고 주장한다.[19] 또 다른 학자들은 여전히 감정을 신뢰할 만한 지식에 도달할 수 있는, 부당하게 무시된 수단으로 추천한다. 앨리슨 울프Allison Wolf는 이것을 "이성/감정의 이분법"이라 부르며, 이를 서구 철학 전통의 구성물로 설명한다. 그녀는 앎의 방식으로 느낌(감정)을 앞세울 것을 주장한다.[20]

이런 접근은 염려스럽고, 일종의 잘난 체이며, 잠재적으로 위험한 것이다. 그렇지만 경험적 지식의 근저에 있는 개념이 전적으로 장점이 없는 것은 아니다. 사실보다 사물이 경험되는 방식을 아는 것이 훨씬 중요한 경우는 매우 흔하다. 예를 들어 친구의 아버지가 심장마비로 죽었다면, 우리는 일반적으로 그녀가 어떤 느낌일지, 그리고 그녀를 어떻게 위로할 수 있을지 알기를 원한다. 이 경우에 심장마비에 관한 사실적인 정보는 아마도 덜 중요할 것이다. 그렇지만 심장마비에 관하여 알 수 있는 사실들이 있고, 이와 같은 사실들이 정확해야 한다는 것은 중요하다. 그런 지식은 단순히 심장마비와 심장마비로 사랑하는 사람을 잃은 경험만으로 얻어질 수 없다. 어떤 때에 우리는 심장마비로 사랑하는 사람을 잃은 사람에게 공감할 필요가 있고, 어떤 때에는 심장 전문의에게 상담을 받아야 할 필요가 있을 때도 있다.

포스트모더니스트들이 마치 새롭고 심오한 것처럼 취급하지만, 사실과 경험의 이와 같은 구분은 포스트모더니즘 바깥에 있는 철학자들에게는 특별히 신비로울 것도 없다. 말하자면, 이것은 *그것을* 아는 것과 *어떻게* 아느냐의 차이일 뿐이다. "그것을 아는 것"이 명제적 지식이라면, "어떻게 아느냐"는 경험적 지식이다. 문제는 이와 같은 구분이 존재한다는 것이 아니라, 양쪽에 가치 있는 정보가 있다는 것이다. 진짜 문제는 해석이 경험적 지식을 윤색하고, 편향되게 만들며, 왜곡한다는 사실을 우리가 인식하지 못하고, 그와 관련된 현상들을 이해하는 신뢰할 수 없는 길잡이로 만들 때—경우에 따라서는 심대하게—발생한다.

그렇지만 이런 혼란은 또 다른 대문자 사회 정의 지향의 대문자 이론가인 알렉시스 쇼트웰Alexis Shotwell이 일삼는 주장의 근간을 형성한다. 그는 다음과 같이 주장한다. "마치 고려할 만한 가치가 있는 유일한 앎의 형태인 것처럼 명제적 지식에 초점을 맞추는 것은, 그 자체 에피스테메적 불의의 한 형태이다. 그런 식으로 초점을 맞추는 것은 억압된 사람들이 한층 더 정당한 세계들을 건설하도록 만드는 에피스테메적 원천들을 무시한다."[21] 여기에서 우리는 억압된 사람들의 경험적 지식이야말로 관련된 현실 세계의 현상들을 다룰 때 가장 중요하다는 가정을 볼 수 있다. 그리고 포스트모던 정치 원칙 때문에 가장 가치 있는 것은, 경험적 지식이 "억압된 사람들이 한층 더 정당한 세계들을 건설하도록 만드는 에피스테메적 원천들"을 제공해 주기 때문이다. 또한 이 주장에는 "억압된 사람들"이 모두 그들의 정체성에 의해 규정된 동일한 경험적 지식을 가지고 있다는 가정이 담겨 있다. 쇼트웰이 포스트모던 원칙들에 전념한다는 것은 다음과 같은 진술에서도 드러난다. "앎의 형태들에 대한 더 풍요로운 설명, 세계 안에서의 사람들의 산 경험들에 대한 더 풍요로운 주목은 우리가 에피스테메적 불의를 확인하고, 분석하고, 바로잡는 데에 도움을 준다."[22] 이것은 "불균등한 앎의 영역"[23]에 관한 관심이 아니다. 이것은 **입장 이론**이다.

다른 종류의 색맹

입장 이론은 두 가지 가정들 위에서 가동된다. 하나는 동일한 사회적 지위들, 즉 정체성들—인종, 젠더, 섹스, 성적 취향, 장애와 비장애 등—을 가지고 있는 사람들은 지배와 억압에 대해 동일한 경험들을 갖게 될 것이고, 자신들의 경험들을 올바르게 이해하고 있다고 가정하면서 그것들을 동일한 방식들로 해석한다는 것이다. 이로부터 이들 경험들이 그들에게 더욱 권위 있고, 더욱 충분한 그림을 제공해 줄 것이라는 가정이 뒤따른다. 다른 하나는 한 사람이 사회의 권력 역학 안에서 차지하는 상대적인 지위가 그 사람이 무엇을 알 수 있고 또 알 수 없는가를 결정짓는다는 가정이다. 따라서 특권적인 지위에 있는 사람들은 바로 그 특권 때문에 보지 못하게 되고, 억압받는 사람들은 지배적인 지위와 함께 그것으로 억압받는 경험 양자를 모두 이해하기 때문에 일종의 겹의 시각을 가지게 된다. 페미니즘 인식론자인 낸시 투아나Nancy Tuana 는 다음과 같이 말한다.

> 입장 이론은 소위 과학과 인식론에서 중립적인 방법들의 근저에 있는 남성중심주의, 이성애 규범성, 그리고 유럽 중심주의와 같은 가치들, 이해관계들을 투명하게 드러내고, 그 충격을 명쾌히 하기 위한 방법으로 설계되었다. 지식 주체에 대한 그와 같은 주목은 억압적 실천들이 에피스테메적 불평등, 배제, 그리고 주변화의 결과를 초래하고 재강화하는 다양한 수단들을 조명했다. 이런 식으로 페미니스트와 다른 해방적 인식론자들은 지배적인 이해관계들과 가치들로 모호해진 지식에 초점을 맞춘다는 의미에서 지식의 주체를 변형하는 것을 목표로 삼았고, 억압 속에 연루된 지식과 함께 실천의 기반을 약화하는 도구들을 확인하고 제공하는 것을 목표로 삼았다.[24]

거칠게 말하면 지배 집단의 구성원들은 자신들에 의해 그리고 자신들을 위해 조직된 세계를 경험하지만, 억압받는 집단의 구성원들은 지배 집단에 의해 그리고 지배 집단을 위해 조직된 세계 안에서 억압받는 집단의 구성원들로서 세계를 경험한다. 그러므로 억압받는 집단의 구성원들은 지배적 관점과 억압받는 사람들의 관점을 모두 이해하지만 지배 집단의 구성원들은 단지 지배적 관점만을 이해할 뿐이다. 입장 이론은 특권을 더 많이 가진 사람일수록 색깔을 더 적게 볼 수 있다는, 일종의 색맹에 비유함으로써 이해하고는 한다. 그러므로 백인 이성애 남성—삼중으로 지배적인—은 회색빛들만 볼 것이다. 흑인은 붉은빛들을 볼 것이고, 여성은 초록빛들을 볼 수 있을 것이다. 성소수자는 푸른빛들을 볼 것이지만, 흑인 레즈비언은 모든 사람이 가지고 있는 흑백의 시력에 더하여 이 세 가지 색깔들을 모두 볼 것이다. 메디나는 이것을 "만화경적 의식" 그리고 "메타-명료성meta-lucidity"[25]이라 부른다. 그러므로 억압된 정체성을 가지는 것이 추가적인 차원의 시각을 허락해 준다. 이것이 억압받는 사람들에게 현실에 대한 더 풍요롭고 더욱 정확한 관점을 가져다준다.[26] 그러므로 우리는 현실에 대한 그들의 설명을 경청하고 신뢰해야만 한다는 것이다.

입장 이론은 "모든 흑인은 이렇게 느낀다"[27]라는 식으로 생각하기 때문에 종종 본질주의라 비판을 받기도 한다. 이것이 아주 틀린 말은 아니다. 왜냐하면 입장 이론은 우리가 앞에서 말했던 *전략적 본질주의*의 개념에 의존하기 때문이다. 억압받는 집단의 구성원들은 집단적인 정치 행위를 성취하기 위한 수단으로 자신들을 본질화할 수 있다. 그렇지만 이런 주장들은 그런 식으로 방어되지 않는다. 그들은 대체로 그 이론이 동일 집단의 모든 구성원이 *동일한 본질을 가지고 있다*고 가정하지 않고 오히려 그들이 어떤 담론에 공헌할 것인가를 선택할 수 있지만, 불공정한 사회 안에서 *그들이 동일한 문제들을 경험한다*고 주장함으로써, 이 비난에 반응한다. 입장 이론에 동의하지 않는—심지어 그들이 억압당한다는 것을 부인하는—집단의 구성원들은 자신들의 억압을 내면화했거나(허위의식) 혹은 대문자 이론적으로 지배 담론을 증폭함으로써 지배 체제로부터 호의와 보답을 얻기 위하여 뚜쟁이 역할("언클 톰스"와 "원주민 정보원들")을 하는 것으로 설명되어 버린다.

입장 이론은 정체성 정치학의 뿌리에 있고, 그것의 주된 작업은 그 이론을 자유주의적 인권운동과 근본적으로 차별화하는 것이다. 퍼트리샤 힐 콜린스와 같은 영향력 있는 흑인 페미니스트에게 입장 이론과 정체성 정치학 사이의 관계는 분명하며 진보의 중대한 요소로 대표된다.[28] 이와 유사하게 그러나 아마도 더욱 심각하게 주장컨대 지식에 관한 가장 영향력 있는 흑인 페미니스트인 크리스티 돗슨은, 지배적인 사회 집단들은 주류 사회에 의해 그 *자체야말로* 지식이라고 간주되는, 그들 자신의 지식 체계 바깥의 것을 보는 것이 거의 불가능하다고 주장한다. 2014년에 발표된 논문 「에피스테메적 억압을 추적하기Tracking Epistemic Oppression」에서, 그녀는 억압의 체계들을 조목조목 정리한다. 첫 번째 두 가지 체계는 프릭커의 두 가지 형태의 에피스테메적 불의이다. 세 번째이자 가장 심원한 체계는 "환원 불가능하다"는 것이다. 그녀에 의하면 이 말은 단지 부당한 사회 체제로 귀속시킬 수 없는 에피스테메적 불의를 의미하는데, 이것은 지식 자체의 체계 안에 존재하는 것이다. 그러므로 그것을 내부에서 바꾼다는 것은 거의—전적으로는 아닐지라도—불가능하다.[29] 돗슨에게 지식의 체계들—도식들schemata—은 특히 지배 집단들을 위하여 일하고 타자들을 배제하기 위해 세워져 왔지만, 그것들은 지배 집단들을 위해서 아주 매끈하게 일을 해내기 때문에, 자신들이 알지 못하는 것들, 즉 자신들이 억압하는 지식 체계들 내부로부터만 알 수 있는 것들이 있다는 것조차 깨닫지 못한다.[30]

돗슨은 지식이 소수자 집단들의 경험적 지식을 포함하지 않는다면 부적합한 것이라고 단언한다. 그녀는 이와 같은 지식을 집단들 사이의 권력 역학 때문에 지배 집단들의 지식과는 일관되게 다른 것으로 가정한다. 게다가 지배 집단들에 의해 생산된 지식—과학과 이성을 포함하여—은 또한 그들의 문화적 전통들의 산물에 불과하므로, 다른 문화적 전통에 의해 생산된 지식보다 우월하지 않다. 돗슨은 명쾌하게 두 가지 포스트모던 원칙들로부터 논리를 펼쳐나간다. 입장 이론의 중심인 그녀의 주장은 과학과 이성이 모든 인간의 것이며, 모든 인간에게 동일하다는 것을 거부하고, 사실상 그것을 서구 백인 남성의 것으로 귀속시킨다. 사실 돗슨은 이보다 한 발짝 더 나아간다. 그녀의 세 번째 체계의 억압에 대한 논리가 암시하는 것은, 지배 집단의 누군가가 자신의 지식-생산 체계들이 자신들 바깥에 있는 경험적 지식을 포함하지 못하는 것에 의해 제한된다는 사실에 동의하지 않는다면, 그것은 그가 자신의 문화 바깥으로 한 발짝도 나갈 수 없기 때문이라는 것이다. 다른 말로 하면 정당하게 동의하지 않는 것은 있을 수가 없는 것이다.

호세 메디나는 2013년에 나온 그의 『저항의 인식론*The Epistemology of Resistance*』에서 접근하기 쉽고 외견상으로는 엄정한 방식으로 이와 같은 견해를 개진한다. 메디나는 특권화된 집단 구성원들의 특징을 "인식론적으로 망가진" 것으로 묘사하며, 그들이 "세계 안에서 자신들의 입장과 자신들의 관점 안에서 자신들의 실수, 편견, 제한, 그리고 추정들에 관하여 알게 된다는 것은 매우 힘든 일"[31]이라고 주장한다. 대문자 사회 정의 학문 안에서 지식 연구는 특권이 사람들을 망가뜨리며 그들로 하여금 앎의 다른 방식들을 받아들일 수 없게 만든다는 전제에 토대하고 있다. 메디나는 바로 이렇게 망가진 상태가 **에피스테메적 교만**, **에피스테메적 나태**, 그리고 **에피스테메적 무지**라는 "에피스테메적 악덕들"을 초래한다고 주장한다. 메디나에 따르면 억압을 당하는 상태는 이와는 정반대의 **에피스테메적 겸손**, **에피스테메적 호기심/근면성**, 그리고 **에피스테메적 개방성**이라는 "에피스테메적 덕목들"을 가져다준다.[32] 상대적인 특권 그리고 억압과 연관된 이와 같은 악덕들과 덕목들은 비판적 인종 대문자 이론과 탈식민 대문자 이론에서 특징으로 두드러지게 나타난다. 그리고 이 이론들에서 억압된 사람들은 동일한 시간에 다른 체제들 안에서 동시에 움직이기 때문에 억압된 입장은 이들에게 이중 혹은 다중 의식을 허락해 준다는 것이다.

억압자가 아니라 피억압자가 겹의 시각을 가진다는 사상의 흐름은 흔히 마르크스주의의 것으로 귀속되는데, 비록 마르크스가 포스트모더니스트들에게 이러한 사상의 중요한 중개자이기는 하지만 포스트모더니즘과 마르크스주의가 독일 철학자인 헤겔Georg Wilhelm Friedrich Hegel의 작업[33]에서 공통의 철학적 조상을 공유하고 있다고 말하는 것이 훨씬 더 정확하다. 항상 그렇듯이, 포스트모더니즘과 마르크스주의는 중요하고도 의도적인 차이들을 보여준다. 중요한 차이는 다음과 같다. 마르크스주의자들은 피억압자가 권력의 숨겨진 강요의 결과로 생긴 허위의식(역주: 이데올로기)으로 고통을 겪는다고 믿는 반면에, 포스트모더니스트들은 갈수록 허위의식으로 고통을 받는 것은 *억압자*들이며, 이는 그들이 자신들을 이롭게 하는 지식 체계 속에 사회화되기 때문이라고 본다. 대문자 이론가인 찰스 밀스Charles Mills는 이와 같은 차이를 마르크스주의 사상을 빌어 다음과 같이 말한다.

인종적으로 종속된 사람들—결국 집단 학살, 강제수용, 그리고 노예 제도의 피해자들!—은 흔히 자신들이 처해 있는 상황을 매우 잘 의식할 수 있다. 수감된 사람들이 자신의 상황을 이해하는 데 필요한 개념들과 해석학적 자원들을 결여하고 있는 것이 아니라(항상 그런 것은 아니지만), 특권화된 자들이 오히려 개념들을 결여하고 있고 그것들을 신뢰할 수 없거나 심지어 이해 불가능하다고 느낀다. 왜냐하면 그 개념들이 백인 우월주의 이데올로기와 부조화 상태에 있기 때문이다. 심지어 그들은 흑인들이 말하는 것을 "듣고자" 해도, 흑인들이 가지고 있는 가정들의 틀과 그들 자신의 지배적인 틀이 개념적으로 불일치하기 때문에 여전히 들을 수 없을 것이다. 이렇게 보면 백인들이야말로 사회적 억압의 현실들을 다룰 수 없게 만들고, 당연하게도 그들을 에피스테메적으로 무능력하게 만드는, 인식 상태의 감옥에 갇혀 있는(은유를 뒤집어 보면) 셈이다.[34]

이것은 대문자 사회 정의 학문이 포스트모던 지식 원칙을 물화하고—그것을 "현실화"하고—그것을 포스트모던 정치 원칙과 연계하는 것을 의미하는데, 이것이야말로 모든 사회적 상호작용 속에 굳어져 있다고 가정하는, 근저에 있는 권력 체계들을 변화시키고자 하는 동력이다. 대문자 사회 정의 학문은 네 가지 포스트모던 주제들을 전례 없는 수준의 확신을 가지고 활용함으로써 이를 수행한다.

당신은 대문자 이론에 동의하지 않을 것이다

아마도 대문자 사회 정의 학문의 가장 염려스러운 점은 그 학문의 융통성 없는 관점이 아니라면 다른 방법으로 사회 정의—혹은 대문자 사회 정의 자체—에 적합한 이슈들에 관하여 말하기가 점점 어려워지고 있다는 것이다. 이것은 곧 승인된 용어만 가지고 사회 정의에 관하여 말을 해야 하고, 입장 이론과 정체성 정치학의 정당성을 수용해야 함을 의미한다. 포스트모더니즘의 가정들이 물화되었기 때문에 의견의 불일치에 대해 관용이라고는 거의 없다. 이는 마치 논의에 참여하는 것이 은연중에 수용한다는 의미로 간주되고, 의견의 불일치는 최악의 경우 깊은 도덕적 실패이기라도 한 것처럼 치부되고, 기껏해야 제대로 학문에 개입하지 못한 것으로 종종 간주된다는 사실에서도 볼 수 있다. 이런 종류의 주장은 종교적인 이데올로기—믿지 않으면, 당신은 경전을 제대로 안 읽은 것이거나 죄를 짓기를 원하는 것이다—와 훨씬 유사한데, 문제는 이런 것이 엄정해야 할 학문에 적용되고 있다는 사실이다. 이것이 바로 포스트모더니즘을 물화해서 생긴 다소간 직접적인 결과이다.

많은 사람들(특히 학자들)이, 다른 의견을 수용할 의사가 전혀 없는 이데올로기적 폐쇄성, 사회와 도덕적 당위에 대해 권위주의적인 의지로 표출되는 대문자 사회 정의의 개념을 다른 사람들에게 강요하는, 문제의 심각성을 인식하지 못하고 있다.[35] 사회의 정의에 대해 관심을 가지는 것이 문제는 아니다.—실로, 정의는 건강한 사회에 필수적인 것이다. 또한 나쁜 발상들이 학계로 들어와 대중성을 갖게 되는 것도 본질적으로는 문제가 되지 않는다. 이것—즉 검토받고, 시험 되고, 비판받는 학습의 중심들 안에서 모든 종류의 발상들에 공간을 주는 것이 지식이 발전하는 방식이다. (오늘날 가장 잘 자리를 잡은 발상 중의 어떤 것들—우주론의 "빅뱅" 이론 같은 것—은 한때 미친 짓이거나 비윤리적인 것으로 간주되었다.) 그러나 어떤 사상의 학파가 엄정한 검증을 거부하고 원칙적으로 검토를 부정하며, 사려 깊은 비판 아래 설정하고자 하는 시도들을 부도덕하고, 불성실하며, 자신들의 논지의 증거로 단언할 때 문제가 발생한다. 이 문제의 심각성에 대해 감을 잡기 위해 2010년대부터 벌어진 세 가지 예를 들어보자.

예 1: 바바라 애플밤Barbara Applebaum의
『백인이 되는 것, 착한 것: 백인들의 공모,
백인들의 도덕적 책임성, 그리고 사회 정의 교육학
Being White, Being Good: White Complicity,
White Moral Responsibility, and Social Justice Pedagogy』 (2010)

대문자 사회 정의 교육학자인 바라라 애플밤은 2010년에 나온 이 책에서 포스트모던 지식 원칙과 정치 원칙을 활용하여, 모든 백인들은 비판적 인종 대문자 이론이 묘사한 권력과 특권의 체제에 자동적으로 참여하기 때문에 인종차별주의와 공모하고 있다고 주장한다. 이 책이 일반 대중들에게는 널리 알려져 있지 않지만, 모든 백인들이 특권을 가지고 있으므로 모든 백인들은 인종차별주의에 능동적으로 공모하고 있다는 발상을 개진하고 있기 때문에, 비판적 백인성과 비판적 교육 대문자 이론 진영에서는 획기적인 텍스트이다. 그녀는 다음과 같이 말한다.

> 백인 학생들은 책임성이 특권에 대한 의식과 더불어 시작되고 끝난다고 종종 가정한다. 그러나 백인 학생들은 특권을 인정하거나 고백함으로써 실제로는 체계적 인종차별주의와 그들이 공모하고 있다는 것에 대한 온전한 자백을 회피할 수 있다.[36]

이는 사실상 백인의 특권을 고백하는 것만으로 절대 충분하지 않다는 말이다. 백인 학생들은 단지 백인이라는 이유만으로 체계적인 인종차별주의를 영속화하는 일에 지속적으로 공모하고 있다는 것을 수용해야만 한다. 그들은 설사 그것을 알지 못할지라도 인종차별주의를 학습해 왔고, 내면화해 왔으며, 영속해 왔음에 틀림없다고 추정된다. 만일 이런 주장이 사회 안의 모든 사람을 관통하며 작동되고 있는 푸코의 권력 담론의 개념을 상기시킨다면, 그것은 옳다. 애플밤도 "담론이 어떻게 작동하는지를 알기 위해서는 푸코의 권력 개념은 필수적이다"[37]라고 말한다. 그녀는 또한 "담론이라는 프리즘을 통하여 현실이 의미를 갖게 될 뿐만 아니라 담론을 통하여 권력은 주체를 구성한다"[38]라고 말한다. 우리는 여기에서 또 다시 거대한 좌표로 가동되는 권력의 이미지를 만나게 되는데, 이는 마치 (세상에!) 보그 하이브Borg hive(역주: 영화 <스타 트렉>에서 외계인 보그족은 하이브라는 집단의식의 명령에 절대복종한다)처럼 그 좌표 위에서 각각의 위치를 가지고 있는 모든 사람이 지시에 따라 수행하고 말하는 모습을 연상시킨다.

애플밤은, 비록 그녀가 엄밀히 말해 자기 말에 동의하지 않는 것을 금지하는 것은 아니라고 재빨리 언급하고 있지만, 사람들에게 이런 패러다임을 믿을 것을 요구한다. 다음을 보라.

> 동의하지 않으면서도, 예를 들어, 질문을 던진다거나 더 명쾌한 이해를 도모함으로써 여전히 그 자리에 앉아 있을 수도 있다. 그러나 거부하는 것은 그 자리 자체와 스스로 거리를 갖고, 참여하지도 않으면서 묵살하는 방식으로 기능한다.[39]

그래서 우리는 애플밤의 논제에 관하여 질문을 하고 이해하려고 노력할 수 있지만, "대문자 진리"를 거부하는 것(우리가 통상 동의하지 않는 것으로 생각하는 것)은 오로지 그 논제에 충분히 혹은 제대로 참여하지 않은 것을 의미할 뿐이다. 다른 말로 하면 애플밤은 그녀의 논제가 진실이라는 가정에 따라 행동하고 있다. 그녀는 자신이 (대문자 사회 정의에 따라) 대문자 진리를 소유하고 있다고 확신하며, 그것에 동의하지 않는 사람들을 비난한다. "체계적 억압의 존재에 대하여 그들이 질문을 던질 수 있다는 단순한 사실 자체가, 그들이 체계적 억압에 관한 토론을 거부하거나 그렇지 않을 것을 선택하는 특권으로 기능한다."[40]

애플밤이 자신의 견해에 사람들이 동의하지 않을 가능성에 대해 진정으로 열려 있지 않다고 생각하는 사람은 용서받을 수도 있다. 그녀의 학생들도 확실히 그렇게 생각하는 것처럼 보인다.

체계적 불의를 명백히 밝힌 강좌들을 수강한 학생들도 강의 평가를 할 때 종종 자신들이 그 강좌에서 동의하지 않을 가능성이 허용되지 않았다고 불평을 한다. 학생들은 그런 강좌들이 자신들이 기꺼이 수용하지 않는 인종차별주의에 관한 특별한 견해를 주입하고 있다고 흔히 주장한다.[41]

애플밤은 학생들이 그렇게 동의하지 않는 것을 무시해 버리라고 주장한다. 그녀는 젠더 임금 격차에 대하여 질문했던 한 남학생의 예를 든다.

> 그에게 자신의 다른 의견을 표현하도록 허락하고, 그의 믿음에 도전하기 위해 시간을 버리는 것은 종종 그의 주장에 의해(직접적으로는 아닐지라도) 무시된 경험의 소유자들인 학생들을 주변화시키는 대가를 치르게 한다.[42]

비판적 대문자 교육이론은 학생들에게 그런 다른 주장을 표현하도록 허락하는 것이 위험하다고 주장한다. 이는 그것이 포스트모던 지식 원칙—사회적 현실과 진리로 받아들여지는 것은 언어에 의해 구성된 것이라는—에 의존하고 있기 때문이다. 동의하지 않는 것은 지배적 담론들이 다시 공언되고, 목소리를 내며, 들리게 하도록 허락하는 것이며, 대문자 이론은 이것을 안전하지 않은 것으로 간주한다. 애플밤이 설명하듯이, "언어는 의미를 생산하는 개념적 틀을 제공함으로써 우리의 현실을 구성한다."[43] 그녀는 다음과 같이 덧붙인다. "혼잣말을 하는 위치로 물러난다 할지라도, 그 사람의 말은 여전히 중립적이 아니며, 생략에 의해 지배 담론의 지속성을 강화한다."[44] 언어의 권력(포스트모던 주제)과 사회 정의에 대한 그 충격(포스트모던 정치 원칙을 통해)에 관한 이와 같은 이해를 놓고 볼 때, 무엇이 말해질 수 있고 무엇이 말해질 수 없는지를 통제하는 것은 필수적이다. 이와 같은 당위가 대문자 사회 정의 학문에 스며 있다.

애플밤은 "동의하지 않는 것"의 유일하게 정당한 형태는 이해(라고 쓰고 동의라고 읽는다)하기 위해 더욱 노력하는 것이라고 정의하고, 대문자 진리에 가담하는 것에 실제로 동의하지 않는 것을 그것에 대한 거부로 묵살한 후에, 이어서 다음과 같이 말한다.

> 수업 시간의 토론에서 탈선하기 위한 저항은 허락되지 않을 것이다! 물론, 참여하기를 거부하는 사람들은 이것을 자신들이 동의하지 않는다고 표현하는 것을 허락하지 않겠다는 선언으로 잘못 받아들일는지도 모르지만, 이는 엄밀한 의미에서 오로지 그들이 참여에 저항하기 *때문*이다.[45] (강조점은 원저자의 것)

저항은 실로 부질없는 짓이다.

예 2: 앨리슨 베일리Alison Bailey의 「페미니즘과 비판적 인종 철학 수업에서 특권을 보전하려는 에피스테메적 반발을 추적하기 Tracking Privilege-Preserving Epistemic Pushbak in Feminist and Critical Race Philosophy Classes」(2017)

이 에세이에서 베일리는 대문자 사회 정의 학문에 동의하지 않는 사람은 누구든 불성실하며, 이성애 백인 남성들을 특권화하고 대문자 사회 정의를 막는 지식-생산 시스템을 위하여 부당한 권력구조를 보전하려고 노력하고 있는 것일 뿐이라고 주장한다. 그녀는 다음과 같이 정의한다. "특권을 보전하려는 에피스테메적 반발은, 지배 집단들이, 사회적 불의를 가시적이게 만들려고 노력하는 대화 중에 습관적으로 전개하는, 다양한 종류의 괴팍스러운 무지이다."[46] 그녀는 대문자 사회 정의 학문에 대한 비판들은 단지 대문자 사회 정의에 따른 대문자 진리를 고의적으로 무시하는 시도들에 불과하다고 가정한다. 게다가 대문자 사회 정의에 대한 비판들은 부도덕하고 해롭다며, 베일리는 우리에게 다음과 같이 말한다.

나는 이런 식으로 자기 입장을 고수하는 반응들에 초점을 맞추는데, 그 이유는 그것들이 넘쳐흐르며, 집요하고, 비판적-사유 실천들과 강한 유사성을 가지고 있기 때문이다. 또한 나는 그것들이 방해받지 않고 유통됨으로써 주변화된 집단의 구성원들에게 심리적이고 에피스테메적인 해를 끼친다고 믿는다.[47]

베일리와 같은 대문자 사회 정의 학자들이 자신들의 작업에 동의하지 않는 것을 지적이고 도덕적인 실패임이 분명하다고 가정한 이래로, 그런 식의 불일치는 어떤 것도 용납될 수 없다.

특권을 유지하려는 에피스테메적 반발을 비판적 개입의 한 형태로 취급하는 것은, 그것을 정당화하는 것이고 그것이 좀 더 자유롭게 유통되도록 허락하는 것이다. 그러므로, 내가 다시 논의하겠지만, 이것은 억압받은 집단들에게 에피스테메적 폭력이 될 수 있다.[48]

그러므로 에피스테메적 반발은 차단되어야만 하며 대문자 사회 정의 학문으로 대체되어야 한다. 사실 베일리에게는 비판적 사유 그 자체가 문제다. 말하자면 그것은 "비판적 교육론"으로 대체되어야 하기 때문이다(여기에서 "비판적"이라는 단어는 무언가 다르다). 그녀는 다음과 같이 설명한다.

> 비판적 사유의 전통은 주로 에피스테메적 적합성과 관련이 있다. 비판적이란, 논쟁이 잘못되었거나, 주장들이나 증거가 부족하거나, 객관적인 가설들이 신뢰할 수 없는 자원에 호소하거나 혹은 개념들이 엉성하게 꾸려지고 적용되는 것을 인지했을 때 훌륭한 판단을 보여주는 것이다.…… 비판적 교육론은 학생들이 사회 정의에 대한 반응들 속에서 하는 주장들을 진리 가치를 위해 평가되어야 할 명제들이 아니라, 사회적 불평등을 재각인하고 영속화하는 기능을 하는 권력의 표현들로 간주한다. 비판적 교육론의 사명은 학생들에게 권력이 어떻게 세계에 대한 우리의 이해 방식을 형성하는지 확인하고, 그 지도를 그리는 것을 가르치는 것이다. 이것이야말로 사회적 불의들에 저항하고, 그것을 변혁하는 첫 번째 발걸음이다.[49]

이런 말이야말로 베일리의 목적이 진리를 찾는 것이 아니라, 행동주의를 위하여 대문자 사회 정의에 대한 특별한 이해를 가르치는 것임을 명백하게 수긍하는 것이다. 이 에세이가 매우 큰 영향력을 행사해 온 것은 아니지만, 철학 과목들이 어떻게 학생들에게 대문자 사회 정의에 따른 대문자 진리를 교육시키기 위해 사용되는가를 보여주는 매우 분명한 사례이기 때문에 주목할 만하다. 이 에세이가 주도적인 페미니즘 철학 학술지인 『히파티아Hypatia』에서 발표되었다는 것은, 대문자 사회 정의 학문 영역에서 어떤 것이 수용 가능한 것으로 인식되고, 그것이 어떻게 교육에 영향을 미치며, 물화된 페미니즘의 이러한 당대적 표명이 얼마나 자신감에 넘쳐 있고 분명한지를 우리에게 알려주는 경종이다.[50]

베일리는 대문자 사회 정의에 동의하지 않는 것들을 "그림자 텍스트들shadow texts"로 접근하는데, 이는 대문자 사회 정의에 대한 비판들이 성실하지도 않고 도움이 되지도 않으며, 진정한 학문으로 간주되어서도 안 된다는 것을 제안하기 위한 것이다. 그녀는 *그림자 텍스트*들의 이미지들이 자신이 한 다음과 같은 말을 따라다니는 한 조사자의 생각에서 비롯된다고 말한다. "'그림자'라는 단어는 개입하지 않고 다른 것의 곁에 가까이 걸어가는 어떤 것의 이미지를 불러일으킨다."[51] 그녀가 제시하는 그림자 텍스트의 두 가지 예는, 남성들도 가정 폭력의 희생자가 될 수 있다는 한 남학생과 인종차별주의를 토론하기 위해 욕설을 욕설로 사용하지 않고 인종차별적 욕설을 언급할 수 있다고 주장하는 여학생의 사례를 포함하고 있다. 베일리는 다음과 같이 응대한다.

우리는 제도적 인종차별주의를 논하고 있는 중이다. 철학 전공의 백인인 제니퍼Jennifer는 "n"자(역주: 흑인을 비하하는 용어인 negro 혹은 nigger의 n)를 사용하는 인종차별적 그라피티에 관한 이야기를 공유한다. 그녀는 그 단어를 말하는데, 그것을 언급하고 있다는 것을 알리기 위해 두 손가락으로 인용부호를 만들어 생기를 불어넣는다. 나는 그녀에게 그 단어의 역사와 그 단어가 백인의 입에서 나올 때 어떤 다른 것을 의미할 수 있는지 물어보았다. 나는 그녀에게 그 단어를 사용하지 말 것을 요구했다. 그녀는 사용-언급 혼동use-mention distinction의 오류(역주: 실제로 어떤 단어를 사용하는 것과 논의상 불가피하게 그 단어를 언급하는 것을 혼동해서는 안 된다는 분석 철학의 용어)에 대하여 짧은 강의를 하면서, 나에게 그것이 "분석 철학의 기본 개념"이며 "언급하는 것은 완전히 받아들일 수 있지만, 철학적 논쟁 속에서 그 단어를 사용하는 것은 받아들일 수 없다"는 것을 상기시켰다.[52]…… 만일 제니퍼가 n-단어의 비인간화의 역사에 대한 이해를 광범위하게 거부하기 위해 철학적 개념들을 계속 밀어붙인다면, "나는 'n-----'이란 단어를 언급했지만 사용하지 않았다"라는 말은 그림자 텍스트이다.[53]

이런 논쟁의 타당성을 고려하거나 혹은 학생들에게 그것들을 토론할 수 있는 기회를 주는 대신 베일리는 학생들이 단지 남성 그리고 백인 특권을 보전하려 노력한다고만 가정한다. 그녀는 그러므로 그 학생들을 진정으로 참여하는 데 실패한 실례들로 사용하고 있는 것이다. "그림자 텍스트들 찾기를 학습하는 것은 에피스테메적 마찰을 제공할 수 있다. 즉 그것들은 수업이 그림자 텍스트들이 무엇에 대해 말하는지가 아니라 무엇을 하는지에 초점을 맞출 수 있도록 도와준다"[54]고 그녀는 말한다. 즉 베일리는 그녀의 철학 수업의 학생들에게 논쟁에 참여하는 것이 아니라, 어떤 권력 담론에 먹이를 던져주는지를 인식하는 것을 가르친다. 이것은 두 가지 포스트모던 원칙들과 완벽히 일치하는 것이다.

베일리 철학 수업의 학생들은 반대 의견들을 대문자 사회 정의가 대문자 진리의 지위를 차지하는 것에 대한 저항으로, 그리고 일종의 "무지"로 즉시 인식하도록 배운다. 그녀는 사람들이 자신의 의견에 동의하지 않는 것은 무언가가 그들에게 "저항을 촉발시켰기"[55] 때문이라고 생각한다. 그녀는 다음과 같이 말한다.

나는 수업 시간에 그림자 텍스트들을 확인하는 것이 무지의 생산을 추적하는 데 어떻게 도움을 줄 수 있는지 묻는다.······ 학생들이 무지를 추적하려면 소수의 문제적 개인들에 초점을 맞추지 말고, 저항의 패턴들을 확인하며, 무지를 생산하는 습관들의 이해를 전략적 거부와 연결하는 것을 배우는 데 주목해야 함을 이해하는 것이 필수적이다.[56]

여기에서 전투적인 활동가의 어조를 놓치기는 어렵다. 애플밤처럼 베일리도 그녀 자신의 올바름 그리고 이에 수반하여 동의하지 않는 누구든 재교육을 해서 묵살을 할 필요에 대한 성직자적 확신을 가지고 있다. 이것은 최초의 포스트모더니스트들의 급진적 회의론에 비하면 상당한 변화를 나타내 주지만, 포스트모더니즘의 원칙들과 그것들의 적용이 지난 반세기 동안 어떻게 진화해 왔는지를 잘 보여준다.

예 3: 로빈 디안젤로의
『백인 취약성: 왜 백인들에게 인종에 관하여
이야기를 하는 것은 그렇게 힘든가
White Fragility: Why It Is So Hard to Talk to White People about Race』(2018)

이 책에서 "백인성 연구"의 강사인 로빈 디안젤로는 "백인 취약성"의 개념을 발전시키는데, 이는 그녀가 2011년에 발표했던, 인용 횟수가 매우 많은 동일 제목의 논문에서 처음으로 착수되었던 것이다.[57]

그녀는 강력하게 객관적인 가설로 시작한다.

북미의 백인들은 인종에 근거한 스트레스에서 그들을 보호하고 절연해 주는 사회적 환경 속에서 산다. 인종적 보호의 이 절연된 환경이 백인들의 인종적 안도감을 기대하도록 해주는 반면, 동시에 인종적 스트레스를 인내할 수 있는 능력을 저하시켜서 그들을 내가 백인 취약성White Fragility이라 부르는 것으로 이끈다.[58]

그것만으로 백인 취약성은 백인들을 그들이 가지고 있을 무의식적 편견들에 관하여 더욱 깊이 성찰하도록 이끄는, 유용한 통찰일 수도 있다. 그러나 디안젤로는 더 나아가 사회가 백인 우월주의에 침투되어 있으며, 그녀의 생각에 동의하지 않는 어떤 것도 특권을 통하여 백인으로 사회화된 취약성의 결과라고 다음과 같이 주장한다.

> 백인 취약성은 그 안에서 아주 최소한의 인종적 스트레스도 견딜 수가 없으며, 다양한 방어 조치들을 촉발시키는 상태이다. 이런 조치들은 분노, 공포, 그리고 죄의식과 같은 감정들과 논증, 침묵과 같은 행동들을 밖으로 드러내고 스트레스를 유발하는 환경을 남겨두는 것을 포함한다.[59]

인종적으로 분류되고 인종차별주의 사회에 대한 책임감을 갖는 것에 대한 부정적인 느낌들은 "취약함"의 조짐, 그리고 인종차별주의와의 공모—결탁까지는 아닐지라도—의 증거로 여겨진다. 백인들은 인종차별주의와 백인 우월주의의 공모적인 수혜자들이다. 이것이 바로 대문자 사회 정의에 따른 대문자 진리이며, 따라서 이것에 동의하지 않는 것은 허락되지 않는다. 디안젤로는 이에 대하여 매우 분명한 태도를 보여준다. 동의하지 않는 것, 침묵하는 상태로 남아 있는 것, 그리고 달아나 버리는 것이 취약성—단지 "방어적인 조치들"—의 모든 증거라면, "취약성"을 회피할 수 있는 유일한 길은 가만히 앉아서 어떤 부정적인 감정들도 보여주지 않으며 대문자 진리에 동의하는 것이다. 그 이후에 대문자 진리를 발견하는 일, 즉, 백인성과 백인 특권을 해체하는 법을 배우는 일에 능동적으로 참여해야만 하며, 이것이야말로 "반인종차별주의"의 필수적인 작업으로 묘사된다.

이것은 매우 믿기 어려운 주장이다. 백인 여성인 디안젤로는 모든 백인들이 인종차별주의자이며, 처음부터 막강한 인종차별주의 담론들의 체계 속에서 태어나기 때문에 인종차별주의자가 되지 않는 것이 불가능하다고 주장한다.[60] 그녀는 우리는 원래부터 공모하고 있으며, 따라서 이와 같은 체계들에 대하여 책임이 있다고 주장한다. 애플밤처럼, 그녀는 개인적으로 백인들이 인종차별주의를 경멸하고 그 어떤 인종차별주의적 편견을 의식하고 있는 선한 사람들인지 아닌지는 중요하지 않다고 다음과 같이 주장한다.

> 선한가 나쁜가는 적절하지 않다. 인종차별주의는 우리 문화 안에 끼워 넣어져 있는 다층적 체계이다. 우리는 모두 인종차별주의의 체계들 속으로 사회화되어 있다. 인종차별주의는 회피 불가능하다. 백인들은 인종차별주의에 대하여 맹점들을 가지고 있고, 나도 인종차별주의에 대하여 맹점들을 가지고 있다. 인종차별주의는 복잡하며, 나는 그것의 피드백을 정당화하고자 하는 피드백의 모든 뉘앙스를 이해할 필요도 없다. 백인들/나는 무의식적으로 인종차별주의에 젖어 있다. 편견은 암시적이며 무의식적이다.[61]

이와 같은 개인적 접근이 『백인 취약성』에 만연하다. 집단주의와 개별성에 대한 거부도 만연하다. 디안젤로는 백인으로서 글을 쓰고, 다른 백인들에게 말을 하며, "우리"는 그녀가 보는 방식으로 세계를 봐야 한다고 주장한다.

> 이 책은 변명의 여지 없이 정체성의 정치학에 뿌리박고 있다. 나는 백
> 인이고, 공통의 백인 역학에 대하여 말하고 있다. 나는 주로 백인 청중
> 에게 글을 쓰고 있다. 내가 "우리에게" 혹은 "우리"라는 용어들을 사용
> 할 때 나는 백인의 집단성을 언급하고 있는 것이다. [62]

디안젤로와 같은 대문자 이론가들에게 백인들은 사회의 권력 좌표
안에 놓인 그들의 입장 때문에 하나의 집단이다. 그들은 인종차별주의
로부터 이득을 보지 않을 수 없으며, 따라서 그것에 맞게 일해야만 한
다. 게다가 디안젤로에 따르면, 백인들은 "우리가 의식하지 못하든 혹
은 우리 자신들에게 전혀 인정할 수 없든 간에, 깊이 내면화된 우월성
의 감각 속으로 사회화되어 있다".[63] 모든 백인이 할 수 있는 것은 자신
들의 권력과의 관계를 더욱 잘 의식하는 것이고, 그것에 대하여 의식적
으로, 다시 또다시 말하는 것이다. 이것은 포스트모던 정치 원칙이 작동
하고 있는 모습이다.

디안젤로는 또한 개인주의와 "색맹성color blindness"의 자유주의적
원칙들—마틴 루터 킹이 주장했듯이, 인종이 그 사람의 가치와는 관계
없다는—을 거부한다. 대문자 사회 정의에 따른 대문자 진리 안에서 자
유주의적 가치들은 인종차별적인데, 왜냐하면 그 가치들이 그들 자신의
인종차별주의와 백인 우월성의 "현실들"로부터 백인들을 숨을 쉴 수 있
게 해주기 때문이다. 디안젤로는 다음과 같이 설교한다.

> 개인주의와 색맹성 같은 인종차별주의의 이데올로기에 도전하기 위
> 해 백인인 우리들은 우리 자신을 유일무이하거나 혹은 인종 바깥에 있

는 존재로 지각하는 것을 중단해야만 한다. 우리들의 집단적 정체성을 탐구하는 것이야말로 지배의 주요 특권—자신을 오로지 개인으로서만 보는 능력—을 차단한다.**64**

디안젤로는 아마도 사회에 대한 포스트모더니즘의 개념을 가장 순수하게 단언하는 이론가이다. 당대의 다른 이론가들처럼 그녀는 포스트모던 원칙들과 주제들에 대해 흔들리지 않는 확신을 보여준다. 이 확신은 이런 것들(포스트모던 원칙들과 주제들)이 대문자 사회 정의 메타서사의 토대로 물화되어 왔음을 보여준다.**65** 염려스럽게도, 그녀의 생각들은 다른 어떤 이론가들의 것보다 학문의 경계를 넘어 주류 안으로 들어왔다. 『백인 취약성』은 6개월 이상 <뉴욕 타임스>의 베스트셀러였고, 이로 인하여 디안젤로는 전 세계를 다니며 이 책을 홍보할 수 있었다. 디안젤로는 그녀가 보기에 인종차별주의를 정면으로 다루는 또 다른 책(역주: 이 책은 2021년 6월에 출판되었고, 그 제목은 『훌륭한 인종차별주의: 진보적 백인들은 어떻게 인종적 해악을 영속화하는가 Nice Racism: How Progressive White People Perpetuate Racial Harm』이다.)을 이미 준비 중이다.

요약—포스트모던 원칙들과 주제들을 현실로 만들기

대문자 사회 정의 학문은 두 가지의 포스트모던 원칙들과 네 가지의 포스트모던 주제들에 단지 의존만 하는 것이 아니다. 그것들을 도덕적으로 옳은 것으로 알려질 만큼 알려진known-knowns 근본적인 가정들—대문자 사회 정의에 따른 대문자 진리—로 취급한다. 그러므로 그 원칙들과 주제들은 우리가 **물화된 포스트모더니즘**이라 불렀던 포스트모더니즘의 제3의 특수한 단계를 형성하는데, 왜냐하면 그것이 포스트모더니즘의 중심에 있는 추상적인 생각들을 마치 사회에 대한 실제의 진실들인 것처럼 취급하기 때문이다.

포스트모더니즘의 세 단계가 어떻게 발전해 왔는지를 이해하기 위해서는, 급진적 좌파 사회 이론 안에 깊이 뿌리를 내리고 있는 나무를 상상하면 된다.[66] 첫 번째 단계인, 1960년대에서 1980년대까지의 *매우 해체론적인 단계*(통상 간단히 "포스트모더니즘"이라 언급되는)가 대문자 이론이라는 나무의 몸통을 우리에게 가져다주었다. 1980년대에서 2000년대 중반까지 유행했던, 우리가 **응용 포스트모더니즘**이라 불렀던 두 번째 단계가 우리에게 나무의 가지들을 선사했는데 가령 그 가지들은 더 폭넓은 적용이 가능한 대문자 이론들과 연구들로서 탈식민 대문자 이론, 퀴어 대문자 이론, 비판적 인종 대문자 이론, 젠더 연구, 비만 연구, 장애 연구, 그리고 많은 *다른* 비판적 연구들을 포함한다. 현재의 세 번째 단계는 2000년대 중반에 시작되었는데, 대문자 이론은 이제 가정의 상태에서 대문자 진리, 즉 당연한 것으로 여겨지는 진리로 넘어갔다. 이것은 우리에게 대문자 사회 정의 학문이라는 나무의 잎들을 제공해 주었다. 이는 이전의 접근법들을 필수적인 것들로 연계한다. 이 모든 세 가지 단계의 변함 없는 항수恒數는 대문자 이론이며, 이는 두 가지의 포스트모던 원칙들과 네 가지의 포스트모던 주제들 속에 표명되어 있다.

대문자 사회 정의 학문은 포스트모던 지식 원칙—객관적 지식이란 존재하지 않으며 지식은 사회적으로 구성되는 문화의 산물이다—과 포스트모던 정치 원칙—사회는 언어와 담론에 의한 지식을 통해 구성된다—을 단지 피억압자들에 대한 지배적 권력을 유지하기 위해 설계된 것으로만 표현하지 않는다. 이 학문은 그것들(포스트모던 지식 원칙과 정치 원칙)을 대문자 진리로 취급하고, 어떤 이견도 하락하지 않으며, 누구나 그것에 동의하거나 아니면 "묵살될" 것을 기대한다. 우리는 누가 지식을 어떻게 생산하는가에 대한 강박적 집중에서 그리고 대문자 사회 정의 방법론으로 가능한 한 많은 다른 영역을 "감염시키고" 싶어 하는 명백한 욕망 속에서 이를 볼 수 있다.[67] 이것은 엄정한 지식 생산이 백인, 남성, 서구 문화의 산물에 불과하며 따라서 주변화된 집단 구성원들의, 지속적으로 고양되고 전경화되어야 할, 산 경험에 대한 대문자 이론적 해석보다 나을 것이 없다고 단언함으로써 에피스테메적인 연구 "정의"를 성취하려는 분명한 소망 속에 반영되어 있다.

대문자 사회 정의 학자들은 네 가지 포스트모던 주제들을 통상 포스트모더니즘의 물화로 여기지 않는다. 그것들은 대문자 사회 정의에 따른 대문자 진리의 측면들이다. 응용 포스트모더니즘 대문자 이론들의 전형적인 경계 흐리기와 문화적 상대주의는 엄정하게 생산된 지식과(억압의) 산 경험 사이의 경계를 지우고자 하는 시도 속에서 더욱 발전한다. 집단 정체성은 사회가 기능하는 데 필수적인 것으로 취급되기 때문에, 대문자 사회 정의 안에 투여된 사람들은 결정적인 집단-정체성의 정치학을 극도의 흥분 상태로 끌어올려 왔다. 면밀히 검토되고 씻을 것을 씻어내야 할, 언어의 막강한 권력에 대한 믿음은 단지 당연한 것으로 간주된다.

이는 수많은 결과들을 가져왔다. 학자들과 활동가들은 최소한의 위반 사항들을 찾아내고 그것을 부풀리기 위한 엄청난 노력을 기울이는데, 이것이 바로 "비판적" 접근이다. 그들은 특히 사회적 매체에 나타난 사람들의 현재와 과거의 말을 꼼꼼히 검증하고, "증오" 담론의 조달자들을 처벌한다. 만일 관련된 사람이 영향력이 있는 것으로 간주되면, 군중은 그(녀)의 경력 모두를 끝장내려고 노력할지도 모른다. 로빈 디안젤로는 공손한 동의를 제외한 모든 것을 "백인 취약성"이라 불렀고, 앨리슨 베일리는 (그들에게) 동의하지 않는 것을 "고의적인 무지"이며 특권을 보전하려는 권력 놀이라고 단언하였다. 크리스티 돗슨은 이견을 "악의적인" 것이라 규정하였으며, 바바라 애플밤은 대문자 사회 정의의 대문자이론적 방법들에 대한 어떤 비판도 "색깔-논쟁color-talk"과 "백색 무지"라며 묵살했다.

대문자 사회 정의 학문은 포스트모더니즘 진화의 세 번째 단계를 나타낸다. 이 새로운 현현 속에서 포스트모더니즘은 이제 더 이상 급진적 회의주의, 에피스테메적 절망, 허무주의, 그리고 우리가 안다고 생각하는 모든 것을 따로 떼어내어 해체하는, 비관주의적이지만 유희적인 경향을 특징으로 삼지 않는다. 그것은 이제 해체론적 방법들과 포스트모던 원칙들을 사회 변혁을 창조하는 과업에 적용하려 하며, 이를 모든 것에 밀어붙인다. 대문자 사회 정의 학문의 옷을 입고, 이제 포스트모더니즘은 자신의 사회에 대한 거대하고도 전면적인 설명—메타내러티브—이 되어버렸다.

그러므로 이제 물화된 포스트모더니즘의 중심에 있는 모순을 이야기할 차례이다. 과연 지적인 사람들이 어떻게 급진적 회의주의와 급진적 상대주의—포스트모던 지식 원칙—를 모두 공언하며, 동시에 절대적인 확신을 가지고, 대문자 사회 정의(대문자 이론)에 따른 대문자 진리를 단언할 수 있는가?

이에 대한 대답은, 포스트모던 지식 원칙의 회의주의와 상대주의가 이제는 더욱 제한된 양태로 해석된다는 데에 있다. 즉 인간이 증거나 이성을 동원하여 신뢰할 수 있는 지식을 얻는다는 것은 불가능하며, 신뢰할 수 있는 지식은 주변화된 집단 구성원들의 '산 경험'—더 정확히 말하면, 대문자 이론에 의해 적절히 채색된 이후에, 그들 자신의 산 경험에 대한 주변화된 사람들의 해석들—을 경청함으로써만 얻어질 수 있다는 것이다.

그러나 대문자 사회 정의의 이런 종류의 "앎의 방식"이 지닌 난점은 감정, 직관, 그리고 주관적 경험에 의존하는 모든 영지주의적 "인식론들"과 마찬가지로, 사람들의 주관적 경험들이 서로 충돌할 때 우리는 무엇을 해야 하는가이다. 갈등 해소의 매우 중요한 자유주의적 원칙—최고의 주장들을 내놓고, 가능한 최고의 가용한 증거들이 나올 때까지 기다렸다가, 이슈들을 정리하는—은 이와 같은 접근법에 의해 완전히 배제된다. 실로 그것은 주변화된 사람들을 억압하는 데 사용되는 공모로 묘사된다. 만일 주변화된 동일한 집단의 상이한 구성원들—주변화된 상이한 집단들의 구성원들—이 그들의 "산 경험"에 대하여 양립할 수 없는 해석을 내놓는다면 어떻게 이런 모순을 해결할 수 있을까? 상식적인 대답—상이한 사람들은 상이한 경험과 상이한 해석들을 가지고 있고, 그것에 아무런 논리적 모순이 없다—은 여기에서 족하지 않은데, 왜냐하면 포스트모더니즘의 물화 아래에서 대문자 사회 정의 인식론은 이와 같은 "산 경험들"이 단지 자신들의 경험에 대한 사람들의 믿음들이 아니라 사회에 대한 객관적 진리들을 드러낸다고 주장하기 때문이다.

더러 급진적으로 상대주의적인 대답—둘 이상의 충돌하는 진술들도 동시에 진리일 수 있다—도 시도되지만 결국 이것은 큰 의미가 없다. 대신에 대문자 사회 정의 학자들이 실제로 하는 작업은 주변화된 집단의 어떤 선호된 해석들을 선택하고 그것에 "인증된" 것들이라는 성유聖油를 발라주는 것이다. 다른 모든 해석은 지배 이데올로기들 혹은 냉소적 자기-이해관계의 불행한 내면화로 해명해 버린다. 급진적 상대주의와 교조적 절대주의 사이의 논리적 모순은 이런 식으로 해소되지만, 그것은 대문자 사회 정의 이론을 완전히 무오류의 것으로 그리고 파기할 수 없는 것으로 제시하는 대가를 치러야 한다. 현실에 대한 어떤 증거(물리적, 생물학적, 그리고 사회적)이든 혹은 어떤 철학적 주장이 제기되든, 대문자 이론은 그것을 항상 해명할 수 있고, 해명해 버린다. 이런 의미에서 우리는 세상이 어떤 특정한 날에 끝장날 거라고 예견했고, 그날이 아무 일 없이 지나갔을 때 더 열광하며 그들의 신념들을 재확인했던, 종말론적 숭배에서 사실 멀리 떨어져 있지 않다. (이것은 지구를 파괴하러 오고 있던 우주선이 실제로 왔으나, 외계인들이 그 숭배자들의 헌신성을 보고 그들의 마음을 바꿨다는 것과 유사한 이야기이다.)

그러므로 대문자 사회 정의 이론가들이 이성, 반증, 불일치, 비동의에 대해서 적극적으로 적대적인 새로운 종교, 믿음의 전통을 창조해 왔다는 것은 과장이 아니다. 실로, 돌이켜보면 이제 포스트모더니즘의 프로젝트는 부지불식간에 서구 사상의 낡은 메타서사들—종교와 자본주의적 경제 체제들과 더불어 과학과 이성—을 해체하려 했던 시도처럼, 전적으로 새로운 종교, 죽은 신에 토대한 포스트모던적 믿음을 위한 공간을 만들고 있는 것 같은데, 이는 권력과 특권 안에서 신비스러운 *세속적인* 힘들을 보고, 피해자 의식을 신성시한다. 이것이야말로 점점 더 명목상 세속적 좌파의 근본주의적 종교가 된다.

대문자 이론은 학문 영역으로만 제한되지 않는다. 처음에는 응용되고, 그런 후에 물화된 대문자 사회 정의 형태의 포스트모더니즘은, 졸업생들에 의해 그리고 사회적 매체와 행동주의적 언론을 통하여—복음주의적 열정과 함께—대학들에 널리 퍼진 상태이다. 그것은 정치에 깊은—그리고 종종 부정적인—영향력을 미치는 중요한 문화적 세력이 되었다. 그것은 학문적 이론화의 모호하고 특수한 갈래처럼 보일 수도 있으나, 결코 무시될 수 없다. 이 모든 것은 무엇을 의미하는가? 다음에는 무슨 일이 벌어질까? 그 대책으로는 무엇이 필요할까? 이 책의 나머지 두 장은 이런 문제들에 대하여 말할 것이다.

9장

행동하는 대문자 사회 정의

눈문 상으로 볼 때 대문자 이론은 항상 좋아 보인다

대문자 이론은 학계의 경계를 허물고 있고, 우리 문화에도 깊은 영향력을 행사한다. 믿기지 않을 수도 있다. 지식, 권력, 그리고 언어에 관한 대문자 이론들이 상아탑의 순수한 환경 밖에서도 살아남아 일상생활에 영향을 줄 수 있을까? 슈퍼마켓 보조원이 진짜로 쉬는 시간에 가야트리 스피박을 읽고 있을까? 당신의 주치의가 기차를 타고 가며 퀴어 대문자 이론을 음미하고 있을까? 당신의 컴퓨터 기술자가 남는 시간에 페미니즘 인식론을 읽거나 혹은 당신이 좋아하는 스포츠 해설가가 비판적 인종 대문자 이론에 익숙하다는 것이 그럴싸한가?

결코 그렇지 않을 것이다. 그러나 그것이 우리가 논하고자 하는 것이 아니다. 이론은 애매모호하고, 대부분의 사람은 그것에 결코 직접적으로 관여하지 않는다. 그러나 많은 사람이 그것에 영향을 받으며, 그 누구도 그것의 남용으로부터 전적으로 안전하지는 않다. 최근 영국에서는 브라이언 리치Brian Leach라는 장애인 할아버지이자 배낭여행자가 슈퍼마켓 아스다Asda 체인점의 고용주로부터 파면을 당했다. 그 이유는 이 할아버지가 페이스북에 빌리 코놀리Billy Connolly의 코미디 한 장

면을 공유했는데 그의 동료 중의 한 사람이 이를 이슬람 혐오적이라고
느꼈기 때문이다.[1] 이것은 탈식민 대문자 이론을 적용한 결과이다. 미국
에서는 소프트웨어 기술자인 제임스 다모아James Damore라는 사람이
남성과 여성은 평균적으로 볼 때 심리적으로 다르다는 내부 메모를—기
술 영역에서 4대 1의 젠더 불균형을 해소하려는 시도로—썼다가 구글
Google에서 해고되었다.[2] 이는 퀴어 대문자 이론과 교차론적 페미니즘
의 근저에 있는 가정들에서 비롯된 것이다. 영국의 미식축구 해설가이
자 코미디언인 대니 베이커Danny Baker는 스마트 코트에 중절모(역주: 흑
인들 사이에 유행하는 패션)를 쓴 침팬지 사진을 트윗한 것이 인종차별주의
자로 해석될 수 있다는 것을 깨닫지 못해 BBC에서 직장을 잃었다.[3] 이것
은 비판적 인종 대문자 이론이 세계를 묘사하는 방식에서 나온 것이다.
한편 할리우드의 모든 주요 미디어 이벤트들은 정체성과 그것의 표상에
강박적으로 매달리며, 서구 세계 의사들은 뚱뚱하다고 핀잔하지 않으면
서 비만 환자들의 건강에 관해 조언해야 하는 도전에 직면하고 있다.[4]

이처럼 골치 아픈 문제들이 수시로 튀어나오지만, 많은 사람들은 이
것이 매우 우려할 만한 일이라고 믿지 않는다. 사람들은 모두 리치 씨가
복귀되었음을 지적할 것이고, 다모아 씨의 견해는 성의 유형화를 부채
질할 수 있다고 주장할 것이고, 베이커 씨는 원숭이 이미저리가 함축하
는 바를 깨달았어야만 한다고 제안할 것이며, 할리우드에 표상의 이슈
들이 있다고 동의할 것이고, 한편 의사들이 민감한 사안에 대해서 실제
로 더 민감해야 한다고 지적할 것이다. 그들은 인정할 것이다. 그래, 대
학 캠퍼스의 시위에 대한 이야기를 우리도 들었다, 그렇지만 학생들은
항상 시위를 하고 그러잖아, 라고 말이다. 그들은 젊고, 이상주의적이
다. 그것은 실제로 일종의 통과 제의이다. 또한 참을성 없이 시위를 하
는 학생들에 대한 설명들은 과대 포장되어 있다. 사전 고지, 안전한 공

간들, 그리고 자신들의 의견에 동의하지 않는 모든 사람을 연단에 오르지 못하게 할 것을 요구하는 사람들은 대부분 엘리트 대학[5]의 소수의 활동가들이다.[6] 대부분의 학생들은 지속적으로 언론의 자유를 응원한다. 특히 커뮤니티 칼리지(역주: 미국에서 주로 가까운 지역 출신의 학생들에게 실용적인 기술 위주의 교과과정을 제공하는 2년제 대학)들과 다른 노동-계급 기관들의 학생들은 일반적으로 고개를 푹 숙이고 다니며, 자신들의 일에 집중한다. 대부분의 엘리트 대학에서 소수의 권리가 있는 학생들의 행동에 대하여 우리가 왜 우려를 해야 하는가? 많은 사람이 관련되는 한, 예일 대학은 차라리 나니아 연대기(역주: 영국 작가 루이스C. S. Lewis의 판타지 문학 작품으로 종교적 메시지를 담고 있다)에 있는 것이 낫다.

그런 관점에서 보면, 이런 이슈들은 매우 우선적으로 현실 세계에 충격을 주고 있는 것은 아니다. 우파—현재 미국과 영국에서 권력을 장악하고 있는—의 선동, 포퓰리즘, 민족주의, 그리고 반지성적인 흐름, 그리고 유럽 전역과 다른 지역에서의 극우 운동들의 성장을 놓고 볼 때 우리가 진짜 소수의 사람이 평등을 옹호하면서 과도하게 열심히 활동하는 것을 염려해야 하는가? 구호를 외치거나, 밀크셰이크를 던지거나, 유리창을 박살 내는 일도 있겠지만, 극우 테러리즘이 상승세에 있고,[7] "올트-라이트alt-right(역주: 대안적 우파alternative right의 준말로 온라인 백인 민족주의 극우 세력인데, 2010년대에 미국에서 시작되어 2017년 이래 쇠퇴하고 있다)"[8]와 "인셀incel(역주: 비자발적 독신주의자involuntary celibate의 준말로, 여성 혐오, 증오 정서, 인종차별주의 등 극우적 성향을 가지고 있는 온라인 하위문화의 구성원을 지칭하는 용어이다)"[9]들 같은 극우 온라인 커뮤니티들은 방대하게 더욱 심각한 폭력 행위들을 확산시키고 조장하고 있다. 자유주의적 좌파들은 소수의 제정신이 아닌 학문적 논문들이나 과장된 태도의 학생들에 대하여 우려하기보다 이런 문제에 더 주목해야 하는 것이 아닌가?

이 전적으로 불합리하지는 않은 반대 의견에 답하기 위해 우리는 대중적 자원들에 대한 이야기로 돌아갈 것이다. 우리는, 대학들에서 벌어지고 있는 일들이야말로 진짜 문제이며, 이런 생각들이 현실 세계에 충격을 주고 있고, 문제를 대학들 안에 고정하는 것이 포퓰리즘, 반지성적 권리와 싸우는 것을 회피하는 것이 아니라 싸움의 필수적인 부분임을 확신시키기 위하여 노력할 것이다.[10]

우리의 대학들에서 무슨 일이 벌어지고 있나, 그리고 그것이 왜 문제인가?

우리의 대학들에서 시작되는 문제가 있다. 그것은 대문자 사회 정의로 드리운다. 이 문제의 가장 즉각적인 측면은 대문자 사회 정의 학문이 학생들에게 다시 전달되고, 그것을 배운 학생들이 세상으로 나간다는 것이다. 이 효과는 대문자 사회 정의 분야에서 가장 강한데, 대문자 사회 정의는 학생들에게 과학, 이성, 그리고 증거를 회의하도록 가르치며, 지식을 정체성에 얽매인 것으로 간주한다. 그리고 억압적 권력 역학을 모든 상호작용 속에서 읽어내고, 일상의 모든 측면을 정치화하며, 정체성에 맞추어 윤리적 원칙들을 불균등하게 적용하기를 가르친다. 그러나 대문자 사회 정의는 또한 이런 수많은 생각들을 당연한 것으로 받아들이는 캠퍼스의 지배적인 문화로 구체화된다. 미국 대부분의 대학에서 이제 "다양성"은 필수 과목이며, 모든 학생에게 이런 생각들을 교양 과목으로 가르치고 있다. 그럼에도 이런 문제를 과소평가하는 것이 일반적이다. 학생들이 일단 졸업하면 그들은 잘 팔리는 기술들을 학습해야만 할 것이고, 이것이 문제를 해결해 줄 것이고, 즉 일단 학생들이 "실제 세상"으로 들어가면 그들은 취업을 하기 위해 이런 이데올로기적 입장들을 떠날 것이라는 가정을 우리는 종종 만난다. 그러나 그들이 단지 이러한 신념들을 직업 세계로 가지고 들어가서 그 세계를 그것들에 맞게 다시 만든다면 어떻게 할 것인가?

불행하게도 이것이 정확히 지금 일어나고 있는 일이다. 실제 세계는 그런 학생들의 기술을 흡수하도록 변화하고 있으며, 수십억 달러의 가치가 있는 대문자 사회 정의 산업이 이미 형성되고 있으며, 대문자 사회 정의에 따른 대문자 진리를 확립하고 그 안전을 유지하기 위하며 우리의 회사들과 기관들을 훈련하는 데에 바쳐지고 있다. "다양성, 공평성, 수용성(역주: 배제의 반대적 의미) 담당자"(다소 변형된 명칭들도 있다)라는 이름을 가진 새로운 직업이 부상했다. 이 직업은 대문자 사회 정의의 이데올로기에 맞추어 조직 문화를 변혁하도록 설계된 것이다. 이 담당자들은 부드러운 혁명의 건축가들이자 집행자들이고, 편견과 불균형으로 인한 사건들을 수색하는 탐문관들이다. 이 일들은 여벌의 직업이 아니다. 놀랄 것도 없이, 고등교육 기관들 안에 집중되어 있고, 미국의 어떤 보고서에 따르면, 고등교육 기관들 안에서 다양성 담당자들은 수적으로 급속하게 증가하고 있으며, 평균적인 미국인들보다 세 배를 더 벌며, 대학 교수들보다도 더 많이 번다.[11] 그러나 다양성, 공평성, 수용성 담당자들은 학계로 한정되지 않고, 시 정부를 포함하여 인사 행정 부서들에서도 불쑥 나타난다. 영국의 한 주요한 구직 웹사이트에 따르면, 공평성과 다양성 직업들은 특히 평등과 인권 위원회Equality and Human Rights Commission, 전문직 협회들, 사무 변호사 협회Law Society, 학교와 대학들, 경찰, 대형 민간 회사들, 지역 당국들, 노동조합들, 그리고 공무원 조직에서 특히 흔하다.[12] 그들은 상당한 규모가 있는 많은 기관들과 회사들만의 예외가 아니라 규범이 되었다. 그러므로 이 담당자들은 이제 상당한 제도적, 사회적, 그리고 문화적인 권력을 행사한다.

대학들 내부에서도 문제는 특정한 수업들로 제한되지 않는다. 현재 미국의 200개 이상의 대학에 "편견 대응팀"이 존재하는 것으로 생각되며, 이들은 그 이름이 암시하듯 정체성-기반의 편견에 대한 보고들에 대응함으로써 전체 캠퍼스를 점검한다.[13] 어떤 논자들은 그들이 어떤 종류의 징벌에 *직접적*으로 영향을 주거나 담론을 통제하는 권력을 가지고 있지 않으며, 단지 "교육과 설득"[14]을 제공할 수 있을 뿐이라고 재빨리 응수하겠지만, 이것은 오웰(역주: 파시즘을 풍자한 소설 『동물농장』의 작가, 조지 오웰George Orwell)적인 의미의 전체주의는 아닐지라도, 편견이라 간주되는 것에 의존하고, 그것을 교정하기 위해 무엇을 교육하고 훈련시킬 것인가에 의존한다는 점에서 우려스럽다. 그들이 편견에 관한 보고서를 학과장, 학장, 그리고 대학의 총장들에게 모종의 행위를 취할 것을 권고하는 내용과 함께 제출함으로써 관련자들에게 제재를 가하거나 해고를 하는데 *간접적*으로 영향을 끼칠 수 있기 때문에 이 우려는 현실이다. 그러나 이런 경우 무엇이 "편견"을 구성하는가? 학생들이 불평해 온 모욕들은, 도널드 트럼프에 대한 지지, "눈으로 만든 남근상들"(역주: 2016년, 미국 미시간 대학 기숙사 앞에 세워진 눈으로 만든 거대한 남근상을 말하는 것으로, 편견과 표현의 자유에 관한 논쟁을 불러일으켰다), "나는 피부색을 보지 않는다"와 같은 반인종차별주의의 표현들을 포함하고, 편견이 "마음 상태"의 작동으로 정의된 이래, 이런 문제들에 대한 감성 탐지기들의 민감도가 훨씬 높게 책정이 되었을지도 모른다.[15] 편견의 희생자로 보고된 학생들은 자신들의 사례를 교육 자료로 제출하지 않을 권리가 있음에도 불구하고, 아마도 많은 학생들은 수반되는 맹비난의 위험을 감수하기를 원하지 않을 것이고, 어떤 문제가 되는 생각들에 대하여 그저 자기검열을 할 뿐일 것이다. 이것은 대학의 지식 생산에 필수적인 건강한 토론과 관점의 다양성에 이바지하지 못한다. 그것은 또한 캠퍼스 커뮤니티들과 졸업생들이 진출할 일터들의 입장에서 보면 분열을 조장하는 것이고, 이 모든 것은 결과적으로 탈기능적이 될지도 모른다.

또한 캠퍼스에서 어떤 특정한 견해들에 대해 더욱 분명하게 침묵을 강요하려는 시도들이 있어 왔다. 비록 암암리에 벌어질지라도 특정한 법적 혹은 정치적 집단들과 특정한 공적인 인물들에게 "발언의 기회를 아예 주지 않는" 정책들은, 흔한 일이 되어왔다.[16] 어떤 견해들—전문가들이 공유하는 *학문적* 견해들—은 너무 위험하거나 심지어 "폭력적"이어서 연단에 설 기회를 주어서도 안 된다고 판단된다. 연단에서 배제하는 운동들—연사로 초대받은 누군가에게 그 초대를 취소하는 정책들—과 다르게, 우선 어떤 견해들을 허락하지 않는 정책들은 거의 주목을 받지 않는다. 영국에서는 50프로 이상의 대학이 발언을 제한하는데, 특히 종교와 트랜스 정체성에 대한 견해들의 경우가 그러하다.[17]

이 문제는 포괄적이다. 한 가지 결과는 대문자 사회 정의 학문과 윤리는, 일단 이야기를 꺼내면 다른 모든 접근들을 체계적인 편견과의 공모이며, 따라서 생각할 수 없는—혹은, 실제로 출판 불가능하고 징벌 불가능한—것이라 비난함으로써, 신뢰할 만하고 엄정한 학문을 사회 정의의 이슈들로 완전히 대체한다. 레베카 투벨Rebecca Tuvel과 브루스 길리Bruce Gilley같은 두 학자들의 경우가 즉각 떠오른다. 투벨은 페미니즘 철학의 거인인『히파티아』을 위하여 논문을 썼는데, 거기에서 트랜스인종적인 정체성과 트랜스젠더적인 정체성을 나란히 비교 탐구하고, 트랜스인종적 정체성의 지위들을 주창하였다. 그러나 대문자 이론의 입장에는 인종과 젠더는 근원적으로 다른 것이다. 퀴어 대문자 이론의 입장에서 트랜스젠더 지위를 주장하는 것은, 대문자 이론화되어 사람들을 제약하는 섹스와 젠더의 범주들을 무너뜨리는 것이며, 우리가 비판적 인종 대문자 이론을 통해 알듯이, 트랜스인종적 정체성을 주장하는 것은 인종의 사회적 의미를 무시하는 것이고 억압의 산 경험에 대해 부당한 주장을 하는 것이다. 이것은 유색 인종에 대하여 말을 하면서 그들을 지워버리는 것으로 간주된다. 투벨―정년보장을 받지 않은 조교수―은 이와 같은 실수에 대하여 톡톡한 대가를 치렀다. 그녀의 논문이 철회되고,[18] 『히파티아』는 그것을 받아들인 것에 대하여 재난에 가까운 고통을 겪었을 뿐만 아니라,[19] 그녀는 너무 심하게 사악한 마녀사냥을 당하였다.[20] 그녀의 동료들은―비록 일부는 사적으로 비밀스럽게 그녀의 의견에 동의한다고 인정했지만―공적으로 그녀의 둔감함을 혹평했다.[21]

브루스 길리의 경우는 아마도 훨씬 더욱 극단적인 사례일 것이다. 수년 동안 탈식민 학회들을 연구 조사한 후에, 주로 진정으로 탈식민적인 맥락 속에 있는 학자들에게 의존하면서, 그는 「식민주의 옹호론The Case for Colonialism」을 썼는데, 이 글은 식민주의가 피식민자들에게 항상 그리고 오로지 나쁜 것이라는 탈식민 대문자 이론의 중심 테제에 미묘한 균형을 잡아주는 것이었다. 그의 논문은 검토된 후에 『계간 제3세계Third World Quarterly』라는 학술지에 게재가 승인되었으나, 이는 폭발적인 결과를 가져왔다. 길리가 근무하는 포틀랜드 주립대학으로부터 그에 대한 비난 문건들이 즉각적으로 제출되었고, 그 논문은 출판을 철회해야 하며, 그의 일자리를 박탈해야 하고, 심지어 그의 박사학위도 취소해야 한다는 요구들이 빗발쳤다.[22] 그 논문을 출간한 학술지의 편집위원들도 유사하게 강력한 비판을 받았다. 살해 협박까지 포함한 시위들이 결국은 그 논문의 철회를 이끌었다.[23] 이 두 경우와 소수의 다른 경우들은 대문자 사회 정의 학문이 자신이 승인하지 않는 학문적 발상들을 어떻게 검열하는지를 보여준다.

젠더, 인종, 그리고 성적 취향에 대해 어떤 학문은 경험적이고 엄정하며 사회의 불균형을 바로 잡는 데 도움을 주는데, 그렇지 않은 학문에 의해 그 기반이 약화된다. 이것이 우리의 현재 정치적 시기의 가장 중요한 어떤 주제들을 둘러싼 자신감의 위기를 창조한다. 어떤 학자들은 겉만 번지르르하고 비윤리적인 학문에 대한 비판들을 소수 집단들 혹은 여성에 대한 증오에 의해 동기화된 것으로 잘못 묘사한다. 이것은 놀라운 일이다. 다른 분야에서도 이런 경우가 있는지 상상해 보라. 의학에서 증거가 없고 비윤리적인 학문을 반대하는 사람들을 병자들을 혐오하고 병자들의 고통에 신경 쓰지 않는 사람들이라고 주장하는 것이 합리적인 것으로 보이는가? 사람들은 나쁜 논문들을 골라내서 사람들이 위험하거나 혹은 비효과적인 치료를 받지 않도록 하는 대신에, "맞아요, 의학적 지식에 어떤 나쁜 논문들이 더해지기도 하지요, 그렇지만 좋은 논문들도 있어요!"라고 말하지는 않는가? 인류의 번성에 안전하고 효과적인 의학이 필수적이라는 것을 우리가 인정하기 때문에, 그러지는 않을 것이다. 그러나 사회 (정의) 이슈들에 대한 엄정한 학문은 그렇게 한다. 이 분야 안에 있는 학자들은 이것을 그 누구보다 더 잘 알아야 한다. 분명히 그 어떤 진지한 학문 분야에서도 우리는 사실적으로 그리고 이론적으로 올바른 것 대신에 도덕적으로 올바른 것 (혹은 의로운 것)이 되려는 운동을 목도하지 않는다. 이와 같은 운동은, 아마도 대문자 사회 정의 학문의 가장 명백한 특징이다.

이런 문제들은 정체성 연구가 아닌 다른 학문 분야들, 특히 인문학과 예술 분야에도 또한 영향을 미친다. 문학, 철학, 그리고 역사학은 오래 전부터 교과과정 안에 대문자 이론을 수용해 왔으며, 심지어 이론의 수용을 필수적인 것으로 요구했다. 탈식민 대문자 이론과 페미니즘적 분석—유물론적이며 동시에 포스트모던한—은 특히 그러했다. 분석의 다른 형태들은 단순히 받아들여지지 않은 것이 아니라, 기껏해야 참을 수 없이 편견이 가득하고 모욕적인 것으로, 최악의 경우에 폭력적인 것으로 취급되었다. 심지어 과학, 테크놀로지, 공학과 수학STEM 과목들조차 영향을 받았다. 2010년 이래로 공학 내부에서도 그 분야에서의 대문자 사회 정의의 활용을 주장하는 제안들이 점점 더 늘고 있다. 2015년에 나온 한 논문은, 엔지니어도 "사람들과 문화적 집단들 사이의 차이, 권력, 그리고 특권의 역학에 민감한 사회테크놀로지적 서비스를 제공하는 능력을 입증"[24]해야만 할 것을 제안한다. 퍼듀대학 출판부에서 나온『공학과 사회 정의*Engineering and Social Justice*』에서 우리는 동일한 주제에 대한 많은 변용들과 함께 다음과 같이 우려스러운 권고를 읽을 수 있다. "우리가 공학 교육에서 필요로 하는 가장 근본적인 변화는 진리를 객관적이고 절대적인 것으로 바라보는 견해들을 넘어서는 것이다."[25] 한편, 수학이 객관성과 증거에 초점을 맞추고 인종 집단들에 따라 수학 교육의 다른 결과들이 나오므로, 수학은 본질적으로 성차별주의적이고 인종차별주의적이라는 주장들도 나오고 있다. 2018년에 출판된 한 논문은 다음과 같이 주장한다.

> 수학이 무엇이고 어떻게 실행되는지를 재개념화하는 원주민들의 세계관에 의존하여, 나는 대상, 진리, 지식보다는 첫 번째 원칙들, 즉 수학하기mathematx가 이끄는 세계 안의 존재 방식을 향한 운동을 찬성한다. 명사로서의 수학을 생각하는 것에서 동사로서의 수학하기로의 변환은 우리가 인간으로서 서로를 연결하는 것을 존중하고, 문제 해결을 기쁨으로 균형 있게 하며, 지역적 그리고 전 지구적 차원에서 비판적 이중 초점을 유지하는 잠재력을 가지게 만든다.[26]

이것이 어떻게 수학을 개선할 수 있는지는 불분명하지만, 여기에서의 정치적 의제는 명백하며 우려스럽다. 이와 비슷한 교육과정들의 보완이 시애틀 지역의 모든 수준의 공립학교들에서 진지하게 고려되고 있다.[27]

이것은 더 넓은 세계에 어떻게 영향을 미칠까

도박 도시인 라스베이거스Las Vegas와 달리 대학에서 일어나는 일은 대학만으로 끝나지 않는다. 대학들은 문화 센터들, 연구소들, 그리고 교육의 전당들이다. 대학 문화는 거의 삼투작용에 의해서 더 넓은 문화로 흘러나간다. 많은 사람들이 대학의 행사, 제작품, 그리고 대외 프로그램에 이끌리고, 따라서 그 문화의 영향을 받는다. 대학들은 최고이자 이상적으로 편견이 가장 적은 지식 생산의 중심이다. 기업들이나 정치적으로 동기화된 싱크 탱크와 연결된 다른 연구 센터들과 비교해 보라. 우리는 어떤 진술, 생각, 그리고 가치들을 신뢰할 수 있는지를 확인하는 데 도움을 얻기 위해 하나의 사회로서의 대학에 의존한다. 그러면 대학은 정보뿐만 아니라 지적인 문화를 학생들에게 전파한다. 이런 방식으로 대학들은 교육적이고 문화적인 엘리트를 생산하고, 이들은 나중에 전문직, 두뇌 산업으로 진출하고, 자선단체들을 세우고, 미디어를 생산하며, 공적인 정책을 입안한다. 제대로만 된다면 대학은 정말 귀중하다. 그러나 잘못된다면 대학은 문화적 교조의 가장 해로운 수단이다.

대문자 사회 정의의 가장 가시적인 표명은 대문자 사회 정의 행동주의이다. 이것의 가장 악명 높은 예는 자칭 반-파시즘 집단인 안티파 Antifa 집단(역주: 미국의 반-파시즘, 반-인종차별주의 정치운동)[28]의 행동들에서 볼 수 있지만 대문자 사회 정의 행동주의는, 평화적인 집회에서 스토킹과 희롱[29]까지, 밀크쉐이크 던지기[30]에서 "문화적 전유"로서 "기모노-입어보기" 반대,[31] 그리고 사람들에게 "그들의 특권을 체크"하라고 말하는 것에서 "반인종차별주의" 작업을 하는 것까지, 많은 형태를 띨 수 있다. 대문자 사회 정의 행동주의는, 특히 소셜 미디어를 통하여 사회의 많은 영역에 걸쳐 중대한 영향력을 행사하고 있다. 앞에서 살펴보았듯이 구글, BBC, 아스다 같은 일류 기업들은 대문자 사회 정의의 용어로 말해진 불평들에 근거해 직원들을 해고했으며, 소셜 미디어를 통해 더 넓은 주목을 받았다. 대부분의 사람들—기업 소유자 자신들을 포함하여—이 아마 대문자 사회 정의의 생각들에 동의하지 않는데도 이와 같은 생각들은 분명히 영향력이 있는데 이는 기술, 방송, 소매 유통 관련 대기업들이 대문자 사회 정의를 지지하는 사람들의 분노를 달랠 준비가 되어 있다는 사실이 논증하는 것이다.

주요 기업들도 또한 점점 더 그들의 생산품에 대한 설명을 요구받는다. 2019년에 미국의 백화점 기업인 메이시스Macy's는 *트위터에서 모욕을 당한 한 사람*때문에 시작된 대중들의 격렬한 항의에 직면했다. 그들은 바지 사이즈에 따라 1인당 식사량을 보여준("뚱뚱하다고 핀잔을 주는 것"으로 사료된) 접시를 생산한 것에 대하여 공식 사과를 해야만 했다.[32] 그들은 그 접시의 생산 라인을 취소했다. 일본의 국수 대기업인 "닛신Nissin"은 아이티계 일본인 테니스 선수를 창백한 피부와 유럽적 특징으로 묘사했던 만화영화에 대해 사과하고 그것을 철회했다.[33] 구찌 Gucci도 사람들이 "흑인 얼굴"의 효과를 내는 것으로 믿게 만드는 스웨터(역주: 검은색의 터틀넥으로 목 칼라 부분을 입 주변으로 늘려 흑인이 마스크를 쓴 모양처럼 보이는 스웨터)에 대하여 공식 사과를 하고 제품 출하를 철회하였다.[34] 케이티 페리Katy Perry가 생산한 어떤 신발(역주: 신발에 흑인 얼굴을 그려 넣은)들도 동일한 비난들을 받고 이제는 철회되었다.[35]

거대 기업들이 대문자 사회 정의의 압력에 쉽게 굴복하는 것은 전혀 놀랄 일이 아니다. 그들의 최우선의 목표는 자유주의적 가치들을 옹호하는 것이 아니라 돈을 버는 것이다. 서구 국가들 다수의 소비자들과 유권자들은 사회 정의의 일반적인 발상을 옹호하기 때문에, 그리고 대부분의 사람들이 사회 정의와 대문자 사회 정의의 차이를 이해하는 데 실패하기 때문에 거대 기업들은 최소한 최종 결산에 큰 영향을 주지 않는 사소한 일에 대해서는 공적인 관계에 약삭빠르게 대응하여 대문자 사회 정의 활동가들의 요구에 굴복한다.

이것은 또한 많은 대학 행정기관들의 미온적인 입장을 설명하는 데에도 적용이 된다. 서구의 대학들이 토론의 자유와 같은 자유주의적 가치들의 열렬한 수호자로 여겨지지만, 그들은 교수들로부터 빼앗아 행정가들로 이전된 권력을 가지고 점점 더 관료화되고 있다. 그리고 갈수록 이윤을 지향하는 사업처럼 운영되고 있다. 대학의 행정가들은, 그들이 활동하는 정치적 환경이 아주 다름에도 불구하고(특히 선출된 정치가들의 영향을 직접적으로 받고 있는 공립대학의 경우) 기업의 실무자들처럼 공적인 관계들에 민감하다. 이는 대학의 행정가들에게 일련의 복잡한 압력을 행사하며, 그 안에서 학문의 자유를 수호한다는 것은 빈번히 최고의 우선권을 갖지 못한다.

온라인 플랫폼들은 현재 일관성이 없고 때로 설명 불가능해 보이는 행위 규칙들과 코드들을 자신들과 엮고 있는 것 같다. 유튜브YouTube,[36] 패트리온Patreon,[37] 페이스북Facebook,[38] 그리고 트위터Twitter[39]는 대문자 사회 정의의 관점에서 문제가 있다고 여겨지는 어떤 인물들을 출연 금지시키거나 유통 금지시킨다고 비난을 받아왔으면서도 동시에 "가짜 뉴스들"의 확산을 허용하고, 양극화와 극단주의의 영속화를 형성하는 극우 커뮤니티들을 포함한 패거리 문화들echo-chambers을 가능하게 한다는 비난에 직면해 있다. 이것은 여기에서 제대로 다 설명할 수 없이 복잡한 이슈이지만 언급할 필요는 있다고 본다.

대문자 사회 정의 활동가들은 소셜 미디어에서 매우 가시적이며, 특히 미디어와 예술 영역 안에서 영향력이 있는 사람들을 징벌하는 데 민감하다. 종종 부지불식간에 대문자 사회 정의에 대해 반대하는 말을 한 유명인들, 예술가들, 운동선수들, 그리고 다른 저명한 개인들에 대한 징벌은 흔히 "매장 문화cancel culture"⁴⁰라 언급된다. 이 으스스한 실행은 흔히 수십 년 전 혹은 십 대 청소년 때 말한 것일지도 모르는 것을 가지고 누군가의 경력 혹은 평판을 전적으로 파괴하는 것을 포함한다. 예를 들어, 흑인 배우인 케빈 하트Kevin Hart도 오스카상 진행자의 자리를 내놓아야 했는데, 그것은 그가 오래전에 게이들을 욕하는 트윗을 한 것들이 발견되었기 때문이었고,⁴¹ 그가 나중에 자동차 사고로 부상을 당했을 때 많은 대문자 사회 정의 활동가들은 그 일을 *축하하였다*. 레즈비언 진행자인 엘렌 드제너러스Ellen DeGeneres도 견책을 당했는데, 이는 그녀가 나름 자격을 갖추고 그를 옹호했기 때문이었다. 그녀의 죄는 다른 사람들이 원하지 않았는데도 커뮤니티를 위하여 그가 *자신을 탓하는 것*을 받아들인 것이었다. 그녀는 또한 자메이카의 육상 선수인 우사인 볼트 Usain Bolt의 등에 그녀가 올라탄 것처럼 보이는 익살스러운 사진을 트윗했다가 이미 격노를 불러일으킨 참이었는데, 이는 어떤 활동가들이 생각할 때 인종차별주의적 비유였기 때문이다.⁴² 할리우드의 최고 배우인 맷 데이먼Matt Damon은 온라인에서 페미니스트들의 분노를 불러일으켰는데, 성폭행도 다양한 스펙트럼이 있으며 엉덩이를 만지는 것과 강간은 다르다고 주장했기 때문이었다.⁴³ 게임 쇼의 호스트인 마리오 로페즈Mario Lopez는 부모들이 세 살짜리 어린애가 자가 진단한 젠더 정체성에 대해 무비판적으로 받아들여서는 안 된다는 견해를 밝혔다가 분노한 온라인 군중에 의해 사과 압력을 받았다.[44] 슈퍼스타 테니스 선수인 마르티나 나브라틸로바Martina Navratilova는 트랜스 여자 테니스 선수와 시스cis 여성 선수가 경쟁하는 것은 공정하지 않다고 주장했다가 공격을 당했다.[45] 존 메켄로John McEnroe(역주: 미국의 남성 테니스 선수)는 세레나 윌리엄스Serena Williams(역주: 미국의 여성 테니스 선수)가 남자로 치면 700위 정도 될 것이라고 말했다가 비난을 샀다. 그는 나중에 이 말을 한 것을 후회하지만, 남녀 사이에 신체적 차이가 있다고 말하는 것이 무슨 세상을 뒤집어 놓을 이야기는 아니라고 생각한다고 말했다.[46] 이런 예들은 사실 거의 끝이 없다.

이 모든 것이 대문자 이론을 채택한 활동가들에게서 나온다. 대문자 이론에 핵심적인, 그들의 근본적인 가정은 바로 편견이 모든 곳에 항상 존재하며, 표피 아래 감추어져 있다는 것이다. 활동가로서 대문자 이론가의 과업은 텍스트, 사건, 문화, 활동, 장소, 공간, 태도, 정신 상태, 말투, 의상, 그리고 모든 다른 상상 가능한 문화적 산물들 속에 감추어진 편견이 있는지 꼼꼼히 따져보고, 그것을 까발리고, 사회—혹은 최소한 문화적 생산 수단에 대한 접근—로부터 편견과 그 자원들을 몰아내는 것이다. 때로 우사인 볼트의 등에 올라탄 드제너러스 자신의 사진처럼, 그런 편견은 소위 "백인 지상주의" 문화를 부추기는 시도(흑인을 "짐을 나르는 짐승"으로 본다고 비난받은)로 보인다. 다른 경우에, 즉 드제너러스가 하트를 옹호했을 때에도 그것은 주변화된 커뮤니티에 대해 발언하거나 모욕감 혹은 피해의식이란 주장을 부정함으로써 그 정체성을 삭제하는 것으로 해석된다. 그리고 다른 모든 경우에도—데이먼, 로페즈, 나브라틸로바, 그리고 메켄로의 경우들—문제는 대문자 이론 자체와 상충하는 견해를 표출하는 것이다.

언어와 생각에 대한 대문자 사회 정의의 감시는 또한 예술 자체에도 영향을 미친다. 통상 서로 상충하는 두 가지 범주 중의 하나에 반대 의견이 가해진다. 즉 한편으로는 소수자 집단들을 표상하지 않는다고 반대하고, 다른 한편으로는 소수자 문화의 측면들을 전유한다고 비난하는 식이다. 대문자 사회 정의 행동주의는 인종차별적이고 백인 지상주의적인 태도들이 어느 곳에나 있다고 가정하고, 그 사례가 발견될 때까지 면밀히 살펴본다. 그것은 책 혹은 영화에서 여성, 유색 인종, 트랜스, 게이 혹은 레즈비언, 장애인 혹은 비만인의 비율을 계산하고, 만일 그것이 보기에 어떤 집단이 덜 표상되어 있다면 반대할 것이다. 그런 집단들을 표상하지 않거나, 잘못 표상하거나, 혹은 덜 표상한 것은 한편으로는 백인 지상주의, 가부장제, 이성애 규범성, 시스 규범성, 장애인 차별주의 혹은 비만 혐오를 옹호하면서, 소수자들을 "삭제"하고, "그들 존재의 정당성을 부정"하는 것으로 이해된다.

표상과는 정반대의 이슈—**전유**appropriation—또한 불만의 중요한 자원이다. 이것은 입장 이론의 생각에 의존하는데, 입장 이론 안에서 지식은 "산 경험"에 뿌리박고 있으며, 주변화된 정체성을 가진 사람이 그 집단의 구성원이 아닌 다른 사람에 의해 창조되거나 묘사되는 것은 혐오스러운 일로 간주된다. 그러므로 배우들은 오로지 자신의 정체성 집단에 속한 사람들의 역할만 해야 하며, 그래서 영화에서 이성애 여성은 레즈비언이나 트랜스 여성의 역할을 해서는 안 되고, 비장애인은 또한 장애인의 역할을 해서는 안 된다는 요구에 직면한다. 이와 유사하게 우리는, 특정한 주변화된 정체성을 가진 작가들은, 누군가가 그들의 억압의 경험에 대하여 "내밀한 말"을 하는 것이 금지되어 있으므로 은밀히 고용되어야 한다는 주장과 마주친다. 이 모든 상황들은 대문자 사회 정의를 미디어로 끌어들이는 데 유익한 자리인데 왜냐하면 이런 역할들을 요구하는 활동가들이 그것으로 자신들의 경력을 쌓아가고 있기 때문이다.

때때로 소수자들을 표상하는 것과 전유하는 것에 대한 관심들은 서로 연계되는데, 트랜스 활동가들이 스칼렛 요한슨Scarlett Johansson(역주: 미국의 여배우)이 트랜스 남성 역할을 하지 못하도록 압력을 가하는 경우가 그렇다.[47] 그러나 때때로 이런 요구들은 상호 모순적인데, J. K. 롤링J. K. Rowling이 『해리포터 Harry Potter』 연작에서 주인공 중에 유색인종을 포함하지 않았고, 명백하게 게이이거나 혹은 트랜스인 인물들을 전혀 끌어들이지 않았다고 비난하면서,[48] 동시에 북미 원주민의 마법사 설화를 끌어들였다고 비판하는 것이 그러한 예이다.[49] 음악인들과 예술가들도 문화적 전유의 비난에 특히 취약하다. 마돈나Madonna(역주: 미국의 가수)가 인도와 히스패닉 문화를 전유했다고 비판받아 왔고, 그웬 스테파니Gwen Stefani(역주: 미국의 싱어송라이터)는 일본과 미국 원주민 미학을 전유했다고 비판받아 왔다.[50] 심지어 흑인 예술가들도 비판에서 예외가 아니다. 리한나Rihanna(역주: 바베이도스 출신의 가수)는 중국 문화를 전유했다고 비난받아 왔으며,[51] 비욘세Beyoncé(역주: 미국 가수, 배우, 패션 디자이너)는 인도의 볼리우드Bollywood(역주:인도 뭄바이에 뿌리내린 인도의 영화산업을 지칭하는 말) 스타일들을 전유했다고 비난받아 왔다.[52] 이것은 분명히 예술 생산을 방해하는 것이다. 이것이 바로 대문자 이론이 실천으로 옮겨질 때 일어나는 일이다.

미디어와 예술은 책, 미술, 영화, 혹은 비디오 게임들이 "말을 거는" 권력 역학의 운동장에서 "담론"으로 검증받고 문제시되기 때문에 또한 부정적으로 깊은 영향을 받을 수 있다. 물론 그것들에 대하여 진정으로 부정적인 고정관념, 정당한 비평, 그리고 통찰력 있는 분석들의 예가 있을 수 있다. 그러나 "담론들"에 대한 최근의 많은 분석들은 매우 해석적이며 반증이 불가능하다. 심지어 닥터 수스Dr. Seuss(역주: 미국의 작가이자 만화가)의 책들도 인종차별주의적이라고 비판을 받으며,[53] 영화에서의 흑인들에 대한 묘사들은 흑인 여성들을 소위 강하고 거칠다는 고정관념에 토대하고 있다고 비난받는다.[54] 이 문제를 해결하기는 어려워 보이는데, 실제로 흑인 여성들을 나약하고 복종적이라고 묘사하면 그것 역시 달갑지 않을 것이기 때문이다. 이렇게 무자비한 접근법은 특히 젠더 분석에서 흔하다. 페미니즘 학자들과 활동가들은, 예를 들어 어떤 영화에서 여성이 하는 말의 횟수를 남성이 하는 말의 횟수와 비교하여 평가하고,[55] 여성들에 대한 성차별화된 묘사들을 비난했다.[56]

이러한 비난은 지루할 뿐만 아니라, 그 비난으로 도움을 준다고 주장하는 집단의 구성원들에게까지도 대가를 요구한다. 젠더화된 담론이 모든 것을 관통한다고 가정하는 포스트모던 페미니즘 분석은 더욱 엄정하고 잘 평가된 분석들에 대해 회의의 시선을 던질 뿐만 아니라, 여성 인물들의 가능한 범위를 제한할 수도 있다. 20세기 폭스사는 빌보드에 나온 영화 <엑스-맨X-Men>에서 아포칼립스Apocalypse(역주: 남성 등장인물)가 미스티크Mystique(역주: 여성 등장인물)의 목을 조르는 장면에 대해 공식 사과를 해야만 했는데, 이는 로즈 맥고완Rose McGowan같은 페미니스트들이 그 이미지에 나타난 "여성에 대한 무심한 폭력"에 대하여 불평을 한 이후에 나온 것이다.[57] 이제 영화에서 여성 슈퍼히어로들이나 악당들은 싸움에 끼어들 수 없거나, 그들에게 이기더라도 그들을 공격하지 않고 이겨야만 할 것 같다. 이와 유사하게 드라마 <왕좌의 게임Game of Thrones>의 등장인물인 산사 스타크Sansa Stark는 강간과 성희롱의 경험이 자신을 더욱 강하게 만들었다는 대사 때문에 비난의 대상이 되었다. 어떤 페미니스트들은 이것이 어떤 식으로든 강간을 정당화함으로써 강간 문화를 지원한다고 느꼈다.[58] 이런 견해에서 보면, 만일 당신이 영속적인 피해자가 아니라면 당신은 악의 세력과 공모하고 있는 것이다. 이런 분석은 이 드라마의 남성 등장인물인 테온Theon 또한 성적

고문의 고통을 겪고 심지어 음경이 잘리며, 그 결과 마찬가지로 더 강한 사람이 된다는 사실을 편의적으로 무시한다. 여성 인물들이 학대, 폭력, 그리고 역경을 극복하는 것을 허락하지 않는다면, 어떻게 그들을 강하고 회복력이 있는 것으로 묘사할 수 있는가? 이런 제한들은 우리가 이미 보기 시작하듯이, 여성 인물들을 더 재미없게 만들기 쉽다. 예를 들어, 많은 사람이 연작 드라마 <닥터 후Doctor Who>에서 여성 "의사"의 등장을 열렬히 환영하는 한편, 어떤 평론가들은 프로듀서들이 남성 의사들보다 그 여성 의사를 왜 상대적으로 흠집이 적고 그래서 덜 복잡한 인물로 만들었는지 의아해하였다.[59] 이것은 아마도 페미니스트들의 분노를 일으키지 않으려는 의도에서 나온 것으로 보인다.

잠재적으로 훨씬 더 큰 염려는 대문자 사회 정의 학문이 의학에 끼치는 충격이다. 장애와 비만이 사회적으로 구성되며, 장애 그리고 비만과 싸우려는 노력들은 장애와 비만인에 대한 증오에 뿌리박고 있다고 주장하는 행동주의는 분명히 위험하다. 장애 연구 안에 뿌리박은 어떤 구체적인 문제들의 예는 자폐, 청각장애, 그리고 정신질환과 관련된 행동주의에서 발견된다.

예를 들어, 자폐증 행동주의의 특정한 형태는 최근 몇 년 사이에 매우 급속히 증가해 왔다. 그들의 논의는 자폐 스펙트럼autistic spectrum(자폐 범주성 장애)이 있는 사람들을 장애인으로 간주해서는 안 된다는 전제에 뿌리박고 있다. 이런 주장에는 많은 장점도 있는데 왜냐하면 많은 고능력을 가지고 있는 자폐 개인들이 자신들은 완벽하게 가치 있고, 행복한 인간들인데 무언가 이례적으로 엮인 것이라는 점을 지적해 왔고, 평균적으로 볼 때 자폐가 고도의 체계화 능력과 연결되어 있다는 많은 증거가 있기 때문이다.[60] 그러나 다른 자폐인들과 간병인들은 자폐가 종종 심각한 장애이며, 고통스러운 것이고, 자폐 활동가들이 더 심한 장애를 겪는 사람들이 지원을 받는 것을 더 어렵게 만든다는 사실을 지적해왔다.[61] 다른 논자들도 언어, 편견, 그리고 사회적 상호작용에 관해 복잡해진 대문자 사회 정의의 규칙들이 자폐인들이 그것을 따르는 것을 특히 어렵게 만들며, 테크놀로지, 엔지니어링, 그리고 물리학과 같은 직업군에서 과도하게 표상되는 경향이 있는, 신경학상으로 이례적인 사람들이 특히 그런 규칙들의 위반에 취약하다는 것을 지적해 왔다.[62] 구글의 자폐증 기술자인 제임스 다모어—그는 기술직에 얼마나 더 많은 여성을 채용해야 하는지 피드백을 해달라는 요청에 문자 그대로 응수를 했고, 그 결과 해고되었다—가 좋은 예이다. 백신이 자폐증의 원인이라는 반과학적 주장들에 대하여 그런 주장들이 진실이 아님을 지적하지 않고, 장애인 차별주의에 대한 비난을 하며—자폐가 왜 나쁘다고 가정하느냐?—대응하는 경향이 있는 자폐 활동가들 또한 우려스럽다. 이와 같은 진흙탕이 이미 위험스럽게 물을 흐려놓고 있다.

청각장애 활동가들이 지적하듯이, 달팽이관 임플란트는 때로 제대로 작동하지 않아 방향감각을 잃게 할 수 있고, 그것을 사용하는 것이 스트레스를 줄 수도 있으며, 따라서 청각장애인들에게 그것을 참고 견디라고 압력을 가해서는 안 된다.[63] 그러나 청각장애 활동가들은 청각장애 어린이에게 장애가 없는 부모들이 임플란트를 할 수 있는 옵션을 제공하는 것을 청각장애인들에 대한 집단 학살에 가까운 것이라는 황당한 주장을 해왔다. 어떤 논자들은 청각장애 정체성의 정치학을 주창하였는데, 이는 자신의 청각을 회복하려 애쓰기를 소망하는 사람들을 배신자로 간주한다. 이런 것은 청각 장애인들에게 전혀 도움이 되지 않는다.

정신 건강 행동주의는 또한 정신질환을 종종 주변화된 정체성으로 간주한다. 이런 접근의 한 가지 문제점은 사람들이 자신의 정체성에 집착하게 되어, 치료 방법을 찾고 회복하려는 노력을 하지 못하게 할 수도 있다는 것이다. 또 다른 문제는, 환자들이 육체적 질환의 징후들을 스트레스, 불안, 혹은 우울증 같은, 정체성의 지위가 가져오는 정신질환의 상상된 심인성 특징으로 잘못 간주할 수도 있다는 것이다. 활동가들이 정신 건강 문제들에 따라붙는 불친절, 무지, 그리고 역효과적인 오명들에 대하여 말하는 훌륭한 작업을 하면서도, 정신질환을 피해자 의식을 가져오는 정체성의 지위로 끌어올리는 것은 실로 도움이 되지는 않는다. 특히 고통을 받는 사람들에게는 그것이 자신들의 질병을 치료가 가능한 것으로 보지 않고, 자신들 정체성의 본질로 간주하게 하기에 도움이 되지 않는다.

이와 유사한 문제가 비만 행동주의와 관련해서도 일어나는데, 대문자 사회 정의 학문에 따르면 비만 역시 주변화된 정체성이기 때문이다. 이것은 잠재적으로 훨씬 더 위험하다. 비만 행동주의의 핵심적인 주장은, 비만이 비만 혐오 때문에 그리고 우리가 과학 담론을 과도하게 신뢰하기 때문에 건강에 좋지 않은 것으로 간주한다는 믿음이다. 이런 견해는 매우 위험스러울 정도의 비만인들에게, 특히 몸무게를 줄이는 것이 매우 어렵다는 것을 알게 된 여성들에게 매우 매혹적이다. 그들은 의학적 혹은 심리적 지원을 받으려 하기보다는, 있는 그대로의 자기 몸을 사랑하는 것을 배울 수 있다. 자기 몸 긍정주의 운동은, 비만이 당뇨, 심장질환, 다낭성 난소증, 관절과 호흡기 질환, 여러 형태의 암과 연결되어 있다는 수많은 증거에도 불구하고, 비만인 모델들을 아름답고 건강한 것인 양 병적으로 치켜세운다.[64] 비만 활동가들은 영국 암 연구소가 전국의 게시판에 비만의 위험에 대하여 알린 이후에, 영국 암 연구소에 반대하는 운동을 벌였다.[65] 다른 활동가들은 날씬한 광고 모델들을 반대하는 운동을 했다.[66] 비만인들에게 그들에게 과도한 몸무게가 건강에 좋지 않다고 말하지 않을 의사를 찾는 법을 병적으로 알려주는 수많은 웹

사이트가 있다. 이런 태도는 죽음을 가져온다.

어르고 달래기 그리고 피해자 의식의 문화

이와 같은 사회적 변화들은 포스트모던 원칙들과 주제들이 행동으로 옮겨졌음을 입증한다. 비록 아마도 인구의 10프로 이하가 그런 생각을 가지고 있다 하더라도,[67] 그들은 사회가 스스로를 이해하는 방식에 상당한 영향력을 행사한다. 이것은 우리에게 적용과 물화의 단계에 있는 포스트모더니즘이, 잘 살아 있을 뿐만 아니라 급속하게 점점 더 우리 사회 곳곳에서 지배적이 되고 있음을 말해 준다. 2008년에 나온 다음과 같은 두 권의 중요한 책들이 이와 같은 사회 변화의 원인, 주장, 그리고 잠재적 위험들에 대하여 말하고 있다. 이 책들은 바로 그레그 루키아노프와 조너선 하이트가 쓴 『미국의 정신을 달래기: 좋은 의도와 나쁜 생각이 어떻게 한 세대를 실패로 몰고 가는가 *The Coddling of the American Mind: How Good Intentions and Bad Ideas Are Setting Up a Generation for Failure*』[68]와 브래들리 캠벨Bradley Campbell과 제이슨 매닝Jason Manning이 쓴 『피해의식 문화의 부상: 미세 공격, 안전 공간, 그리고 새로운 전쟁 문화들 *The Rise of Victimhood Culture: Microaggressions, Safe Spaces, and the New Culture Wars*』[69]이다. 루키아노프와 하이트는 심리학에, 캠벨과 매닝은 사회학에 초점을 맞추는데, 이들의 접근법들은 서로 보완이 된다. 이것들은 동일한 현상의 다른 측면들이다.

『미국의 정신을 달래기』에서 루키아노프와 하이트는 어려운 생각과 상한 감정에 직면하는 젊은이들의 회복 탄력성과 능력의 극적인 감소를 일별해 보여준다. 저자들은 이와 같은 싸움들을 과소평가하지 않

고, 세 가지 "새빨간 거짓들"을 수용한 고통스러운 결과들임을 강조한
다. 이 거짓들은 사람들이 약하다("당신을 죽이지 않는 것은 무엇이든
지 당신을 더 약하게 만든다")는 믿음, 감정적 추론에 대한 믿음("당신
의 감정을 항상 신뢰하라"), 그리고 우리 대 그들("인생은 선한 사람들
과 악한 사람들 사이의 전쟁이다")에 대한 믿음이다. 그들의 핵심적인
테제는 이와 같은 거짓들이 서로 연결되어 인지 행동 치료와 반대로 기
능하는, 세계에 대한 심리적 접근법을 만든다는 것이다. 인지 행동 치
료법은 사람들이 최악의 상황이 일어날 것으로 상상하는 것을 극복하
게 만든다. 그들이 세상을 넓게 볼 수 있게, 그리고 사건들에 대해 조용
히 너그럽게 생각하고 적절히 행동하도록 도와주는 것이다. 그에 반해
이 새빨간 거짓말들은 부정적이며, 신경증적이고, 자기 파괴적인 정신
상태를 북돋는다.

　우리가 볼 때, 이런 것들은 대문자 이론으로부터 유발된 심리적인 문
제들이다. 사람들이 취약하며, 불쾌하거나 분노케 하는 경험들로 말미
암아 취약해진다는 믿음은, 대문자 사회 정의 학문과 행동주의 안에서
지배적인 담론에 의해 주변화된 집단들이 피해를 보고, 지워지며, 부당
한 취급을 받고, 폭력에 종속되는 집단으로 대문자 이론화된다. 객관적
이거나 너그럽기 위해 노력하기보다 자신의 감정을 항상 신뢰하는 것
에 몰두하는 것은 객관적 지식보다 경험적 지식을 우위에 놓는 대문자
사회 정의의 입장을 반영한다. 이것은 또한 정체성의 개념에 묶여 있다.
대문자 이론의 입장에서 볼 때 주변화된 사람들의 경험과 감정은 권위
가 있다(즉, 그것들이 대문자 이론을 옹호할 때 그렇다. 대문자 이론을
옹호하지 않을 때 그 경험과 감정은 이러저러한 식으로 잘못된 것이다).
백인들의 경험, 감정, 그리고 주장들은—대문자 사회 정의의 교리에 동
의하지 않는다면—윤리적으로 그리고(혹은) 사실적으로 옹호할 수 있는

것이라기보다는 취약성의 징표들로만 여겨진다. 이것은 모두, 삶은 지배적 담론과 주변화된 담론들로 표상된 선한 사람들과 악한 사람들 사이의 전투이며, 그 안에서 어떤 사람들은 다른 사람들을 희생하는 대가로 권력과 특권의 억압적인 체제를 유지하려 노력한다는 신념에 토대하고 있다.

『피해의식 문화의 부상』에서 캠벨과 매닝은 서로 다른 시대와 문화에 따른 사회적 갈등 해소의 상이한 양식들을 묘사한다. 그들은 사람들이 서로를 어떻게 연결하며, 그런 연결들을 어떻게 도덕화하고, 세계 안에서 자기들의 자리를 확보하며, 지위와 정의를 찾는지 바라본다. 그들은 최근에 부상하고 있는 피해의식 문화를 확인하고, 그것이 **존엄 문화**dignity culture 그리고 **명예 문화**honor culture와 어떻게 다른지 설명한다. 그들은 설명하기를, 명예 문화에서는 다른 사람에 의해 지배당하는 것을 거부하는 것이 중요하다. 그러므로 사람들은 모욕에 대하여 매우 민감하며, 무례함을 나타내는 것에 대하여 즉각적인 공격 혹은 폭력으로 응수한다. 이런 종류의 문화에서는 자기만족이 핵심적인 가치이며, 이것이 수백 년 동안 서구 세계를 지배해 왔으며, 어떤 비서구 문화와, 거리의 갱들처럼 서구의 하위문화에도 널리 퍼져 있다. 이런 문화는 존엄 문화에 의해 대체된다. 존엄 문화 또한 자기만족을 강조하지만 다른 종류의 탄력성을 독려한다. 존엄 문화에서 사람들은 대부분의 모욕을 무시하고, 언어적 모욕에 대해 덜 민감하되, 대부분의 문제를 개인들 사이에서 해결하고, 심각한 갈등은 자기 손으로 해결하려 하기보다는 법적인 수단으로 활용할 것을 권고받는다.

캠벨과 매닝이 보기에 새로운 피해의식 문화는 명예 문화의 모욕에 대한 민감성을 공유하되 힘 대신에 취약함을 보여줌으로써 대응한다. 그것은 갈등 해소를 위하여 자기 손으로 해결하기보다 관계 당국에 의존하는 존엄 문화의 특징을 유지하지만, 비방을 무시하기 위한 자기 노력이나 우선 평화적인 해결책을 찾는 일을 하지 않는다. 피해의식 문화에서 지위는 피해당했음을 보여주는 것에서 도출되며 따라서 동정적인 제3자의 지원을 이끌어 내려 한다. 결과적으로 그것은 다른 사람들의 동정심을 유발해 내고 그 축을 따라 공적인 도움을 얻으려는 방식으로 작동된다. 그 결과 많은 상호작용들을 권력 불균형과 희생으로 읽어내는—심지어 경우에 따라서는 발명해 내는—경향이 있는데, 이는 캠벨과 매닝이 "피해의식의 자연스럽고도 도덕적인 흐름"이라 지칭하는 것을 자신들의 입장에서만 활용하는 것이다.[70] 이런 문화의 부상은, 세계를 언어 안에 영속화된 권력과 특권의 시스템 안에서 구성된 것으로 간주하는 포스트모더니즘의 개념, 그리고 그것의 더 새롭게 물화된 표명과 많은 관련이 있는데, 이는 그 억압을 가시화하고 그것을 해체하는 것을 목적으로 삼는다.

피해의식의 정당화와 권력이 어떻게 억압을 하고 주변화하는지에 집착하는 대문자 이론적 접근은 손을 맞잡고 함께 간다. 피해자들은 대문자 이론을 옹호하는데, 그럼으로써 그것에 동조하는 사람들에게 주어지는 지위를 얻을 수 있기 때문이다. 그 도덕적 당위는 태도와 담론 속에 함유되어 있는 비언어적 형태의 피해로부터 주변화된 사람들을 보호하는 것이다. 그런 문제들을 확인하기 위해서는 루키아노프와 하이트의 세 가지 새빨간 거짓말들을 통하여 사회를 읽어야만 한다. 그것들에 대해 말하기 위해서는 명예 문화처럼 힘을 활용하거나, 존엄 문화처럼 모욕에 대한 탄력성을 갖는 일을 하지 말고, 캠벨과 매닝이 피해의식 문화라고 말했던 것을 포용해야 한다.

서구 사회에서 많은 경우 이와 같은 피해의식과 어르고 달래기식 문화의 부상은 (진정한 의미에서의) 사회 정의를 위한 행동주의가 이제 자기 성공의 피해자가 되었음을 암시한다. 미시 공격과 대명사 사용 실수에 초점을 맞추는 사람들이 우려할 아무런 *실제적인* 문제도 가지고 있지 않다고 비난하는 것은, 이런 이슈들이 진정으로 얼마나 고통스럽게 경험되고 있는지를 과소평가하는 것이다(루키아노프와 하이트가 보여 주듯이, 비록 자살률의 증가 원인은 훨씬 복잡하겠지만 젊은이들의 자살률이 증가해 왔다). 그러나 겉보기에 사소한 사회적 무례 혹은 원하지 않는 생각과 태도들에 대하여 자유로이 염려하는 사회는, 그 안에서 구성원의 대부분이 아마도 직접적으로 삶을 위협하는 상황들을 경험하지 않는 사회이다.

루키아노프와 하이트는 신경증적 양육과 "안전 주의"에 관해 논하면서, 부모들이 어린이 사망률을 급격히 떨어뜨려 온 디프테리아와 소아마비 같은 치명적 질병들의 박멸,[71] 그리고 위험한 물건과 관행들의 감소[72]를 축하하는 일에 빈번히 실패한다고 주장한다. 대신에 그들은 여전히 잠재적인 해가 될 더 작은 일들에 불안해하며 초점을 맞춘다. 게다가 그 초점은 육체적 피해에서 심리적 불편함으로 옮겨가서 *정서적 안정*에 대한 기대를 만들어 낸다.[73] 이와 유사하게, 캠벨과 매닝도 사람들이 증거도 거의 없는 곳에서 인종차별주의와 편견의 증거를 찾는 일에 대개 경도되어 있는 것 같은 사실에 주목하며, 다음과 같이 말한다.

우리는 19세기 프랑스 사회학자인 에밀 뒤르켐Emile Durkheim을 생각했는데, 그가 독자들에게 "성인들의 사회"에서 무슨 일이 벌어질지 상상해 보라고 한 질문은 유명하다. 대답은, "평신도들에게는 별것 아닌 잘못들"이 거기에서는 스캔들이 될 것이기 때문에 그곳에도 여전히 죄인들이 있을 것이라는 것이었다.[74]

우리는, 대문자 사회 정의의 맥락 안에서 포스트모던 사상이 발전하고, 그것이 인종차별주의, 성차별주의, 그리고 동성애 혐오적 태도와 담론들에 집중하면서 그런 태도와 담론들이 급격하게 감소한 것은 우연의 일치라는, 유사한 주장을 해왔다. 법적이고 정치적인 차원에서 인종, 젠더, 그리고 성소수자의 평등을 향하여 급속한 진보를 이룬 20년의 세월이 지난 후에, 민권운동, 자유주의적 페미니즘, 그리고 게이 프라이드 운동이 한계 효용을 절감하기 시작했던 것처럼, 응용 포스트모더니즘적 전환이 1980년대 말에 시작된 것은 우연이 아니다. 짐 크로우 법이 철폐되고, 제국이 몰락했으며, 남성 동성애가 합법화되고, 인종과 성에 근거한 차별이 범죄시 되면서, 서구 사회는 주변화된 집단들을 억압한 그것의 긴 역사를 새로이 의식하고 부끄럽게 생각했으며, 잘못된 것을 지속적으로 바로 잡기를 원했다. 대부분의 중요한 법적 투쟁들이 승리한 이후에, 이제 남아 있는 따질 것들은 성차별주의, 인종차별주의, 그리고 동성애 혐오적 태도들과 담론들이었다. 포스트모더니즘은 권력과 사회적으로 구성된 지식의 개념에 초점을 맞추면서 이런 것들에 대하여 발언을 할 완벽한 자리를 차지하였다. 그러나 인종차별주의, 성차별주의, 그리고 동성애 혐오가 계속 쇠퇴해 가자, 상황과 텍스트들에 대한 더욱 깊고 깊은 독해들, 그리고 점점 더 복잡해진 대문자 이론적 주장들은 그런 것들을 반드시 감지하도록 요청받았다. 대문자 사회 정의적 접근법들 안에서 발견되는 담론에 대한 대문자 이론적 분석은 사회적 불의가 대폭 감소된 상황을 직접적으로 반영하는 것이다.

제도화된 대문자 사회 정의—사례 연구

　대문자 사회 정의 학문이 사회적 구성주의라는 자신의 신념을 사회 제도에 부과할 때 상당한 위험이 발생한다. 일반적으로 볼 때는 비판적 인종 대문자 이론에, 그리고 특수하게는 대문자 이론 교육자인 로빈 디안젤로에게 매료된, 에버그린 주립 대학Evergreen State College에서 일어난 사건들이 좋은 사례를 제공한다. 백인들에게 하루 동안 캠퍼스를 떠나달라는 요구를 생물학 교수인 브렛 와인스타인Bret Weinstein이 거부하자, 학생-활동가 대표단은 격한 분노로 대응했다. 그 결과는 아수라장이었는데, 학생-활동가들은 저항하면서 캠퍼스 전역에서 폭동을 일으켰다. 대학에서의 모든 절차들은 완전히 방해를 받았으며, 졸업식도 캠퍼스 바깥에서 진행되었다. 학생-활동가들은 대학 총장인 조지 브리지스George Bridges를 에워싸고 계속해서 함부로 대했으며, 그가 말을 할 때는 손을 내리고 말할 것과 자신들의 요구에 굴복할 것을 주장했다.[75] 문제는 학생-활동가들이 경찰 진입을 막기 위해 입구마다 바리케이드를 치고, 교수들을 사실상 볼모로 잡았으며, 야구방망이로 무장을 하고, 와인스타인 교수를 찾기 위해 승용차들을 강제로 세우는 지경까지 이르렀다. 한편 그들은, 대학 총장이 경찰들에게 물러날 것을 요구했고 모든 것이 방해받지 않고 진행되도록 했음에도 불구하고, 캠퍼스에서 "흑색과 갈색 몸들"에게 안전이 보장되지 못하고 있다고 소리 높여 자신들의 처지에 대해 항의했다.

　캠퍼스는 광기의 상태로 떨어졌고, 에버그린 대학은 아직도 그 상태에서 복구되지 못하고 있다. 가장 무시무시하고 강력하게도 시위자들은 그들이 반대하는 사람들의 견해들을 들으려고 하지 않았으며, 보아하니 그것들을 이해할 수도 없었다. 와인스타인 교수가 캠퍼스가 인종차별적이라는 증거를 대라고 요구하자, 그들은 그에게 고함을 지르며 증거에 대한 요구 자체가 인종차별주의라고 말했다. 그들은 만일 와인스타인이 흑인의 상태가 어떤 것인지 조금의 이해라도 가지고 있다면 알 것이라고 주장했다. 그들의 증거는 그들이 매일 그 경험을 하며 산다는 것이었다. 그래서 어떤 자료로도 옹호될 것 같지 않은 그들의 선동적인 주장에 관한 사례를 제시하는 대신 학생-활동가들은 단순히 "백인의 침묵은 폭력이다"와 같은 대문자 사회 정의의 슬로건만을 연호하였고, 과학학과를 조사하고, 그 교수들을 불러들여, 재교육을 시키고, 본질적으로 문제가 있는 그들의 견해들에 대하여 제재를 가할 것을 요구하였다.

도대체 어떻게 이런 일이 벌어졌느냐고 묻는다면, 한 단어로 답할 수 있다. 대문자 이론 때문이다. 에버그린에서 일어난 일은 대문자 이론이 실제 세계의 자율적인 제도에 적용될 때 일어날 수 있는 일의 축소판이 어떤 것인지 예증해 준다. 에버그린 대학 당국은 로빈 디안젤로 같은 비판적 인종 교육자들의 "반인종차별주의" 견해들—특히, 백인 취약성의 개념—을 너무 많이 수용해서 파괴에 이르렀으며, 시위자들에 맞서 방어 논리를 제기할 수 있는 능력을 상실했다. 실제로 어떤 유색인종 학생들이 와인스타인 교수를 옹호하고, 그와 유사한 진술들을 했을 때 군중들은 고함을 치며 그들을 끌어내렸으며, 그들 자신의 산 경험들을 묵살했다. 이는 대부분 그 경험들이 대문자 이론이 세부화한 "진정한" 경험과 일치하지 않았기 때문이었다. 그러므로 사람들이, 특히 그 난리가 나던 때에 에버그린에서 미디어 연구를 가르쳤던 나이마 로우 Naima Lowe 교수가 대학을 백인 지상주의가 급격히 퍼진 인종차별주의적 기관이라고 일단 비난하면, 비판적 인종 대문자 이론으로부터 "반인종차별주의"적인 개념들을 이전부터 갖고 있던 교수들과 행정가들은 그 비난을 받아들이고 사람들이 요구하는 변화를 만들기 시작하는 것 외에 다른 방도가 없었다.

그렇다면 그들이 달리 무엇을 할 수 있었을까? 다른 것들 중에서도 "백인 취약성"의 대문자 이론은 그들의 손을 꽁꽁 묶어놓아서, 다른 어떤 것을 한다는 것이, 지배적인 대문자 이론의 시각에서 보면, 그들이 모든 이유를 들어 거부할 수 있는 바로 그 문제와 공모를 확실시하는 것이다. 브렛 와인스타인과 같은 극소수는 반론을 폈고, 회의를 표현했으며, 증거를 요구했고, 조용히 반대표를 던졌으며, 혹은 제안된 해결책을 정직하게 검토하려는 지속적인 노력을 했지만, 반대자들로부터 인종차별주의 체제와 아예 낙인이 찍힌 인종차별주의에 참여하고 있다고 비난받았다. "인종차별이 일어났는가?"가 아니라 "어떻게 인종차별주의가 그 상황에서 표명되었는가?"를 질문으로 받아들였을 때,[76] 유일하게 가능한 결론은 그들이 본질적으로 인종차별주의적 조직을 위하여 일하고 있다는 것이었다. 그런 것들이 비난의 내용들이었다. 인종차별주의와 공모하지 않는 유일하게 가능한 방법은 비난을 받아들이고, 대문자 이론이 명한 반인종차별주의의 끝없는 과업을 받아들이는 것이라는 대문자 사회 정의의 생각을 받아들이는 것이었다. 그들은 특히 신임 총장인 조지 브리지스 같은 행정가들이 취임했을 때 극단주의적 소수 교수와 학생들 앞에서 무력했다. 대문자 사회 정의가 내세운 목소리에 동정적이었던 에버그린의 다수 학생들과 교수들은 이것이 그들이 바로 옹호한 것이었다는 사실을 아마도 몰랐을 것이다.

이런 역학은 일단 대문자 이론이 폐쇄적인 체계 안으로 들어갔을 때 쉽게 예견할 수 있는 일이다. 이런 생각들은 일부 사람들에게 일정 정도 유통되기 시작하고, 사람들은 심정적 지지를 하다가 열렬한 지지자가 되고, 대문자 이론의 세계관을 받아들이기 시작한다. 이 상황에서, 그들은 그들 자신이 속해 있는 기관들을 포함하여 모든 제도들 안에 체계적인 편견이 존재하고, 또한 그것들이 표피 아래 숨겨져 있으며, 따라서 "비판적"인 방법들을 통하여 노출되고 쟁점화할 필요가 있음을 "안다". 결국 대문자 이론에 적합한 사건이 일어나거나, 에버그린의 사례에서 보듯이 사건이 만들어지고, 그 기관 안의 대문자 이론가들은 문제의 바닥에서 드러난 "문제틀들"에 골똘히 집중한다. 이것은 체계적으로 해석될 것이고, 모든 논쟁과 토론이 일련의 비난과 충분히 대문자 이론적이지 않은 누군가에 의해 언표된 모든 발화에 대한 꼼꼼한 읽기들로 바뀌면서, 커뮤니티는 산산조각이 난다. 대문자 이론을 묵인하고 그 입장에서 싸우는 것 외에 다른 어떤 일을 하든, 그것은 기관의 핵심에 있는 체계적 문제와의 공모를 "증명"하는 것으로 여겨지고, 그렇게 되면 어디에도 의지할 곳이 없어진다. 만일 사건이 일어날 때—그리고 심지어 오해로 빚어진 사건은 항상 있을 것이고, 혹은 실책이 사건이란 자격을 얻게 될 것이다—기관 안에서 충분한 수의 활동가들이 충분한 대문자 이론을 채택할 경우, 대문자 이론은 그 기관을 삼켜버릴 것이다. 만일 그것이 실패한다면 그것은 처음부터 체계적인 편견 때문이므로 그럴 만한 것으로 치부된다. 만일 하다못해 이전의 것이 파편으로나마 살아남는다면, 그 속의 대문자 이론은 그만큼 일관성을 유지하는 것이거나 아니면 대문자 이론을 둘러싼 독소로 가득 찬 전쟁터이기에 그러하다고 주장할 것이다. 이것은 대문자 이론의 유령이 아니라 특징이다. 그것이 바로 "비판적" 방법이 그 중심에서 애초부터 의도했던 것이다. 실로, 이런 역학은 에버그린을 넘어 온라인상의 뜨개질과 같은 취미 집단,[77] 2010년 초반의 무신론 운동,[78] 그리고 심지어 보수적인 교회들[79]의 포럼들을 포함하는 다양한 현장들에서 일어나고 있다.

논문 상으로 볼 때 대문자 이론은 항상 좋아 보인다

대문자 사회 정의 학문의 발상들은 논문 상으로는 종종 좋아 보인다. 나쁜 이론들은 거의 항상 이런 식이다. 예를 들어 공산주의를 보자. 공산주의는 기술적으로 발전된 사회는 협업과 자원의 공유를 중심으로 자신을 조직하여 인간 착취를 최소화할 수 있다는 생각을 제시한다. 자본주의의 승자와 패자 사이의 불균형에서 발생하는 불의들은 제거될 수 있다. 충분한 정보—우리가 알기에는 시장을 통하지 않고서는 믿을 수 없을 정도로 얻기 힘든 것으로 증명된 정보—와 더불어 우리는 확실히 훨씬 더 공정하고 훨씬 더 평등한 방식으로 상품과 용역을 재분배할 수 있으며, 모든 선한 사람들이 그런 체제에 동참하기에 도덕적 이익은 확실히 충분하다. 우리는 모든 사람을 끌어들여야만 한다. 우리는 모두 협력할 수 있다. 그것이 이론이다. 그러나 실제로 공산주의는 역사의 가장 큰 잔혹 행위들의 일부를 초래했으며, 수백만 명의 죽음에 책임이 있다.

공산주의는, 우리의 가장 훌륭한 이론들이 아무리 "더 훌륭한 선"이라는 지지자들의 이상주의적 비전으로 동기화되더라도 그 실천에 있어서 재난스러울 정도로 실패할 수 있는지를 알지 못하는 인간의 경향성을 보여주는 훌륭한 예이다. 포스트모더니즘은 모든 다른 거대 이론들, 계몽주의, 그리고 그 이전의 전근대적 신념들과 더불어 공산주의에 대한 거부로 시작되었다. 우리가 원래의 포스트모더니스트들로 인지하고 있는 냉소적 대문자 이론가들은 인간의 자만심에 대한 새로운 대문자 이론적 접근법을 위한 기초를 세웠다. 그들은 세계가 어떻게 가동되며 어떻게 움직이는지에 대한 거대하고, 전면적인 설명들과 비전들을 시도했던 사상적 선배들의 발자취를 따르기보다는, 그것을 기초부터 모두 해체하기를 원했다. 그들은 단지 인간의 진보에 대한 특수한 비전들

350

을 의심한 것이 아니라, 진보의 가능성 자체를 급진적으로 회의하였다. 이런 냉소주의는 효과적이었다. 이런 냉소주의는 정치적 행동으로 넘어가면서 사회를 다시 만드는 것—그것에 대해 단지 불평하는 것이 아니라—에 특별히 적용되었고, 그리하여 우리가 오늘날 특히 대문자 사회 정의 학문과 행동주의에서 직면하는 대문자 이론들로 진화하였다. 논문 상으로 볼 때, 그런 대문자 이론들은 선한 것들을 말하는 것처럼 보인다. 편견, 억압, 주변화, 그리고 불의의 바닥으로 내려가 세상을 치유하자. 우리가 모두 조금만 더 신경 쓴다면, 그리고 제대로 신경 쓴다면, 우리는 역사를 올바른 쪽으로 이끌어 갈 수 있을 것이다. 우리는 모든 사람을 끌어들여야만 한다. 우리는 모든 사람이 협력할 수 있게 해야 한다. 우리는 어떤 문제든 무시해 버리고 대의를 위한 단결을 맹세해야 한다는 식으로 말이다.

그러나 그렇게 되지는 않을 것이다. 대문자 사회 정의는, 일단 실천으로 옮겨지면 실패할, 그리고 그 과정에서 엄청난 해악을 끼칠 수 있는, 겉으로만 좋아 보이는 대문자 이론이다. 대문자 사회 정의는, 현실 혹은 정당성과 상호성에 대한 인간의 핵심적인 직관과 상응하지 않고, 이상주의적인 메타서사이기 때문에 성공할 수 없다. 그럼에도 불구하고 메타서사들은 설득력이 있고, 사회와 사회가 지식, 권력, 그리고 언어에 대하여 생각하는 방식에 상당한 영향력을 행사하기에 충분한 지원을 얻을 수도 있는 것처럼 보인다. 왜 그럴까? 부분적으로는 우리 인간들이 우리가 생각하는 것처럼 똑똑하지 않기 때문이며, 부분적으로는 우리 대부분이 최소한의 어떤 차원에서는 이상주의자이기 때문이여, 부분적으로는 우리는 무언가가 작동하기를 원할 때 우리 자신에게 거짓말을 하는 경향이 있기 때문이다. 그러나 대문자 이론은 메타서사이고, 메타서사들은 사실상 신뢰할 수 없다.

포스트모더니스트들은 정확히 그 길로 갔다. 그들이 참담하게 잘못한 것은 효과적이고 적응력 있는 체계들을 메타서사들로 오인한 것이다. 종교적인 그리고 많은 이론적 구성물들이 메타서사들이지만 자유주의와 과학은 메타서사가 아니다. 자유주의와 과학은—단정한 작은 이론들이 아니라—체계들이다. 왜냐하면 그것들은 발상 자체가 *자기-확신적*이라기보다 *자기-회의적*이기 때문이다. 이것은 합리적인—급진적이 아닌—회의론이다. 그들은 *이론적인* 것보다는 *경험적인* 것을 중시한다. 그들은 자기-교정적이다. 통제된 자본주의, 공화제적 민주주의, 그리고 과학과 같은 자유주의 체계들은 인간의 경제, 사회, 그리고 지식-생산을 신뢰할 만한 사회, 정부, 그리고 세계에 대한 잠정적으로 진실한 진술을 생산하는 진화적인 진행에—시간을 두고, 지속적인 노력을 통하여—귀속시킴으로써 갈등을 해소한다. 지난 500년 동안 특히 서구에서 거의 모든 것이 변한 것이 그 증거다. 대문자 이론이 지적하듯이 그 진행이 때로는 문제적이기도 했지만 여전히 *진행* 중이다. 대부분의 시대, 대부분의 사람들에게, 상황은 500년 전보다 더 좋아졌고, 이것을 부인할 수는 없다.

10장
대문자 사회 정의
이데올로기에 대한 대안

정체성의 정치학이 없는 자유주의

포스트모던 대문자 이론과 자유주의는 단지 긴장 관계 속에서 존재하는 것이 아니라 거의 직접적으로 서로 불화의 관계에 놓여 있다. 자유주의는 지식을 다소간 객관적으로 현실에 관하여 우리가 배울 수 있는 어떤 것으로 간주함에 반하여, 대문자 이론은 지식을 인간에 의해 완전히 창조된 것—대체로 우리 자신들의 사회적 지위, 특권, 그리고 권력을 부지불식간에 유지하기 위하여 우리가 자신들에게 하는 이야기들—으로 간주한다. 자유주의는 정확한 범주화와 이해, 설명의 명증성을 끌어들임에 반해, 대문자 이론은 제조된 모호성 안에서 흥청대면서 경계들을 흐리고 범주들을 지운다. 자유주의는 개인과 보편적 인간의 가치들을 중요시함에 반하여, 대문자 이론은 집단 정체성과 집단 정치학으로 이 두 가지를 모두 거부한다. 좌파 성향의 자유주의자들이 약자를 위하는 경향이 있고, 자유주의가 전반적으로 인간의 존엄성을 중시한다면, 대문자 이론은 피해 의식에 초점을 맞춘다. 자유주의가 진리에 도달하기 위하여 의견의 불일치와 토론을 독려한다면, 대문자 이론은 이런 것들을 다른 관점들을 억압하는 지배적 담론들을 강화하는 방식들로 간주하고, 우리는 "그" 진리에 갈 수 없고, 오로지 우리의 가치에 뿌리박은 "우리의" 진리에만 갈 수 있다고 주장한다. 자유주의는 진리의 상응 이론—어떤 진술이 현실을 정확히 묘사하면 그 진술이 진실이라는 이론—을 수용한다면, 대문자 이론은 진리가 "언어 게임"이며 말은 궁극적으로 다른 말을 가리킬 뿐이지—그 말들이 억압을 묘사하지 않는 한—결코 현실에 구체적으로 상응할 수 없다는 발상을 주창한다. 자유주의가 자신에 대한 비판일지라도 비판을 수용하며 그래서 자기 교정적이라면, 대문자 이론은 비판을 허용하지 않는다. 자유주의가 발전을 신뢰한다면, 대문자 이론은 발전의 가능성에 대하여 급진적으로 냉소적이다. 자유주의가 진화적 과정 때문에 본질적으로 건설적이라면, 대문자 이론은 그 냉소주의와 그것이 "비판적"이라 부르는 방법론들에의 집착 때문에 본질적으로 부패해 있다. 이는 놀랄 것도 없는데, *비판적* 방법론이 항상 분명하게 그리고 의도적으로 사회적, 정치적, 경제적 조직화의 수단으로서 *자유주의에 대하여* 비판적이었기 때문이다.

자유주의는 또한 포스트모던 대문자 이론이 자유주의의 공적인 지위를 약화시킬 수 있도록 허용한 특징들과 결점들을 둘 다 가지고 있다. 견해차와 관점의 다양성을 인내함으로써 자유주의는 사람들이 자유주의를 옹호하지 않는 것도 허용한다. 토론의 자유를 주장함으로써 자유주의는 명백히 자신의 교리에 대한 비판을 허용하고 심지어 환영한다. 보편적 인간 가치들을 주창함으로써 자유주의는 과거와 현재의 서구 사회들이 그 가치들에 의존해 사는 것에 실패한 방식들에 주의를 환기한다. 모든 시민의 법적, 정치적 평등을 주창함으로써 자유주의는 어떤 시민들이 다른 시민들보다 훨씬 더 방대한 정치적 영향력을 획득해 온 방식들에 주의를 환기한다. 계속해서 진보에 초점을 맞춤으로써 자유주의적인 사회는 자신의 불완전한 것들에 집중 조명을 하는데, 그것은 그것들이 교정될 수 있거나 혹은 적어도 완화될 수 있다는 희망을 품고 있기 때문이다. 자유주의는 완벽하지 않다. 그러나 자유주의는 대문자 이론의 해독제다.

자유주의 사회는 완전히 비개인적이므로 불만족스러울 수 있다. 자유주의적 질서 안에서는, 어떤 개인이나 집단도 특별대우를 받지 않는다. 모든 사람이 이것을 좋아하지는 않을 것이다. 게다가 자유주의는 보이는 곳에서는 완벽히 편파적이지 않은 것을 목적으로 하기에 보이지 않는 곳에서 불공평을 창조하며, 그것 중에 어떤 것은 심각한 나머지 바로 잡을 필요가 있다. 가령 자본주의는 순수하게 자유주의적인 경제 시스템이다. 이 시스템을 시행해 온 이후에 우리는 전적으로 통제되지 않는 자본주의가 재난—이것이 바로 칼 마르크스Karl Marx가 반발한 것이었다—임을 알게 되었다. 역설적인 것처럼 보이겠지만 독점 권력과 부정직한 권력자들의 영향 때문에, 자유 시장은 통제—체제가 손댈 수 없이 방치되는 것을 막는 하부구조—를 반드시 필요로 한다. 고대 그리스인들도 또한, 제대로 관리되지 않을 때 자유주의적인 정치 질서, 즉 민주주의에 내재하는 독재를 인정했다. 미국의 정치 실험 역시, 권력을 나누고 정부의 권력에 제한을 가하는 것을 포함하는 **대의민주주의**라 불리는 공화제적인 적용이 민주적인 체제의 필수적인 요소이며, 그 체제가 군중 지배와 다수의 독재로 떨어지지 않도록 막아주는 것임을 인정했다. 이런 체제들은 전적으로 지식 생산에 대한 자유주의적 접근에 의존한다. 포스트모던 대문자 이론은 자유주의적 질서의 실패들과 그것의 지식 생산 체계들을 냉소적으로—그것을 가지고 권력의 억압이 잠재성을 제한하는 것을 보이지 않게 하는 수단으로—바라보며, 그것들이 특히 불리한 상태로 시작하는 사람들에게 얼마나 불공평할 수 있는지에 초점을 맞춘다. 왜냐하면 그 체제는 그들의 불행을 보상할 어떤 기제도

가지고 있지 않기 때문이다. 그러므로 대문자 이론은 그 체제들을 무너뜨리려고 한다.

자유주의의 더 큰 난제는 정의하기 어렵다는 것이며, 그 때문에 대문자 이론이 해체해야 할 대상이 된다. 자유주의는 실제적인 목표를 연이어 내놓으면서 아마도 기껏해야 사회를 조금 더 공정하게, 더 자유롭게, 그리고 덜 잔혹하게 만들고자 하는 욕망으로 이해된다. 이것은 자유주의가 갈등 해소의 체제이지, 인간의 갈등에 대한 해결책이 아니기 때문이다. 자유주의는 참여자들 하나하나의 노력을 통해 가동되는 체제이기 때문에 그 어떤 사람에게도 특별한 신뢰를 바치지 않는데, 그렇게 하는 것이 우리의 가장 깊은 인간적 직관을 어기는 것이기 때문이다. 그것은 혁명적이지도 않지만, 반동적이지도 않다. 그것의 충동은 사회를 뒤집어 엎는 것도 아니고, 변혁을 하지 못하게 막는 것도 아니다. 대신 자유주의는 항상 앞으로 나아간다. 이것은 자유주의가 각각의 문제를 해결하고, 새로운 문제로 나아가며, 지속적으로 새로운 갈등들을 해결하고자 하고, 새로이 성취할 목표를 가질 때마다 실제 그렇게 앞으로 전진하기 때문이다. 이런 식으로 자유주의는 진화적 과정을 끌어들인다. 그리고 이런 종류의 진화적 과정은 당연히 항상 앞으로 나아가되 결코 완성되지 않는다. 따라서 그러한 과정들은 예외 없이 실수를 초래하고, 때로는 엉망으로 나가기도 하지만, 결국은 꼭 필요한 비판들과 올바른 교정에 직면한다. 대문자 이론은 이런 실수들을 문제시하며 부당하게 이용한다. 제대로 보았을 때 자유주의는 매우 유용할 수 있는데, 왜냐하면 통제가 불가능한 상태에 이르기 전에 문제들을 집중 조명하기 때문이다. 사실 적극적으로 자기비판을 수용하는 자유주의적 체제야말로 포스트모던 대문자 이론 같은 비판적 방법들이 부당하게 이용하여 기반을 흔들려고 하는 자유주의의 *특징*이다. 대문자 이론처럼 자유주의를 냉소적으로 보면, 자유주의적 체제에 대한 사람들의 신뢰를 파괴할 수 있고, 근대성을 가능하게 만든 것이 이 자유주의적 체제라는 사실을 사람들이 보지 못하게 할 수 있다.

자유주의는 또한 자리매김하기가 힘들다. 우리가 자유주의의 근간을 분명히 설명한, 근대에 대부분 서구에서 살았던 철학자들의 이름을 거명할 수 있지만, 자유주의가 언제 시작되었고 혹은 어떻게 발전하였는지를 이야기하는 것은 거의 의미가 없다. 이런 사상가들은 메리 울스턴크래프트, 존 스튜어트 밀John Stuart Mill, 존 로크John Locke, 토마스 제퍼슨Thomas Jefferson, 프랜시스 베이컨Francis Bacon, 토마스 페인Thomas Paine 외에도 많이 있다. 그들은 2000년 전 고대 그리스 시대까지 거슬러 올라가는, 여러 이질적인 전통의 오랜 사상가들로부터 영감을 받았으며, 오늘날까지 자유주의자들을 계속 납득시키고 그들에게 영감을 줄 개념들과 주장들을 제공했다. 그러나 그들이 자유주의를 발명한 것은 아니다. 왜냐하면 자유주의는 특정한 역사적 시기나 어떤 지리적 장소에 귀속되지 않기 때문이다. 자유주의를 향한 근본적인 충동은, 사람들이 좋은 것을 지키고 실패들을 근절하면서—특히, 그런 것들이 사람들을 옥죄고, 억압하며, 해칠 때—기존의 체제를 수정할 때, 어떤 장소, 어떤 시간에서나 발견될 수 있다. 자유주의는 다른 충동들, 특히 어떤 문제를 해결하기 위하여 비개인적 *체제*를 신뢰하지 않는 사람들과 긴장 관계로 존재한다. 이것이 자유주의를 포스트모던적 타락에 대해 민감하게 만드는데, 그 이유는 냉소적 대문자 이론가들이 그런 실패들과 해악들을 자유주의 자체를 비난하는 핑계로 사용하기 때문이다.

왜 토론의 자유가 그렇게 중요한가

우리는 모두 언론의 자유를 민주 국가들의 헌법과 세계 인권 선언 Universal Declaration of Human Rights에 소중히 간직되어 있는 보편적 인간 권리로 간주하는 데 익숙하다. 언론의 자유를 이런 식으로 바라볼 때, 우리는 자연스럽게 *화자*가 자신이 믿는 것을 검열이나 징벌을 받지 않고 말할 권리에 초점을 맞추는 경향이 있다. 그러나 이렇게 초점을 맞추면, 우리는 때로 무엇보다 중요한, 청자 혹은 *잠재적 청자들을 위한*―특히 화자의 말에 *동의하지 않는*(결정을 내리지 않은 사람들뿐만 아니라) 청자들을 위한―언론 자유의 중요성을 망각하게 된다.

존 스튜어트 밀은 그의 『자유론 *On Liberty*』(1859)에서 토론의 자유가 지닌 중요성에 대하여 다음과 같이 강조했다.

> 그러나 의견의 표현을 묵살하는 악이 특수한 것은 그것이 인류를 강탈하는 것이기 때문이다. 선대만이 아니라 후대까지. 즉, 그 견해를 가지고 있는 사람들 이상으로 그 의견에 동조하지 않는 사람들조차 강탈하는 일이다.[1]

밀이 볼 때, 검열을 받고 있는 견해를 반대하는 사람들에게도 검열은 두 가지 방식으로 해를 끼친다. 첫째,

> 그 견해가 옳다면, 그들은 실책을 진실과 교환할 수 있는 기회를 박탈당한다.[2]

그리고 둘째로,

그 견해가 잘못된 것이라면, 그들은 실책과의 충돌을 통해 생산된, 거의 엄청난 이득인, 진리에 대한 더 명쾌한 지각과 더 생생한 인상을 놓치게 된다.[3]

밀이 환기한 첫 번째 해악은 분명하다. 그것은 진실한 생각을 억압하는 것—17세기에 지동설을 억압했던 가톨릭교회의 천동설처럼—으로 무수한 방식들로 인류를 퇴보시킨다. 그러나 다수의 견해가 대부분 옳다고 할지라도 그 견해가 잘못된 것으로 검열받고 있다면, 열린 토론을 허락하는 것은 다수의 견해가 더 정제되고 개선되기 위하여 여전히 중요하다.

밀이 말한 두 번째 해악은 더욱 미묘하지만 마찬가지로 중요하며, 그것을 증명하기 위하여 정치나 종교보다는 원래 덜 논쟁적인 영역, 즉 과학에서 예를 끌어온다. 뉴턴Isaac Newton은 뉴턴 역학이라 불리게 된 등식들을 썼고, 요즈음 모든 신입생의 물리학 교과과정에서 가르치는 근대 물리학을 1687년에 확립했다. 그다음 세기를 지나면서 과학자들은 지구와 천문학적인 관찰들을 통하여 뉴턴 역학이 옳다는(심지어 1846년에는 그때까지 알려지지 않았던 해왕성의 존재와 그것의 정확한 위치를 면밀하게 예견하는 지점까지) 압도적인 증거들을 축적했다. 그러나 이 역사의 어느 지점에서 정부(혹은 심지어 대학들까지)가 뉴턴 역학의 정확성에 대한 압도적인 증거가 있으니 그것에 대한 논박을 금지하기로 결정했다고 가정해 보라. 밀의 관찰에 따르면, 그런 경우에는 뉴턴 역학의 올바름을 신뢰할 이유가 우리에게 훨씬 더 줄어들 것이다. 뉴턴 역학은 그 정당성에 대한 그런 합리화된 자신감을 우리에게 주는 자유롭고도 공개적인 토론의 면전에서 세워진 것이다.

만일 뉴턴의 철학도 그것에 대한 질문이 허락되지 않았다면, 인류는 그것의 진리에 대하여 지금과 같은 완벽한 확신을 가질 수 없었을 것이다. 우리가 가장 보장하는 신념들도 의존할 아무런 보호장치가 없으며, 오로지 그것들이 근거 없다는 것을 증명할, 온 세상에 보낸 상설적인 초대장만이 있을 뿐이다. 만일 도전이 받아들여지지 않는다면, 혹은 받아들여지되 그 시도가 실패한다면, 우리는 여전히 확실성을 훨씬 더 갖지 못할 것이지만, 기존의 인간 이성이 허용하는 최선을 다한 것이다. 우리는 진리가 우리에게 다가올 기회를 줄 수 있는 그 어떤 것도 무시하지 않았다.[4]

사실 이 이야기에는 흥미로운 돌발 상황이 있는데, 밀은 예상하지 못했으며, 그가 말한 첫 번째 해악을 예증하는 것이다. 뉴턴의 역학이 잘못된 것으로 판명이 난 것이다! 그것은 거의 모든 실제적인 목적들에 놀랍게도 잘 부합되는 것이지만 정확하게 옳은 것은 아니다. 이것은 밀의 사후 30년 이상이 지난 1905~1915년 사이에 알버트 아인슈타인Albert Einstein에 의해서 발견되었다. 뉴턴의 역학은 아인슈타인의 특수 그리고 일반 상대성 이론으로 대치되었다. 그러나 과학에서의 이와 같은 중요한 진전은 만일 뉴턴의 이론에 대한 비판이 금지되었더라면 결코 일어나지 않았을 것이다. (그리고 그것과 더불어 이런저런 방식으로 아인슈타인의 상대성 이론에 의존하고 있는 기술적인 적용들, 가령 방사선 암치료에서 위성 항법 시스템GPS: Global Positioning System에 이르기까지 말이다.)[5]

밀이 말한 검열은 주로 정부나 교회 당국에 의한 것이었지만 토론의 자유를 위한 논쟁들은 사회적 배척이란 권력을 휘두르는 기업이나 대학 혹은 사적인 시민 단체들—공적인 덕목의 수호자를 자청하는—에 의해 수행되는 검열에도 마찬가지로 잘 적용된다.

그러므로 설령 대문자 이론이 99프로 옳고, 그것을 비판하는 논자들이 99프로 잘못되었다 할지라도 토론의 자유는 여전히 대문자 이론가들에게 이로운 것이다. 이는 첫째, 그들에게 자신들의 대문자 이론을 더 개선할 기회를 제공해 줄 것이고, 둘째, 그것에 맞서는 생각들과 성공적으로 맞대면함으로써 대문자 이론의 정확성에 대한 더 큰 *합리적 자신감*을 그들과 우리에게 줄 것이다. 그러나 만일 대문자 이론가들이 찾고 있는 것이 그들 사상의 진리에 대한 합리적인 자신감이 아니고—종종 그렇지 않은데, 왜냐하면 그들은 이성과 객관적인 진리를 서구, 백인, 남성 권력의 억압적 표명으로 이해하기 때문이다—단지 확실성에 대한 주관적 감정이라면, 토론의 자유는 그들의 관점에서 보면 놀랍게도, 선택적인 것이거나 아니면 심지어 반생산적인 것이 될 것이다. 슬프게도 이런 태도는, 토론에 기꺼이 참여하지 않으려는 그들의 분명한 태도로, 그들에게 개입하려는 다른 논자들의 시도들을 *취약성 혹은 의도적인 무지 혹은 특권을 유지하려는 에피스테메적 반발*로 간주하는 경향에 의해 널리 증명이 되고 있다.

대문자 이론은 자유주의를 이해하지 못한다

자유주의는 개인의 자유, 기회의 평등, 자유롭고 공개적인 질문, 언론의 자유와 토론, 그리고 휴머니즘이라는 굳은 교리를 가지고 있으며, 이것들은 넓은 의미의 이상들이라 할지라도 강하고 일관성이 있다. 이것이 바로 자유주의가 더디지만 지난 500년 동안 확실히 승리해 온 이유이며, 세상이 알다시피 최소한의 고통 그리고 억압은 남아 있을지라도 가장 자유롭고 가장 평등한 사회들을 만들어 온 이유이다. 자유주의의 성공은 몇 가지의 주요한 특성으로 귀속시킬 수 있다. 그것은 본질적으로 목표 지향적이고, 문제 해결적이며, 자기 교정적이고—포스트모더니스트들이 무슨 생각을 할지라도—진정으로 *진보적*이다. 어떤 극우 논자들이 진보를 멈추거나 혹은 이미 너무 멀리 갔다고 간주하거나, 어떤 극좌 논자들이 진보를 신화로 간주하고 자유 민주주의 사회에서의 삶이 그 이전에 그래왔듯이 여전히 억압적이라고 생각할지라도 자유주의는 진보를 환영할 뿐 아니라 그 지속성에 대하여 낙관적이다. 정치적 우파와 좌파를 모두 아우르는 자유주의적 스펙트럼 안에서, 모든 사람은 그 진보의 속도와 방법에 대해서는 논란이 있을지언정, 자유주의가 진보를 시사한다는 것에는 동의한다.

인지심리학자인 스티븐 핑커Steven Pinker는, 지속적인 진보를 소망한다면, 우리가 자유민주주의 안에서 얼마나 많은 진보를 이룩했는지를 이해하는 것이 필수적이라고 했다. 그는 다음과 같이 말한다.

> 자유민주주의는 귀중한 성취이다. 메시아가 올 때까지 그것은 항상 문제점들을 가지고 있을 것이지만, 큰불을 내고 그 재와 뼈에서 더 나은 어떤 것이 일어나기를 기대하는 것보다 문제를 해결하는 것이 더 낫다. 사회 비평가들은 근대성의 선물들을 주목하지 못하고, 오늘날 우리가 즐겨온 엄청난 진보를 굳건히 할 수 있고, 우리에게 더 많은 것을 가져다 줄 조건을 강화해 온, 책임 있는 관리자들과 점진적인 개혁가들을 반대하도록 유권자들에게 악영향을 준다.[6]

언론인인 에드먼드 포셋Edmund Fawcett은 그의 『자유주의: 사상의 삶Liberalism: The Life of an Idea』(2015)의 페이퍼백 서문에서, 자유주의가 너무 광범위하고 잘못 정의되어서 그것을 중심으로 체계화할 어떤 자리가 없다는 비판에 대하여 말한다. 포셋에게 "자유주의는 공간이 클 수밖에 없다. 그 주목할 만한 성취들 중의 하나는, 그 안에서 깊은 윤리적 불화와 물질적 이해관계의 날카로운 대립들이 전적인 승리를 목적으로 서로 싸우기보다는 중재되고, 완화되고, 혹은 저지되는, 그런 종류의 정치학을 창조한 것이다."[7] 이보다 먼저 나온 양장본에 관한 서평에서 그는 아름답도록 퉁명스러운 어조로 다음과 같이 덧보탠다.

> 새뮤얼 브리턴Samuel Brittan은 <파이낸셜 타임스*Financial Times*>에서 내가 1945년 이후 자유주의라는 개념에 "권위주의자들과 전체주의자들"을 제외한 모든 사람을 끌어들였다고 항의했다. 내가 배제한 사람들에 그가 "포퓰리스트들과 신정주의자들theocrats"을 보탰더라면, 나는 그의 불평을 칭찬으로 받아들였을 것이다. 자유민주주의만이 오늘날 자본주의를 위해 유일하게 매력적으로 보이는 길은 아니다. 비자유주의적인 길들도 멋져 보인다. 이런 길들은 권위주의, 대중 민족주의, 그리고 종교적 전체주의를 포함한다. 내가 말하고 싶은 것은, 그런 대안들을 배제하고 자유주의를 이해하는 것이야말로 자유주의를 제대로 정의하는 일이라는 것이다.[8]

이것은 비非자유주의에 대한 반대 개념으로서 자유주의를 이해하는 훌륭한 방식이다. 자유주의는 정의하기 힘들지만, 전체주의적이고, 위계적이며, 지나치게 비판적이고, 봉건적이며, 가부장적이고, 식민적이거나 신정주의적인 국가들과 그런 국가들을 소환하고, 자유를 제외하며 혹은 불평등을 합리화하는 사람들 안에서 쉽게 눈에 띈다. 자유주의자들이 여기에 반대하는 것은, 그들만의 권위주의적인 정권을 확립하기를 원하기 때문이 아니라, 자유주의자들이 그런 모든 정권들에 반대하기 때문이다. 그러므로 자유주의는 포괄적인 개념이기는 하지만 약한 것은 아니다. 포셋에게 있어서 자유주의의 네 가지 주제는 "갈등의 수용, 권력에의 저항, 진보에 대한 믿음, 그리고 사람들을 존중하는 것"[9]이다. 자유주의는 그것이 항상 부당하고 억압적인 권력과 싸우고, 서로 다른 사상들을 중재한다는 사실을 받아들인다. 일반적으로 보수주의에는 반대하지 않지만, 계급, 인종, 혹은 젠더의 서열을 유지하려고 하는 보수주의에는 반대한다. 포스트모던 운동들 역시 억압적 권력 시스템에 맞서 싸우지만, 그것들은 진보에 대한 믿음이 없으며, 우리가 잘 하고 있는 것을 계속 고집하고 우리가 잘못 하는 것을 개혁함에 의해서 지속적으로 진보할 수 있다는 믿음을 가지고 있지 않다. 게다가 자유주의는 개인이자 그 인류의 구성원으로서 사람들을 존중한다. 자유주의는 특정한 정체성 집단이나 집단들 그 자체를 존중하지 않는다. 자유주의는 개별성과 보편성, 인간과 인류를 소중하게 생각한다.

언론인이자 에세이스트인 애덤 고프닉Adam Gopnik에게 자유주의는 휴머니즘과 분리 불가능하다. 그는 다음과 같이 관찰한다.

> 자유주의는 여러 개의 입을 가지고 있지만, 자신을 자유주의적 휴머니스트로 생각하는 우리 같은 사람들이 옹호하고자 하는 자유주의는—우리와 함께 때로 공동의 대의를 만들기도 하는 좌파들, 그리고 때로 공동의 전제들을 우리와 공유하고 있는 우파 모두를 반대하는—마찬가지로 강력하고 마찬가지로 분명한 한 가지를 진리로 가지고 있다. *자유주의는, (주로) 합리적이고, 방해받지 않는 대화, 논증, 그리고 토론을 통하여 (불완전하지만) 평등주의적 사회 개혁과 인간의 차이에 대한 더 위대한 (절대적이진 않을지라도) 관용의 필연성과 가능성을 주장하는, 진화하는 정치적 실천이다.*[10] (강조는 원저자의 것)

이것은 상대주의가 아니라 다원주의다. 관점의 다양성을 환영하지만, 원칙에 대한 모든 관점들을 나서서 존중하지는 않는다. 고프닉은 대화와 **토론**의 필요성을 강조한다. 자유주의는 그 안에서 더 나은 사상이 결국 승리하고 사회의 발전을 허용하는, 사상의 시장이다. 어떤 사상은 신성하므로(문자 그대로 혹은 다른 식으로) 도전해서는 안 된다는 보수주의의 입장에 반대하며, 어떤 사상은 위험하니 말해서는 안 된다는 포스트모더니즘의 입장에도 반대한다. 자유주의는 낙관적이며, 휴머니즘은 인류에 대한 자신감을 가지고 있다. 우리가 모든 사상을 한데 모으고, 어떤 주장에도 빗장을 지르지 않고 자유로운 표현과 시민의 토론을 독려한다면, 우리는 더 나은 세상을 만들 수 있다. 이것은 유토피아적 환상이 아니다. 자유주의는 혼란스럽고, 불완전하며, 더디다. 그럼에도 지난 500년의 세월은 그것이 작동함을 보여주었다. 고프닉은 다음과 같이 말한다. "자유주의가 자신에게 유리하게 가지고 있는 것은 사실들facts이다. 자유주의자들은 결국 모든 것을 성취하였지만 어떤 것도 성취하지 않았다."[11] 그는 다음과 같이 말한다. 자유주의자들은,

> 혁명보다는 개혁을 신뢰한다. 그 이유는 결과가 더 낫기 때문이다. 혁명적 변혁보다는 개혁에 의해서 더 지속적이고 긍정적인 사회적 변화가 점진적으로 만들어진다. 이것은 원래 기질적 본능 같은 것, 즉 합리적인 가격에 구매하는 사회적 평화를 더 선호하는 것을 가리키지만 지금은 그것이 합리적 선택이다. 19세기의 사회주의자들, 심지어 마르크스주의 선언문들이 내세웠던, 이름만 대면 알만한 목표들—공교육, 무상 건강 관리, 경제에서의 정부의 역할, 여성 참정권—이 자유주의 국가들에서 대부분 평화적이고, 대부분 성공적인 개혁에 의해 모두 성취되었다. 소련과 중국, 그리고 다른 곳에서 명령과 지시로 그것을 성취하려

했던 시도들은 지금도 여전히 파악이 불가능할 정도의 도덕적이고 실제적인 재난을 초래하였다.[12]

고프닉이 자유주의를 합리적 선택이라고 주장할 때, 자유주의적 방법이 일단 움직이면—점진적인 접근법에도 불구하고—놀랍도록 빨리 가동된다는 증거를 놓고 볼 때 그의 의견에 동의하지 않기란 어렵다. 자유주의, 합리주의, 그리고 경험주의가 "계몽주의"의 깃발 아래 함께 가는 것은 우연이 아니며, 더불어 그것들이 인권을 옹호함으로써 뿐만 아니라 기술의 개선, 효과적 하부구조, 그리고 의학과 다른 과학의 발전들을 통하여 인간의 고통을 감소시켜 온 것은 우연의 일치가 아니다. 이런 개념들은 상호 보완적이고, 상호 강화적이다. 계몽주의 사상은 모든 해답을 가지고 있다는 과도한 자신감에 빠져 있었고 현재도 그렇다는 포스트모더니즘의 주장에도 불구하고 사실 계몽주의의 특징은 인간의 능력에 대한 의심과 겸손에 있다. 핑커는 다음과 같이 말한다.

그것은 회의주의로 시작한다. 인간의 어리석음의 역사, 그리고 우리 자신들이 환상과 오류에 취약하다는 사실은 인간이 실수하기 쉬운 존재임을 말해 준다. 그러므로 우리는 무엇인가를 신뢰하는 훌륭한 이유들을 찾아야만 한다. 신념, 계시, 전통, 도그마, 권위, 그리고 주관적 확실성에 대한 황홀한 감정—이 모든 것들이 실수를 야기하며, 지식의 원천으로서 폐기되어야만 한다.[13]

이것이 메타서사들에 대한 회의론처럼 들리는가? 바로 그렇다. 그 회의론—자유주의 사상 아래에서 책임 있게 다루어지는—은 우리를 그렇게 멀리, 그렇게 빨리 나아가도록 도움을 주어서, 출산이나 천연두로

죽기 전에 최저 생계의 농부들처럼 겨우 살아가는 대신에 어떤 사람들은 자신들의 삶을 반계몽주의 이론들을 모호하게 하는 데 바치는 사치를 누리게 되었다. 포스트모더니즘은 회의론을 발명하지 않았고, 그것을 왜곡하여 부패해 가는 냉소주의로 만들었다. 포스트모던 대문자 이론들이 빈번히 자유주의자들과 휴머니스트들이 퇴행적이며 우리를 퇴보시키길 바란다고 말함에도 불구하고, 지금까지 그렇게 잘 가동되어 온 방식의 진보를 선택하는 대신 자기만족적인 지엽적 서사들, 폭로, 그리고 "주관적 확실성에 대한 황홀한 감정"으로의 회귀를 주창하는 것은 바로 그들이다.

어떤 사람들은 계몽주의 그리고 과학과 이성의 진전을 받아들이는 것이 우리의 "진보"와 동반해서 일어났던 노예제, 집단 학살, 그리고 식민주의에 대한 옹호를 함축한다고 주장할지도 모른다. 만일 노예제, 침략, 짐승 같은 지배가 전 역사를 통해 일어났다는 사실이 없다면, 이런 주장은 훌륭한 것처럼 보일 수도 있다. 근대가 특별한 것은, 자유주의의 부상이 이런 행위들이 잘못되었다는 것을 보여주었다는 것이다. 다른 사람들은 나치주의, 유대인 대학살, 그리고 공산주의의 집단 학살이 모두 반세기 전에 그리고 계몽주의 *이후*에 일어났으므로, 진보는 신화라고 주장할지도 모른다. 이런 주장은 만일 그 주장이 계몽주의 이후에 온 모든 것이 자유주의라면 합리적일 것이다. 사실 이런 현상들은 전체주의가 자유주의를 지배하는 것이 허용될 때 어떤 일이 벌어지는지를 잘 보여준다. 자유주의는 항상 승리하지 않았으며, 항상 널리 통용되어 온 것도 아니다. 그러나 그것이 승리할 때 삶은 훨씬 더 나아졌으며, 우리는 그것을 확신할 조치들을 취해야만 한다.

간단히 말해 자유주의는 그 결점에도 불구하고 인류를 위하여 더할 나위 없이 훌륭한 것이다. 핑커가 『현재의 계몽주의*Enlightenment Now*』

에서 주장하듯이 "자료에 의하면, 또한 평균적으로 볼 때, 더 자유주의적인 국가일수록 교육 수준이 더 높고, 더 도회적이며, 출산율이 낮고, 근친혼이 더 적으며(사촌들끼리의 결혼이 적으며), 더 평화롭고, 더 민주적이며, 덜 타락하고, 범죄와 쿠데타에 덜 시달린다."[14] 지난 똑같은 20년 동안(1960~1980) 여성들은 피임권을 획득했으며, 동일 직업에 대해 동일 임금을 받게 되었고, 고용과 다른 영역에 있어서 인종적, 성적 차별은 불법이 되었고, 동성애는 탈범죄화되었는데, 포스트모더니스트들이 부상하여 자유주의, 과학, 이성 그리고 진보의 신화에 대한 신뢰를 중단해야 할 때라고 선언한 것은 정말이지 놀라운 일이다. 이에 대한 유일하게 자비로운 설명을 한다면, 그들은 허무주의와 절망 속에서(특히 공산주의의 실패에 대하여) 진보가 무엇인지 그리고 그것이 어떻게 성취되는지 이해하는 데 실패했다는 것이다. 우리는 그들의 전철을 밟아서는 안 된다. 자유주의, 과학, 이성, 그리고 진보에 대한 믿음을 중단하지 말라. 대신에 증거에 토대한 지식, 이성, 그리고 일관성이 있는 윤리적 원칙들을 수호하기 위한 결연한 노력을 경주하라. 조너선 라우치Jonathan Rauch은 이렇게 하는 방법을 "자유 과학liberal science"이라는 이름으로 가장 잘 묘사해 놓았다.

자유 과학

언론인 조너선 라우치는 1992년에 자유주의를 열정적으로 옹호하는 『친절한 심문자들: 자유사상에 대한 새로운 공격들Kindly Inquisitors: The New Attacks on Free Thought』을 썼다. 이 책에서 그는 자유주의가 의존하고 있는, 스스로 "자유 과학"이라 부르는 지식 생산 방법의 덕목들을 설명한다. 이런 발상은 "자유주의적 지식 체계"[15]라 묘사되며, "외부 세계에 대한 진실한 진술을 생산하는 사명을 띠고", "현실 산업"에 대한 자유주의적 기여로 설명된다.[16] 라우치에 따르면, 자유 과학은 "회의론적 규칙skeptical rule"과 "경험적 규칙empirical rule"이라는 두 가지 일관된 규칙을 적용하는 체계이다.[17] 그는 이 규칙을 각각 *"그 누구도 마지막 단언을 하지 않는 것"*, 그리고 *"그 누구도 개인적 권위를 가지지 않는 것"*[18]이라 요약하면서, "이 특수한 규칙들은 인류가 지금까지 진화시켜 온 가장 성공적이고 사회적인 관습들 중의 두 가지이다"[19]라고 주장한다. 왜 그럴까? 왜냐하면 "이 두 가지 규칙은 사람들이 누구의 의견이 신뢰할 만한지 밝히기 위해 사용하기를 동의하는 의사 결정 체계를 규정하기 때문이고",[20] 그 체계는 "결론을 미리 혹은 영원히 규정하지 않기(마지막 단언을 하지 않기)" 때문에, 그리고 "참여자들을 구분하지 않기(개인적 권위를 가지지 않기)"[21] 때문에 작동된다.

라우치는 "자유주의적 원칙"을 네 가지 다른 원칙들과 대조하는데, 이 네 가지 다른 원칙들은 지식이라 불리기에 충분히 신뢰할 만한 진술을 찾고, 주장들 사이에 필연적으로 생기는 불일치의 갈등을 해결하는 과업에 치명적으로 부적절해 보인다. 이 네 가지 원칙은 근본주의적 원칙, 단순한 평등주의적 원칙, 급진적 평등주의의 원칙, 그리고 인도주의적 원칙이다.

> *"근본주의적 원칙: 진리를 아는 사람들이 누가 옳은지를 결정해야만 한다."* [22]

근본주의적 원칙은 신정정치와 세속적 전체주의 정권들의 기반이다. 그러나 우리는 또한 이와 같은 근본주의적 충동을 점점 더 권위주의적 본질을 더해 가는 대문자 사회 정의 학문과 행동주의, 그리고 비판을 묵살하는 그들의 시도에서 볼 수 있다. 근본주의자들이 스스로 권력을 가질 수 있다면 이런 방식이 전체주의를 이룬다.

> "단순한 평등주의적 원칙: 모든 성실한 사람들의 신념을 평등하게 존중해야 한다."[23]

이 원칙은 존중받기 위해서는 구태여 진실할 필요가 없음을 함축하고 있다. 이것은 대문자 사회 정의와 행동주의의 근저에 있는 인식론적 그리고 도덕적 상대주의이다.

> "급진적 평등주의의 원칙: 단순한 평등주의의 원칙과 유사하지만 역사적으로 억압받은 계급이나 집단 속의 사람들에 대한 신뢰를 특별히 고려한다."[24]

이것은 2010년 이래 대문자 이론의 많은 것을 설명해 온, "에피스테메적 불의"라는 학문의 핵심이다. 이 학문은 입장 이론, 그리고 모든 사상은—비록 어떤 사상은 편견에 의해 평가 절하되어 왔으며 이제 전경화될 필요가 있지만—동등하게 정당하다는 신념에 의존한다.

> "인도주의적 원칙: 위의 그 어느 것도, 누군가에게 해를 입히지 말아야 한다는 것이 가장 우선적 조건이 되어야 한다."[25]

이것은 심리적 고통, 즉 "에피스테메적 폭력"을 야기한다고 믿어지는 어떤 생각들에 대한 검열 혹은 어떤 집단의 인간들을 묵살하는 것을 정당화하는 것인데, 이런 주장은 대문자 사회 정의와 행동주의 전반에서 발견된다.

"자유주의적 원칙: 공적인 비판을 통하여 하나하나를 검토하는 것이 누가 옳은지를 결정하는 유일하게 정당한 방식이다."[26]

다른 네 가지 원칙과 달리, 이 마지막 원칙은 포스트모던 대문자 사회 정의 사상에 의해 받아들여질 수 없다. 대문자 이론은 어떤 생각들을 비판하는 것은 수용할 수 없다고 주장한다. 그것은 또한 누군가가 옳거나 그른 것은 그 생각의 건실함을 평가함으로써 확립될 수 없으며, 그 사람의 정체성("입장성positionality") 그리고 올바른 담론들을 가질 능동적 의지에 의존한다고 주장한다. 대문자 이론의 경우 "하나하나 검토하는 것"은 사실상 불가능한데, 이는 다른 정체성 집단의 사람들이 서로를 결코 충분히 이해할 수 없기 때문이다. 이것이 포스트모던 지식 원칙의 본질이다. 포스트모더니즘은 바로 그 핵심에 있어서 자유주의에 대한 거부를 포함하고 있다.

우리가 만일 지식을 생성하는 자유주의적 접근법을 거부한다면, 남은 것은 비자유주의적 대안들밖에 없으며, 이런 것들이 도덕적 지위을 얻고 그들의 근본적인 가정들이 점차 채택됨에 따라, 그것들은 더욱더 근본주의적이 될 것이다. 이것이야말로 포스트모던 정치 원칙의 본질이다. 라우치는 자유 과학과 두 가지 포스트모던 원칙을 근본적으로 구분하는데, 간단히 말해 응용 포스트모더니즘 그리고 물화된 포스트모더니즘의 입장에서 볼 때, "자유 과학은 신념과 언론의 자유를 절대적으로 주장하지만, *지식의 자유는 절대적으로 거부한다*"(강조는 원저자의 것).[27] 자유주의 체제들 안에서 사람들은 무엇이든 자신들이 소망하는 것을 자유롭게 믿고, 자신들이 원하는 것이 무엇이든 주장할 수 있지만, 그런 믿음들이 *지식*이라고 주장하고 그것들이 *지식*으로 존중되어야 한다고 요구하는 것은 별개의 문제이다.

대문자 사회 정의 학문과 행동주의, 그리고 점차 그것에 감염된 사회 안에서, "지식"의 자유는—"지식"이 대문자 이론과 일치하는 "억압"이라고 말을 하는 한—일종의 법정 통화처럼 배타적 통용성을 가진다. 대문자 이론에 따르면, 다른 식으로 말하는 것은 편견에 빠지는 것이다. 그 결과들은 좋지 않다. 그 결과들은 현실에 대하여 신뢰할 만한 진술들을 생산할 수 있는 체제의 침식, 그리고 그에 수반하여 자유 과학이 발전하며 제공한 갈등-해소 시스템의 상실을 포함한다. 이것은 사람들이 공통의 관점에서 서로 이야기할 능력을 상실하고, 의견의 차이들을 해결할 객관적인 수단을 잃기 때문에 사회적 분열들을 야기한다. 당신은 "당신의 진리"를 가지고 있고, 나는 "나의 진리"를 가지고 있으며, 그것들이 갈라져 나갈 때 해결의 수단이 없다. 이 안에서 우리가 할 수 있는 모든 것은, 각자 우리 진영, 즉 우리의 주관적 경험들을 공유하고 있는 사람들에게 의존하여 피해 의식의 주장을 시도하고, 그리고 제안들에 대하여 다리를 놓을 "진리" 혹은 의학적 치료를 할 수 있는 "진리"를 사용하지 않기를 희망하는 것—그리고 폭력을 통한 분쟁을 아무도 해결하려 하지 않는 것—밖에 없다. 이것은 실질적으로 "지식"을 계파화하며, 이는 역으로 모든 지식 주장들에 대한 자신감의 위기를 초래한다. 이것이 포스트모던 지식 원칙 그리고 그것에서 나온 대문자 이론화에 경도될 경우에 어떤 체제에나 생길 수 있는 결과이다. 이것은 아무에게도 도움이 되지 않으며—대문자 사회 정의 학자들이 지적하기 좋아하듯이—그런 상황의 가장 큰 피해자들은 이미 주변화되고 억압받는 사람들이다. 사람들이 제대로 말했다. 진리가 우리를 자유케 하리라. 대문자 사회 정의에 대해서는 이쯤 하자.

자유주의의 관점에서 본 원칙들과 주제들

우리는 "진리"의 계파를 확립하는 것보다 훨씬 더 잘할 수 있다. 각각의 포스트모던 원칙들과 주제들은 진리의 알갱이를 가지고 있고, 취급할 필요가 있는 문제를 지적하지만, 포스트모더니즘은 이 문제들 중 어떤 것에 대해서도 효과적으로 말하지 않는다. 사회 정의의 이슈들에 관심이 있는 자유주의자들과 근대성의 옹호자들에게는 대문자 사회 정의에 대한 대안이 있다. 그것은 자유주의적-과학적 지식 생산의 동력을 받는, 더 오래된 패러다임, 즉 보편적 자유주의의 견지에서 네 가지 포스트모던 주제뿐만 아니라 두 가지 포스트모던 원칙을 거의 전적으로 거부하는 것을 포함한다. 따라서 이것은 사전에 결정된 정치적 가정들로부터의 자유, 그리고 일관되게 자유주의적인 윤리학을 특징으로 하는, 지식 습득에 대한 이성과 증거 기반의 접근법들의 가치에 대한 기억을 소환하는 것이다. 우리는 또한 포스트모더니스트들과 그것의 학문적인 그리고 행동주의적인 후손들이 내놓은 것이 거의 독창적인 것이 없음에도 불구하고, 자유주의적 프로젝트는 그들이 제기해 온 비판들을 받아들여야 하며, 항상 그렇듯 자기 교정, 적용, 그리고 앞으로의 전진을 통해 반응해야 한다는 것 또한 인정해야만 한다.

자유주의가 더 잘할 수 없는 것을 포스트모던 대문자 이론이 할 수 있는 것은 아무것도 없으며, 그리고 이제야말로 이 응용 자유주의가 자신의 과거의 결점들을 수정하고, 미래의 도전을 향해 나아가며, 상황들을 이겨낼 것임을 주장하는 자신감을 다시 가져야 할 때이다. 그렇다면 우리는 어떻게 포스트모던 원칙들과 주제들에 단순하고도 자신 있게 대처할 것이며, 자유주의적 사상이 지식 시장에서 승리해야만 한다는 것을 우왕좌왕하는 사람들에게 보여줄 것인가? 우리는 포스트모더니즘이 문제들에 고집스레 접근하는 방법론을 거부하기 위하여 일단 대문자 이론이 제대로 하는 것을 인정하는 것에서 시작할 수 있다.

포스트모던 지식 원칙

포스트모던 지식 원칙은 지식이 사회적으로 구성된 문화적 산물이라고 가정한다. 진부한 의미에서는 이 말이 옳으나, 포스트모더니즘이 의도하는 깊은 의미에서 이 말은 잘못되었다. 지식은 분명히 사상의 한 영역이며, 어떤 사상이 어떤 특정한 문화에서 "진실"이라고 간주되거나 그렇지 않을 경우, 그것은 그 문화에 대하여 무엇인가를 말해 준다. 그럼에도 불구하고, 세상이 어떻게 돌아가고 있는지에 대하여 (잠정적) 지식을 습득하는 더 좋은 방법도, 더 나쁜 방법도 있다. 더 나은 방법들—이성과 증거—은 마찬가지로 문화적 산물이지만, 그것들은 물리적이자 사회적으로 세상에서 일어나는 일들을 정확히 묘사하고 예견하는 진술들을 걸러내고자 할 때 부인할 수 없이 효과적이다. 우리는 포스트모던 지식 원칙이 무엇—언어 게임—인지확인하고 거부할 필요가 있으며, 지식을 찾기가 어렵지만 자유 과학의 과정을 통해 습득할 수 있다는 보편적 이해를 다시 해야 한다. 과학에 대한 확신은 순진한 것이 아니며—우리는 과학이 작동하고 있다는 증거를 가지고 있다—그것은 분명히 인종차별적이지도, 성차별적이지도, 제국주의적이지도 않다. 과학과 이성은 서구, 백인, 남성만의 사상이 아니며, 그렇다고 주장한다면 그것이야말로 인종차별주의이고 성차별주의이다. 과학과 이성은 모두의 것이다. 그렇지 않다면 그것은 실로 무용지물일 것이다.

그럼에도 불구하고 포스트모던 지식은 우리에게 더 큰 가치의 알맹이를 제공한다. 광기와 성적 취향에 관한 과학적 주장의 오용에 대한 푸코의 비판에서부터 소수자의 문제들이 진지하게 다루어지지 않는다는 비판적 인종 대문자 이론가들의 주장에 이르기까지 포스트모더니즘은 자만심을 버리고 자신들의 이야기를 *들으라*는 주문으로 가득 차 있다. 포스트모던 지식 원칙은 우리에게 더 잘 *듣고, 배려하고, 듣고, 조사하라*고 촉구한다. 그러나 우리는 "듣고 믿거나" 혹은 "닥치고 들을" 어떤 책임도 없다. 가장 훌륭한 대의명분을 위하여 인식론적 엄밀성을 우회하거나 버리라는 요구들은, 대의가 이런 방식으로는 가장 잘 가동되는 것이 아니기 때문에 자유주의 사회에서는 지켜질 수 없다. 세계에 관한 사람들의 통찰은 어떤 방식으로 통상 정확하지만, 사람들은 또한 사물의 바닥까지 내려가는 것이 힘들기 때문에 그런 통찰들을 부정확하게 해석하는 경향이 있다. 가령 법의 가치는 그것으로 도움을 받았거나 해를 입은 사람들의 산 경험으로는 가장 잘 측정될 수 없다. 도움을 받는 사람은 법이 준수되기를 바랄 것이고, 피해를 본 사람은 법이 폐지되기를 원할 텐데, 이 두 가지 입장 모두 가치가 있지만 완전하지는 않다. 자유주의적 접근은 양쪽의 입장을 다 들어보고, 그들의 요점을 주의 깊게 배려하며, 무엇을 보전하고 무엇을 개혁할지에 관하여 토론을 한다. *듣고 배려하라*는 원칙은 그렇지 않으면 우리가 무시할지도 모를 어떤 중요한 정보에 대하여 우리가 진지하게 받아들이고, 전체적인 증거와 논쟁을 공정하고 합리적으로 평가할 것을 우리에게 요구한다. *듣고 믿으라*는 원칙은 누가 도덕적으로 들을 책임이 있다고 우리가 느끼는가에 의존하여 확증 편향을 독려한다. 우리가 만일 이 규칙을 따르면, 우리는 많은 잘못된 결과들을 갖게 될 것이며, 우리가 이미 듣고 있고 들어야만 하는 것보다 오히려 덜 듣는 결과를 초래한다. 나아가 그 규칙은 자신의 기반마저도 허물 것이다.

포스트모던 정치 원칙

포스트모던 정치 원칙은 지식의 사회적 구성은 권력과 밀접히 연결되어 있으며, 권력이 더 센 문화가 정당성을 부여받은 담론들을 창조하고, 우리가 진리와 지식이라고 간주하는 것을 결정하며, 그런 식으로 자신의 지배를 유지한다고 주장한다. 그것은 세계를 제로섬 게임(역주: 승자의 득점이 패자의 실점이 되어 이 둘을 합하면 0이 되는 게임)이자 개별적인 공모자들이 없는 공모 이론으로 간주한다. 이것은 미셸 푸코에 의존하여 진보, 근대성, 그리고 계몽주의의 역사에 대한 가장 냉소적인 해석에서 나온 음울하고도 어리석은 견해이다. 그것은 인간의 진보가 항상 점진적이며 실수투성이—그중 어떤 것은 끔찍한 결과를 초래했고—이지만, 그것을 통해서 우리가 배워 왔고 또 계속 배울 것이라는 사실을 받아들이지 않는다. 그것은 우리 과학자들이 모든 것을 다 알지는 못한다는 사실에 개인적으로 상처를 입은 것처럼 보인다(과학적 방법 그 자체는 인간의 오류 가능성에 대한 엄밀한 인정에 토대해 있지만).

포스트모던 정치 원칙은 사라질 필요가 있다. 그렇다. 해로운 담론들은 부당한 권력, 정당한 지식이라는 가면을 쓰고, 사회를 해치며 사람들에게 피해를 주므로, 우리는 이것을 의식하고 있어야 한다. 포스트모더니즘은 일종의 이와 같은 담론이다. 우리는 지금 되묻고 있다. 우리는 포스트모더니즘에 반대하고 있다. 사람들은 자신들의 이해를 형성하는 어떤 담론들 속에서 태어난다는 포스트모더니즘의 발상은 고려할 만하다. 그러나 그 사람들은 자신들이 무슨 짓을 하고 있는지 의식조차 못한 상태에서, 권력구조 안에서의 자신들의 입장에 따라 앵무새처럼 떠드는 것을 배운다는 발상은 편견이고 터무니없는 것이다. 대문자 사회 정의 사상을 옹호하는 유색 인종 여성들은 말하자면 "깨어 있고", 그런 사상을 받아들이지 않는 다른 모든 유색인종 여성들은 그들을 억압하는 권력 담론들을 받아들이도록 세뇌당해 왔다는 주장은, 자기중심적이고, 거만하며, 주제넘은 서사이지만, 지식을 정체성과 엮어 놓고 경험과 해석의 다양성들을 진실이 아니거나 혼란스러운 것으로 대문자 이론화해 버릴 때 바로 이런 일이 벌어진다.

우리들은 자유주의자들로서 그럴 필요가 없다. 우리는 모든 정체성 집단 출신의 자유주의자들의 논쟁을 옹호하며, 그것들이 증거와 이성을 따르는지를 평가할 수 있지만, 그 어떤 논쟁도 "여성들" 혹은 "유색인종"을 대표한다고 주장하지 않는다. 우리는 어떤 사상을 우리가 왜 가지고 있는지 정확히 알고 있으며, 대문자 사회 정의 활동가들에게 그들 역시 그럴 수 있다고 가정하며 경의를 표할 수 있다.

경계 흐리기

융통성 없는 범주들과 경계들을 회의하는 것은 현명하다. 그것들은 끊임없이 시험하고, 재촉하고, 밀어붙여서 정당한 곳으로 이동해야 한다. 급진적인 회의론은 범주들의 정확성을 개선할 방법을 가지고 있지 않고, 원칙상으로 범주들을 그저 불신한다. 이는 정말 도움이 되지 않으며, 현실은 그것에 의해 영향을 받지도 않는다. 우리는 잠정적 결론에 도달하고, 가설적 모델을 수립하고, 그것들을 시험하기 위하여 이성을 사용할 수 있다. 정당한 그리고 정당하지 않은 범주들이 있으며, 사람들을 구분하는 특정한 범주들에 대하여 찬성과 반론을 제기할 수 있다. 과학과 이성은 *자유주의적인* 논쟁을 강화하고 사회적으로 보수적인 것과 포스트모던적인 주장들의 잘못을 밝히기 위해 사용할 수 있는 정보를 제공해 준다.

퀴어 대문자 이론을 지배하는, 지나치게 단순한 포스트모더니즘의 견해는, 범주들을 본질적으로 억압적인 것으로 간주하는데, 이는 단순히 정당화될 수 없다. 남성과 여성은 산뜻하게 두 개의 범주로 나눌 수 없다—그러므로 그들의 성에 전통적으로 부여된 특징, 능력, 그리고 역할에 의해 제한되어서는 안 된다—고 누군가 주장하기를 바란다면, 그들은 그렇게 구분될 수 없다는 것을 보여주기 위하여 과학을, 그리고 그래서는 안 된다는 것을 주장하기 위해서 자유주의를 활용할 수 있으며, 그리고 이성은 후자(자유주의)를 위하여 전자(과학)를 사용할 것이다. 과학과 수학—특히, 기본적인 통계학—에 대한 이해는 범주들을 삭제하라는 요청이 실제로 얼마나 잘못된 것인지를 드러낸다. 생물학적 현실이 그러하므로 남성과 여성은, 인식적으로 그리고 심리적으로, 평균적인 특징이란 점에서는 무언가 다르면서도 엄청나게 중첩되는 인구를 가지고 있어서 추세를 예견할 수 있도록 해주지만 어떤 특정한 개인에 대해서는 우리에게 거의 아무것도 말해 주지 않는다. 생물학에 대한 의존이 남성과 여성을 변별적 역할들로 제한할 것을 두려워하는 퀴어 대문자 이론가들에게 우리는 "데이터를 보라"고 말한다. 데이터는 이미 매우 퀴어하다. 과학은 인간의 다양성이 존재하며 그 본성이 엉망이 되는 경향이 있다는 것을 이미 알고 있다.

언어의 힘에 주목하기

언어가 인류에게 과학, 이성 그리고 무엇보다 자유주의를 발전시킬 수 있도록 해준다는 것을 놓고 볼 때, 포스트모더니즘이 언어의 힘에 주목하는 것도 또한 일정하게 정당화될 수 있다. 언어는 사람의 마음에 확신을 심어주고, 설득하고, 바꿀 수 있게 하며 또한 사회를 변화시킬 수 있는 힘을 가지고 있다. 이것이 바로 라우치의 자유주의적 원칙의 영향으로 우리가 사상의 시장을 주창하는 이유인데, 그래서 인간들은 작동 가능한 방법들을 활용하여 그들의 모든 사상을 한데 모으고, 어느 것이 가장 훌륭한지 보기 위하여 이 힘을 사용할 수 있다. 가장 똑똑한 인간들조차 혼자이거나 이념적으로 동질적인 집단 안에 있을 때 제대로 추론하지 못하는데, 이는 우리가 이성을 대부분 우리의 기존의 신념, 욕망, 그리고 근저에 있는 직관들을 합리화하기 위해 사용하기 때문이다.[28] 우리는 기껏해야 다른 직관과 추론 능력을 갖춘 사람들로 이루어진 집단 속에 있으며, 그 안에서 그 누구도 자기중심적인 단언에 대한 도전을 피할 수가 없다. 그런 환경 아래에서, 우리는 위대한 것들을 성취할 수 있다.

사회 정의가 무엇을 말할 수 있는지를 제한하고, 어떤 생각과 용어들을 금지하고, 다른 것들을 강화함에 의해서 가장 잘 성취될 수 있다는 생각은 역사, 증거, 혹은 이성에 의해서 뒷받침되지 않는다. 어떤 생각은 훌륭하고 그러므로 발화할 수 있고, 다른 생각들은 끔찍하고 그래서 금지해야 함을 지명하는 힘은 항상 다수의 견해를 장악하고 있는(혹은 정치적 권력을 가지고 있는) 사람들의 손안에 있다. 역사적으로 볼 때 무신론자 혹은 종교적, 인종적, 혹은 성적 소수자들에게 검열은 잘 가동되지 않았다. 그러므로 대문자 이론이 검열을 다르게 하는 마법 같은 요소를 가지고 있다고 믿을 어떠한 이유도 없다. 우리는 대문자 사회 정의에게 그들이 담론에 대한 통제의 목적을 더 많이 성취하면 할수록, 그 목적이 헤게모니적 이데올로기, 즉 권력을 추구하고 따라서 해체되고 반대될 필요가 있는 억압적이고도 지배적인 담론이라는 사실이 더 분명하게 드러날 것임을 경고한다.

문화적 상대주의

　문화적 상대주의에서 유일하게 봐줄 만한 핵심이 있다면, 문화는 저마다의 문화마다 다르게 수행하고, 많은 경우 그 차이는 문제가 되지 않으며, 또한 그것을 배우고 공유하는 것은 흥미롭다는 것이다. 아무도 이것을 부인하지 않는다. 그러나 지식 생산은—*도덕적* 지식 생산이 그러하듯이—특정한 문화들을 넘어서는 것이다. 우리는 모두 동일한 세계에서 살며, 무엇보다도 먼저 우리는 모두 보편적인 인류이고, 두 번째로는 특수한 문화를 가진 인간들이고, 따라서 보편적인 세계에 관한 진실은 특수한 문화를 가진 우리와는 아무런 관계가 없으며, *우리에 관한* 대부분의 진실은 *인류로서의* 우리에 관한 것이지 어떤 특정한 문화의 구성원으로서의 우리에 관한 것이 아니다. 그러므로 우리 자신의 문화가 아닌 다른 문화적 실천에 대하여 우리가 아무런 판단을 할 수 없는 것인 양 가장하는 것은, 터무니없을 뿐만 아니라 위험스러운 일이다. 다른 나라나 분파들 사이의 상대적으로 사소한 문화적 차이들에도 불구하고, 우리는 모두 보편적 인간 본성에 토대한, 단일한 인류 문화를 공유하고 있다. 인간의 다양성의 범위는 커 보일지도 모르지만, *그렇게* 크지는 않다. (우리들 사이의 차이는, 우리들 중 누군가와 우리의 가장 가까운 이웃 영장

류들인 침팬지와 난쟁이 침팬지 사이의 차이보다 측정할 수 없을 정도로 더 작다.) 번영, 자유, 그리고 시민들의 안전에 유리한 사회의 구조들은 거의 확실하게 인류의 본성에 달려 있으므로 이것 바깥에 있는 어떤 이상적인 것에 대한 시도들은 모두 실패하게 되어 있다.[29]

사회 정의—이데올로기가 아닌, 원칙으로서의—는 우리가 일관된 원칙들을 가지고 있을 때에만 제대로 가동이 된다. 여성 인권, 성소수자 인권, 그리고 인종적, 혹은 계급적 평등은 모든 사람의 권리이거나 아니면 모든 사람의 권리가 아니어야만 한다. 여성, 성소수자, 특정한 문화 혹은 하위문화의 소수 집단 구성원들만이 자신의 집단에 대한 억압을 비판할 수 있다고 주장하는 것은, 공감과 윤리적 일관성 양쪽에서 실패한 것이다. 우리가 인도주의적 학대를 제국주의적 혹은 인종차별주의적이라고 지적하는 어떤 사람들에게 벌을 준다면, 그것은 인권의 대의를 방해하는 것이다. 자유주의자들은 정당하게도 그런 짓을 하지 않는다. 개인의 자유와 보편적 인권을 신뢰하면서, 우리는 이런 것들을 주창하는 사람들—동료 자유주의자들—을, 그들이 어디에 있든지 그리고 그들의 지배적인 문화적 규범들이 무엇이든지 옹호할 수 있다. 우리는 평등권, 기회, 그리고 모든 여성, 모든 성소수자 사람들, 그리고 모든 인종적, 종교적 소수자들의 자유를 옹호하는 데 아무런 주저함을 느끼지 않는다. 왜냐하면 이런 가치들은 서구인들만의 것이 아니라, 모든 곳에 있는 모든 자유주의자들의 것이기 때문이다. 그리고 그들은 *모든 곳에* 있다.

개인적인 것과 보편적인 것의 상실

개인주의와 보편주의가 인간의 모든 경험을 기술할 수 없다는 관찰은 일정 정도 진실이다. 사람들은 커뮤니티들 안에 존재하고, 이것은 그들이 세계와 그들에게 가용한 기회들을 경험하는 방식에 깊은 영향을 준다. 서로 다른 사람들이 정보를 서로 다르게 처리하고, 서로 다른 핵심적 가치들을 보유한다.[30] 억압의 경험에 대한 이해는, 어떤 차원에서는, 억압을 당해보았거나 혹은 억압에 관하여 많이 들어보거나 생생한 상상력을 반드시 필요로 한다. 개인과 전체로서의 인류에만 초점을 맞추는 자유주의는 어떤 정체성 집단들이 어떻게 불이익을 당하는지 이해하는 데에 실패할지도 모른다. 다른 모든 관심사들을 배제하지는 않더라도 정체성의 이런 측면에 대한 더 큰 주목이 보장되어야 한다.

오로지 집단 정체성에 초점을 맞추고 개별성과 보편성을 무시하는 대문자 사회 정의의 접근법들은, 사람들이 개인이면서 동시에 공통의 인간 본성을 공유하고 있다는 단순한 이유만으로도 실패하게 되어 있다. 정체성의 정치학이 권한을 부여하는 유일한 통로가 아니다. 여성, 혹은 트랜스, 게이, 장애, 혹은 비만인들만의 "고유한 색의 목소리"는 없다. 이런 집단들의 누군가에게서 뽑아낸 상대적으로 작고 무작위적인 샘플조차도 다양한 개인적 견해들을 널리 드러낼 것이다. 이것은 편견이 여전히 존재하며 그것을 경험하는 사람들도 대부분 그것을 의식하고 있다는 가능성을 부인하지 않는다. 우리는 여전히 "듣고 배려할" 필요가 있다. 그러나 우리는 대문자 이론에 의해 본질화된 견해를 표명한다고 자의적으로 "진정한" 것이라 이름 붙여진 단 한 사람이 아니라, 억압된 집단들의 구성원들로부터 나온 다양한 경험들과 견해들을 듣고 배려할 필요가 있다.

대문자 사회 정의 학문과 행동주의는 또한 흔히 "공허한 혹평"[31]이라 불리는 사회적 구성주의 견해의 제한을 받는다. 이것은 학자들과 활동가들을 보편적 인간 본성의 가능성에 대한 거부로 이끄는데, 이런 거부는 집단들 사이의 공감을 매우 어렵게 만든다. 이런 거부는 또한 소수 집단을 위해서도 좋은 징조가 되지 못하며, 마틴 루터 킹 혹은 1960년대와 1970년대의 자유주의적 페미니스트들과 게이 프라이드 활동가들도 이런 견해를 공유하지 않았다. 이들의 전체적인 메시지는 강경하게(설혹 불완전할지라도) 자유주의적이고, 개인적이며, 보편적이고, 이어서 공감과 공정성에 호소하였다. 킹 목사는 "나는 나의 네 아이들이 언젠가는 피부색이 아니라 그들의 인품으로 평가받는 나라에 사는 꿈을 꿉니다"[32]라고 말하며 기회의 나라인 자신들 나라에 대한 미국 백인들의 자부심, 공정성에 대한 그들의 의식, 그리고 다음 세대를 위한 그들의 희망과 더불어 공동의 대의를 만드는 일에 호소하였다.[33] 그는 백인들의 공감을 불러일으켰으며 그들과 인류애를 공유했다. 만일 그가 로빈 디안젤로처럼 미국 백인들에게 "조금 덜 백인적이 되어라, 즉 조금 덜 억압적이고, 덜 의식을 하고, 덜 방어적이고, 덜 무시하며, 그리고 덜 교만해지라"[34]고 요구했더라면, 이것이 킹 목사의 경우와 같은 효과를 거두었을까? 우리는 그렇지 않았을 것이라고 생각한다. 인간의 본성을 이해하는 것은 사회를 개선하려는 어떤 노력에도 반드시 필요하다.

인간은 훌륭한 공감 능력이 있으며 소름 끼치는 냉담과 폭력을 행사하는 능력도 있다. 그런데 우리 자신이 속해 있는 집단들과 협동하고 동시에 다른 집단들과 경쟁하는 것에 관심을 가져왔기에, 우리는 이런 방향으로 진화해 왔다. 그러므로 우리의 공감은 대체로 우리가 우리 종족의 구성원이라 간주하는 사람들로 제한되어 있고, 경쟁자들 혹은 배반자들처럼 보이는 사람들에 대해 우리는 냉담한 무시와 폭력을 예비해 둔다. 자유주의적 휴머니즘은 우리의 공감 범위를 계속 넓힘으로써 유례 없는 인류의 평등을 성취해 왔다. 그것은 우리 본성의 더 훌륭한 부분, 즉 우리의 공감과 공정성에 대한 감각을 활용함으로써 그렇게 해왔다.[35] 사람들을 주변화된 정체성 집단과 그들을 억압하는 자들로 나눔으로써, 대문자 사회 정의는 최악의 경향들, 즉 우리의 종족주의와 복수심을 부채질할 위험이 있다. 그리고 이것은 여성들 혹은 소수 집단들을 위해서도 혹은 사회 전체를 위해서도 결코 도움이 될 수 없다.

대문자 이론에 관하여 가장 절망스러운 것은 그것이 주로 관련된 모든 이슈들을 문자 그대로 후퇴시킨다는 것인데, 이는 대체로 그것이 인간의 본성, 과학, 그리고 자유주의를 거부하기 때문이다. 대문자 이론은 또한 인종적 범주들에 사회적 의미를 할당해서 인종차별주의를 악화시킨다. 그들은 섹스, 젠더, 그리고 성적 취향을 단순한 사회적 구성물들로 묘사하는데, 이것은 사람들이 성적 표현이 *자연스레* 다양하다는 인식을 하고 있기 때문에 흔히 성적 소수자들을 받아들인다는 사실의 근저를 허문다. 그것은 동양을 서양과 반대되는 것으로 묘사함으로써 그것이 해체하고자 하는 바로 그 오리엔탈리즘을 영속화한다. 대문자 이론은 어떤 지점에서 자연스레 연소되기가 매우 쉽지만, 그것은 이전보다 많은 인간의 고통과 사회적 손상을 야기할 수 있다. 그것이 몰락하기 전에 그것이 공격하는 기관들은 그들의 위신과 영향력의 많은 부분을 잃을 것이며, 아마도 살아남지 못할 것이다. 그것은 또한 민족주의자들과 우파 포퓰리스트들의 자비에 우리를 넘겨줄 수도 있는데, 이들은 자유주의에 대하여 심지어 더 큰 잠재적 위협이 된다.

극우 정체성 정치학을 위한 부채질

정체성주의identitarian 좌파의 정체성 정치학이 가지고 있는 가장 큰 문제점은 정체성주의 우파의 정체성 정치학을 정당화하고 대담하게 만든다는 것이다. 우파의 정체성 정치학은 사회에서 백인들이 모든 권력을 장악해야 하며, 서구 문화가 세계를 지배해야 하고, 남성들이 공적인 영역에서 지배적인 역할을 하고 여성들은 가정에서 수동적인 역할을 해야 한다고 오랫동안 주장해 왔다. 이들은 이성애가 정상적이며 도덕적으로 훌륭하고(젠더화된 확실한 틀 안에서), 반면에 동성애는 도착이고 도덕적으로 잘못된 것이라고 간주했다. 자유주의적 좌파가 이 모든 것들에 명백하게 도전을 했고, 사람들을 인종, 섹스 혹은 성적 취향으로 평가해서는 안 된다고 주창했을 때 인종, 섹스, 성적 취향으로 사람들을 평가해야 한다고 주장했던 우파 논자들에게 도덕적으로 설득력 있는 우위를 점했다.

민권운동, 자유주의적 페미니즘, 그리고 게이 프라이드가 그 선봉에 섰던 자유주의자들은 20세기 후반의 사상 전쟁에서 압도적으로 승리를 거두었으며, 인종, 젠더, 그리고 성적 취향의 토대 위에서의 법적인 평등을 얻어냈다. 21세기의 첫 십 년까지만 해도 그들은 아주 성공적이어서 주류 보수주의자들도 대체로 이런 것들을 받아들였다. 여성들, 흑인들 혹은 게이들은 삶 속에서 특정한 역할만 할 수 있도록 제한을 받아야 한다고 여전히 믿거나 혹은 이들의 평등권을 거부했던, 사회적으로 혹은 종교적으로 보수적인 우파들은, 극단주의자, "극우"의 입장을 가진 것으로 인지되었으며, 자유주의 사회에서 그 평판에 손상을 입을 것으로 예상되었다.

그러나 젠더 역할, 인종 관계, 그리고 성적인 자유에 대한 사회의 개념을 두고 일어난 이 극적이고도 급속한 변화는 여전히 매우 취약하며 새로운 것이다. 자유주의적 페미니스트들은 여성들이 남성들처럼 지적으로 엄격하며, 심리적으로 냉정하다는 것을 사회에 설득할 수 있는 많은 작업을 해야만 한다. 여성들은 히스테리에 약하며 감상적 사유를 하기 쉽고, 너무 예민하여 공공 영역에서의 대처 능력이 없으며, 어려운 사상 혹은 사람들로부터 보호받을 필요가 있다는 고정관념을 깨는 데 시간이 걸렸다. 인종적 소수자들은 백인 주류 사회에 의해서 똑같이 지적이고 윤리적인 시민으로 바로 인정받지 못했다. 비非백인은 지적이지 못하고, 비합리적이며, 감정적으로 즉흥적이고, 비양심적이라는 식민주의 서사들이나 인종 차별법Jim Crow laws은 하루아침에 사라지지 않았다. 그것들은 실로 수십 년이 걸렸다. 마찬가지로 레즈비언, 게이, 양성애자, 트랜스젠더들은 일단 그들의 성적인 삶이 탈범죄화되고, 그들의 젠더 정체성이 법적으로 옹호되거나 그들의 혼인 관계가 인정받고 난 후에도 주류 사회에서 즉각적으로 받아들여지지 않았다. 대신에, 그들은 불안해하는 사회의 보수주의자들에게 자신들이 가족, 이성애, 남성성 혹은 여성성을 파괴할 그 어떤 "논제"도 갖고 있지 않다는 것을 설득하느라 오랜 문화적 전투를 치러야만 했다.

그러나 우리는 이 전투들에서도 승리하였다. 여성들이 경력을 쌓고, 여성들을 공적인 삶의 거친 현실을 대면할 수 있는, 능력 있는 성인으로 받아들이는 것이 정상이 되었다. 인종적 소수가 교수, 의사, 판사, 과학자, 정치인, 그리고 회계사가 되는 것은 이제 특별한 일이 아니다. 점점 더 수많은 동성애자들이 일터에서 사회적으로 편안하게 자신의 파트너에 대해 말할 수 있게 되었고, 공적으로 애정을 표현할 수 있게 되었다. 트랜스인들에 대한 수용은, 그들이 워낙 소수인 데다가 해결해야 할 문제들이 복잡하고, 섹스와 젠더에 대한 많은 사람의 이해와 상충하기 때문에 시간이 더 오래 걸리겠지만, 상황은—적어도 최근까지는—개선되고 있다. 이제 비판적 대문자 사회 정의는 이 수많은 진보를 뒤집으려 위협하며 뒤집고 있는 것처럼 보인다. 그것은 두 가지 방식으로 이루어진다.

첫째, 대문자 사회 정의적 접근법은 그것이 전개하는 대문자 이론으로 여성과 인종 그리고 성적 소수자들에 대한 부정적 고정관념들을 재 각인한다. 많은 대문자 사회 정의 페미니즘은 여성들이 취약하고, 소심 하며, 업무 능력이 떨어지고, 많은 공공 영역이 그들을 위하여 유화될 필요성을 제안함으로써 여성들을 유아화한다. 전통적이고 종교적인 신 념, 감정, 그리고 산 경험에 근거한 "연구 정의"의 주장들은 대부분 과학 과 이성이 비백인들에게는 맞지 않다는 제안—역사적으로 통용되고 있 는 모든 증거에 반하여—을 함으로써 그들을 오리엔탈화한다. 정치에 대한 정체성 우선의 접근법들은 우리가 교차론적 신전을 가로질러 사회 적 중요성을 정체성의 범주들로 돌려놓을 뿐만 아니라, 그것들을 중심 으로 만드는 것을 보고 싶어 하는데, 대문자 이론의 통제하에서, 한 방 향으로만 가는 성향은 남아나지 않을 것이다. 사람들이 젠더와 성적 취 향 그리고 그런 신념을 표현해야만 하는 언어에 관하여 무엇을 믿어야 만 할지 대문자 사회 정의의 이름으로 명령을 내리는 권위주의적인 시 도들은, 특히 트랜스인들에 대한 주류 사회의 수용에 대한 적대적 저항 을 급속하게 창조하고 있다.

둘째, 대문자 사회 정의에 대한 비판적 접근법은 그 공격적으로 분열 적인 접근으로 종족주의와 적개심을 독려한다. 민권운동이 공정성과 공 감의 인간 직관에 호소하는 보편주의적 접근법—모든 사람은 평등한 권 리를 가져야만 한다—을 사용했기 때문에 잘 작동되었다면, 대문자 사 회 정의는 지배 집단에 집단적 비난의 화살을 돌리는—백인들은 인종 차별주의자들이고, 남성들은 성차별주의자들이며, 이성애자들은 동성 애 혐오자들이라는 식으로—지나치게 단순화된 정체성의 정치학을 사 용한다. 이것은 사람들을 인종, 젠더 혹은 성 정체성으로 판단하지 않는 다는 이미 확립된 자유주의적 가치에 명백히 위배되는 것이며, 그것이 우파의 낡은 정체성의 정치학이 역으로 되살아나게 되지 않을 것이라

기대할 정도로 믿을 수 없이 순진하다. 역사적인 권력 불균형들 때문에, 백인, 남성, 이성애 혹은 시스젠더에 대한 편견을 수용할 수 있다는 주장들은 상호성에 대한 인간의 직관과 잘 어울리지 않는다.

만일 다수가 제도 권력을 가진 강경한 소수에게 위협을 받는다고 느낀다면, 그것은 이전에 가졌던 특권을 상실할 것에 대한 신경증적 공포 때문이 아니더라도, 그런 제도들을 개혁하려고 하기 쉬울 것이다. 가령 "백인성"에 대해서는 경멸적으로 말하는 것이 허용되고, "반反흑인성"을 표현한 것으로 해석될 수 있는 누구에게든 징벌을 요구하게 된다면, 백인들은 이를 부당한 것으로 경험하게 될 것이다. 만일 남성성을 병리화하고 남성에 대하여 증오스럽게 말하는 것이 수용되고, 반면에 "여성 혐오"라고 불릴 수 있는 것에 대해 과민반응을 한다면, 인구의 절반을 차지하는 대부분의 남성들(을 사랑하는 나머지 절반뿐만 아니라)은 이에 대하여 나쁘게 받아들일 것이다. 인구의 99.5프로를 차지하는 시스젠더들이 단순히 존재한다는 이유만으로, 정확한 용어를 사용하지 못한다는 이유만으로, 데이트의 선호도에 영향을 주기 위하여 성기를 사용하는 것을 허용한다는, 심지어 젠더에 대한 비-퀴어적 대문자 이론을 신봉하지 않는다고 해서 트랜스 혐오주의자들이라고 비난을 받는다면, 이는 트랜스인들(그들 대부분도 이것을 또한 믿지 않는다)에 대한 수많은 부당한 적대감을 가져오기 쉬울 것이다.

지금의 우경화 경향에는 확실히 많은 원인이 있을 것이고, 이런 것들이 대문자 사회 정의 학문 혹은 행동주의와 아무런 관계가 없는 것들을 포함하고 있지만, 대문자 사회 정의 학문은 이에 확실히 도움이 되지 않는다. 그러나 가장 중요한 것 중의 하나는, 대문자 사회 정의가 이런 이슈들에 적절한 담론들에 대하여 절대적인 헤게모니를 장악하기 위하여 그런 고통을 감수해 왔기 때문에—특히 좌파와 중도파에서—다른 합리적이고 온건한 목소리들은 이런 이슈들에 대한 대문자 사회 정의의 공언들에 대한 이성적이고 온건한 대화 속으로 들어가기가 매우 힘들어졌다. 이는 대문자 사회 정의에 반대하는 가장 극단적인 목소리를 가진 사람들만을 남겨놓으며, 이 목소리들은 자신들 외에는 누구도 말할 수 없을 것이라는 명백한 진실을 말하는 만큼 지각될 수 있을 것이고, 그렇지 않았더라면 얻지 못했을 지원을 얻게 될 것이다. 대문자 사회 정의는 이런 식으로 좌파, 중도, 중도 우파에서 이성적이고 온건한 목소리들을 체계적으로 그리고 거의 총체적으로 침묵시킴으로써 자신과 우리 사회를 권위주의적 극우 세력의 반발에 불안정하고 확실하게 열어놓는다. (이는 물론 우리 사회가 그들이 항상 주장한 그대로 퇴행적이고 편견에 치우쳐 있다는 더 큰 증거로 쓸모없이 해석될 것인데, 우리가 할 수 있을 때 기꺼이 더 크게 말한다면, 우리들 중 그 누구도 이런 자족적인 예언에 고통받지 않을 것이다.)

해결책들에 대한 간략한 논의

어떤 사람들은 포스트모더니즘의 문제들에 대한 상당히 과감한 해결책들을 제시했다. 헝가리의 총리인 빅토르 오르반Viktor Orbán[36]을 포함하여 어떤 논자들은 우리가 젠더 연구와 포스트모던 대문자 이론에 뿌리를 둔 다른 교과과정들을 금지해야 한다고 주장해 왔다. 그들은 이들 이론들이 사회적으로 너무 해로워서 금지하는 것이 낫다고 간주한다. 우리는 그런 입장에 대해 강력하게 반대한다. 우리는 비非자유주의로 비非자유주의와 싸울 수 없고, 매우 비판적인 발언을 금지함으로써 언론의 자유에 대한 위협에 맞설 수 없다. 우리는 우리가 혐오하는 것이 되어서는 안 된다. 만일 우리가 그런다면, 우리는 우리가 혐오하는 것을 혐오하는 사람들, 즉 좌파, 우파, 그리고 중도파 등 모든 유형의 자유주의자들로부터 옹호받을 것이라는 기대를 할 수 없을 것이다.

다른 논자들은 또한 대문자 사회 정의 교과과정들에 공적인 재정 지원을 해서는 안 된다고 주장하기도 한다. 그들은 나름 비합리적이지 않은 주장을 하는데, 가령 납세자들로 하여금 엄정하지도 않고 윤리적이지도 않은 학문을 위해 세금을 낼 것으로 생각하게 해서는 안 된다고 주장한다. 그러나 우리는 이것에도 또한 동의하지 않는다. 정부는 대학이 무엇을 가르치는지에 대하여 통제권을 가져서는 안 된다. 만일 그런 식으로 통제를 한다면, 정부 안에 일종의 진리부Ministry of Truth가 설립될 것이다. 우리는 또한 대학이 엄정한 학문을 옹호하기를 원하고, 포스트모더니즘이 그런 자격을 가지고 있다고는 믿지 않지만, 만일 정부—대학들이 아닌—가 포스트모더니즘을 그런 식으로 통제하고자 한다면 그것은 끔찍한 선례를 남기는 것이 될 것이다. 만일 신권 정부 혹은 포스트모던 좌파의 영향을 받은 정부가 권력을 잡으면, 그 권력이 싫어하는 과학이나 다른 것들은 사회적으로 해악이 된다고 결정하고 금지할 수도 있다. 사람들이 포스트모던 사상을 가지고 그것을 듣기를 원하는 사람들에게 표현할 수 있는 권리를 옹호하는 것은 중요하다. 그러나 그것들이 제도 권력—9장에서 보였다시피, 이런 일은 이미 일어나고 있다—을 갖지 못하도록 하는 것 또한 중요하다.

자유주의 사회에서 우리는 자신들의 입장을 사회에 강요하려고 위협하는 물화된 철학적 체계들을 다루는 문제에 대한 해답을 이미 갖고 있으며, 그 해답은 **세속주의**secularism라고 불린다. 세속주의는 "교회와 국가의 분리"라는 법적인 원칙으로 가장 잘 알려져 있다. 그러나 이 원칙은 더욱 심오한 철학적 사상에 바탕을 두고 있는데, 아무리 진리를 소유하고 있다고 확신할지라도 그 신념을 전체로서의 사회에 강요할 권리는 누구에게도 없다는 것이다. 더 넓게 이해하면 이것은 어떤 도덕적 신념을 가지고 어떤 자발적 커뮤니티 안에서 사적인 양심의 문제로 그런 신념들을 채택한 사람들에게 그것을 따르라고 주장할 수 있지만, 그것을 외부인들에게까지 강요할 수는 없다는 것이다. 무엇을 신뢰하든 자유이지만, 그 대신 다른 사람들 역시 경우에 따라 그들이 원하거나 원하지 않는 것을 허용해야만 한다.

이는 또한 도덕적 권고들이나 어떤 특정한 이데올로기의 처방을 *비난받지 않고* 거부할 수 있는, 빼앗길 수 없는 권리를 수반한다. 예를 들어, 세속 사회에서 그 누구도 다수 종교의 교리를 포함하여 어떤 신념의 교리들을 거부한다고 해서 법적으로나 도덕적으로나 죄의식을 느끼도록 강요당해서는 안 된다. 그것은 모두 각 개인에게 달린 문제이며, 그 어떤 이데올로기적 혹은 도덕적 집단도 그 사람을 대신하여 결정할 수 없다. 그 누구도 그 구성원들의 신념이 아무리 강할지라도 어떤 특정한 도덕적 집단의 *당위*들에 종속되지 않는다.

포스트모더니즘 프로젝트는, 특히 응용 포스트모더니즘으로의 전환 이후에—그것의 물화 이후에는 더 심해졌고—서술적이라기보다는 압도적으로 처방적이다. *객관적* 사실의 서술보다 진실*이어야만 한다*고 그것이 믿는 것을 더 특화하는 학문 이론—즉 사적인 신념을 정치적 책임으로 간주하는 이론—은 그것이 대문자 진리를 가지고 있다고 믿고 있기 때문에 지식 찾기를 이제 그만두었다. 다시 말해, 그것은 신념의 체계가 되어버렸고, 그 학문은 일종의 이데올로기가 되어버렸다. 이것이 바로 우리가 대문자 사회 정의 학문 속에서 보고 있는 것이다. *당위*의 선언들이 *사실*에 대한 연구를 대체해 버렸다.

지식이 권력을 강화하기 위해 사용되는 문화적 구성물이라는 것과 이것이 부당한 방식으로 발생할 수 있다는 것을 믿는 것은 한 가지 일이다. 그러나 이와 같은 신념을 기정사실로 받아들이고 그것에 동의하지 않는 것은, 그 자체 지배와 억압의 행위라 단정하는 것은 다른 문제다. 당신의 신념 체계와 청교도적인 사회 혁명의 요청들에 대한 영적이고 지속적인 복종이 부족한 모든 것이 도덕적 악과 공모하는 것이라는 주장은 더 나쁘다. 다른 신앙들 안에서 이것은 소위 *타락*, 즉 죄를 향한 타락한 욕망이라 불리는 문제에 대한 치료제이다. 세속주의는 이런 문제들을 개인의 *사적인 양심*의 문제로 격하시키고, 사회적 오명을 회피하기 위하여 자신들이 공유하지 않는 신념에 대하여 수용이나 립 서비스를 강요받는다면, 그 누구에게든 무죄를 선고한다.

마음속에 이런 태도를 가지고, 우리는 물화된 포스트모더니즘의 문제에 대한 두 가지 접근법을 주창한다. 첫째, 우리는 그것의 신념 체계를 제도화하는 것에 반대해야만 한다. 대문자 사회 정의 운동이 공식적으로 종교가 아니기 때문에 그리고 진정한 사회 정의의 목적들은 차별 반대 법안의 입법과 보조를 맞추는 것이기 때문에, 한 사람의 신념 체계를 다른 사람들에게 강요하는 것에 대한, 흔히 있는 장애물들을 건너뛰는 것이 허용되어 왔다. 자유주의자들로서 우리는 이런 강요를 반대해야만 하고, 어떤 형태의 징벌도 발생시키지 않으면서 대문자 사회 정의를 믿지 않을 사람들의 권리를 지켜야만 한다. 모든 공적 기관들과 조직들이 한편으로는 그들의 학생들, 피고용자들, 혹은 사용자들에게 차별을 삼가고 평등을 옹호할 것을 요구하는 권리를 가지고 있으므로, 그것들은 대문자 사회 정의의 대문자 신조들에 대한 지지를 요구할 수 없어야만 한다. 크리스천이나 무슬림이라는 진술서 혹은 교회나 모스크에 출석할 것을 요구했던 공적인 기관에 우리가 반대했듯이, 다양성, 공평성, 그리고 포괄성, 혹은 의무적인 다양성이나 공평성 훈련에 대한 정통적인 대문자 사회 정의의 진술을 요구하는 것에도 반대해야만 한다.

둘째, 우리는 대문자 사회 정의 안의 사상들과 공정한 전투를 해야만 한다. 우리는 포스트모던 사상이 바로 지금 그런 것처럼 특히 사회적으로 막강한 힘을 가질 때, 나쁜 사상들이 단지 억압한다고 해서 사라진다고 믿지 않는다. 대신에 그런 것들은 개입해서 사상의 시장 안에서 패배시킬 필요가 있는데, 그렇게 해야 그것들은 자연스러운 죽음을 맞이하고 멸망한 것으로 제대로 인지될 것이다. 만일 우리가 그것과 정면으로 맞서서 더욱 강한 추론으로 무장한다면, 사상의 시장에서 포스트모던 대문자 이론을 무찌르는 것은 전적으로 가능하다. 사실 불가피하다. 이것은 자신들의 상태에 대한 공정한 검증을 회피하는 포스트모던 대문자 이론의 시도들을 드러내고, 그 사상들에 더 높은 수준을 들이댐으로써 이윽고 그것 안에서 유용한 것을 정제하도록 하는 것이다. 실제로 포스트모던 사상들은 명백히 나쁜 것이며, 윤리적으로 일관성이 없고, 엄정한 검증을 받을 때마다 그 모순들 속으로 내파하거나 사라진다. 그 안에 포함된 학문적 규율들은 개혁될 필요가 있으며, 그것들을 한층 더 엄정하고 윤리적으로 만들 필요가 있다. 이것은 일단 대문자 사회 정의 학문을 비판하는 것에 대한 금기가 사라지면, 학문적 체계가 처리할 방법을 알아야 하고, 또 효과적으로 처벌할 수 있어야 할, 그런 종류의 문제이다.

결론 그리고 주장

대문자 이론의 면전에서 자유주의에 헌신하고 그것을 믿는 것은 가능한 일이며 우리에게 이로운 것이다. 그러나 그것은 어려울 수도 있다.

그 하나의 예로, 새롭고 급진적인 해답들이 확실한 호소력을 갖기 때문이다. 그것들은 사태가 좋지 않아 보일 때, 사람들을 흥분시킨다. 크고 위압적인 문제들은 혁명적으로 새로운 해결책을 불러오는 것처럼 보인다. *지금 당장* 고통받는 사람들이 있을 때, 점진적인 개선들은 절망적으로 더디게 느껴진다. 항상 그래왔듯이, 지금까지 좋은 시스템이 더 나은 결과들을 생산할 수 있었어야 한다는 비현실적인 기대를 포함하여, 완벽한 것은 선한 것의 적이다. 이것은 급진주의, 권위주의, 근본주의, 그리고 냉소주의를 불러온다. 이것이 바로 대문자 이론—혹은 포퓰리즘, 혹은 마르크스주의, 혹은 문건 상으로는 훌륭해 보이지만 실제로는 파멸적인 다른 형태의 유토피아주의—을 매혹적으로 보이게 만드는 것이다. 그것은 어떤 사람들이 위급 사태라고 느끼는(혹은 실제로 그런), 세상의 수많은 문제를 해결하기 위한 필수적인 방책인 것처럼 보인다.

그렇지만 이런 문제들에 대한 해답은 새롭지 않으며, 그래서 아마도 그것이 즉각적인 만족을 주지 않는 이유일 것이다. 그 해결책은 정치(보편적 자유주의는 포스트모던 정치 원칙에 대한 해독제이다)와 지식 생산(조너선 라우치의 "자유 과학"은 포스트모던 지식 원칙에 대한 치료제이다) 양쪽의 관점에서의 자유주의다. 당신이 조너선 라우치, 혹은 존 스튜어트 밀, 혹은 다른 위대한 자유주의 사상가들의 작업에 전문가가 될 필요는 없다. 당신은 또한 대문자 이론과 대문자 사회 정의 학문에 정통해서 그것을 자신 있게 반박할 필요도 없다. 그러나 당신에게는 막강한 힘을 가지고 있는 어떤 것에 맞설 약간의 용기가 필요하다. 당신은 대문자 이론을 만날 때 그것을 인지하고, 그것에 대하여 자유주의적 편에 서서 볼 필요가 있는데, 그것은 이렇게 말하는 것보다 절대 더 복잡한 일이 아니다. "아니요, 그것은 당신의 이데올로기적 신념이잖아요, 내가 그것에 꼭 찬성할 필요는 없지요."

이것을 더욱 쉽게 하기 위하여, 우리는 당신이 대문자 사회 정의가 제안하는 해결책들을 거부하면서 사회적 불의를 인식할 수 있는 몇 개의 예들을 제시하면서 마무리하고자 한다. 사회 정의 이슈들은 진지하고 중요하지만, 우리는, 그것들에 대해 말하는 비자유주의적 수단이 기껏해야 부적절하고, 최악의 경우에는 완고하고 위험하며, 사람들뿐만 아니라 가치 있는 대의들 모두에 해롭다는 것을 보여주기를 희망한다. 당신은 물론 대문자 사회 정의 사상들에 원칙적으로 반대하는 당신만의 고유한 언어를 만들어 낼 수도 있다.

원칙적인 반대: 예 1

우리는 단언한다. 인종차별주의는 사회 안에서 문젯거리로 남아 있으며, 우리는 이에 대하여 고심할 필요가 있다.

우리는 거부한다. 우리는 비판적 인종 대문자 이론과 교차론이, 할 수 있는 가장 유용한 도구들을 제공한다는 주장을 거부한다. 왜냐하면 우리는 인종 문제는 가장 엄정한 분석들을 통하여 가장 잘 해결될 수 있다고 믿기 때문이다.

우리는 주장한다. 인종차별주의는 인종에 근거하여 개인들 혹은 집단들에 대하여 편견을 가지고 대하는 태도들과 차별적인 행위들로 정의되고, 그렇게 정의함으로써 성공적으로 다루어질 수 있다.

우리는 거부한다 우리는 인종차별주의가 담론들을 통하여 사회 속에서 이미 굳어버린 것이라는 사실을 거부한다. 또한 인종차별주의란 회피 불가능한 것이며 사람들 사이의 모든 상호작용에서 발견되고 소환될 수 있는 것이라는 주장에도 반대한다. 또한 인종차별주의가 모든 곳에, 항상, 만연한, 어디에나 있는 체제 문제의 일부라는 주장에도 반대한다.

우리는 거부한다. 우리는 인종차별주의를 대하는 최선의 방법이 인종적 범주에 대한 사회적 의미를 복원하고, 인종적 범주들의 돌출부를 급진적으로 고조시키는 것이라는 주장에 반대한다.

우리는 주장한다. 모든 개인은 인종차별주의적 관점들을 갖지 않는 것을 선택할 수 있고, 그렇게 기대되어야만 하며, 인종차별주의는 시간이 지남에 따라 쇠퇴하고 있고 더 희박해질 것이며, 우리는 서로를 우선은 인간으로, 그리고 그다음에 특정한 인종의 구성원으로 바라볼 수 있고, 그래야만 하며, 인종 문제는 인종 차별화된 경험들에 관하여 정직해질 때 가장 잘 다루어질 수 있고, 다른 한편으로는 공통의 목적과 공통의 비전을 향하여 계속 작업을 해야 하며, 인종에 의한 차별을 하지 않아야 한다는 원칙이 보편적으로 옹호되어야 한다.

원칙적인 반대: 예 2

우리는 단언한다. 성차별주의는 사회 안에서 문젯거리로 남아 있으며, 우리는 이에 대하여 고심할 필요가 있다.

우리는 거부한다. 섹스와 젠더에 대한 공허한 혹평에 의존해 있는 퀴어 대문자 이론과 교차론적 페미니즘을 포함하여 젠더 이슈에 대한 대문자 이론적 접근법이 유용하게 그것을 다룰 수 있다는 주장을 거부한다. 왜냐하면 우리가 믿기에 그런 이슈들을 다루기 위하여 생물학적 현실을 인정하는 것이 꼭 필요하기 때문이다.

우리는 주장한다. 성차별주의는 섹스에 근거하여 개인들 혹은 전체 성별에 대하여 편견을 가지고 대하는 태도들과 차별적인 행위들로 정의되고, 그렇게 함으로써 성공적으로 다루어질 수 있다.

우리는 거부한다. 성차별주의와 여성 혐오가, 심지어 성차별주의자 혹은 여성을 혐오하는 사람들 혹은 그런 의도들이 부재한 경우에조차, 사회화, 기대치, 그리고 언어적 집행을 통하여 사회 전체를 통하여 가동되는 체계적 세력이라는 주장을 거부한다.

우리는 거부한다. 우리는 평균적인 남성과 여성들 사이에 아무런 심리적 혹은 인식적이고 생물학적인 차이가 존재하지 않으며, 따라서 젠더와 섹스는 단지 사회적 구성물들에 불과하다는 주장을 거부한다.

우리는 주장한다. 남성과 여성은 그들의 섹스에 근거하여 동등하게 차별받을 수 있는 존재이자 평등한 가치를 지닌 인간들이며, 성차별주의적 행위들은 다른 식으로 행동해야만 할 것으로 기대되는 개인들의 의도적인 행위들이고, 젠더와 섹스는 생물학적 기원과 사회적 기원을 둘 다 가지고 있으며 인간이 번창하기 위하여 승인될 필요가 있다.

원칙적인 반대: 예 3

우리는 단언한다. 성적 소수자들에 대한 차별과 편견은 사회에 문젯거리로 남아 있고 그것을 다루어야만 한다.

우리는 거부한다. 이 문제가 섹스, 젠더, 그리고 성적 취향과 관계된 모든 범주들을 무용지물화하려는 퀴어 대문자 이론으로 해결될 수 있다는 주장을 우리는 거부한다.

우리는 주장한다. 동성애 혐오와 트랜스 혐오는 성적 취향이나 젠더 정체성에 근거하며 동성애자와 트랜스젠더인들에 대한 편견화된 태도들과 차별적인 행위들로 정의된다.

우리는 반대한다. 섹스, 젠더 혹은 성적 취향의 범주들을 해체하거나, 억압적 "이성애 규범성" 그리고 "시스 규범성"의 개념들을 앞세우는 것—이성애 그리고 생물학적 섹스와 성 정체성이 일치하는 것을 정상이라 간주하는 것—이 성적 소수자들을 더욱 환영하는 사회를 만드는 최상의 방법이라는 주장에 반대한다.

우리는 주장한다. 성적 소수자들도 또한 "정상"이며 성적 취향과 젠더 정체성의 영역에서 자연스레 일어나는 다양성을 나타낸다. 그러므로 완전히 정상적인 개별 인간이자 사회의 가치 있는 구성원들로 간주되는 다른 소수자들에게서 발견되는 일종의 특징으로, 현재 인정되고 있는 다른 다양성들(빨간 머리 그리고 왼손잡이 같은)과 같은 방식으로 쉽게 받아들여질 수 있다. 동성애 혐오와 트랜스 혐오는 다른 식으로 행동해야 할 것으로 기대되는 개인들이 취한 의도적인 행위들이다.

우리는 현재 대문자 이론에 의해 지배되는 더 많은 이슈들—식민주의, 장애, 비만 등—에 대해서도 예를 들 수 있지만, 여러분도 이해하리라 믿는다. 마지막으로 더욱 일반적인, 한 가지 예는, 대문자 사회 정의 학문으로 진화해 나간 대문자 이론에 관한 것이다.

원칙적인 반대: 예 4

우리는 단언한다. 사회적 불의는 여전히 존재하며, 사회 정의의 이슈에 관한 학문은 여전히 꼭 필요하고 중요하다.

우리는 단언한다. 인문학 안에서 인종, 젠더, 성적 취향, 문화, 그리고 정체성 연구를 포함하는 학제적인 이론적 접근법들의 가치를 인정한다.

우리는 단언한다. 대문자 사회 정의 학문이라는, 물화된 포스트모더니즘에 의해서조차 생성된 많은 사상—독특한 불의가 사회적 배려를 필요로 하는 "교차된" 정체성에 놓여 있을 수 있다는, 교차성의 기본 개념을 포함하여—도 통찰력이 있으며, 평가, 적용, 더 깊은 연구, 세련화, 그리고 잠재적으로 결과적인 활용을 위한 사상의 시장에 내놓을 가치가 있다.

우리는 거부한다. 어떤 사상, 이데올로기, 혹은 정치적 운동도 어떤 정체성 집단의 권위주의적인 입장인 것으로 확인될 수 있다는 주장을 거부한다. 왜냐하면 그런 집단들은 다양한 생각들을 가진 개인들과 공통의 인류를 구성하기 때문이다.

우리는 거부한다. 우리는 객관적인 지식의 가능성 혹은 일관된 원칙들의 중요성을 묵살하는 학문의 가치를 거부하며, 그것은 학문이라기보다는 이데올로기적 편견이라고 주장한다.

우리는 거부한다. 어떤 문제가 (말하자면, 체계적인 방식으로) 존재한다고 가정하고, 그것의 증거들을 "비판적으로" 찾는 접근법이 특별히 학문의 한 형태로 중요한 가치가 있다는 생각을 우리는 거부한다.

우리는 주장한다. 만일 이런 방법들이 개혁되고 엄정해진다면 그것들은 엄청난 학문적 가치가 있을 것이며, 인류의 대의―특히 사회 정의의 대의―를 크게 전진시킬 수 있을 것이다.

주

서론

1. James Lindsay and Helen Pluckrose, "A Manifesto against the Enemies of Modernity," *Areo Magazine*, August 22, 2017, areomagazine.com/2017/08/22/a-manifesto-against-the-enemies-of-modernity/.

2. John Rawls, *A Theory of Justice*. (Oxford: Oxford University Press, 1999).

3. Audre Lorde, *Sister Outsider: Essays and Speeches* (Berkeley, CA: Crossing Press, 2007), 110–114.

1. 포스트모더니즘 — 지식과 권력에서의 혁명

1. 비판이론은 흔히 그 유명한 프랑크푸르트학파Frankfurt School의 것으로 간주되는데, 이것은 근대성에 대한 마르크스주의적 비판을 위한 수단으로 형성되었다. 이것은 일반적으로 포스트모던 비판이론과는 구별되는데, 포스트모던 비판이론은 통상 간단하게 "(대문자)이론" 혹은 "비판적 대문자 인종 이론" 혹은 "비판적 식이학critical dietetics"처럼 더욱 특수한 비판적 이론의 종류들을 말한다. 사실, 프랑크푸르크 학파의 구성원들, 특히 위르겐 하버마스Jürgen Habermas는 포스트모더니즘에 대해 대체로 비판적이었다. 일반적으로 "비판이론"이라 불리는 요즘의 접근법들은 포스트모더니즘의 변종들을 가리키는 경향이 있다. 왜냐하면 그것들이 현재 수많은 학문 시장을 지배하고 있기 때문이다. "비판이론"의 다른 의미들에 대한 설명은 James Bohman, "Critical Theory", *Stanford Encyclopedia of Philosophy*, ed. Edward N. Zalta (Winter 2019 Edition), plato.stanford.edu/archives/win2019/entries/critical-theory/참조.

원래 그 개념이 만들어질 때부터 비판이론은, 사회 현상을 포함하여 무엇이 어떻게 작동하는지의 관점에서 현상을 이해하고 설명하고자 하는 전통적인 이론과는 다르다. 비판이론은 이와는 대조적으로 세 가지 기준을 모두 만족시켜야만 한다. 첫째, 그것은 "규범적" 비전에서 시작되어야 하는데, 사회가 어떻게 되어야 하는지에 대한 일련의 도덕적 관점을 말해야만 하고, 이 도덕적 비전이 이론의 내용을 채우고 동시에 새로운 사회의 목표에 이바지해야 한다. 둘째, 그것은 "문제틀"의 관점에서 사회와 현재의 체제들의 무엇이 잘못되었는지, 즉 체제 안의 결함들을 말해야 하며, 체제가 그 이론의 규범이 되는 도덕적 관점과 일치하거나 그런 관점을 생성하는 데 실패하는 방식을 지적해야 한다. 셋째, 그것은 그것을 사회 변화를 위해 활용하기를 소망하는 사회적 활동가들에 의해 실행 가능한 것이 되어야 한다.

포스트모던 이론가들은 프랑크푸르트학파의 비판적 방법, 혹은 적어도 비판적 *분위기*를 채택했으며, 그것을 특히 권력의 관점에서 구조주의의 맥락에 적용했다. 그러나 "비판"의 목표는 동일하다. 즉 이른바 체제에 의해 억압받는 사람들이 마침내 "체제" 안에 내재하는 문제들을 혐오하고, 그것에 대항해 혁명을 모색할 때까지 그 문제들을 그들에게 더 잘 보이게 만드는 것—그 안에서 그들이 아무리 행복하게 살고 있을지라도—이다. 프랑크푸르트학파는, 마르크스주의자들이 그래왔던 것처럼 비판이론적 접근을 특히 자본주의에 대한 비판 이상으로 확장하여 발전시켰고, 전체로서의 서양문명의 가정들, 특히 사회정치 철학으로서의 자유주의와 계몽주의 사상 일반을 비판의 목표물로 삼았다. 포스트모더니스트들이 전체 사회 질서와 그 제도들에 주목한 것은 비판에 대한 바로 이런 식의 접근이었으며, 그들은 헤게모니(안토니오 그람시에게서 빌려온 개념)를 장악한 권력 구조들이 차별의 모든 양상에 존재하며, 따라서 이것을 드러내고 결국은 전복해야 한다고 주장한다.

2. 우리는 근대성을 전근대주의자들(우리를 산업시대 그리고 세속 시대 이전으로 데려가려고 하는 사람들)과 포스트모더니스트들 양자에 대항하여 지켜야 할 필요에 대하여 이미 썼다. James Lindsay and Helen Pluckrose, "A Manifesto against the Enemies of Modernity," *Areo Magazine*, August 22, 2017, areomagazine.com/2017/08/22/a-manifesto-against-the-enemies-of-modernity/.

3. Brian McHale, *The Cambridge Introduction to Postmodernism* (Cambridge University Press, 2015), 1.

4. 비록 자크 라캉과 루쉬 이리가레Luce Irigaray와 줄리아 크리스테바Julia Kristeva 같은 프랑스 페미니스트들이 포스트모던적 전환에 극도로 영향력 있는 참여자들이지만, 이 책에서 우리는 정신분석에 대해서는 많이 논의하지 않을 것이다. 그들의 사상은 문화적 구성주의보다는 심리의 발달에 뿌리내리고 있으므로 현재의 문화 연구에 다른 사상가들의 사상처럼 큰 영향력을 행사해 오지는 않았다. 그들도 또한 이런 이유로 "본질주의자essentialist"로 비판을 받아왔다.

5. 모든 포스트모더니즘 사상가들과 그들의 영감의 원천을 포괄적으로 설명하는 것은 이 글의 범위를 넘어서는 것이다.

6. Jean François Lyotard, *The Postmodern Condition: A Report on Knowledge* (Manchester: Manchester UP, 1991).

7. Jean Baudrillard, *Simulacra and Simulation,* trans. Sheila Faria Glaser (Ann Arbor: University of Michigan Press, 1994).

8. 보드리야르는 이런 이상한 견해를 극단적이게 섬뜩하고 허무주의적인 것으로 몰고 가며, 우리를 더욱 생산적인, 테크놀로지 이전의 시기로 환원시킬 극약 조치들을 요구한다. Jean Baudrillard, *Symbolic Exchange and Death*, trans. Iain Hamilton Gran (London: SAGE Publications, 2017).

9. Gilles Deleuze and Felix Guattari, *Anti-Oedipus: Capitalism and Schizophrenia*, trans. Robert J. Hurley (London: Bloomsbury Academic, 2016).

10. Fredric Jameson, *Postmodernism: Or, the Cultural Logic of Late Capitalism* (New York: Verso Books, 2019).

11. David Harvey, *The Condition of Postmodernity* (Cambridge, MA: Blackwell, 2000).

12. 일반 대중이 사회에 대한 이러한 지각 혹은 어떤 사상가들 속에서 그것이 이끌어 낸, 계몽주의적 가치들에 대한 회의주의를 공유하고 있는지의 여부는 불분명하지만, 의미심장한 무언가가 특히 학문 영역 안에서 변하고 있는 것은 분명하다.

13. Brian Duignan, "Postmodernism," *Encyclopedia Britannica*, July 19, 2019, britannica.com/topic/postmodernism-philosophy (accessed August 15, 2019).

14. Walter Truett Anderson, *The Fontana Postmodernism Reader* (London: Fontana Press, 1996), 10-11을 풀어 씀.

15. Steiner Kvale, "Themes of Postmodernity," in *The Fontana Postmodernism Reader*, ed. Walter Truett Anderson (London: Fontana Press, 1996), 18.

16. Kvale, "Themes," 18.

17. Ibid., 20.

18. 리처드 로티에 따르면, 주요한 요인은 "발견found"에서 "만들어짐made"으로의 변화였다―이 말은 진리가 저기 놓여 있어서 발견되는 것이 아니라, 사람들에 의해 구성되는 것이라는 의미이다. 이것은 근대성(그리고 역설적이게도, 탈근대성)의 인위성에 대한 포스트모더니스트들의 근저에 있는 불안을 명백히 보여준다. 그리고 우리가 인위성을 일종의 진정성의 위기로 특징화하는 것을 도와준다. 브라이언 맥헤일에 따르면, 가장 중요한 변화는 인식론적인 것에서 존재론적인 것으로 철학적 초점이 변한 것이었다―. 즉 우리가 어떻게 지식을 생산하는가에 대한 관심이 존재의 본질을 특징짓는 시도들로 바뀐 것이다. 그는 다음과 같이 쓰고 있다. 근대주의는 "지식에 대한 접근성, 신뢰성과 더불어 *우리가 무엇을 알며, 어떻게 아는지*에 사로잡혀 있었다" 그리고 그 결과, "근대성은 인식론적 질문들을 추구하였다". 포스트모더니즘은 "*지각과 지식*에 대한 질문보다 *세계-만들기*world-making와 *존재의 양식*들에 대한 질문에 특권을 주었다. 그것은 그 방향에 있어서 존재론적인 것이었다"(강조는 원저자의 것). Richard Rorty, *Contingency, Irony, and Solidarity* (Cambridge: Cambridge University Press, 2009), 3; McHale, *The Cambridge Introduction to Postmodernism*, 14-15.

19. Steven Seidman, *The Postmodern Turn: New Perspectives on Social Theory* (Cambridge University Press, 1998), 1.

20. Anderson, *Reader*, 2.

21. 예를 들어, 다음의 세 사상가들은 포스트모더니즘의 발생을 계몽주의의 실패의 결과로 본다. 월터 앤더슨Walter Anderson은 다음과 같이 말한다.

계몽주의의 기획에 대한 포스트모던적 판단은, 그것이 눈부시고 야심에 찬 노력이었지만, 시야가 제한되어 있었다는 것이다. 계몽주의의 지도자들은 합리적 사유에 토대하여 보편적 인간 문화를 건설하는 과업이 실제로 드러난 것보다 쉬울 것이라고 생각했다. 우주는 이제, 무한하지는 않더라도, 적어도 무한히 복잡하고 신비스러운 것처럼 보인다. 우리의 영원한 진리들은 이제 그것들을 창조한 문화들과 그것들을 진술한 언어들과 분리불가능한 것처럼 보인다. (*Reader*, 216)

데이비드 하비는 다음과 같이 주장한다.

계몽주의는 그 어떤 질문에도 오로지 한 가지 가능한 대답이 있다는 것을 공리로 받들었다. 이로부터 세계는 우리가 정확히 그려내고 재현하기만 하면 통제될 수 있고 합리적으로 질서가 부여될 수 있다는 생각이 뒤따랐다. 그러나 이것은 우리가 알아내기만 하면 계몽주의적 목적들에 수단을 제공할 단일하고도 정확한 재현의 양식(그리고 이것은 과학적이고 수학적인 시도들이 하는 일의 전부였다)이 있다는 것을 상정했다.

하비는 그러므로 계몽주의를 "직선적 진보, 절대적인 진리들, 그리고 이상적인 사회 질서의 합리적 계획"에 대한 신념으로 특징화한다(*Condition*, 27).

스티븐 세이드먼은 또한 계몽주의를 매우 간단하고 교조적인 용어로 다음과 같이 서술한다.

근대 서양의 중심에는 계몽주의 문화가 있다. 인류의 통일성에 관한 가정들, 사회와 역사의 창조적 세력으로서의 개인, 서양의 우월성, 대문자 진리Truth로서의 과학에 대한 생각, 그리고 사회적 진보에 대한 믿음이 유럽과 미국에 근본적인 것이었다. 이 문화가 이제는 위기의 상태에 있다. (*Turn*, 1)

22. 이런 생각 중에 어떤 것도 새로운 것이 없다. 사실, 스티븐 힉스Stephen R. C. Hicks가 그의 책 *Understanding Postmodernism: Skepticism and Socialism from Rousseau to Foucault* (Tempe, AZ: Scholargy Publishing, 2004)에서 상술한 것처럼, 이런 생각들은 계몽주의 그 자체까지 돌아가 볼 수 있는, 반계몽주의의 지속체에 대한 상대적으로 최근의 언명들이다. 지식을 중재할 수 있는 우리의 능력에 대한 신뢰는 2세기 전에 칸트와 헤겔의 주된 관심사였고, 예를 들어, 포스트모던적 사유와 관계하여 칸트와 헤겔의 철학에 관하여 많은 것들이 씌어졌다. 포스트모던적 사상의 발전에 더욱 거대하고 직접적으로 의미심장한 것은 주체와 현실의 본질에 대한 니체와 하이데거의 사상이다. 포스트모더니즘의 철학적 선도자들에게 관심이 있는 사람들에게는 힉스의 책과 데이비드 데트머David Detmer의 *Challenging Postmodernism Philosophy and the Politics of Truth* (Amherst, NY: Humanity Books, 2003)이 가치가 있을 것이다.

23. 그런데 이것이야말로 포스트모더니스트들이 정당한 관찰을 하고도 그것을 매우 볼품없는 철학을 정당화하는 데 사용해 온 경우이다. 현실에 대한 우리의 지식은 우리가 그것을 설명하기 위해 개진한 현실의 모델들에 의존하고 있다고 말하는 것은 정확한 것이다. 포스트모던적 견해가 잘못 가는 것은 이것을 과학적 지식 생산의 재난이라고 가정하고 있는 것이다. 진실을 말하자면, 이런 사실은 그 어떤 진지한 과학자나 과학 철학자에게도 경종을 울리지 않는다. 실제로 스티븐 호킹Stephen Hawking과 레너드 플로디노프Leonard Mlodinow는 그들의 책 *The Grand Design(2012)* 에서 세계를 해석하는 이런 방식을 설명하는데, 그들은 이를 "모델-의존적 현실주의model-dependent realism"(New York: Bantam Books, 2010)라 부른다. 이 접근에 따르면, 우리는 대부분 현상들을 설명하는 *모델*들이라 불리는 언어적 구성물들을 만들어 내고, 세계가 우리가 만든 모델들과 얼마나 일치하는지 결정하기 위해 온 세상을 돌아다니며 수집한 증거들을 검토한다. 모델이 가용한 자료들을 설명하고 새로운 결과들을 예견하는 가장 훌륭한 작업을 할 수 있다는 사실을 보여주면(그리고, 물리학처럼 "엄정한" 과학에서는 사용하는 기준들이 극도로 정확하다), 우리는 이 사실을 그 모델의 맥락 안에서 "*잠정적으로 진실*"인 것으로 받아들인다. 과학자들은 더 나은 모델이 만들어지면 그에 따라 그들이 이해한 것을 바꾼다. 그러나 이 변화가 겉으로 보기에는 유연해 보일지라도, 사실은 매우 엄정하며 문화적 구성주의 같은 것은 전혀 아니다.(이런 점은 과학 철학자들인 토마스 쿤Thomas Kuhn과 윌러드 밴 오먼 콰인Willard Van Orman Quine 같은 철학자들도 잘 이해하고 있다.)

24. Richard Rorty, *Contingency, Irony, and Solidarity* (Cambridge: Cambridge University Press, 2009), 3.

25. 로티는 이런 경우를 이보다 10년 먼저 *Philosophy and the Mirror of Nature* (Princeton, NJ: Princeton University Press, 1979)에서 개진했다.

26. Michel Foucault, *The Order of Things: An Archaeology of the Human Sciences* (London: Routeledge, 2002), 168. 푸코는 다른 때에는, 사회에서 가동되는 한 가지 이상의 에피스테메가 있을 수 있음을 수용하는 것처럼 보임에도 불구하고, 일관되게 지식을 무엇을 알 수 있을지를 결정하는 권력적 장치의 산물로 받아들인다.

27. Michel Foucault, *Madness and Civilization: A History of Insanity in the Age of Reason*, trans. Richard Howard and Jean Kafka (New York: Routledge, 2001); Michel Foucault, *Birth of the Clinic: An Archaeology of Medical Perception*, trans. A. M. Sheridan Smith (London: Tavistock, 1975), Michel Foucault, *The Archaeology of Knowledge: And the Discourse on Language*, trans. A. M. Sheridan Smith (London: Tavistock, 1972).

28. 이는 공식적으로는 *반-근본주의*anti-foundationalism라 알려져 있다.

29. 앨런 소칼과 장 브리크몽은 *Fashionable Nonsense*에서 이와 같은 두 가지 유형의 회의론을 구분한다.

> 특수한 회의주의를 급진적 회의주의와 혼동해서는 안 된다. 과학에 대한 서로 다른 두 가지 유형의 비판을 주의 깊게 구분하는 것이 중요하다. 즉 특정한 논쟁에 토대하여 어떤 특수한 이론에 반대하는 회의주의와 이런저런 형태로 급진적 회의주의의 전통적 논쟁들을 반복하

는 회의주의는 다르다. 전자의 비판은 흥미롭지만 또한 반박 가능하다. 반면에 후자의 비판은 논박 불가능하지만 흥미롭지 않다(그들의 보편성 때문에).…… 중립적이든 사회적이든 우리가 과학에 기여하길 원한다면, 우리는 논리의 실행 가능성 혹은 관찰 그리고/혹은 실험을 통하여 세계를 아는 것의 가능성에 관한 급진적 의심들을 버려야만 한다. 물론, 우리는 특정한 이론에 대하여 항상 의심을 가질 수 있다. 그러나 그런 의심들을 지원하기 위해 제시된 보편적으로 회의주의적인 논쟁들은 부적절한데, 이는 엄밀히 말해 그것들의 보편성(역주: 특정한 것이 아니라 무엇이나, 혹은 아무것이나 다 의심한다는 의미에서의 보편성) 때문이다.

Alan Sokal and Jean Bricmont, *Fashionable Nonsense: Postmodern Intellectuals Abuse of Science* (New York: St. Martin's Press, 1999), 189 /.

30. Lyotard, *Postmodern Condition.*

31. 리오타르는 과학 언어와 정치와 윤리 언어 사이의 "엄정한 내적 연결"에 대해 서술한다(ibid, 8).

32. Michel Foucault, "On the Genealogy of Ethics: An Overview of Work in Progress," afterword to *Michel Foucault: Beyond Structuralism and Hermeneutics*, 2nd ed., by Hubert L. Dreyfus and Paul Rabinow (Chicago: University of Chicago Press, 1983).

33. Lyotard, *Postmodern Condition*, 7.

34. 데리다는 특히, "기표"(말해지거나 글로 쓰인 단어)가 "기의"(의미, 개념, 혹은 그 것이 소통하고자 하는 대상)를 직접적으로 지시한다는 생각을 거부했으며, 대신에 단어들을 관계적인 것으로 간주했다. 예를 들어, 그는 "집house"은 "헛간hut"(더 작은 것), 그리고 "저택mansion"(더 큰 것)과의 관계 속에서 이해되어야 하며, 이러한 관계들 밖에서는 명증한 의미를 결여한다고 주장했다.

35. Jacques Derrida, *Of Grammatology*, trans. Gayatri Chakravorty Spivak (Baltimore: John Hopkins University Press, 1976).

36. Roland Barthes, "The Death of the Author," Aspen no. 5-6, ubu.com/aspen/aspen5and6/threeEssays.html.

2. 응용 포스트모더니즘으로의 전환 — 억압을 현실화하기

1. 그러나 포스트모더니즘의 가장 중요한 첫 번째 규칙은 결코 지루해지지 않는 것이다.

2. 오늘날 학자들이 공통적으로 가지고 있는 입장은 포스트모더니즘이 죽었으며 오늘날 우리가 보는 것과 같은 종류의 대문자 이론은 포스트모더니즘이 아니라는 것이다. 포스트모더니즘을 그 고양된 해체론의 단계와 동일시하고 그 개념들을 적용하여 뒤에 이어지는 대문자 이론들과 구별하는 순수주의적 입장에서 보면 이런

주장은 신뢰할 만하다. 이런 차이를 주장하는 사람들은 오늘날의 집단 정체성-기반의 대문자 사회 정의 학문으로부터 포스트모더니즘을 지키기를 소망하거나, 아니면 반대로 포스트모더니즘의 오명으로부터 대문자 사회 정의 학문을 지키기를 소망한다. 포스트모더니즘에 가치를 두는 학자들은, 변함없이 정체성의 범주들과 권력과 특권의 객관적으로 실제적인 체제들에 의존하는 집단 정체성 정치학이 단지 세계에 대한 포스트모더니즘적 개념 안에서 작동하는 것이 아니라고 지적한다. 대문자 사회 정의 학문에 가치를 두는 사람들은, 포스트모더니즘의 해체론적 무목적성과 그것을 처음 만든 사람들의 백인 남성성이 더 나은 세계를 구성하려고 하는 현재의 대문자 이론과는 정반대의 것이라고 단언한다.

이 모든 반대 의견들에 대해 공평하게 말하자면, 무엇이 포스트모더니즘이고 무엇이 포스트모더니즘이 아닌지에 대하여 수많은 잘못된 개념들이 있다. 가장 흔한 것은 포스트모더니즘을 마르크스주의와 융합하여 "문화적 마르크스주의", 혹은 "포스트모던 신-마르크스주의"라 일컫는다. 마르크스주의와 그것을 해체했던 포스트모더니즘 사이에는 복잡한 관련들이 있지만, 이와 같은 주장은 빈번히 극도로 단순하여, "응용 포스트모더니즘"은 피억압자들과 억압자에 대한 마르크스주의 사상을 받아들여 그것을 인종, 젠더, 그리고 성적 취향과 같은 다른 정체성 범주에 적용한다고 주장한다. 이것은 허울만 그런 것이다. 1장에서 보여주었듯이, 마르크스주의는 포스트모더니즘이 거부했던 "메타서사들" 중의 하나이다. 그러나 마르크스주의적 행동주의를 위해 일어났던 비판적 방법들은 보전되었고 확산되었다. 다음 장들에서 보여줄 것인데, 마르크스주의자들의 후손들—유물론주의 학자들—은 포스트모더니스트들의 후손들과는 매우 다른 방식으로 지속적인 작업을 하고 있으며, 그들에 대해서 통상 매우 비판적이다.

Matthew McManus, "On Marxism, Post-Modernism, and 'Cultural Marxism,'" *Merion West*, May 18, 2018, merionwest.com/2018/05/18/on-marxism-post-modernism-and-cultural-marxism/를 보라.

3. 예를 들어, Patricia Hill Collins, *Black Feminist Thought: Knowledge, Consciousness, and the Politics of Empowerment* (New York: Routledge, 2015)를 보라.

4. 프랑크푸르크 학파의 비판이론이 도덕적 관점에서 (서구) 사회의 잘못된 점을 설명하고 헌신적 행동주의를 통해 사회 변화를 일으키기 위해서 계획적으로 조직되었다는 사실을 상기하라. 이런 점에서, 우리는 응용 포스트모더니즘 안에서 포스트모더니즘과 비판이론의 파생물들이 섞여 있음을 본다. 그런데 그 파생물들은 "신좌파"의 형태들로 수십 년에 걸쳐 이어져 내려왔던 것이고, 포스트모더니즘의 이론화와는 대조적으로 1960년대와 1970년대를 통하여 흔히 직접적이고 전투적이었다.

5. McHale, *The Cambridge Introduction to Postmodernism*, 48.

6. Mchale, *Introduction*, 97.

7. Mark Horowitz, Anthony Haynor, and Kenneth Kickham, "Sociology's Sacred Victims and the Politics of Knowledge: Moral Foundations Theory and Disciplinary Controversies." *The American Sociologist* 49, no. 4 (2018): 459-95.

8. Jonathan Gottschall, *Literature, Science and a New Humanities* (New York: Palgrave Macmillan, 2008), 5.

9. Brian Boyd, Joseph Carroll, and Jonathan Gottschall, eds., *Evolution, Literature, and Film: A Reader* (New York: Columbia University Press, 2010), 2.

10. McHale, *Introduction*, 172.

11. René Descartes, *Discourse on the Method: The Original Text with English Translation* (Erebus Society, 2017).

12. 사이드는 나중에 푸코에 대해 매우 비판적이었지만, 그의 획기적인 저서인 『오리엔탈리즘』은 담론을 통한 지식의 구성이라는 푸코의 개념에 명백히 의존해 있고, 탈식민주의 연구의 주요 텍스트로 남아 있으며, 오늘날 이 분야의 연구에 지속적인 영향력을 행사하고 있다.

13. Edward Said, *Orientalism* (London: Penguin, 2003), xiii.

14. Linda Hutcheon, "'Circling the Downspout of Empire'." In *Past the Last Post: Theorizing Post-Colonialism and Post-Modernism*, eds. Ian Adam and Helen Tiffin, (London: Harvester/ Wheatsheaf, 1991), 171.

15. 이와 같은 분립은 주로 젠더 비판적(급진적) 페미니스트들과 트랜스 행동주의(교차론적인 퀴어) 페미니스트들 사이에 일어났으며, 이들의 이론적 불일치들은 그들의 분열을 초래하는 만큼 깊다.

16. 1988년에 푸비는 다음과 같이 말하고 있다.

> 해체론을 그 논리적 귀결로 받아들이는 것은 "여성"이 생물학적으로 타고난 것에는 아무런 토대도 없이 단지 사회적인 구성물이라고 주장하는 것이다. 다른 말로 하면, 그 "여성"이라는 개념에 대한 정의는, 어떤 일련의 생물학적인 성적 기관들organs 혹은 사회적 경험들이 아니라, 그 안에서 그것이 논의되어 온 맥락에 의존한다고 주장하는 것이다. 이런 접근법은 조금도 과장하지 않고 여성들이 스스로 가진 경험들과 그들의 사회적 관계들의 의미를 문제시한다. 그것은 또한 미국의 페미니즘이 역사적으로 그 정치적 프로그램들의 기초로 세운 경험적인 것에 의문을 던진다. 실제의 역사적인 여성들이 존재하고 어떤 경험들을 공유한다고 확신하는 우리 같은 논자들과 해체론이 현존presence을 탈신비화하는 것이 이론적으로 유의미하다고 보는 양쪽에 대한 도전은 여성들women과 "여성woman" 양자에 대한 사유의 어떤 길을 열어나가는 것이다. 그것은 쉬운 일이 아니다.

Mary Poovey, "Feminism and Deconstruction," *Feminist Studies* 14, no. 1 (1988): 51.

17. Judith Butler, *Gender Trouble* (London: Routledge, 2006).

18. 버틀러는 그녀의 에세이 「우발적인 토대들: 페미니즘과 '포스트모더니즘'의 문제」 에서 포스트모더니즘을 폄하하는 논자들을 비판하고 다음과 같이 포스트모더니즘 을 옹호한다.

> 나는 "포스트모던"이라는 용어에 관하여 모른다. 그러나 내가 아마도 포스트구조주의로 더 잘 이해하는 것에 어떤 요점, 그리고 훌륭한 요점 이 있다면, 그것은 권력이 비평가의 주체의 자리를 포함하여 그 조건을 조정하려고 하는 바로 그 개념적 장치에 스며든다는 것이다. 게다가 권 력의 영역에서 비평의 조건에 대한 이와 같은 암시가 규범들을 구비할 수 없는 니힐리즘적 상대주의의 출현이 *아니라*, 오히려, 정치적으로 개 입하는 비판의 바로 그 사전 조건이라는 것이다. 권력 혹은 세력 너머에 있는 일련의 규범들을 확립하는 것은 그 자체 강력하고 확실한 개념적 실천인데, 이는 규범적 보편성의 비유에 호소함으로써 자신의 권력 놀이 를 숭고하게 하고, 위장하며, 확장하는 것이다. (p. 158)

그녀의 이 에세이는 *The Postmodern Turn: New Perspectives on Social Theory*, ed. Steven Seidman (Cambridge: Cambridge University Press, 1994)에 나와 있다.

19. Seidman, *Postmodern Turn*, 159.

20. bell hooks, "Postmodern Blackness," in *The Fontana Postmodernism Reader*, ed. Walter Truett Anderson (London: Fontana Press, 1996).

21. Ibid., 117.

22. Ibid., 115.

23. Ibid., 120.

24. Kimberlé Crenshaw, "Mapping the Margins: Intersectionality, Identity Politics, and Violence against Women of Color," *Stanford Law Review* 43, no. 6 (1991).

25. Crenshaw, "Mapping the Margins," 1224n9.

26. 교차성은 서로 다른 소수 집단들을 하나의 배너 아래에 통합하는 것을 허락했던 틀─크렌쇼와 동시대인인 퍼트리샤 힐 콜린스는 그것에 "지배의 매트릭스"라는 이 름을 붙이고 있다─을 제공하는 데 효과적임이 입증되었다. 그것은 또한 이 느슨 한 연합 안의 위계적 구조를 정의하는, 그리고 페미니즘처럼 더욱 인정받고 효과 적인 운동들을 강제하여 "연합" 그리고 "단결" 같은 완곡한 규율 아래 더 작은 분 파들을 책임지도록 하는 도구들을 제공하였다.

27. Crenshaw, "Mapping the Margins," 1297.

28. Ibid., 1297.

29. Ibid., 1297.

30. 예를 들어, Fiona Kumari Campbell, *Contours of Ableism: The Production of Disability and Abledness* (New York: Palgrave Macmillan, 2012)를 보라.

31. Esther D. Rothblum and Sondra Solovay, eds., *The Fat Studies Reader* (New York: New York University Press, 2009).

32. 이것에 대한 하나의 전형적인 예는 스톱-모션 애니메이션(역주: 촬영 대상의 움직임을 연속으로 촬영하는 것과 달리 움직임을 한 프레임씩 변화를 주면서 촬영한 후 이 이미지들을 연속적으로 영사하여 움직임을 만들어 내는 애니메이션 기법) 티브이TV 특집인 <루돌프 빨간 사슴*Rudolph the Red-nosed Reindeer*>(1964)이 최근에 받았던 비판적 취급이다. 이 영화의 포괄적이고 사람을 괴롭히지 않는 주제에 대한 조명—다른 사람들을 부당하게 차별하지 마라—에도 불구하고, 현재의 이론가들과 활동가들은, 이런 세부 사항들이 전체 주제에 중대하다는 사실에도 불구하고 이 영화가 괴롭히는 사람들의 입장에서 공격적 언어와 태도를 잠재적으로 묘사하고 있다고 문제를 삼는다.

33. Andrew Jolivétte, *Research Justice: Methodologies for Social Change* (Bristol, UK: Policy Press, 2015).

34. Miranda Fricker, *Epistemic Injustice: Power and the Ethics of Knowing* (Oxford: Oxford University Press, 2007).

35. Kristie Dotson, "Conceptualizing Epistemic Oppression," *Social Epistemology* 28, no. 2 (2014).

36. Nora Berenstain, "Epistemic Exploitation," *Ergo, an Open Access Journal of Philosophy* 3, no. 22 (2016).

37. Gayatri Chakravorty Spivak, "Can the Subaltern Speak?" in *Marxism and the Interpretation of Culture*, ed. Cary Nelson and Lawrence Grossberg (Chicago: University of Illinois Press, 1988).

38. 아마도 이것의 가장 나쁜 예는 콜롬비아의 남 캐롤라이나 대학교University of South Carolina에서 FIRE(the Foundation for Individual Rights in Education 교육에 있어서 개인적인 권리를 위한 재단)의 조사에 의해 확인된 경우이다. 이 대학의 교칙은 학생들에게 "인종주의, 계급주의, 성차별주의, 이성애주의, 그리고 다른 제도화된 억압이 존재하는 것을 인정하는 것"과 그것들을 관통하는 신화들 그리고 고정관념들에 저항해 싸우는 것에 동의할 것을 필수적인 것으로 요구했다. 그런데 어떤 학생이 선생들의 이데올로기적 신념들을 공유해야 한다는 말을 듣기를 거부했고, FIRE도 이와 같은 학문적 필수조항에 대한 반대를 표명하였다(**Barbara Applebaum**, *Being White, Being Good: White Complicity, White Moral Responsibility, and Social Justice Pedagogy* (Lanham: Lexington Books, 2010], 103.에 서술된 바에 따르면 그렇다). 편견들이 존재하고 그것들에 반대하는 것은 좋은 일이지만, 이와 같은 교칙들은 두 가지 이유에서 염려스럽다. 첫째로, 학생들이 어떤 신념에 자신을 등록하고 그것을 위하여 활동가가 될 것을 강요당하는 것은 충격적인 것이다. 둘째로, 신화들과 고정관

념들에 맞서 싸울 것을 강제로 요구하는 것은 무엇이 신화적이고 무엇이 고정관념인지에 대한 주관적인(그리고 이데올로기적인) 정의定義에 의존한다.

39. Breanne Fahs and Michael Karger, "Women's Studies as Virus: Institutional Feminism, Affect, and the Projection of Danger," *Multidisciplinary Journal of Gender Studies* 5, no. 1 (2016).

40. Sandra J. Grey, "Activist Academics: What Future?" *Policy Futures in Education* 11, no. 6 (2013).

41. Laura W. Perna, *Taking It to the Streets: The Role of Scholarship in Advocacy and Advocacy in Scholarship* (Baltimore: Johns Hopkins University Press, 2018).

42. 이와 같은 구분은 진화 생물학자인 헤더 헤잉Heather Heying에게서 나온 것이다. (개인적인 소통임.)

43. Sean Stevens, "The Google Memo: What Does the Research Say About Gender Differences?" *Heterodox Academy*, February 2, 2019, heterodoxacademy.org/the-google-memo-what-does-the-research-say-about-gender-differences/.

44. Emma Powell and Patrick Grafton-Green, "Danny Baker Fired by BBC Radio 5 Live over Racist Royal Baby Tweet," *Evening Standard*, May 9, 2019, www.standard.co.uk/news/uk/danny-baker-fired-broadcaster-sacked-by-bbc-radio-5-live-over-racist-tweet-a4137951.html.

3. 탈식민 대문자 이론 — 타자를 구하기 위하여 서구를 해체하기

1. 어떤 탈식민 학자들은 유물론자들(주로 마르크스주의자들)이고 식민주의와 그 여파를 경제학과 정치학의 관점에서 바라본다. 그들은 종종 포스트모던 탈식민주의자들에 대하여 매우 비판적이다. 특별히 미라 난다, 아이자즈 아마드Aijaz Ahmad, 베니타 페리Benita Parry, 닐 라자루스Neil Lazarus, 그리고 팔 아흘루왈리아Pal Ahluwalia를 보라.

2. 탈식민성decoloniality과 고유의 원주민성indigeneity은 두 가지 서로 관련된 그러나 분리된 연구 분야들을 구성하는데, 이것들은 탈식민 대문자 이론의 많은 자질들을 공유한다. 이들은 둘 다, 식민주의의 강력한 후계자들이 특히 언어를 통한 타자화에 의해 자신들의 사회적이고 정치적인 지배를 지속하는 방식들에 초점을 맞춘다. 탈식민성은 원래 라틴 아메리카에 초점을 맞추었다. 월터 미뇰로Walter Mignolo는 특히 인식론에 집중하여 계몽주의적 사유의 지식 생산 방식들에 도전했다. 그러나 탈식민적 학자들은 빈번히 포스트모더니즘을 서구의 현상으로 거부한다. 원주민 중심의 학자들 역시 지식과 권력의 체계들과 관련하여 유사한 방향을 취해 왔다. 뉴질랜드 와이카토 대학의 원주민 교육을 전공하는 교수인 린다 트히와이 스미스는 이 분야에서 영향력이 있다. 그녀의 저서인 『방법론들을 탈식민화하기: 연구와

원주민들*Decolonizing Methodologies: Research and Indigenous Peoples*(1999)』에서, 그녀는 이 책을 서구 학문이 원주민들의 식민화에 집중되어 있음을 주장하기 위하여 "푸코에 의존하고 있다"고 설명한다. Linda Tuhiwai Smith, *Decolonizing Methodologies: Research and Indigenous Peoples* (London: Zed Books, 1999)를 보라.

3. Frantz Fanon, *Black Skin, White Masks*, trans. Richard Philcox (New York: Penguin Books, 2019).

4. Frantz Fanon, *A Dying Colonialism*, trans. Haakon Chevalier (Harmondsworth: Penguin Books, 1970).

5. Frantz Fanon, *The Wretched of the Earth*, trans. Constance Farrington (Harmondsworth: Penguin, 1967).

6. Said, *Orientalism.*

7. Mathieu E. Courville, "Genealogies of Postcolonialism: A Slight Return from Said and Foucault Back to Fanon and Sartre," *Studies in Religion/Sciences Religieuses* 36, no. 2 (2007): 사이드가 비록 파농의 편을 들며 푸코 작업의 어떤 측면들을 거부하지만, 사이드의 접근법은 넓은 의미에서 대체로 푸코적이다. 따라서 그의 접근법은 이 두 사상가들의 작업을 통합한 것으로 간주할 수 있다.

8. Said, *Orientalism*, 3.

9. Joseph Conrad, *Heart of Darkness: and Other Stories* (New York: Barnes & Noble, 2019).

10. Said, *Orientalism*, xviii.

11. Linda Hutcheon, "Circling the Downspout of Empire," in *Past the Last Post: Theorizing Post-colonialism and Post-Modernism*, ed. Ian Adam and Helen Tiffin (London: harvester/ Wheatsheaf, 1991).

12. Ibid., 168.

13. Gayatri Chakravorty Spivak, "Can the Subaltern Speak?" in *Marxism and the Interpretation of Culture*, ed. Cary Nelson and Lawrence Grossberg (Chicago: University of Illinois Press, 1988).

14. Gayatri Chakravorty Spivak, "Subaltern Studies: Deconstructing Historiography," in *Selected Subaltern Studies*, ed. Ranajit Guha and Gayatri Chakravorty Spivak (New York: Oxford University Press, 1988), 13.

15. Spivak, "Can the Subaltern Speak?" 308.

16. 영어권 문학과 문화의 대학 강사인 스티븐 몰턴Stephen Morton은 그를 다음과 같이 묘사한다. "바바는 외견상 튼튼하고 강력해 보이는 형태의 지식 안에 있는 모호성과 불확실성을 노출한다. 식민주의 담론들에 대한 그의 비판은, 식민주의 담론들이 피식민자들에 대한 지식을 습득하려고 할 때(그러나 항상 실패할 때), 그것들의 핵심부에

있는 파열과 분열의 영속적인 과정을 드러낸다. Stephen Morton, "Poststructuralist Formulations," in *The Routledge Companion to Postcolonial Studies*, ed. John McCleod (London: Routledge, 2007), 205.

17. The Bad Writing Contest, www.denisdutton.com/bad_writing.html (accessed August 22, 2019).

18. 호미 바바는 1994년 출판된 그의 저서『문화의 위치 *The Location of Culture*』에서 그가 소개한 혼종성*hybridity*, 그리고 그와 연관된 흉내 내기*mimicry*, 양가성*ambivalence*, 제3의 공간*third space* 같은 개념들로 가장 잘 알려져 있다. 이런 개념들은 이중성*duality*, 배증倍增*doubling*, 전유, 그리고 모호성의 개념들과 관련이 있다. 이것들은 안정된 범주들에 대한 거부로 가장 잘 이해된다. 이 용어들은 동시에 다수의 영역에서 작동하며, 한편으로는 양쪽을 다 느끼되 또한 자신과 자신들의 위치에 대한 자신들만의 지각 혹은 다른 사람들의 지각으로 나뉘어져 있는 사람들을 가리킨다. 그들은 "혼종"을 느낄 수 있고—예를 들어, 아시아계 미국인—혹은 그들이 지배문화를 흉내 내거나 혹은 그것에 순응하고 있다고 느낄 수도 있으며, 혹은 거꾸로 그 문화에 의해 자신들의 문화가 모방당하거나 혹은 전유 된다고 느낄 수도 있다. 바바의 혼종성 개념은 문화들과 언어들의 뒤섞임이 양쪽의 요소들을 포함하고 있는 어떤 새로운 형태를 만들어 내는 것을 묘사한다. 양가성은 분열된 개인을, 그리고 흉내 내기는 양쪽이 만나는 (제3의) 공간 안에서의 소통의 실천 방식이다. 그러나 탈식민 대문자 이론 안에서 이와 같은 문화들의 섞임은 권력의 불균형으로 특징 지워지고, 한 문화와 언어가 다른 문화와 언어에 강요되는 결과를 가져온다. Homi K. Bhabha, *The Location of Culture* (London: Routledge, 1994)를 보라.

19. 탈식민적 분석의 이런 방법은 문화, 서사들, 지각들, 그리고 정체성을 해석하기와 재해석하기, 해체하기와 재구성하기에 많은 에너지를 쏟는 반면, 물질적 현실을 경험적으로 바라보는 것에는 거의 관심이 없다. 영어영문학 교수인 사이먼 기칸디 Simon Gikandi는 다음과 같이 주장한다. "그것은 문화적 분석의 한 방법이고, 포스트구조주의가 탈식민 프로젝트의 중심이 되었던 것은 텍스트 읽기의 한 양식으로서였다"(Simon Gikandi, "Poststructuralism and Postcolonial Discourse," *Cambridge Companion to Postcolonial Studies*, ed. Neil Lazarus [Cambridge: Cambridge University Press, 2004], 113). 몰턴은, 한발 더 나아가, 문화를 이 고도로 이론적이고 동떨어진 방식으로 "읽는" 방법은 실제로 피식민자들을 침묵시킨다고 주장한다.

자크 데리다와 미셸 푸코의 작업에 영향을 받은 탈식민 대문자 이론에 대한 유물론적 비판가들은, 탈식민 대문자 이론이—고의든 고의가 아니든—기호, 약호*codes*, 그리고 담론적 전략 같은 추상적 용어로 정치적 저항의 틀을 짬으로써 피식민자들의 대리자와 목소리가 되기를 거부한다고 주장한다(Morton, "Formations," 161).

간단히 말해, 협애한 탈식민의 렌즈를 통하여 드러나는 언어와 해석에 초점을 맞추는 것은 피식민자들을 다시 서양의 포장지로 환원한다. 그들은 오로지 서구와 그들의 집단적인 관계의 관점에서만 이해될 수 있으며, 개별성과 보편성 양자를 거부당한다. 우리가 응용 포스트모더니즘이라 부른, 권력구조들을 통한 "읽기"에 대한 정치적으로 동기화된 접근법은, 따라서 그것이 서구에 의해 창안되었다고 주장한 바로 그 고정관념들—비록 이전의 오리엔탈리스트들과는 달리 그것이 고정관념들을 폄하하기보다는 안정화시키지만—을 재창조한다.

20. Bhabha, *Location*, 20-21.

21. 포스트모던 탈식민주의 학자들에 대하여 가장 일관된 비판을 하는 논자들은 마르크스주의적 탈식민주의 학자들이고, 그중 가장 잘 알려진 사람은 비벡 치버Vivek Chibber가 틀림이 없다. 치버의 가장 큰 관심은 탈식민 연구의 본질화하려는 성향이다. 그는 오리엔탈리즘을 재창조하는 냉혹한 문화적 차이들을 지지하며 탈식민 연구에서 보편적인 혹은 공유된 목적들이 저평가됨을 본질화하려는 성향이라는 말로 설명한다. 치버는 포스트모던 탈식민주의가 과학, 이성, 자유주의, 그리고 전반적인 계몽주의의 전통을 서구적인 것으로 만듦으로써 다음과 같은 결과를 가져올 것을 두려워한다.

> 탈식민 이론의 지속적인 기여—내 견해로는, 그것이 향후 50년 동안 기억된다면 그것이 알려질 모습—는 그것이 문화적 본질주의를 부활시켰고, 오리엔탈리즘의 해독제가 되기보다는 그것의 보증자로 행동하는 것이 될 것이다.

Vivek Chibber, "How Does the Subaltern Speak?" Interview by Jonah Birch, *Jacobin*, April 21, 2013, www.jacobinmag.com/2013/04/how-does-the-subaltern-speak/.

22. Joseph-Ernest Renan, *La Réforme intellectuelle et morale (1871)*, as quoted in Ahdaf Soueif, "The Function of Narrative in the War on Terror," in *War on Terror*, ed. Chris Miller (Manchester: Manchester University Press, 2009), 30.

23. Mariya Hussain, "Why Is My Curriculum White?" *National Union of Students*, March 11, 2015, www.nus.org.uk/en/news/why-is-my-curriculum-white/;Malia Bouattia and Sorana Vieru, "#LiberateMyDegree @ NUS Connect," *NUS Connect*, www.nusconnect.org.uk/campaigns/liberatemydegree.

24. Dalia Gebrial, "Rhodes Must Fall: Oxford and Movements for Change," in *Decolonizing the University*, ed. Gurminder K. Bhambra, Dalia Gebrial, and Kerem Njşancioğlu (London: Pluto Press, 2018).

25. 밤브라와 동료들은 이와 같이 설명한다.

> "탈식민화"는 수많은 정의들, 해석들, 목적들, 그리고 전략들을 가지고 있다.…… 첫째, 그것은 식민주의, 제국, 그리고 인종차별주의를 연구의 경험적이고 담론적인 대상들로 받아들이는, 세계에 대한 사유의 한 방식이다. 그것은 이와 같은 현상들을 그들의 역할이 체계적으로 시야에서 사라져 가고 있는 맥락 속에서, 당대 세계를 형성하는 주요한 힘들로 재위치 시킨다. 둘째, 그것은 세계에 대한 대안적 사유의 방식들과 정치적 실천에 대한 대안적 형태들을 제공할 것을 주장한다.

Gurminder K. Bhambra, Dalia Gebrial, and Kerem Njşancioğlu, eds., *Decolonizing* the *University* (London: Pluto Press, 2018), 1-2.

26. 이들의 입장론은 밤브라와 그 동료들이 다음과 같이 말할 때 드러난다. "탈식민적 접근들이 유럽 중심의 지식 형태들에 제공하는 주요한 도전 중의 하나는, 입장성과 복수성 그리고 아마 더 중요하게도, '차이'를 진지하게 받아들이는 것이 일반적인 이해방식들에 가하는 충격이다."(ibid., 2-3)

27. Ibid., 3.

28. Ibid., 2-3.

29. 서구의 엘리트들이 지식의 다른 모든 방식들에 걸쳐 "백인성whiteness"을 효과적으로 촉진한다는 생각은, 영국 최초의 흑인문제 연구교수인 케힌데 앤드루스의 2018년에 나온 책, 『로즈 동상은 철거되어야만 한다: 제국의 인종차별주의의 심장부를 탈식민화하려는 투쟁*Rhodes Must Fall: The Struggle to Decolonize the Racist Heart of Empire*』에 쓴 "책 소개Introduction"에 나타난다. 앤드루스는 다음과 같이 말한다. "옥스포드의 특권은 그것의 엘리트적 지위에 토대해 있으며, 그것은 그것의 백인성을 위한 약호code word이다."(1쪽) 이것에 대한 증거는 경험에 의한 것이다. "옥스포드 같은 공간들에서 매일 벌어지는 상징적 폭력을 과소평가하는 것은 쉬운 일이다. 그러나 이 환경 속에서 억압을 느껴보고 싶다면 당신은 단지 캠퍼스를 걷기만 해도 된다." Kehinde Andrews, "Introduction," in *Rhodes Must Fall: The Struggle to Decolonize the Racist Heart of Empire*, ed. Roseanne Chantiluke, Brian Kwoba, and Athinangamso Nkopo (London: Zed Books, 2018), 2.

30. Bhambra et al., *Decolonizing*, 5.

31. Andrews, "Introduction," 4.

32. "Our Aim." *#RHODESMUSTFALL*, December 24, 2015. rmfoxford.wordpress.com/about/.

33. 이와 같은 신념은 지식에 대한 서양의 개념들을 *실증주의적인* 것으로 낙인찍고 거부함으로써 아마도 가장 명백하게 표현된다. "실증주의"란 지식을 눈으로 보여줄 수 있고, 보이며, 과학적으로 검증될 수 있고, 혹은 수학적으로 증명될 수 있는 것으로 정의하는 것을 의미한다. 지식에 대한 실증주의적 이해는 단지 이론화되었고, 주관적으로 경험되었거나 혹은 신념의 문제일 뿐인 것이 아니라, 증명된 것을 받아들이는 것을 의미한다. 그런 태도들은 탈식민주의 운동 내부에서는 *엄밀한* 것으로 여겨지기보다는 단지 서구적이고 식민주의적인 것으로 간주된다.

34. Gebrial, "Movements for Change," 24.

35. Nelson Maldonado-Torres, Rafael Vizcaíno, Jasmine Wallace, and Jeong Eun Annabel, "Decolonizing Philosophy," in *Decolonising the University*, eds Gurminder K. Bhambra, Dalia Gebrial, and Kerem Njşancioğlu (London: Pluto Press, 2018), 64.

36. Maldonado-Torres et al., "Decolonising Philosophy," 66.

37. Ibid., 66-67.

38. Andrew Jolivette, *Research Justice: Methodologies for Social Change* (Bristol, UK: Policy Press, 2015), 5.

39. Kagendo Mutua and Beth Blue Swadener, Decolonizing Research in Cross-Cultural Contexts: Critical Personal Narratives (Albany, NY: SUNY Press, 2011).

40. Mutua and Swadener, *Cross-Cultural Contexts*, 1.

41. Ibid., 2.

42. Meera Nanda, "We Are All Hybrids Now: The Dangerous Epistemology of Post-colonial Populism," *Journal of Peasant Studies* 28, no. 2 (2001): 165.

43. Ibid., 164.

44. 난다는 다음과 같이 말한다.

> 포스트모던/탈식민 이론의 계몽주의적 가치들에 대한 적대감과 모순들에 대한 관용은, 개발도상국들이 근대화의 과정에서 대개 경험하는 선진화된 테크놀로지와 후진적인 사회적 맥락 사이에서의 비동시성(혹은 시간차)에 대한 전형적으로 우파적인 해결책과 탁월하게 양립할 수 있게 해준다. (**Ibid.**, 165)

45. 이런 취지로 난다는 다음과 같이 말한다.

> 우리가 객관성의 바로 그 토대들을 서양에 부여하면, 우리는 비합리적이고 감정적인 원주민들이라는 낡은 고정관념으로 돌아가지 않을까? 본질적이고 비역사적이며, 영속적인 자질들에 대한 거부에 토대한 지적인 장르에는 역설적으로 들리겠지만, 이런 비평가들은 이와 같이 특별히 근대적인 자질들이 서구의 종교와 문화에 의해 재가된 것이 아니라 서구에서조차도 분투해서 얻어야만 했던 것들이라는 사실을 인식하는 데 실패한다. (**Ibid.**, 171)

46. Carolette R. Norwood, "Decolonizing My Hair, Unshackling My Curls: An Autoethnography on What Makes My Natural Hair Journey a Black Feminist Statement," *International Feminist Journal of Politics* 20, no. 1 (2017).

47. Meera Sabaratnam, "Decolonizing the Curriculum: What's All the Fuss About?" *SOAS Blog*, June 25, 2018, www.soas.ac.uk/blogs/study/decolonising-curriculum-whats-the-fuss/.

48. Alan J. Bishop, "Western Mathematics: The Secret Weapon of Cultural Imperialism," *Race & Class* 32, no. 2 (1990).

49. Laura E. Donaldson, "Writing the Talking Stick: Alphabetic Literacy as Colonial Technology and Postcolonial Appropriation," *American Indian Quarterly* 22, no. 1/2

(1998).

50. Mutua and Swadener, *Cross-Cultural Contexts*.

51. Lucille Toth, "Praising Twerk: Why Aren't We All Shaking Our Butt?" *French Cultural Studies* 28, no. 3 (2017).

4. 퀴어 대문자 이론 — 정상적인 것으로부터의 자유

1. Sherry B. Ortner, "Is Female to Male as Nature Is to Culture?" in *Woman, Culture, and Society*, ed. Michelle Zimbalist Rosaldo and Louise Lamphere (Palo Alto, CA: Stanford University Press, 1974).

2. 제3의 성 혹은 다수의 젠더를 받아들이는 문화들도 있다. 이런 것들은 대체로 "여성에 매혹당한 남성적인 남자", 그리고 "남성에 매혹당한 여성적인 여자"라는 예상된 범주들 속에 잘 맞지 않고 지배적인 규범—성적으로 번식하는 종들의 생물학적 현실들에 깊이 뿌리박은—으로부터 벗어난 것으로 일반적으로 간주되는 사람들에 대한 사유의 방식들인 것처럼 보인다.

3. 우리가 믿기로 "퀴어 대문자 이론queer Theory"이라는 이름은 테레사 드 로레티스Teresa de Lauretis가 1991년에 편집한 에세이 모음집에서 만들어졌다. Teresa de Lauretis, *Queer Theory: Lesbian and Gay Sexualities* (Providence, RI: Brown University Press, 1991).

4. Mikael and Sune Innala, "The Effect of a Biological Explanation on Attitudes towards Homosexual Persons: A Swedish National Sample Study," *Nordic Journal of Psychiatry* 56, no. 3 (2002).

5. 여기에서 "Q(퀴어)"는 L(레즈비언), G(게이), B(양성애), T(트랜스)의 지위를 자신의 정치적 기획을 위하여 끌어들이는 것—다른 사람들은 그것에 가입하기를 원하지 않을 수도(그리고 흔히 가입하지 않는다) 있는데—으로 보인다.

6. Judith Halberstam, In *a Queer Time and Place: Transgender Bodies, Subcultural Lives* (New York: New York University Press, 2005).

7. David M. Halperin, "The Normalization of Queer Theory," *Journal of Homosexuality* 45, no 2-4 (2003).

8. David M. Halperin, *Saint Foucault: Towards a Gay Hagiography* (New York: Oxford University Press, 1977), 62.

9. 저자들은 서둘러 다음과 같이 말한다. "젠더를 퍼킹하기"란 퀴어 대문자 이론에서 기술적이고 학문적인 용어이며, 대략 "젠더를 퀴어하기 위하여 '젠더'의 의미를 퍼킹하는 것"을 의미한다.

10. Annamarie Jagose, Queer Theory: An Introduction (New York: New York University

Press, 2010), 1. 야고스는 또한 퀴어 대문자 이론을 다음과 같이 정의하려고 시도한다.

퀴어를 정의하는 것의 한계들에 대한 비판적 합의가 없지만—비결정성은 그것의 널리 알려진 매력들 중의 하나이지만—그것에 대한 일반적인 개요는 자주 그려졌으며 논쟁이 되었다. 널리 말해서, 퀴어란 염색체적 의미의 섹스, 젠더, 그리고 성적 욕망 사이의 이른바 안정된 관계들 안의 불일치들을 극화하는 제스처들이나 분석적 모델들을 말한다. 그 안정성의 모델—이성애가 제대로 된 그 안정성 모델의 효과일 때, 이성애를 그 기원으로 주장하는—에 저항하면서, 퀴어는 섹스, 젠더, 그리고 성적 욕망 사이의 불일치에 초점을 맞춘다. 제도상으로, 퀴어는 레즈비언과 게이 관련 주제들과 가장 두드러진 관련을 맺어 왔다. 그러나 그 분석적 체계는 복장 도착cross-dressing, 자웅동체성, 젠더 모호성, 그리고 젠더-교정 수술을 포함한다. 복장 도착 퍼포먼스 혹은 학문적 해체론으로서, 퀴어는 이성애를 안정화시키는 이 세 가지 용어(섹스, 젠더, 성적 욕망) 안의 비일관성을 자리매김하고 탐구한다. 그 어떤 "자연스러운" 성적 취향도 불가능하다는 것을 입증하면서, 퀴어는 "남성"과 "여성" 같은 외견상 문제가 없는 용어들조차도 의심한다. (p.3)

11. "일반적인 지성 같은, 공적 영역에 어울리는 많은 심리적 특성들은, 평균적으로 볼 때 남성이나 여성이나 같다.…… 섹스에 대한 일반화들은 많은 개인에게 항상 허위일 것이다. 그리고 '적절한 역할'과 '자연스러운 지위' 같은 규범들은 과학적으로 무의미하며 자유를 제한할 아무런 근거를 제공해 주지 않는다." Steven Pinker, *The Black Slate: The Modern Denial of Human Nature* (London: Penguin, 2002), 340.

12. E. O. Wilson. "From Sociobiology to Sociology," in *Evolution, Literature, and Film: A Reader*, ed. Brian, Joseph Carroll, and Jonathan Gottschall, (New York: Columbia University Press, 2010), 98.

13. 최근에 어떤 트랜스 학자들과 활동가들은 과학을 불러들이기 시작했는데, 왜냐하면 신경과학이 트랜스들의 젠더 경험이 그들 섹스의 생물학적 기반과는 다르다는 증거를 점점 더 제공하였기 때문이다. 그러나 이것은 퀴어 대문자 이론 속으로 깊이 들어오지는 못하였다.

14. Michel Foucault, *The History of Sexuality: Volume 1, an Introduction*, trans. Robert J. Hurley (New York: Penguin, 1990).

15. Ibid., 69.

16. Ibid., 54.

17. Ibid., 93.

18. Louise Amoore, *The Global Resistance Reader* (London: Routledge, 2005), 86.

19. 또 하나의 영향력 있고 권력의 개념에 사로잡힌 프랑스의 사회학 이론가로서 피에르 부르디외Pierre Bourdieu가 있는데, 그는 푸코, 그리고 정통적인 포스트모던적 관점과 강하게 부딪혔다. 그러나 그는 사물들을 그들과 유사하게 바라보았고 그의 사회적 *아비투스habitus*(역주: 부르디외 사상의 핵심 용어로 사회화 과정을 통해 정신과 신체 안에 오래 축적되어 지속하고 있는 어떤 성향을 가리킨다)의 개념으로 이를 묘사했다.

20. 인간의 성적 취향의 다양한 측면들이 가지고 있는 도덕적 지위에 대해 우리 사회가 지녔던 견해는 지난 50년 동안 극적으로 변화해 왔지만—혼외 섹스와 동성애 섹스는 점차 도덕적으로 중립적인 것으로 간주되어 왔다—루빈은 불안하게도 단지 사회적으로 구성된 금기들이라는 그녀의 목록에 소아성애를 포함시키며 다음과 같이 말한다. "대부분의 사람들이 실제로 어린 소년을 사랑하는 사람들을 동정하기란 더 어렵다. 1950년대에 공산주의자들과 동성애자들처럼 어린 소년을 사랑하는 사람들은 심하게 낙인이 찍혀서 그들의 성적인 지향은 차치하고 그들의 인권적 자유를 옹호하는 사람들을 발견하기란 어렵다." Gayle Rubin, "Thinking Sex: Notes for a Radical Theory of the Politics of Sexuality," in *The Lesbian and Gay Studies Reader*, ed. Henry Abelove, Michèle Aina Barale, and David M. Halperin (Abingdon: Taylor & Francis, 1993), 7.

21. Ibid., 9.

22. Ibid., 10.

23. Ibid., 11.

24. 루빈은 이와 같은 위계에 대하여 다음과 같이 명확히 서술한다.

> 근대 서구 사회들은 성적 행위들을 성적 가치의 위계적 체계에 따라 평가한다. 결혼한 상태의, 번식을 위한 이성애자들만이 성적 피라미드의 꼭대기에 있다. 그 아래서 법석을 떠는 사람들은 결혼을 하지 않은 일부일처제의 이성애 커플들이고, 그 뒤를 대부분의 다른 이성애자들이 뒤따른다.…… 현대 가장 경멸을 받는 성적 카스트들은 성전환자(트랜스)들, 복장도착자들, 사물성애자fetishist들, 가학 피학성 성욕자들, 창녀들과 포르노 모델들 같은 성 노동자들이고, 이 모든 위계 중에서도 가장 낮은 것은 그들의 에로티시즘이 세대 간 경계를 위반하는 사람들이다. (Ibid., 12)

25. Ibid., 15.

26. Ibid., 22.

27. Judith Butler, *Bodies that Matter: On the Discursive Limits of "Sex"* (New York: Routledge, 1993), xii.

28. Judith Butler, *Gender Trouble* (London: Routledge, 2006), 192.

29. Ibid., 192.

30. Ibid., 192.

31. Ibid., 192-3.

32. Adrienne Rich, *Compulsory Heterosexuality and Lesbian Existence* (Denver, CO: Antelope Publications, 1982).

33. Butler, *Gender Trouble*, 169.

34. Ibid., 44.

35. Ibid., 44.

36. Ibid., 9-10.

37. Ibid., 7.

38. Eve Kosofsky Sedgwick, *Epistemology of the Closet* (Berkeley, CA: University of California Press, 2008), 13.

39. Ibid., 1.

40. Ibid., 3.

41. Ibid., 9.

42. Elizabeth Freeman, *Time Binds: Queer Temporalities, Queer Histories* (Durham, NC: Duke University Press, 2010).

43. Mel Y. Chen, *Animacies: Biopolitics, Racial Mattering, and Queer Affect* (Durham, NC: Duke University Press, 2012).

44. Butler, *Gender Trouble*, 4.

45. 퀴어 대문자 이론가들은, 이에 대하여 다음과 같이 대응할지도 모른다. 즉, 그들의 주장은 생물학적 현실들을 부인하는 것이 아니라 단지 그런 현실들이 역사적 담론들을 통하여 매개되고, 그리하여 역사적인 담론들이 그 안에서 우리가 생각하는 범주들을 결정한다는 것이며, 따라서 이는 그들의 입장에 대한 급진적이고도 과도한 단순화라고 말이다. 그러나 이것은 아무런 차이가 없는 또 하나의 특징이다. 과학적 주장들과 젠더, 성적 취향, 그리고 심지어 섹스에 대한 "상식적인 의미"를 거부하고, 훼손하며, 전복하려고 하는 퀴어 대문자 이론의 도덕적 명령 때문에 퀴어 대문자 이론가들은 생물학적 현실들이 존재한다는 것을 인정하는 데 거의 어떠한 시간도 투여하지 않으며, 그것들을 거부하고 그런 담론들의 사회적 구성을 구상하는 데 그들의 거의 모든 시간을 투자한다.

5. 비판적 인종 대문자 이론과 교차성
— 모든 곳에서 인종차별주의를 봄으로써 인종차별주의를 끝장내기

1. Michael Neill, "'Mulattos,' 'Blacks,' and 'Indian Moors': Othello and Early Modern Constructions of Human Difference," *Shakespeare Quarterly* 49, no.4 (1998).

2. 3세기의 어떤 한족漢族들은 야만인들을 금발 머리카락과 초록 눈을 가진 사람들로 묘사하였고, 그들이—한족과 달리—분명히 원숭이의 혈통을 이어받은 것이 분명하다고 논평하였다. Thomas F. Gosset, *Race: The History of an Idea in America* (Oxford: Oxford University Press, 1997).

3. Sojourner Truth, "The Narrative of Sojourner Truth," ed. Olive Gilbert, in *A Celebration of Women Writers*, www.digital.library.upenn.edu/women/truth/1850/1850.html.

4. Fredrick Douglass, *Narrative of the Life Fredrick Douglass* (Lexington, KY: CreatSpace, 2013).

5. W. E. B. Du Bois, *The Souls of Black Folk: The Unabridged Classic* (New York: Clydesdale, 2019).

6. Winthrop D. Jordan, *White over Black American Attitudes toward the Negro*, 1550-1812 (Chapel Hill, NC: University of North Carolina Press, 2012).

7. Delgado and Jean Stefancic, *Critical Race Theory: An Introduction* (New York: New York University Press, 2017), 3.

8. Ibid., *Introduction*, 26.

9. Derrick A. Bell, *Race, Racism, and American Law* (Boston: Little, Brown, and Co., 1984).

10. Derrick A. Bell, *And We Are Not Saved: The Elusive Quest for Racial Justice* (New York: Basic Books, 2008).

11. Ibid.. 159.

12. Derrick A. Bell, Jr., "Brown v. Board of Education and the Interest-Convergence Dilemma," *Harvard Law Review* 93, No. 3 (1980).

13. 벨은 다음과 같이 말한다.

> 흑인들은 이 나라에서 충분한 평등권을 절대로 가질 수 없을 것이다. 우리가 성공적이라고 환호하는 초인적인 노력들조차도, 일시적인 "과정상의 봉우리들", 즉, 인종적 패턴이 백인 지배를 지속하는 방식으로 흐를 때, 무관심으로 빠져드는 짧은 승리들 이상의 무엇도 생산하지 않을 것이다. 이것은 받아들이기 힘든, 그러나 모든 역사가 증명하는 사실이다. 우리는 이것을 인정해야만 하고, 내가 "인종적 현실주의Racial Realism"라 부르는 것에 토대한 정책들을 채택하는 쪽으로 나아가 옮겨가야만 한다. 이런 사고방식 혹은 철학은 우리가 우리의 종속적 지위의 영속성을 반드시 인정할 것을 요구한다. 그런 인정이 우리가 절망하지 않도록 해줄 수 있으며, 우리가 자유롭게 인종적 전략들의 완성과 심지어 승리를 상상하고 시행할 수 있게 해준다.

Derrick A. Bell, Jr., "Racial Realism," *Connecticut Law Review* 24, no. 2 (1992).

14. Bell, *Brown v. Board*, esp. pp. 530-533.

15. Alan David Freeman, "Legitimizing Racial Discrimination Through Anti-discrimination Law: A Critical Review of Supreme Court Doctrine," *Minnesota Law*

Review 62, no. 1049 (1978), scholarship.law.umn.edu/mlr/804.

16. Mark Stern and Khuram Hussain, "On the Charter Question: Black Marxism and Black Nationalism," *Race Ethnicity and Education* 18, no. 1 (2014).

17. 델가도와 스테판치크도 이렇게 말한다.

> 집요한 내적 비판은 운동이 그 유물론적 뿌리로부터 벗어나 중산층 소수자들의 관심사—미세한 차별들, 인종적 모욕들, 무의식적 차별, 그리고 소수자들을 위한 고등교육의 기회를 확대하려는 긍정적인 노력들—에 과도하게 오래 머무는 것을 비난한다. 만일 인종적 억압이 물질적이고도 문화적인 뿌리를 갖고 있다면, 그것의 관념적인 혹은 언어적인 표현을 공격하는 것은 근저에 있는 불평등의 구조들을 해결하는 데에는 거의 도움이 되지 못하기 십상이고, 심히 가난한 사람들의 곤경에 대해서는 훨씬 더 도움이 되지 않는다. (*Introduction, 106*)

18. Patricia J. Williams, *The Alchemy of Race and Rights* (Cambridge, MA: Harvard University Press, 1991).

19. *The Alchemy of Race and Rights* by Patricia J. Williams, in Harvard University Press's online catalog, www.hup.harvard.edu/catalog.php?isbn=9780674014718를 소개하는 페이지의 "이 책에 관하여"를 보라.

20. Harvard University Press, "Honoring the Work of Patricia Williams," Harvard University Press Blog, Februrary 2013, harvardpress.typepad.com/hup_publicity/2013/02/honoring-the-work-of-particia-williams.html.

21. Angela P. Harris, "Race and Essentialism in Feminist Legal Theory," *Standford Law Review* 42, no. 3 (1990): 584.

22. Delgado and Stefancic, *Introduction*, 8-11.

23. 비판적 인종 대문자 이론이 매우 특수한 역사적, 인종적 맥락에 대한 반응으로 미국에서 발생했지만, 이것은 지금 미국에 남아있지 않다. 영국 교육 연구 협회The British Educational Research Association는 비판적 인종 대문자 이론의 교리에 대한 자신들의 목록을 다음과 같이 제시하고 있다.

1. 인종차별주의를 중심에 놓음
2. 백인 우월성
3. 유색인종의 목소리들
4. 이해관계의 수렴
5. 교차성

그리고 다음과 같이 결론을 내린다.

> 비판적 인종 대문자 이론(CRT)은 급속히 발전하면서 사회 이론의 주요 갈래로 치고 들어왔는데, 미국을 넘어 유럽, 남아메리카, 호주, 그리고 아시아에서 받아들여졌다. 인종과 인종차별주의에 대한 강조를 잘

못된 것으로 혹은 심지어 위협적인 것으로 간주하는, 대안적 관점을 가진 논자들은 이것을 종종 폄하하였다. 이 접근법에 대한 오해와 과도한 단순화에 흔히 의존하고 있는 그런 공격들에도 불구하고, 비판적 인종 대문자 이론은 지속적으로 발전하였으며 영국에서의 인종 불평등에 대한 정책이나 실천과 관련된 가장 중요한 관점들 중의 하나가 되고 있다.

Nicola Rollock and David Gillborn, "Critical Race Theory (CRT)," *BERA*, 2100, www.bera.ac.uk/publication/critical-race-theory-crt.

24. 예를 들어, 버몬트대학University of Vermont의 페인 히럴도Payne Hiraldo는 고등교육에서 활용할 비판적 인종 대문자 이론의 다섯 가지 교리를 다음과 같이 설명한다.

*저항-스토리텔링*Counter-storytelling—"주변화된 집단들의 인종적인 그리고 종속적인 경험들을 정당화하는 체계." 사회가 지배 집단들의 이데올로기적 서사들—담론들—로 구성되어 있다고 믿기 때문에, 저항 서사들은 이전에 무시되었던 주변화된 정체성 집단들의 지식을 나타내는 것으로 간주된다. 이것은 일종의 입장 이론이며, 어떤 정체성을 가진 사람들은 공통의 관점, 경험, 그리고 가치들을 가지고 있고, 이것이 대안적 형태의 지식을 구성하며, 주변화된 정체성 집단에 속해 있는 것이 상대적으로 특권화된 집단이 접근하는 것보다 더 풍요로운 지식에 접근할 수 있도록 해준다고 가정한다.

인종차별주의의 영속성—인종차별주의가 미국 사회의 모든 영역, 즉, 정치적, 사회적, 경제적 영역에 퍼져 있으며 만연해 있다는 생각. 그러므로 그것은 반차별 법률의 제정으로 물리칠 수 없으며, 모든 종류의 체제들과 상호작용들 속에서 찾아내어 그것에 저항해야만 한다.

자산으로서의 "백인 특권성"—백인 정체성과 연관된 사회적 구성물인 "백인 특권성"이 노예제에 뿌리를 둔 각인된 편견들과 가정들 때문에 자산권을 부여한다는 복잡한 주장. 백인의 특권과 밀접하게, 은밀한 체계적 차별이 백인의 우월성과 더 큰 접근권을 지속적으로 유지시키며, 오로지 소수 집단 우대정책affirmative action 혹은 다른 공정성을 선취함으로써만 이것에 대해 말할 수 있다고 상정한다.

이해관계의 전도顚倒—백인 우월주의로 이해되는 백인들과 사회는 그것이 자신들의 고유한 이해관계를 추구할 때 유색인종들을 대한 권리들을 허용한다는 신념.

자유주의에 대한 비판—자유주의는 "색맹성", 동등한 기회, 평등한 권리, 그리고 능력주의와 같은 보편주의적 사고 때문에 비판받는다. 비판적 인종 대문자 이론은 그것이 이미 "평평한 운동장"을 가정함으로써 체계적 인종차별주의를 간과한다고 믿는다.

Payne Hiraldo, "The Role of Critical Race Theory in Higher Education," *Vermont Connection* 31, no. 7 (2010): Article 7, scholarworks.uvm.edu/tvc/vol31/iss1/7.

이 모든 교리들의 근저에는 담론에 의해 권력과 특권으로 구성된 것으로서의 사회에 대한 포스트모던적 개념—포스트모던적 지식과 정치 원칙들—이 깔려 있다. 이런 교리들은 또한 관찰 가능한 증거의 제시보다는 해석과 이론적 구성물이라는 개념의 적용을 명백히 주장한다.

25. 『교육 다양성 백과사전 *The Encyclopedia of Diversity in Education*』은 이러한 핵심적 교리에 다른 변형태를 제시하며 비판적 인종 대문자 이론의 정치적 목적들을 더욱 강하게 부각시킨다. "인종차별주의의 구심성"이라는 부제 아래 크리스틴 슬리터 Christine E. Sleeter는 다음과 같이 말한다. "비판적 인종 대문자 이론가들은 인종차별 주의가 일탈이 아니라 사회를 조직화하는 근본적이며, 고질적이고, 규범화된 방식 인 것으로 가정한다." Christine E. Sleeter, "Critical Race Theory and Education," in *The Encyclopedia of Diversity in Education*, ed. James A. Banks (Thousand Oaks, CA: SAGE, 2012), 491.

슬리터는 계속해서 비판적 인종 대문자 이론의 교리들을 아래와 같이 추가한다.

1. 중립성, 색맹성, 그리고 능력주의의 주장들에 대한 도전

2. 인종 문제 개선책들의 수혜자로서의 백인들(이해관계 수렴 테제)

3. 경험적 지식의 구심성(저항 이야기들counterstories을 말하기와 입장 이론)

4. 사회 정의를 위한 작업에 헌신하기("궁극적으로, 비판적 인종 대문자 이론가들 은 사회 정의를 위한 작업에 헌신한다. 어떤 이론가들은 인종차별주의를 추적 불 가능한 것으로 간주하지만, 대부분의 이론가들은 인종차별주의에 대한 심도 깊 은 분석들이, 그것에 사람들이 어떻게 저항할지에 관한 풍요로운 저항-이야기들 의 발전과 더불어, 궁극적으로 인종차별주의의 삭제를 가져올 것을 희망한다.")

26. Delgado and Stefancic, *Introduction*, 7.

27. Ibid., 7-8.

28. Ibid., 7-8.

29. Ibid., 127.

30. bell hooks, "Postmodern Blackness," in *The Fontana Postmodernism Readers*, ed. Walter Truett Anderson (London: Fontana Press, 1996), 117.

31. Kimberlé Crenshaw, "Demarginalizing the Intersection of Race and Sex: A Black Feminist Critique of Antidiscrimination Doctrine, Feminist Theory, and Antiracist Politics," *University of Chicago Legal Forum* 1, no. 8 (1989), chicagounbound.uchicago. edu/vol1989/iss1/8.

32. Kimberlé Crenshaw, "Mapping the Margins: Intersectionality, Identity Politics, and Violence against Women of Color," *Standford Law Review* 43, no. 6 (1991): 1224n9.

33. Collins, *Black Feminist Thought*.

34. Crenshaw, "Mapping the Margins," 1297.

35. Ibid., 1242.

36. Ibid., 1296.

37. 많은 비판적 인종 대문자 이론이 아프리카계 미국 학자들의 작업이었지만, 이 분야는 지난 몇십 년 동안 라틴계, 아시아계, 무슬림계, 그리고 아랍계를 포함할 정도로 확산되었다. 이런 집단들은 모두 백인들 그리고 서로간에도 다른 종속관계를 가지고 있는 것으로 간주된다. 이에 대해 더 많은 논의는 Helen Pluckrose and James A. Linday, "Identity Politics Does Not Continue the Work of the Civil Rights Movements," *Areo*, September 26, 2018, areomagazine.com/2018/09/25/identity-politics-does-not-continue-the-work-of-the-civil-rights-movements/.

38. Patricia Hill Collins and Sirma Bilge, *Intersectionality* (Cambridge: Policy Press, 2018).

39. Adam Fitzgerald, "Opinion: Time for Cis-Gender White Men to Recognize Their Privilege," *news.trust.org*, May 2, 2019, news.trust.org/item/201905021307-tpcky/.

40. Jezika Chung, "How Asian Immigrants Learn Anti-Blackness from White Culture, and How to Stop It," *Huffington Post,* September 7, 2017. www.huffpost.com/entry/how-asian-americans-can-stop- contributing-to-antiblackness_b_599f0757e4b0cb7715bfd3d4.

41. Kristel Tracey, "We need to Talk about Light-skinned Privilege," *Media Diversified*, February 7, 2019, mediadiversified.org/2018/04/26/we-need-to-talk-about-light-skinned-privilege/.

42. Damon Young, "Straight Black Men Are the White People of Black People," *Root*, September 19, 2017, verysmartbrothas.theroot.com/straight-black.man-are-the-white-people-of-black-people-1814157214.

43. Miriam J. Abelson, "Dangerous Privilege: Trans Men, Masculinities, and Changing Perceptions of Safety," *Sociological Forum* 29, no.3 (2014).

44. Sara C., "When You Say 'I Would Never Date A Trans Person,' It's Transphobic. Here's Why," Medium, November 11, 2018, *medium*.com/@QSE/when-you-say-i-would-never-date-a-trans- person-its-transphobic-here-s-why-aa6fdcf59aca.

45. Iris Kuo, "The 'Whitening' of Asian Americans," *Atlantic*, September 13, 2018, www.theatlantic.com/education/archive/2018/08/the-whitening-of-asian-americans/563336/; Paul Laugen, "Check Your Jewish Privilege," *Canadian Jewish News*, December 21, 2018, www.cjnews.com/living-jewish/check-your-jewish-privilege.

46. Zachary Small, "Joseph Pierce on Why Academics Must Decolonize Queerness," Hyperallergic, August 10, 2019, *hyperallergic*.com/512789/joseph-pierce-on-whyacademics-must-decolonize-queerness/.

47. Peter Tatchell, "Tag: Stop Murder Music," *Peter Tatchell Foundation*, May 13, 2016, www.petertatchellfoundation.org/tag/stop-murder-music/.

48. Arwa Mahdawi, "It's Not a Hate Crime for a Woman to Feel Uncomfortable Waxing Male Genitalia," *Guardian*, July 27, 2019, www.theguardian.com/commentisfree/2019/jul/27/male-genitalia-week-in-patriarchy-women.

49. Pluckrose and Lindsay, "Identity Politics Does Not Continue the Work of the Civil Rights Movements."

50. Collins and Bilge, *Intersectionality*, 30.

51. Rebecca Ann Lind, "A Note From the Guest Editor," *Journal of Broadcasting & Electronic Media* 54 (2010): 3.

52. 조Cho, 크렌쇼, 그리고 맥콜McCall은 세 가지의 서로 중첩되는 "참여들"을 이야기한다. "첫째는 교차론적 체계의 적용 혹은 교차론적 역학의 조사로 이루어져 있고, 둘째는 이론적이고 방법론적인 패러다임으로서 교차성의 범위와 내용에 대한 담론적 논의로 구성되며, 셋째는 교차론적 렌즈를 동원한 정치적 개입으로 이루어져 있다." Sumi Cho, Kimberlé Williams Crenshaw, and Leslie McCall, "Toward a Field of Intersectionality Studies: Theory, Applications, and Praxis," *Sign: Journal of Women in Culture and Society* 38, no. 4 (2013): 785.

53. Ange-Marie Hancock, *Intersectionality: An Intellectual History* (New York: Oxford University Press, 2016), 5.

54. Ibid., 5.

55. Ibid., 6.

56. 핸콕은 크렌쇼와 콜린스를 따라 이런 용어들을 사용하고 있다. "원래의 이 용어"는 백인 프랑스인인 미셸 푸코의 것이다.(*Intellectual History,* 9)

57. 핸콕은 다음과 같이 말한다.

> 교차성을 연구하는 학자들은, 지적 자산으로 교차성을 개념화하는 것의 불가능성과 교차성을 모방적 문화 요소로서 파괴적으로 개념화하는 것—입소문을 탄 모방적 문화 요소 위에 다른 것으로 더 이상 인정할 수 없는 것으로 모양을 바꾸는 것—사이의 중간지대를 발견할 것인가? (*Intellcetual History,* 17)

58. 크렌쇼는 다음과 같이 말한다.

> 어떤 사람들은 교차성을 모든 것의 거대 이론으로 간주하지만, 그것은 나의 의도가 아니다. 고용주가 남성인 흑인들과 백인인 여성들을 고용했기 때문에, 어떤 사람이 흑인 여성의 기회를 무시하면 안 된다고

법정에 가서 어떻게 설명할지 생각하는 중이라면, 이것이말로 교차성이라는 도구가 하도록 계획된 것이다. 만일 그것이 작동된다면 대단한 것이다. 그러나 작동되지 않는다면, 당신은 이 개념을 사용할 필요가 없다. 다른 이슈는, 교차성이 "글쎄, 그것은 복잡해"라는 것을 의미하는 표괄적인 용어로 사용될 수도 있다는 것이다. "그것은 복잡해"라는 말은 아무것도 하지 않겠다는 것에 대한 변명이기 때문이다.

Kimberlé Crenshaw, "Kimberlé Crenshaw on Intersectionality, More than Two Decades Later," *Columbia Law School*, June 2017, www.law.columbia.edu/pt-br/2017/06/kimberlé-crenshaw-intersectionality.

59. Robin J. DiAngelo, "White Fragility," *International Journal of Critical Pedagogy* 3, no. 3 (2011) and Robin J. DiAngelo, *White Fragility: Why It's so Hard for White People to Talk about Racism* (London: Allen Lane, 2019)을 보라.

60. Greg Lukianoff and Jonathan Haidt, *The Coddling of the American Mind: How Good Intentions and Bad Ideas Are Setting up a Generation for Failure* (New York: Penguin Books, 2019).

61. Heather Bruce, Robin DiAngelo, Gyda Swaney (Salish), and Amie Thurber, "Between Principles and Practice: Tensions in Anti-Racist Education" (panel, 2014 Race & Pedagogy National Conference, University of Puget Sound), video posted by Collins Memorial Library, vimeo.dom/116986053을 보라.

62. Bruce et al, *Tensions*, 2014.

63. Ibid., 2014.

64. James Lindsay, "Postmodern Religion and the Faith of Social Justice," *Areo Magazine*, December 26, 2018, areomazine.com/2018/12/18/postmodern-religion-and-the-faith-of-social-justice/.

65. David Rock and Heidi Grant, "Is Your Company's Diversity Training Making You More Biased?" *Psychology Today*, June 7, 2017, www.psychologytoday.com/intl/blog/your-brain-work/201706/is-your-company-s-diversity-training-making-you-more-biased.

6. 페미니즘과 젠더 연구 — 복잡한 만큼의 단순화

1. Stevi Jackson, "Why a Materialist Feminism Is (Still) Possible—and Nessary," *Women's Studies International Forum*, 24, no. 3-4 (2001).

2. 미국의 경우에는, Barbara J. Risman, "Good News! Attitudes Moving Toward Gender Equality," *Psychology Today*, December 17, 2018, www.psychologytoday.

com/gb/blog/gender-questions/201812/good-news-attitudes-moving-toward-gender-equality를 참조하고, 영국의 경우에는, Radhika Sanghani, "Only 7 per Cent of Britons Consider Themselves Feminists," *Telegraph*, January 15, 2016, www.telegraph.co.uk/women/life/only-7-per-cent-of-britons-consider-themselves-feminists/을 참조하라.

3. 사실 우리는 여기에서 적어도 한 가지의 페미니즘 진영을 빠뜨렸는데, 그 결과, 마찬가지로 우리는 그 진영에 대해 듣게 될 것이다.

4. 교차론적 페미니스트들이 우리에게 분노하지 않도록—마치 이것이 가능하기나 한 것처럼—우리는 여기에 수많은 페미니즘의 갈래들이 "직선적 흐름의 모델"을 거부한다는 사실을 적시한다. 직선적 흐름의 모델은 여성의 참정권을 위해 싸웠던 제1물결 페미니즘 이후에 가정과 일터, 그리고 사회에서 여성의 법적 권리를 확장시켰던 제2물결 자유주의적 페미니즘이 뒤따랐고, 그 뒤를 이어 세 번째 흐름(때로 제4의 물결을 이야기하기도 하는데, 이것은 강간 문화와 같은 개념들을 통하여 성적인 폭행에 대한 급진적으로 확산된 관점을 적용하는 것에 주로 초점을 맞춘다)을 급진적으로 확산시키는 것으로 교차론적 페미니즘이 나왔다는 논리를 말한다. 특히 흑인 페미니즘과 교차론적 페미니즘 사상의 많은 갈래에서 이와 같은 직선적인 흐름의 모델을 거부하는 것은 사실이다.

5. Paraphrased from Judith Lorber, "Shifting Paradigms and Challenging Categories," *Social Problems* 53, no. 4 (2006): 448.

6. Simone de Beauvoir, *The Second Sex*, trans. H. M. Parshley (New York: Vintage Books, 1974).

7. Betty Friedan, *The Feminist Mystique* (New York: W. W. Norton & Company, 2013).

8. Kate Millet, Catharine A. MacKinnon, and Rebecca Mead, *Sexual Politics* (New York: Columbia University Press, 2016).

9. Germaine Greer, *The Female Eunuch* (London: Fourth Estate, 2012).

10. 로버는 다음과 같이 말한다. "지배 엘리트에 대한 그람시의 개념(1971)과 마르크스의 계급의식을 적용한 것으로서 지배적인 남성의 헤게모니 개념에 토대하면, 여성들을 가내 노동 분업 안에서 종속 계급으로 보는 것이 용이해진다. ("Shifting Paradigms," 448)

11. Ibid., 449.

12. Jane Pilcher and Imelda Whelehan, *Key Concepts in Gender Studies* (Los Angeles: Sage, 2017), xiii.

13. Pilcher and Whelehan, *Key Concepts*.

14. Ibid., xiii.

15. 필처와 웰러헌의 말에 따르면, 젠더 연구는 "다양성과 차이에 대한 증가된 인식의

주요 동력이다. 젠더 연구는 이제 예를 들어 계급, 성적 취향, 민족성, 나이, 국적과 종교, 그리고 시민권상의 지위에 토대한 젠더들 사이만이 아니라 젠더들 내부의 불평등과 차이들에 주목한다. (ibid., xiii).

16. Ibid., xiii.

17. Lorber, "Shifting Paradigms," 449.

18. Ibid., 448.

19. Ibid., 448.

20. Ibid., 448.

21. Ibid., 448.

22. 우리는 이것을 2000년대 초에 모든 페미니스트가 응용 포스트모더니스트, 교차론적 페미니스트가 된 것을 의미하거나 혹은 지금 모든 페미니스트가 그러하다는 의미로 오해해서는 안 된다. 사실 학계와 같은 특정 분야를 제외하고 다수가 모두 그럴 리는 없다. 수많은 서로 다른 페미니스트들이 여전히 존재하고, 활동하고 있으며, 서로 대립한다. 그러나 교차론적 갈래가 행동주의와 학계 양자를 지배한다.

급진적 페미니스트들, 자유주의적 페미니스트들, 그리고 유물론적 페미니스트들은—많은 다른 유형들 중에—여전히 존재하고 매우 활동적이다. 급진주의자들과 유물론자들은, 경제, 법, 그리고 정부라는 물질적 현실들에 관심이 있으며, 객관적 진리가 존재함을 받아들인다. 반면에 포스트모더니스트들—그리고 그들의 후손인 교차론자들—은 담론이 지식을 구성하고 권력을 강화하는 방식(포스트모더니즘적인 지식, 그리고 정치 원칙들)에 관심이 있다. 이 두 가지 종류의 페미니즘은 젠더가 문화적 구성물이라는 것을 궁극적으로 믿지만, 급진적, 유물론적 페미니스트들은 그것이 여성들을 억압하는 남성들에 의해 구성되어 왔다고 믿고(권력이 위에서부터 작동하는 것으로 이해하는 전형적인 마르크스주의적 인식), 교차론자들은 젠더를 강화하는 권력이 담론—우리가 사물에 대하여 이야기하는 방식—의 형태로 사회의 모든 곳에 스며 있으며, 해방은 오로지 섹스, 젠더, 그리고 성적 취향의 범주들—급진적 페미니스트들이 의존하고 있는 것들을 포함하여—의 안정성과 적절성을 해체함으로써만 성취될 수 있다고 믿는다. 이것이 그들을 상당히 곤란하게 만든다.

급진적 페미니즘과 교차론적 페미니즘의 가장 눈에 띄는 갈등은 포스트모던 트랜스 활동가들—이들은 젠더를 자신이 확인할 수 있다고 믿는데, 예를 들어, 이는 필연적으로 트랜스 여성을 여성으로 받아들이게 만든다—과 젠더 비판적인 급진적 페미니스트(종종 경멸적으로 트랜스를 배제하는 급진적 페미니스트들Trans-Exclusionary Radical Feminists 혹은 이를 줄여서 TERF들이라 불리는)—젠더는 억압적으로 부과된 것이고, 트랜스 여성들은 그 억압과 공모한 남성들이라고 믿는 페미니스트—사이의 믿을 수 없을 정도로 적대적인 전쟁터에서 일어난다. 종종 동일한 페미니스트들을 포함하는 유사한 갈등이 있는데, 그것은 여성의 성 노동에 대한 긍정적인 사람들과 성 노동을 여성에 대한 착취라고 믿는 급진적 페미니스트들(흔히 성 노동을 배제하는 급진적 페미니스트들Sex-Worker-Exclusionary Radical Feminists 혹은 SWERF들이라 경멸적으로 불리는 페미니스트들) 사이의 갈등이다.

1970년대와 1980년대에는 급진적 페미니즘과 유물론적 페미니즘적의 관점이 대학을 지배했지만—응용 포스트모더니즘으로의 선회와 교차론적 페미니즘, 퀴어 대문자 이론, 탈식민 페미니즘의 대두를 따라—교차론적 페미니스트들, 퀴어 대문자 이론가들, 그리고 트랜스 활동가들이 지배력을 얻었다. 이것은 트랜스 정체성과 성 노동에 대한 그들의 관점 때문에 한때 인기가 있었던 저메인 그리어와 줄리 버칠Julie Burchill 같은 페미니즘 논자들의 설 자리를 빼앗았다. 급진적 페미니스트들 역시 탈식민, 그리고 교차론적 페미니스트들로부터 날선 비판에 직면하는데 그 이유는 그들이 여성을 하나의 계급으로 간주하고, 따라서 문화적 상대주의에 대해 빈번히 반대하기 때문이다. 예를 들어 그들은 이슬람 하에서의 여성들에 대한 억압에 대해서도 비판적이었으며, 탈식민 그리고 교차론적 학자들은 때로 이것을 제국주의적 보편화라고 간주한다.

23. 이런 현상의 또 다른 예로 영적으로 하나님 나라를 확립하기 위해(마태복음 24:34, 그리고 다른 곳에 나오는) 예수가 한 세대 안에 돌아온다는 약속을 재해석하는 기독교의 교파들을 들 수 있다. 이들은 예수의 재림을 천국 혹은 기독교라는 종교 자체의 확립을 통해 다양한 방식으로 발생해 온 것으로 해석한다.

24. Leon Festinger, Henry W. Riecken, and Stanley Schachter, *When Prophecy Fails: A Social and Psychological Study of a Modern Group That Predicted the Destruction of the World* (New York: Harper Torchbooks, 1956)

25. 이 새로운 경향의 페미니즘 사상에 잘 어울리는 예로, 코넬대학 철학과 교수인 케이트 맨Kate Manne의 수상작이자 영향력이 있는 책인『소녀 쓰러뜨리기: 여성 혐오의 논리*Down Girl: The Logic of Misogyny*』가 있다. 여기서 그녀는 여성 혐오는 사회의 체계적 특징으로 가장 잘 이해가 되며, 실제로 여성 혐오들이 희귀하거나 전혀 존재하지 않을지라도 그것에 의해 여성의 열등감이 사회적으로 강화되는 것이라고 주장한다. Kate Manne, *Down Girl: The Logic of Misogyny* (New York: Oxford University Press, 2018)을 보라.

26. Candace West and Don H. Zimmerman, "Doing Gender," *Gender and Society* 1, no. 2 (1987).

27. Ibid., 126.

28. Ibid., 137.

29. Ibid.,142.

30. 그들은 다음과 같이 말한다. "우리가 만일 젠더를 적절하게 한다면, 동시에 우리는 섹스의 범주에 토대한 제도적 합의들을 유지하고, 재생산하며, 정당한 것으로 만들게 된다. 우리가 만일 젠더를 적절히 하는 데 실패한다면, 우리는 개인들로서—제도적 합의들로서가 아니라—(우리의 성격, 동기, 그리고 성향에 대한) 설명을 요구받을 것이다." (ibid., 146)

31. Catherine Connell, "Doing, Undoing, or Redoing Gender?" *Gender and Society* 24, no. 1 (2010): 31-55.

32. Pilcher and Whelehan, *Key Concepts*, 54.

33. Crenshaw, "Mapping the Margins," 1297.

34. Pilcher and Whelehan, *Key Concept*, 42.

35. Ibid., 43.

36. Nancy J. Hirschmann, "Choosing Betrayal," *Perspectives on Politics* 8, no. 1 (2010)

37. bell hooks, "Racism and Feminism: The Issue of Accountability." in *Making Sense of Women's Lives: An Introduction to Women's Studies,* ed. Lauri Unmansky, Paul K. Longmore, and Michele Plott (Lanhan, MD: Rowman & Littlefield).

38. Collins, *Black Feminist Thought*.

39. Patricia Hill Collins, "Toward a New Vision: Race, Class, and Gender as Categories of Analysis and Connection," *Race, Sex & Class* 1, no. 1 (1993): 38-39.

40. 사회주의 페미니스트인 린다 고든은 다음과 같이 말한다.

> 교차성의 개념은 또한 다른 것들보다 어떤 사회적 입장들에 초점을 맞추기 시작했다. 개념으로서 교차성의 잠재력을 감소시키는 데 있어 특별히 관심을 끄는 것은 계급 불평등 문제에 대한 무시이다. 한 예로, 뉴욕주립대 올바니 캠퍼스 사회복지 대학의 교과과정은 교차성에 대한 "교과목 단위"들을 포함하고 있는데, 그 리스트는 고려해야 할 영향력으로서 젠더, 나이, 인종 집단 혹은 인종과 경력 정체성을 열거하고 있다. 계급 혹은 경제적 불평등—나는 이 두 가지가 결코 동일한 것이 아님을 의식하고 있다—은 흔하고 중층결정된 현상이다. (p. 348)

그녀는 계속하여 다음과 같이 말한다.

> 내가 발견한 핵심적인 활동가/교차성 웹사이트—두드러지게 흑인이든 아니면 여성이든 혹은 양쪽 모두이든—의 대부분은, 낙태에 대한 연방 정부의 재정지원 금지, 적절한 수준의 어린이 양육에 필요한 고비용, 유급 가정의 결핍, 그리고 병가, 실직, 감옥의 환경, 학교의 재정고갈, 처방 약품의 비용, 낮은 최저 임금과 불법적 임금 착취와 같은 저임금층의 계급적 문제들에 대해 거의 논의하지 않는다. (p. 353)

Linda Gordon, "'Intersectionality,' Socialist Feminism and Contemporary Activism: Musings by a Second-Wave Socialist Feminist," *Gender & History* 28, no. 2 (2016).

41. Peggy McIntosh, *On Privilege, Fraudulence, and Teaching As Learning: Selected Essays 1981-2019* (New York: Taylor & Francis, 2019), 29-34.

42. 다음과 같은 언론의 분석을 보라. Janet Daley, "The Bourgeois Left Has Abandoned the Working Class to the Neo-fascists," *Telegraph*, January 14, 2018,

  www.telegraph.co.uk/news/2018/01/14/bourgeoise-left-has-abandoned-working-class-neo-fascists/, Michael Savage, "Cities Are Now Labour Heartland, with Working-class Turning Away," *Guardian*, September 22, 2018, www.theguardian.com/politics/2018/sep/22/cities-are-now-labour-heartland-as-traditional-working-class-desert, Paul Embery, "Why Does the Left Sneer at the Traditional Working Class?" UnHerd, April 5, 2019, unherd.com/2019/04/why-does-the-left-sneer-at-the-traditional-working-class/, Sheri Berman, "Why Identity Politics Benefits the Right More than the Left," *Guardian*, July 14, 2018, www.theguardian.com/commentisfree/2018/jul/14/identity-politics-right-left-trump-racism.

43. Gordon, "Musings," 351.

44. Suzanna Danuta Walters, "Why Can't We Hate Men?" *Washington Post*, June 8, 2018, www.washingtonpost.com/opinions/why-we-cant-we-hate-men/2018/06/08/fla3a8e0-6451-11e8-a69c-b944de66d9e7_story.html?noredirect=on.

45. Michael S. Kimmel, *The Politics of Manhood: Profeminist Men Respond to the Mythopoetic Men's Movement (and the Mythopoetic Leaders Answer)* (Philadelphia: Temple University Press, 1995).

46. Raewyn Connell, *Masculinities* (Vancouver: Langara College, 2018).

47. Terry A. Kupers, "Toxic Masculinity as a Barrier to Mental Health Treatment in Prison," *Journal of Clinical Psychology* 61, no. 6 (2005).

48. 대문자 이론 안에서 도널드 트럼프가 미국의 대통령으로 선출된 것은 미국 사회가 비밀리에 본질적으로 인종차별적이고 성차별적이며 편견에 가득 차 있으며, 따라서 이것을 더 많은 대문자 이론을 통하여 노출시켜야 하는 필요성이 더욱 중요하고 그 어느 때보다도 절실하다는, 그들의 주장을 가장 확실히 해주는 예로 다루어진다는 사실을 언급해야만 한다. (Lisa Wide, "The Big Picture: Confronting Manhood after Trump," *Public Books*, January 4, 2019, www.publicbooks.org/big-picture-confronting-manhood-trump/를 보라.)

49. Americal Psychological Association, "APA Guidelines to Psychological Practice with Boys and Men," 2018, www.apa.ort/about/policy/boys-men-practice-guidelines.pdf.

50. Nancy E. Dowd, *The Man Question: Male Subordinationn and Privilege* (New York University Press, 2016).

51. Eric Anderson, *Inclusive Masculinity: The Changing Nature of Masculinities* (London: Routledge, 2012).

434

52. 이런 생각은 흔히 페미니즘과 탈식민주의 학자인 샌드라 하딩Sandra Harding의 『페미니즘과 방법론: 사회과학적 이슈들*Feminism and Methodology: Social Science Issues*』(Bloomington, IN: Indiana University Press, 1996)에서 발견된다. 하딩은 아마도 입장 이론에 있어서 "강력한 객관성"의 개념을 발전시킨 가장 영향력 있는 학자이다. 그리고 그녀의『페미니즘에 있어서의 과학에 대한 질문*The Science Question in Feminism*』(1986)에서 뉴턴의『자연철학의 수학적 원리*Principia Mathematica*』를 "강간 매뉴얼"이라고 언급한 것으로 아마 가장 유명하다. 그녀는 이 글에 대해 나중에 후회한다고 주장했다. Sandra G. Harding, *The Science Question in Feminism* (Ithaca, NY: Cornell University Press, 1993)

53. Steven Pinker, *Enlightenment Now; The Case for Reason, Science, Humanism and Progress* (Penguin Books, 2019).

54. Armin Falk and Johannes Hermle, "Relationship of Gender Differences in Preferences to Economic Development and Gender Equality," *Science* 362, no. 6412 (2018): eaas9899.

7. 장애와 비만 연구 — 지원-집단 정체성 대문자 이론

1. 이 희한한 표기법은 포스트모던적 방법론과 수단들을 사용하는 분야에서는 상대적으로 흔한 일이다. 여기에서 그것은 장애와 비장애를 동시에 연구하는 것을 의미한다.

2. 올리버와 공저자들은 다음과 같이 말한다.

> 장애의 "개인적 모델"은, 장애인들이 경험하는 문제들이 그들의 장애의 직접적 결과이며, 이는 장애인 개인들이 자신들의 특수한 장애의 조건에 적응하도록 전문가들이 노력하도록 유도한다는 것을 전제로 한다. 여기에는 개인을 정상적인 상태와 가까운 상태로 되돌리려는 사회복귀의 프로그램이 있다.

Michael Oliver, Bob Sapey, and Pam Thomas, *Social Work with Disabled People* (Basingstoke: Palgrave Macmillan, 2012), 12.

3. Ibid., 16.

4. Ibid., 19.

5. Brown, in Jennifer Scuro, *Addressing Ableism: Philosophical Questions via Disability Studies* (Lanham, MD: Lexington Books, 2019), 48.

6. "크립 이론crip theory"의 "크립crip"은 "불구cripple"의 축약형이다. 자신들에게 그리고 그들의 대문자 이론에 이런 용어를 붙이는 것은 스피박의 묘사대로 "전략적 근본주의"의 행동이다.

7. Robert McRuer and Michael Bérubé, *Crip Theory: Cultural Signs of Queerness and Disability* (New York University Press, 2006), 8.

8. 제니퍼 스쿠로Jennifer Scuro가 데보냐 하비스Devonya N. Havis와 나눈 대화를 옮긴 글을 보면, 하비스는 다음과 같이 말한다.

> 나는 여기에서 푸코적인 렌즈를 꺼내야 한다고 생각한다. "정상"으로 간주될 것, 그리고 "정상적인" 것으로 간주되는 것 바깥에 있는 것이 통제되는 그리고 이미 확립된 규범들의 수행을 강화하기 위해 계획된 "교정"의 형태들에 종속되는 과정들을 결정하는 것은, 특별히 엄밀한 의미의 장애가 아니라 또한 체계적이고 구조적인 권력의 역학이다. 이와 같은 권력 역학과 그것의 전개는 제도들을 통하여 그리고 개념적 전투의 관점에서 역사적으로 탐구될 수 있다. 푸코에게 결정적인 것은, 그것에 의해 어떤 실천들이 합리적, 규범적, 그리고 바람직한 것으로 확립되는 과정들을 검토할 필연성이다. "비정상"으로 간주되는 것만 아니라 인종차별화 그리고 성과 성차의 속성들의 역사는 그런 역사를 가지고 있을 뿐만 아니라, 특정한 인종, 성, 그리고 비장애로 간주되는 것에 대한 어떤 의미들을 특권화하는 권력의 전개와 관계를 가지고 있다는 것은 사실이다. 정상적이라고 간주되는 특수한 개념들을 자연스러운 것으로 만드는 방식 안에 작동하고 있는 권력을 지적해 내는 일에, 나는 푸코가 유용하다고 생각한다. 푸코는 규범 그리고 사람들이 범주화되는 방식에 영향을 끼치는 기제들처럼 확립된 규범들의 바깥에 있는 범주들의 구성을 명백히 본다. 그는 비정상에 대한 "인종차별주의"의 개념을 발전시키는 데까지 나아간다. 나에게 있어서 이것은 우리가 흔히 근본적인 것 혹은 주어진 것이라고 생각하는 범주들을 심문하는 유익한 방식이었다. 어떤 조건 하에서 그리고 마음 속의 누구의 이해관계와 더불어 그런 범주들은 생겨나는가? (*Havis, in Scuro, Addressing Ableism*, 72)

9. Dan Goodley, *Dis/ability Studies: Theorising Disableism and Ableism* (New York: Routledge, 2014), 3.

10. 구들리는 다음과 같이 말한다. "담론들과 전략들, 그리고 양식들은 사람들과 개인에게 작용한다. 생체 권력은 미시적이고 거시적인 목표들을 가지고 있다." (ibid., 32)

11. Ibid., 26.

12. Ibid., 36.

13. Ibid., 35.

14. Ibid., 8.

15. Fiona Kumari Campbell, *Contours of Ableism: The Production of Disability and Ableness* (New York: Palgrave Macmillan, 2012).

16. Ibid., 5.

17. Ibid., 6.

18. Ibid., 17.

19. Ibid., 28.

20. Brown, in Scuro, *Addressing Ableism*, 70.

21. 앤드루 설리반Andrew Sullivan의 "자살하는 것은 내 정체성의 한 부분이 되었다"는 기록을 보라. "Andrew Sullivan: The Hard Questions about Young People and Gender Transitions," *Intelligencer*, November 1, 2019, nymag.com/intelligencer/2019/11/andrew-sullivan-hard-questions-gender-transitions-for-young.html.

22. Joseph P. Shapiro, *No Pity: People with Disabilities Forging a New Civil Rights Movement* (New York: Times Book, 1994), 3.

23. Shapiro, No Pity, 20.

24. Brown and Scuro, in Scuro, *Addressing Ableism*, 92-94.

25. 때로 보청기가 청각을 바로 해결하지는 못하고 청각에 어떤 개선 정도의 결과를 가져다준다. 이런 경우 듣지 못하는 사람들은 불쾌하고 거슬리는 소음을 견뎌야만 하는데, 이것이 문제보다도 "치료"를 더 큰 악화로 느끼게 할 수도 있다.

26. Bradley Campbell and Jason Manning, *The Rise of Victimhood Cultures: Microaggressions, Safe Spaces, and the New Culture Wars* (New York: Palgrave Macmillan, 2018)을 보라.

27. "Naafa—We Come in All Sizes," National Association to Advance Fat Acceptance, www.naafaonline.com/dev2/ (accessed August 21, 2019).

28. Micaela Foreman, "The Fat Underground and the Fat Liberation Manifesto," *Feminist Poetry Movement*, December 20, 2018, sites.williams.edu/engll 13-f18/foreman/the-fat-underground-and-the-fat-liberation-manifesto/.

29. Association for Size Diversity and Health ASDAH, www.sizediversityandhealth.org/index/asp (Accessed August 21, 2019).

30. Linda Bacon, *Health at Every Size: The Surprising Truth about Your Weight* (Dallas, TX: BenBella Books, 2010).

31. 베이컨의 책에 토대한 선언문은 자유주의적인 자기 몸 긍정주의 운동과 가장 잘 보조를 맞추고 있는 것 같으며, 비만을 축하하는 분위기이다.

부당한 전쟁과 싸우기를 거부하라. 새로운 평화 운동, 즉 "모든 사이즈의 건강Health at Every Size", HAES 운동은 저울의 어떤 숫자보다 웰빙과 건강한 습관이 더 중요하다고 생각한다. 참여하는 방법은 아래와 같이 간단하다.

1. 당신의 사이즈를 받아들여라. 당신이 가지고 있는 몸을 사랑하고 감사하라. 자기 수용이야말로 당신이 나아가도록 그리고 긍정적인 변화를 만들도록 힘을 줄 것이다.

2. 당신 자신을 신뢰하라. 우리는 모두 우리의 건강—그리고 건강한 몸무게—을 유지할 수 있도록 설계된 내적 시스템들을 가지고 있다. 몸이 보내주는 허기, 배부름, 그리고 식욕의 신호들을 존중함으로써 당신의 몸이 자연스레 최적의 무게를 찾을 수 있도록 지원하라.

Linda Bacon, "Health at Every Size: Excerpts and Downloads," Linda-Bacon.org, n.d., lindabacon.org/health-at-every-size-book/haes-excerpts-and-downloads/.

32. HAES(모든 사이즈의 건강)의 주장들에 대해 언급하는 다음의 2차 연구들을 보라. Caroline K. Kramer, Bernard Zinman, and Ravi Retnakaran, "Are Metabolically Healthy Overweight and Obesity Benign Conditions?: A Systematic Review and Meta-analysis," *Annals of Internal Medicine* 159, no. 11 (December 3, 2013), annals.org/aim/article-abstract/1784291/metabolically-healthy-overweight-obesity-benign-conditions-systematic-review-meta-analysis?doi=10.7326/0003-4819-159-11-201312030-00008; Lara L. Roberson et al., "Beyond BMI: The 'Metabolically Healthy Obese' Phenotype and Its Association with Clinical/Subclinical Cardiovascular Disease and All-Cause Mortality—A Systematic Review," *BMC Public Health* 14, no. 1 (2014): article 14.

33. '사이즈의 다양성과 건강 연합ASDAH' 웹사이트는, 다음과 같이 주장한다.

이런 것들을 끌어들이는 것이 종족, 인종, 국적, 이민자 지위, 젠더 정체성, 성적 지향, 나이, 영성, 능력, 교육, 경제적 계급, 사회적 계급, 몸의 모양과 사이즈 등에 토대한 다양성을 아우르는 것이다. 억압의 체제들은 고립 상태에서 일어나지 않는다. 그것들이 누적된 충격을 가지고 있기 때문에, 우리는 모든 억압의 교차성을 언급하지 않고 몸무게/사이즈의 억압을 해체할 수 없다. 그러므로 우리 '사이즈의 다양성과 건강 연합'에서는 포괄적이고 교차론적인 방식으로 일하는 것이 모든 몸이 안전하고 존중되는 세계를 창조하는 유일한 길이라고 믿는다.

34. *Fat Studies*, Taylor and Francis Online.

35. Charlotte Cooper, *Fat Activism: A Radical Social Movement* (Bristol, England: Hammer On Press, 2016)에서 쿠퍼는 다음과 같이 말한다. "급진적 레즈비언 페미니즘 분리주의는 통상 제3 물결 퀴어 페미니즘에 반대하여 구성된다."(145쪽) 트랜스를 배제하는 급진적 페미니즘과 트랜스 활동가들인 교차론적 페미니즘 사이의 차이에 대한 젠더 연구의 변화에 대해 우리가 앞에서 논의한 것을 기억하라. 또한 유물론자들과 포스트페미니스트들을 구분하는 것은 탈식민 대문자 이론과 비판적 인종 대문자 이론 양쪽에서 현저하게 나타난다.

36. 『비만 연구 독본』 서문에도 이런 경향이 나타나는데, 대문자 이론의 발전에 다음과 같이 초점을 맞춘다.

젠더, 성적 취향 혹은 기능적 차이를 고려하는 페미니즘 연구, 퀴어 연구과 장애 연구처럼 비만 연구도 몸무게의 렌즈를 통하여 우리에게 우리가 누구인지 보여줄 수 있다. 비만 연구는 소외에 대한 새롭고 독특한 관점을 제시함으로써 억압의 다른 형태들에 대한 저항과 연대하는 분석을 제공할 수 있다.

Marilyn Wann, "Forward", in *The Fat Studies Reader*, ed. Esther D. Rothblum and Sondra Solovay (New York University Press, 2009) xxii.』

이런 입장은 더 접근하기 쉬운 텍스트인 『비만의 부끄러움 *Fat Shame*』에도 나타나는데, 다음과 같이 시작한다.

비만에 대한 차별이 인종적, 종족적, 민족적 차별과 겹치는 방식. 이 양자(비만과 종족 차별) 사이의 연결들과 계급 특권. 그리고 마지막으로 이 모든 요소들(비만 차별, 종족 차별, 그리고 계급 특권)이 젠더와 "인기 있는 소녀"라는 적절히 만들어진 젠더화된 주체의 구성과 교차하는 방식들.

Amy Erdman Farrell, *Fat Shame: Stigma and the Fat Body in American Culture* (New York University Press, 2011), 3. 이 책은 인종과 젠더 문제에 초점을 맞추며 "비만 차별은 인종적 위계, 특히 "백인성"의 역사적 발전 뿐만 아니라 젠더와 복잡하게 얽혀 있다"(Farrel, *Fat Shame*, 5)고 주장한다.

이런 교차론적 접근법은 또한 『당신은 비만 상태로 남을 권리가 있다 *You Have the Right to Remain Fat*』라는 책에서도 취해진다.

시스젠더(역주: 생물학적 성과 성 정체성이 일치하는 사람)인 비만 여성은 트랜스인 비만 여성과 다른 취급을 받기 쉽다.…… 비만 트랜스 여성들은 성차별주의, 비만 혐오, 그리고 트랜스 혐오의 결합 속에서 존재하는 폭력을 경험한다. 인종은 또 하나의 완화적인 요인이다. 당신의 피부가 더 밝을수록 당신은 문화적으로 더 존중받는다. 그래서 백인성 혹은 밝은 피부는 비만에 대해 부정적인 편견을 유화시킬 수 있다. 반면에 어두운 피부색의 여성들은 색깔차별주의colorism와 비만 혐오의 연계된 효과 때문에 더 큰 적대감을 경험할 가능성이 높다.

Virgie Tovar, *You Have The Right to Remain Fat* (New York: Feminist Press, 2018), 67-68.

37. Cooper, *Fat Activism*, 4.

38. Ibid., 36.

39. Ibid., 35.

40. 그녀는 다음과 같이 말한다. "미셸 푸코의 작업(1980)은 몸을 자기-개선이라는 자유주의적 프로젝트의 이름으로 과학의 현미경 아래 두는 것이 사실 몸의 일탈을 재각인하고 몸에 대한 억압을 증진시키는 것이라는 사실을 우리에게 보여주었다."(in

Rothblum and Solovay, *Reader*, 70).

41. 루시 아프라모와 재키 그린가스Jacqui Gringas는 그들의 에세이인「다이어트 이론과 실천에서 비만에 대하여 사라진 페미니즘 담론들Disappeared Feminist Discourses on Fat in Dietetic Theory and Practice」에서 다음과 같이 말한다. "버틀러는, 우리가 세계를 변화시키려고 계속 노력할 때, 우리는 욕망과 인정 욕구에 의하여 현실 그대로의 세상에 깊이 묶여 있는 상태로 남아 있게 된다는 사실을 상기한다. 게다가 우리는 권력, 담론, 그리고 지식에 대한 우리의 남용과 오해들 속에서 우리 자신들을 설명할 수 없게 된다."(in Rothblum and Solovay, Reader, 102).

42. Cooper, *Fat Activism*, 24.

43. Wann, in Rothblum and Solovay, *Reader*, xi.

44. Tovar, *Remain Fat*, 371.

45. Cooper, *Fat Activism*, 169.

46. Ibid., 175.

47. Ibid., 175.

48. Wann, in Rothblum and Solovay, *Reader*, xiii.

49. Ibid., xiii.

50. LeBesco, in Rothblum and Solovay, *Reader*, 70.

51. Allyson Mitchell, "Sedentary Lifestyle: Fat Queer Craft," *Fat Studies* 7, no. 2 (2017): 11.

52. LeBesco, in Rothblum and Solovay, *Reader*, 83.

53. Aphramor and Gingras, in Rothblum and Solovay, *Reader*, 97.

54. Ibid., 97.

55. Ibid., 100.

56. Ibid., 100.

57. John Coveney and Sue Booth, *Critical Dietetics and Critical Nutrition Studies* (Cham, Switzerland: Springer, 2019), 18.

58. Cooper, *Fat Activism*, 2.

59. Ibid., 7.

8. 대문자 사회 정의 학문과 사상 — 사회 정의에 따른 진리

1. Alan Sokal and Jean Bricmont, *Fashionable Nonsense: Postmodern Intellectuals' Abuse of Science* (New York: St. Martin's Press, 1999).

2. 예를 들어, Ruth Bleier, *Science and Gender: A Critique of Biology and Its Theories on Women* (New York: Pergamon Press, 1984); Donna Haraway, "Situated Knowledge: The Science Question in Feminism and the Privilege of Partial Perspective," *Feminist Studies* 14, no.3 (1988)을 보라.

3. Kristie Dotson, "Tracking Epistemic Violence: Tracking Practices of Silencing," *Hypatia* 26, no. 2 (2011).

4. Hancock, *Intersectionality*, 1.

5. "과학 전쟁들"이란 객관적인 혹은 지식의 사회적 구성성에 관한 자연과학자들과 포스트모던 학자들 사이에 벌어진 일련의 열띤 논쟁들을 가리킨다. 이는 1990년대에 주로 미국에서 벌어졌다.

6. Fricker, *Epistemic Injustice*. "에피스테메적 불의"라는 용어가 프릭커의 것으로 간주되어 왔지만, 지식과 관련하여 사람들이 불이익을 당할 수 있다는 주장들은 훨씬 더 오래된 것이다. 아미 알랜Amy Allen이 주장하듯이, "미셸 푸코야말로 그 용어가 나오기도 전에 에피스테메적 불의의 이론가로 충분히 간주될 수 있다." Amy Allen, "Power/Knowledge/Resistance: Foucault and Epistemic Injustice," *The Routledge Handbook of Epistemic Injustice*, ed. Ian James Kid, José Medina, and Gaile Pohlhaus, Jr. (London: Routledge, 2017), 187.

7. 예를 들어, Rae Langton, "*Epistemic Injustice: Power and the Ethics of Knowing* by Miranda Fricker," book review, *Hypatia* 25 no. 2 (2010)와 Elizabeth Anderson, "Epistemic Justice as a Virtue of Social Institutions," *Social Epistemology* 26, no 2 (2012)를 보라.

8. "에피스테메적 불의"란 무엇인가? 그것은 일종의 대문자 사회 정의 철학이다. 키드 Kid, 메디나, 그리고 폴하우스Polhaus가 주장하듯이, 그것은 다음과 같이 기능한다.

> 에피스테메적 불의는 일종의 현상이자 연구의 주제로서, 주요한 사회적이고 지적인 운동들, 가령 페미니즘, 해석학, 비판적 인종 이론, 장애 연구, 그리고 탈식민화하는 퀴어, 트랜스 인식론들과 명백히 연결되고 상호침투한다.

Ian James Kid, José Medina, and Gaile Polhaus, "Introduction," in *The Routledge Handbook of Epistemic Injustice*, ed. Ian James Kid, José Medina, and Gaille Polhaus, Jr. (London: Routledge, 2017), 1.

9. Kristie Dotson, "Conceptualization Epistemic Oppression," *Social Epistemology* 28,

no 2 (2014).

10. 에피스테메적 폭력에 대한 스피박의 묘사는 지배적 에피스테메 하의 억압에 대한 푸코의 사상에 의존하며, 이와 나란히 1970년대에 프랑스의 사회학자인 피에르 부르디외가 만들어낸 *상징적 폭력*symbolic violence의 개념도 있다. 부르디외에게 상징적 폭력은 누군가가 자신에 대한 억압을 받아들여야만 한다는 사실을 믿도록 유도될 때 발생한다. 이 두 가지 유사한 개념들은 왜 대문자 사회 정의 학문과 행동주의가 그렇게 전적으로 폭력의 형태로서의 동의할 수 없는 말을 찾아내려 하는지를 설명하는 데 도움이 된다.

11. Nora Berenstain, "Epistemic Exploitation," *Ergo* 3, no. 22 (2016).

12. José Medina, "Varieties of Hermeneutical Injustice," in *The Routledge Handbook of Epistemic Injustice*, ed. Ian James Kid, José Medina, and Gaile Pohlhaus, Jr. (London: Routledge, 2017).

13. Jeremy Wanderer, "Varieties of Hermeneutical Injustice," in *The Routledge Handbook of Epistemic Injustice*, ed. Ian James Kid, José Medina, and Gaile Pohlhaus, Jr. (London: Routledge, 2017).

14. Susan E. Babbit, "Varieties of Hermeneutical Injustice," in *The Routledge Handbook of Epistemic Injustice*, ed. Ian James Kid, José Medina, and Gaile Pohlhaus, Jr. (London: Routledge, 2017).

15. Lorraine Code, "Varieties of Hermeneutical Injustice," in *The Routledge Handbook of Epistemic Injustice*, ed. Ian James Kid, José Medina, and Gaile Pohlhaus, Jr. (London: Routledge, 2017).

16. 하이디 그래스윅Heidi Grasswick은 다음과 같이 주장한다. "과학적 제도들과 그 실천들은 그것들의 에피스테메적 강점과 정치적 영향력을 놓고 볼 때, 에피스테메적 불의의 가능한 자리들과 원천들에서 검토될 필요가 있다." 즉, 단지 그것들이 그런 높은 특권을 획득하고 있다는 이유만으로, 과학과 이성은 부당하게도 어떤 종류의 에피스테메적 이득을 챙기고 있다고 의심을 받아야만 한다는 말이다. 그래스윅은 계속해서 다음과 같이 주장한다.

> 다른 억압의 형태들 중에서도 인종차별주의와 성차별주의가 과학의 실천들과 결과물들을 상당히 형성해 왔다는 것은, 지금까지 탈식민 과학과 기술 연구 학자들, 페미니즘 이론가들, 그리고 과학 철학자들과 비판적 인종 이론가들에 의해 잘 기록되었다.

Heidi Grasswick, "Epistemic Injustice in Science," in *The Routledge Handbook of Epistemic Injustice*, ed. Ian James Kid, José Medina, and Gaile Pohlhaus, Jr. (London: Routledge, 2017). 313.

17. Ibid., 313.

18. Kristie Dotson, "How Is This Paper Philosophy?" *Comparative Philosophy* 3, no 1 (2012)

19. Code, "Epistemic Responsibility."

20. Allison B. Wolf, "'Tell Me How That Makes You Feel': Philosophy's Reason/ Emotion Divide and Epistemic Pushback in Philosophy Classrooms," *Hypatia* 32, no. 4 (2017): 893~910, doi.org/10.1111/hypa.12378.

21. Alexis Shotwell, "Forms of Knowing and Epistemic Resources," in *The Routledge Handbook of Epistemic Injustice*, ed. Ian James Kid, José Medina, and Gaile Pohlhaus, Jr. (London: Routledge, 2017). 79.

22. Ibid., 81.

23. Alison Bailey, "The Unlevel Knowing Field: An Engagement with Dotson's Third-Order Epistemic Oppression," *Social Epistemology Review and Reply Collective* 3, no. 10 (2014), ssrn.com/abstract=2798934.

24. Nancy Tauna, "Feminist Epistemology: The Subject of Knowledge," in *The Routledge Handbook of Epistemic Injustice*, ed. Ian James Kid, José Medina, and Gaile Pohlhaus, Jr. (London: Routledge, 2017). 125.

25. José Medina, *The Epistemology of Resistance: Gender and Racial Oppression, Epistemic Injustice, and Resistant Imaginations* (New York: Oxford University Press, 2013), 44.

26. 1980년대 후반과 1990년대 초반에 주로 글쓰기를 한 페미니즘 이론가인 샌드라 하딩은 이와 같은 여분의 시각을 "강한 객관성"이라 불렀다. Sandra Harding, "Rethinking Standpoint Epistemology: What Is 'Strong Objectivity'?" *Centennial Review* 36, no. 3 (1992).

27. 입장 이론은 1980년대에 페미니즘 학자인 샌드라 하딩의 작업과 가장 밀접한 관련을 가졌으나, 당대의 대문자 이론들과 달리 하딩은 그들의 입장에서 자신을 상상하기 위하여 어떤 집단의 구성원이 되어야 한다고는 생각하지 않았다. 그러므로 그녀의 작업은 프릭커의 작업처럼 다른 집단의 구성원들에 공감할 수 있는 사람들의 능력에 대한 어떤 자신감을 견지하고 있다. Sandra Harding, *Whose Science/ Whose Knowledge?* (Ithaca, NY: Cornell University Press, 1991); Harding, *The Science Question in Feminism; Harding, Feminism and Methodology*; Sandra Harding, "Gender, Development, and Post-Enlightenment Philosophies of Science," *Hypatia* 13, no. 3 (1998).

28. 콜린스는 다음과 같이 말한다.

> 정체성의 정치학과 입장론적 인식론은 에피스테메적 권위의 원천을 형성하는 유색인종, 여성, 가난한 사람들, 그리고 새로운 이민자들을 위한 두 가지 권위화의 형태들을 구성한다. 정체성의 정치학은 자신

의 고유한 경험의 권위와 에피스테메적 대행의 원천으로서의 사회적
위치를 주장한다. 입장론적 인식론은 해석 공동체들 안에서 자신의 고
유한 현실들을 해석하고자 할 때 동등한 에피스테메적 대행자가 되기
위한 권리를 주장한다.

더 나아가 그는 다음과 같이 말한다.

정체성의 정치학을 정치학의 열등한 한 형태로, 그리고 입장론적 인
식론을 앎에 대한 제한적이고 잠재적 편견의 한 형태로 윤색하는 것
은 억압된 주체들의 에피스테메적 대행을 불신하는 이 일반적인 실천
을 예증해 준다.

Patricia Hill Collins, "Intersectionality and Epistemic Injustice," in *The Routledge Handbook of Epistemic Injustice*, ed. Ian James Kid, José Medina, and Gaile Pohlhaus, Jr. (London: Routledge, 2017). 119.

29. 돗슨은 다음과 같이 주장한다. "그것은 불가능한 것을 가능한 것으로 경험하는
것과 유사하며, 이에 상응하여 가능한 것을 불가능한 것으로 지명하는 인식론
적 체제들의 한계를 보는 것이다. 이런 단계를 밟을 수 있기란 매우 어렵다. 그러
한 한계들을 변화시킬 수 있기란 많은 사람들에게 불가능할 것이다." ("Epistemic Oppression," 32).

30. 돗슨은 다음과 같이 말한다. "세 번째 질서의 에피스테메적 억압을 영속화하는 사
람들은, 한 발자국 뒤에 물러나서 부적합한 에페스테메적 자원들sources을 보전하
고 정당화하는 그들의 전체적인 인식론적 체계들을 의식해야만 한다. 자신의 '문화
적 전통의 체계들'에 대한 폭넓은 인식과 유사하게 보일 이런 종류의 인식은 정말
어려운 일이다."(ibid., 32).

31. Medina, *Epistemology of Resistance*, 32.

32. Ibid., 30 ~ 35.

33. Georg W. F. Hegel, *The Phenomenology of Spirit* (1807) .

34. Charles Mills, "Ideology," in *The Routledge Handbook of Epistemic Injustice*, ed. Ian James Kid, José Medina, and Gaile Pohlhaus, Jr. (London: Routledge, 2017). 108.

35. James Lindsay, "Postmodern Religion and the Faith of Social Justice," *Areo Magazine*, December 26, 2018, areomagizine.com/2018/12/18/postmodern-religion-and-the-faith-of-social-justice/.

36. Barbara Applebaum, *Being White, Being Good: White Complicity, White Moral Responsibility, and Social Justice Pedagogy* (Lanham, MD: Lexington Books, 2010), 31.

37. Ibid., 100.

38. Ibid., 99.

39. Ibid., 43.

40. Ibid., 43.

41. Ibid., 102.

42. Ibid., 108.

43. Ibid., 96.

44. Ibid., 97.

45. Ibid., 112.

46. Alison Bailey, "Tracking Privilege-Preserving Epistemic Pushback in Feminist and Critical Race Philosophy Classes," *Hypatia* 32, no. 4 (2017): 877.

47. Ibid., 877.

48. Ibid., 881.

49. Ibid., 882.

50. 물론 우리는 『히파티아』의 편집위원들이 베일리의 주장에 동의했다고 가정할 수 없다. 그들은 논쟁을 유발하기 위해서 그것을 출판했을 수도 있다. 그러나 그들은 또한 철학에서의 특권적 이성을 논박하기 위해 그것에 의존하는 앨리슨 울프의 논문도 출판했으며, 대문자 사회 정의 학문에 대한 풍자적 비판이 부당하고 비윤리적이라고 주장하기 위하여 그것에 의존한 우리의 "가짜" 논문(역주: 이 책의 저자들은 의도적으로 여러 편의 엉터리 논문을 쓴 후 대문자 사회 정의 관련 저명 학술지에 투고했고, 이것은 그 중의 하나이다)도 한 편집위원의 다음과 같은 말과 함께 받아들였다. "그 주제는 탁월한 것이며 페미니즘 철학에 탁월한 기여를 할 것이고, 『히파티아』의 독자들에게도 흥미로울 것이다." Wolf, "'Tell Me How That Makes You Feel'"; James Lindsay, Peter Boghossian, and Helen Pluckrose, "Academic Grievance Studies and the Corruption of Scholarship," *Areo Magazine*, October 2, 2018, areomagazine.com/2018/10/02/academic-grievance-studies-and-the-corruption-of-scholarship/.

51. Bailey, "Tracking Privilege-Preserving Epistemic Pushback," 886.

52. Ibid., 878.

53. Ibid., 886.

54. Ibid., 887.

55. Ibid., 887.

56. Ibid., 887.

57. DiAngelo, Robin J. DiAngelo, "White Fragility," *International Journal of Critical Pedagogy*

3, no. 3 (2011)

58. Ibid., 54.

59. Ibid., 57.

60. 이것은 물론 그녀의 위선을 비난하는 것이 아니다. 디안젤로는 그녀의 대문자 이론화의 결과로 그녀가 "덜 백인적"일 수 있기를 소망한다는 사실을 매우 분명히 한다. 그녀는 또한 그녀가 단지 백인들에게 말하고 있다는 것을 반복적으로 지적한다. Michael Lee, " 'Whiteness Studies' Professor to White People: You're Racist If You Don't Judge by Skin Color," *Pluralist,* May 29, 2019, pluralist.org/robin-diangelo-colorblindness-dangerous/를 보라.

61. Robin J. DiAngelo, *White Fragility: Why It's So Hard for White People to Talk about Racism* (London: Allen Lane, 2019), 142.

62. Ibid., 158.

63. Ibid., 105.

64. Ibid., 89.

65. 조너선 처치Jonathan Church는 처음으로 디안젤로의 "백인 취약성" 개념이 물화의 오류의 먹이가 된 것을 확인한다. Jonathan Church, "Whiteness Studies and the Theory of White Fragility Are Based on a Ligical Fallacy," *Aero Magazine*, April 25, 2019, areomagazine.com/2019/04/25/whiteness-studies-and-the-theory-of-white-fragility-are-based-on-a-logical-fallacy/. 처치는 자신의 웹사이트 www.jonathananddavidchurch.com를 통하여 디안젤로의 작업이 가지고 있는 인식론적 문제들에 관하여 일련의 계몽적인 에세이들을 발표해 왔다.

66. 특히 막스 호르크하이머Max Horkheimer와 프랑크푸르트 학파의 비판이론을 보라.

67. 특히 Breanne Fahs and Michael Karger, "Women's Studies as Virus: Institutional Feminism, Affect, and the Projection of Danger," *Multidisciplinary Journal of Gender Studies* 5, no. 1 (2016) and John Covency and Sue Booth, *Critical Dietetics and Critical Nutrition Studies* (Cham, Switzerland: Springer, 2019)를 보라.

9. 행동하는 대문자 사회 정의
— 눈눈 상으로 볼 때 대문자 이론은 항상 좋아 보인다

1. Hardeep Singh, "Why Was a Diabled Grandad Sacked by Asda for Sharing a Billy Connolly Clip?" *Spectator,* June 27, 2019, blogs.spectator.co.uk/2019/06/why-was-a-disabled-grandad-sacked-by-asda-for-sharing-a-billy-connolly-clip/.

2. Sean Stevens, "The Google Memo: What Does the Research Say about Gender Difference?" *Heterodox Academy*, Februrary 2, 2019, heterodoxacademy.org/the-google-memo-what-does-the-research-say-about-gender-difference/.

3. Emma Powell and Patrick Grafton-Green, "Danny Baker Fired by BBC Radio 5 Live over Racist Royal Baby Tweet," *Evening Standard*, May 9, 2019, www.standard. co.uk/news/uk/danny-baker-fired-broadcaster-sacked-by-bbc-radio-5-live-over-racist-tweet-a4137951.html.

4. Charlotte Zoller, "How I Found a Fat-Positive Doctor Who Didn't Just Tell Me to Lose Weight," *Vice*, August 15, 2018, www.vice.com/en-us/article/43ppwj/how-to-find-a-fat-positive-doctor.

5. Lukianoff and Haidt, *The Coddling of the American Mind*.

6. Jonathan W. Wilson, "I've Never Had a Student Ask for a Safe Space. Here's What They Have Asked for," *Vox*, December 12, 2018, www.vox.com/first-person/2018/12/12/18131186/college-campus-safe-safe-spaces-trigger-warnings; Judith Shulevitz, "In College and Hiding From Scary Ideas," *New York Times*. March 21, 2015.

7. Daniel Koehler, "Violence and Terrorism from the Far-Right: Policy Options to Counter an Elusive Threat," *Terrorism and Counter-Terrorism Studies* (February 2019), doi.org/10.19615/2019.2.02.

8. Julia Ebner, "The Far Right Have a Safe Haven Online. We Cannot Let Their Lies Take Root," *Guardian*, November 14, 2018, www.theguardian.com/commentisfree/2018/nov/14/far-right-safe-heaven-online-white-supremacist-groups.

9. Natalie Gil, "'Inside The Secret World Of Incels'—The Men Who Want to Punish Momen," *BBC Three Review*, July 2019, www.refinery29.com/engb/2019/07/237264/inside-the-secret-world-of-indels-bbc-three.

10. Timothy Egan, "How the Insufferably Woke Help Trump," *New York Times*, November 8, 2019, www.nytimes.com/2019/11/08/opinion/warren-biden-trump. html.

11. Andrea Vacchiano, "College Pay Diversity Officers More Than Professors, Staff," *Daily Signal*, July 14, 2017, www.dailysignal.com/2017/07/14/colleges-pay-diversity-officers-more-than-professors-staff/.

12. Alex_TARGETjobs, "Equality and Diversity Officer: Job Description." TARGETjobs, July 30, 2019, targetjobs.co.uk/careers-advice/jobdescriptions/278257-equality-and-diversity-officer-job-description.

13. Jeffrey Aaron Snyder and Amna Khalid, "The Rise of 'Bias Response Teams' on Campus," *New Republic*, March 30, 2016, newrepublic.com/article/132195/rise-bias-response-teams-campus (accessed August 20, 2019).

14. Ryan Miller et al., "Bias Response Teams: Fact vs. Fiction," *Inside Higher* Ed, June 17, 2019, www.insidehighered.com/views/2019/06/17/truth-about-bias-response-teams-more-complex-often-thought-opinion.

15. Snyder and Khalid, "The Rise of 'Bias Response Teams'."

16. Tom Slater, "No, Campus Censorship Is Not a Myth," *Spiked*, April 2, 2019, www.spiked-online.com/2019/02/04/campus-censorship-is-not-a-myth/.

17. Slater, "Campus Censorship."

18. "Hypatia Editorial Office," archive.is, June 9, 2017, archive.is/kVrLb.

19. Jerry Coyne, "Journal Hypatia's Editors Resign, and Directors Suspend Associate Editors over Their Apology for the 'Transracialism' Article," *Why Evolution Is True*, July 22, 2017, whyevolutionistrue.wordpress.com/2017/07/22/journal-hypatia-editors-resign-and-directors-suspend-associate-editors-over-their-apology-for-the-transracialism-article/.

20. Jesse Singal, "This Is What a Modern-Day Witch Hunt Looks Like," Intelligencer, *New York Magazine*, May 2, 2017, nymag.com/intelligencer/2017/05/transracialism-article-controversy-html.

21. Kelly Oliver, "If This Is Feminism ..." *Philosophical Salon*, May 9, 2017, thephilosophicalsalon.com/if-this-is-feminism-its-been-hijacked-by-the-thought-police/.

22. Adam Lusher, "Professor's 'Bring Back Colonialism' Call Sparks Fury and Academic Freedom Debate," *Independent*, October, 12, 2017, www.independent.co.uk/news/world/americas/colonialism-academic-article-bruce-gilley-threats-violence-published-withdrawn-third-world-quarterly-a7996371.html.

23. Peter Wood, "The Article That Made 16,000 Ideologues Go Wild," *Minding the Campus*, October 18, 2017, www.mindingthecampus.org/2017/10/04/the-article-that-made-16000-profs-go-wild/.

24. Ben Cohen, "The Rise of Engineering's Social Justice Warriors," *James G. Martin Center for Academic Renewal*, January 3, 2019, www.jamesgmartin.center/2018/11/the-rise-of-engineerings-social-justice-warriors/.

25. Donna Riley, *Engineering and Social Justice* (San Rafael,, CA: Morgan & Claypool Publishers, 2008), 109.

26. Enrique Galindo and Jill Newton, eds., *Proceedings of the 39th Annual Meeting of the North American Chapter of the International Gruop for the Psychology of Mathematics Education* (Indianapolis, IN: Hoosier Association of Mathematics Teacher Educators, 2017).

27. Catherine Gewertz, "Seattle Schools Lead Controversial Push to 'Rehumanize'

Math," *Education Week*, October 22, 2019, www.edweek.org/ew/articles/2019/10/11/
seatle-schools-lead-controversial-push-to-rehumanize.html.

28. *Seriously* … "Seven Thing You Need to Know about Antifa," BBC Radio 4, n.d.,
www.bbc.co.uk/programmes/articles/X56rQkDgd0qqB7R68t67C/seven-things-
you-need-to-know-about-antifa.

29. Peter Beinart, "Left Wing Protests Are Crossing the Line," *Atlantic*, November
16, 2018, www.theatlantic.com/ideas/archive/2018/11/protests-tucker-carlsons-
crossed-line/576001/.

30. Yasmeen Serhan, "Why Protesters Keep Hurling Milkshakes at British Politicians,"
Atlantic, May 21, 2019, www.theatlantic.com/international/archive/2019/05/
milkshaking-britain-political-trend-right-wing/589876/.

31. Sham O'Dwyer, "Of Kimono and Cultural Appropriation," *Japan Times*, August 4,
2015, www.japantimes.co.jp/opinion/2015/08/04/commentary/japan-commentary/
kimono-cultural-appropriation/#.XUdyw5NKj_Q.

32. Ade Onibada, "Macy's Admits It 'Missed the Mark' for Selling a Portion-Sized
Plate That Some People Online Aren't Happy About," *BuzzFeed*, July 24, 2019,
www.buzzfeed.com/adeonibada/macys-pull-portion-control-plate-mom-jeans.

33. Crystal Tai, "Noodle-Maker Nissin Yanks 'Whitewashed' Anime of Tennis Star
Naomi Osaka," *South China Morning Post*, January 24, 2019, www.scmp.com/news/
asia/east-asia/article/2183391/noodle-maker-nissin-withdraws-whitewashed-
anime-ad-campaign.

34. Sarah Young, "Gucci Apologises for Selling Jumper That 'Resembles Blackface,'"
Independent, February 13, 2019, www.independent.co.uk/life-style/fashion/gucci-
blackface-sweater-balaclava-apology-reaction-twitter-controversy-a8767101.html.

35. Ben Beaumont-Thomas, "Katy Perry Shoes Removed from Stores over Blackface
Design," *Guardian*, February 12, 2019, www.theguardian.com/music/2019/feb/12/
katy-perry-shoes-removed-from-stores-over-black-face-design.

36. Julia Alexander, "The Yellow $: A Comprehensive History of Demonetization
and YouTube's War with Creators," *Polygon*, May 10, 2018, www.polygon.
com/2018/5/10/17268102/youtube-demonetization-pewdie-pie-logan-paul-casey-
neistat-philip-defranco.

37. Benjamin Goggin, "A Top Patreon Creator Deleted His Account, Accusing the
Crowdfunding Membership Platform of 'Political Bias' after It Purged Conservative
Accounts It Said Were Associated with Hate Groups," *Business Insider*, December 17,
2018, www.businessinsider.com/sam-harris-deletes-patreon-account-after-platform-
boots-conservatives-2018-12?r=US&IR=T.

38. Kari and Jim Waterson, "Facebook Bans Alex Jones, Milo Yiannopoulos and Other Far-Right Figures," *Guardian*, May 2, 2019, www.the guardian.com/ technology/2019/may/02/facebook-ban-alex-jones-miloyiannopoulos.

39. BBC News, "Twitter Bans Religious Insults Calling Groups Rats or Maggots," *BBC News*, July 9, 2019, www.bbc.co.uk/news/technology-48922546; Julia Manchester, "Self-Described Feminist Banned from Twitter Says Platform Is Setting 'Dangerous' Precedent," Hill, December 6, 2018, thehill.com/hilltv/rising/420033-self-described-feminist-banned-from-twittersays-platform-is-setting-a.

40. Jose Paglieri, "Sexist Tweets Cost Business Insider Executive His Job,"*CNN.com*, September 10, 2013, money.cnn.com/2013/09/10/technology/business-insider-cto/ index.html; Emily Alford, "Denise Is Fired,"*Jezebel*, April 1, 2019, jezebel.com/ denise-is-fired-1833701621; Shamira Ibrahim, "In Defense of Cancel Culture," *Vice*, April 4, 2019, www.vice.com/en_us/article/vbw9pa/what-is-cancel-culture-twitter-extremelyonline.

41. Alex Culbertson, "Oscars to Have No Host after Kevin Hart Homophobic Tweets," *Sky News*, January 10, 2019, news.sky.com/story/oscars-to-haveno-host-after-kevin-hart-homophobic-tweets-11603296.

42. CNN, "Ellen's Usain Bolt Tweet Deemed Racist," *CNN.com*, August 17, 2016, edition. cnn.com/2016/08/16/entertainment/ellen-degeneres-usain-bolt-tweet/index.html.

43. Hannah Jane Parkinson, "Matt Damon, Stop #Damonsplaining. You Don't Understand Sexual Harassment," *Guardian*, December 19, 2017, www.theguardian. com/commentisfree/2017/dec/19/matt-damon-sexual-harassment.

44. Brendan O'Neill, "Why Is Mario Lopez Apologising for Telling the Truth?" *Spiked*, August 1, 2019, www.spiked-online.com/2019/08/01/why-is-mario-lopez-apologising-for-telling-the-truth/.

45. Frances Perraudin, "Martina Navratilova Criticised over 'Cheating' Trans Women Comments," *Guardian*, February 17, 2019, www.theguardian.com/sport/2019/ feb/17/martina-navratilova-criticised-over-cheating-transwomen-comments.

46. "John McEnroe Says He Regrets Comments on Serena Williams and Is 'Surprised' by Reaction," *Telegraph*, June 29, 2017, www.telegraph.co.uk/tennis/2017/06/29/ johnmcenroe-says-regrets-comments-serena-williams-surprised.

47. Stefania Sarrubba, "After Trans Protests, Scarlett Johansson Still Says She Should Play Everyone," *Gay Star News*, July 14, 2019, www.gaystarnews.com/article/scarlett-johansson-casting-controversy/#gs.y12axx.

48. Louis Staples, "J. K. Rowling's Late Attempts to Make Harry Potter More Diverse Help No-One," *Metro*, March 18, 2019, metro.co.uk/2019/03/18/jk-rowlings-lateattempts-make-harry-potter-diverse-nothing-lgbt-fans-like-8930864/.

49. Alison Flood, "J. K. Rowling under Fire for Writing about 'Native American Wizards,'" *Guardian*, March 9, 2016, www.theguardian.com/books/2016/mar/09/jk-rowling-under-fire-for-appropriating-navajo-tradition-history-of-magic-in-north-america-pottermore.

50. Nadra Kareem Nittle, "Cultural Appropriation in Music: From Madonnato Miley Cyrus," *ThoughtCo*, February 24, 2019, www.thoughtco.com/cultural-appropriation-in-music-2834650.

51. Nittle, "Cultural Appropriation."

52. Helena Horton, "Beyoncé Criticised for 'Cultural Appropriation' in New Music Video with Coldplay and Sonam Kapoor," *Telegraph*, January 29, 2016, www.telegraph.co.uk/music/news/beyonc-criticised-for-culturalappropriation-in-new-music-video/.

53. Sam Gillette, "Dr. Seuss Books Like Horton Hears a Who! Branded Racist and Problematic in New Study," *People.com*, February 28, 2019, people.com/books/dr-seuss-books-racist-problematic/.

54. "6 Racist TV Stereotypes White People Still Don't Notice," *Digital Spy*, February 16, 2019, www.digitalspy.com/tv/a863844/racism-movie-tv-stereotypes/.

55. Amber Thomas, "Women Only Said 27% of the Words in 2016's Biggest Movies," *Developer News*, January 10, 2017, www.freecodecamp.org/news/women-only-said-27-of-the-words-in-2016s-biggest-movies-955cb-480c3c4/.

56. Watch Mojo, "Top 10 Needlessly Sexualized Female Movie Characters," *Viva*, October 18, 2018, viva.media/top-10-needlessly-sexualized-femalemovie-characters.

57. Chris Gardner, "Rose McGowan Calls Out 'X-Men' Billboard That Shows Mystique Being Strangled," *Hollywood Reporter*, June 2, 2016, www.hollywoodreporter.com/rambling-reporter/rose-mcgowan-calls-x-men-898538.

58. Randall Colburn, "Jessica Chastain Blasts *Game of Thrones*: 'Rape Is Not a Tool to Make a Character Stronger,' " AV Club, May 7, 2019, news.avclub.com/jessica-chastain-blasts-game-of-thrones-rape-is-not-a-1834581011.

59. Katherine Cross, "*Doctor Who* Has Given Us a Doctor without Inner Conflict," *Polygon*, January 1, 2019, www.polygon.com/2019/1/1/18152028/doctor-who-whitaker-season-review.

60. Simon Baron-Cohen and Michael V. Lombardo, "Autism and Talent: The Cognitive and Neural Basis of Systemizing," *Dialogues in Clinical Neuroscience* 19, no. 4 (2017).

61. Thomas Clements, "The Problem with the Neurodiversity Movement," *Quillette*,

October 20, 2017, quillette.com/2017/10/15/problem-neurodiversity-movement/.

62. Geoffrey Miller, "The Neurodiversity Case for Free Speech," *Quillette*, August 23, 2018, quillette.com/2017/07/18/neurodiversity-case-free-speech/.

63. Caroline Praderio, "Why Some People Turned Down a 'Medical Miracle' and Decided to Stay Deaf," *Insider*, January 3, 2017, www.insider.com/why-deaf-people-turn-down-cochlear-implants-2016-12.

64. Danielle Moores, "Obesity: Causes, Complications, and Diagnosis," Healthline, July 16, 2018, www.healthline.com/health/obesity (accessed August 25, 2019).

65. Sarah Knapton, "Cancer Research UK Accused of 'Fat Shaming' over Obesity Smoking Campaign," *Telegraph*, July 5, 2019, www.telegraph.co.uk/science/2019/07/04/cancer-research-uk-accused-fat-shamingobesity-smoking-campaign/.

66. Caroline Davies, " 'Beach Body Ready' Tube Advert Protests Planned for Hyde Park," *Guardian*, April 28, 2015, www.theguardian.com/media/2015/apr/27/mass-demonstration-planned-over-beach-body-readytube-advert.

67. "Hidden Tribes of America," Hidden Tribes, hiddentribes.us/ (accessed November 7, 2019).

68. Lukianoff and Haidt, *The Coddling of the American Mind*.

69. Bradley Campbell and Jason Manning, *The Rise of Victimhood Culture: Microaggressions, Safe Spaces, and the New Culture Wars* (New York: Palgrave Macmillan, 2018).

70. "False Accusations, Moral Panics and the Manufacture of Victimhood" in Campbell and Manning, *The Rise of Victimhood Culture*을 보라.

71. Lukianoff and Haidt, *The Coddling of the American Mind*, 176.

72. Ibid., 24.

73. Ibid., 24.

74. Campbell and Manning, *The Rise of Victimhood Culture*, 2.

75. Mike Nayna, "PART TWO: Teaching to Transgress," YouTube video, March 6, 2019, www.youtube.com/watch?v=A0W9QbkX8Cs&t=6s.

76. Bruce, DiAngelo, Swaney, and Thurber, "Between Principles and Practice."

77. Kathrine Jebsen Moore, "Knitting's Infinity War, Part III: Showdown at Yarningham," *Quillette*, July 28, 2019, quillette.com/2019/07/28/knittings-infinity-war-part-iii-showdown-at-yarningham/.

78. Amanda Marcotte, "Atheism's Shocking Woman Problem: What's behind the

Misogyny of Richard Dawkins and Sam Harris?" *Salon*, October 3, 2014, www. salon.com/2014/10/03/new_atheisms_troubling_misogyny_the_pompous_sexism_ of_richard_dawkins_and_sam_harris_partner/.

79. Southern Baptist Convention, "On Critical Race Theory and Intersectionality" (resolution, Southern Baptist Convention, Birmingham, AL, 2019), www.sbc.net/ resolutions/2308/resolution-9—on-critical-race-theory-andintersectionality.

10. 대문자 사회 정의 이데올로기에 대한 대안 — *정체성의 정치학이 없는 자유주의*

1. John Stuart Mill, *On Liberty and Other Essays* (Oxford: Oxford University Press, 1998), 21.

2. Ibid., 21.

3. Ibid., 21.

4. Ibid., 26.

5. The observation in this paragraph is taken from Jean Bricmont, *La République des censeurs* (Paris, L'Herne, 2014), 24n25.

6. Pinker, *Enlightenment Now*.

7. Edmund Fawcett, *Liberalism: The Life of an Idea* (Princeton, NJ: Princeton University Press, 2015), xii–xiii.

8. Ibid., xiii.

9. Ibid., xiii.

10. Adam Gopnik, *A Thousand Small Sanities: The Moral Adventure of Liberalism* (London: Riverrun, 2019), 24.

11. Gopnik, *Thousand Small Sanities*, 24.

12. Gopnik, *Thousand Small Sanities*, 42.

13. Steven Pinker, *The Better Angels of Our Nature: The Decline of Violence in History and Its Causes* (London: Allen Lane, 2011).

14. Pinker, *Enlightenment Now*, 228.

15. Jonathan Rauch, *Kindly Inquisitors: The New Attacks on Free Thought* (Chicago: University of Chicago Press, 2014), 4.

16. Ibid., 38.

17. Ibid., 48–49.

18. Ibid., 48–49. 독자들은 여기에서 라우치가 존 스튜어트 밀이 1859년에『자유론』에서 상정한 바, 발상의 자유로운 교환을 위한 실제적인 주장을 떠올릴 것이다. Mill, *On Liberty and Other Essays*을 보라.

19. Rauch, *Kindly Inquisitors*, 48.

20. Ibid., 49.

21. Ibid., 49.

22. Ibid., 6.

23. Ibid., 6.

24. Ibid., 6.

25. Ibid., 6.

26. Ibid., 6.

27. Ibid., 13.

28. Jonathan Haidt, *The Righteous Mind: Why Good People Are Divided by Politics and Religion* (New York: Penguin Books, 2013).

29. 니콜라스 크리스타키스Nicholas Christakis는 그의『청사진*Blueprint*』에서 매우 다른 문화와 시대의 사람들이 그들의 사회를 어떻게 공통으로(유사하게) 구조화해 왔는지를 보여준다. 그는 다음과 같이 질문한다.

> 사람들은 어떻게 그렇게 서로 다르면서도—심지어 서로 전쟁을 할 정도로—그렇게 비슷할까? 그 근본적인 이유는, 우리 모두가 우리 안에 훌륭한 사회를 만들려는 진화적 청사진을 가지고 다니기 때문이다. 유전자는 우리 몸 안에서 놀라운 일들을 하지만, 내게 훨씬 더 경이로운 것은 그것들이 그것들 바깥에서 하는 일이다. 유전자는 우리 몸의 구조와 기능, 그리고 우리 정신, 그러므로 우리 행위의 구조와 기능에만 영향을 주는 것이 아니라, 우리 사회들의 구조와 기능에도 영향을 준다. 이것이 바로 우리가 전 세계의 사람들을 바라볼 때 인정하게 되는 것이다. 이것이 우리의 공통된 인류의 원천이다. (pp. xx-xxi)

크리스타키스는 인류가 가지고 있는 진화된 사회적 자질들의 "사회적 복합체"를 확인하고, 코뮌들처럼 의도적으로 형성하거나, 배가 난파된 경우처럼 우연히 형성된 서로 다른 커뮤니티들의 성공과 실패를 바라봄으로써, 어떤 성공적인 사회도 그것들을 떠받치는 구조로부터 너무 멀리 벗어날 수 없다고 설득력 있게 주장한다. 성공적인 사회를 떠받치는 구조는 다음과 같다. "(1) 개별 정체성을 가지고 있고 그것을 인정하는 능력 (2) 배우자와 자식에 대한 사랑 (3) 우정 (4) 사회적 관계망 (5) 협동 (6) 자신의 집단에 대한 선호(즉, "내집단 편향in-group bias") (7)

온화한 위계(즉, 상대적 평등주의) (8) 사회적 학습과 교육" (p. 13). Nicholas A. Christakis, *Blueprint: The Evolutionary Origins of a Good Society* (New York: Little, Brown, Spark, 2019).

30. Haidt, *Righteous Mind*.

31. Pinker, *The Blank Slate*.

32. Martin Luther King, Jr., "'I Have a Dream" (address delivered at the March on Washington for Jobs and Freedom, 1963), The Martin Luther King, Jr., Research and Education Institute, Jkinginstitute.stanford.edu/king-papers/documents/i-have-dream-address-deliveredmarch-washington-jobs-and-freedom.에서 볼 수 있다.

33. 주목할 것은, 비판적 인종 대문자 이론가들은 때로 이 인용을 백인들이 비판적 인종 대문자 이론 혹은 "백인성"을 비판하는 흑인들을 통제하기 위하여 사용한다는 킹 사상의 선별된 예로 간주한다는 사실이다.

34. Michael Lee, "'Whiteness Studies' Professor to White People: You're Racist If You Don't Judge by Skin Color," *Pluralist*, May 29, 2019, pluralist.com/robin-diangelo-colorblindness-dangerous/.

35. "복수욕은 가해자가 우리의 자연스러운 공감의 영역 안으로 들어오면 가장 쉽게 조율된다. 우리는 다른 사람들의 경우에는 용서할 수 없는 가해에 대해서도 친족이나 가까운 친구의 경우에는 쉽게 용서하는 경향이 있다. 그리고 우리가 공감의 반경을 확대하면…… 용서할 수 있는 우리의 반경도 그만큼 넓어진다." (Pinker, *Better Angels*, 541).

36. Elizabeth Redden, "Hungary Officially Ends Gender Studies Programs," *Inside Higher* Ed, October 17, 2018, www.insidehighered.com/quicktakes/2018/10/17/hungary-officially-ends-gender-studies-programs.

● 참 고 문 헌

Abelson, Miriam J. "Dangerous Privilege: Trans Men, Masculinities, and Changing Perceptions of Safety." *Sociological Forum* 29, no. 3 (2014): 549–70.

Allen, Amy. "Power/Knowledge/Resistance: Foucault and Epistemic Injustice." In *The Routledge Handbook of Epistemic Injustice*, edited by Ian James Kidd, José Medina, and Gaile Pohlhaus, Jr., 187–194. New York: Routledge, 2017.

Amoore, Louise. *The Global Resistance Reader*. London: Routledge, 2005.

Anderson, Elizabeth. "Epistemic Justice as a Virtue of Social Institutions." *Social Epistemology* 26, no. 2 (2012): 163–173.

Anderson, Eric. *Inclusive Masculinity: The Changing Nature of Masculinities*. London: Routledge, 2012.

Anderson, Walter Truett. *The Fontana Postmodernism Reader*. London: Fontana Press, 1996.

Andrews, Kehinde. "Preface." In *Rhodes Must Fall: The Struggle to Decolonise the Racist Heart of Empire*, edited by Roseanne Chantiluke, Brian Kwoba, and Athinangamso Nkopo. London: Zed Books, 2018.

Aphramor, Lucy and Jacqui Gringas. "Disappeared Feminist Discourses on Fat in Dietetic Theory and Practice." In *The Fat Studies Reader*, edited by Esther D Rothblum and Sondra Solovay, 97–105. New York: New York University Press, 2009.

Applebaum, Barbara. *Being White, Being Good: White Complicity, White Moral Responsibility, and Social Justice Pedagogy*. Lanham: Lexington Books, 2010.

Babbit, Susan E. "Epistemic and Political Freedom." In *The Routledge Handbook of Epistemic Injustice*, edited by Ian James Kidd, José Medina, and Gaile Pohlhaus, Jr., 261–269. London: Routledge, 2017.

Bacon, Linda. *Health at Every Size: The Surprising Truth about Your Weight*. Dallas, TX: BenBella Books, 2010.

Bailey, Alison. "The Unlevel Knowing Field: An Engagement with Dotson's Third-Order Epistemic Oppression." *Social Epistemology Review and Reply Collective* 3, no. 10 (2014): 62–68. ssrn.com/abstract=2798934.

Bailey, Alison. "Tracking Privilege-Preserving Epistemic Pushback in Feminist and Critical Race Philosophy Classes." *Hypatia* 32, no. 4 (2017): 876–92.

Barthes, Roland. "The Death of the Author." *Aspen* no. 5 6, item 3: Three Essays. Accessed November 9, 2019. www.ubu.com/aspen/aspen5and6/threeEssays.html.

Baron-Cohen, Simon, and Michael V. Lombardo. "Autism and Talent: The Cognitive and Neural Basis of Systemizing." *Dialogues in Clinical Neuroscience* 19, no. 4 (2017): 345–353.

Baudrillard, Jean. *Symbolic Exchange and Death*. Translated by Iain Hamilton Grant. London: SAGE Publications, 2017.

———. *Simulacra and Simulation.* Translated by Sheila Faria Glaser. Ann Arbor: University of Michigan Press, 2018.

Bell, Derrick A. "Brown v. Board of Education and the Interest-Convergence Dilemma." *Harvard Law Review* 93, No. 3 (1980): 518–533.

———. *Race, Racism, and American Law.* Boston: Little, Brown, and Co., 1984.

———. "Racial Realism." *Connecticut Law Review* 24, no. 2 (1992): 363–379.

———. *And We Are Not Saved: The Elusive Quest for Racial Justice.* New York: Basic Books, 2008.

Berenstain, Nora. "Epistemic Exploitation." *Ergo, an Open Access Journal of Philosophy* 3, no. 22 (2016): 569–590.

Beauvoir, Simone de. *The Second Sex.* Translated by H. M. Parshley. New York: Vintage Books, 1974.

Bhabha, Homi K. *The Location of Culture.* London: Routledge, 1994.

Bhambra, Gurminder K., Dalia Gebrial, and Kerem Nişancıoğlu, eds. *Decolonising the University.* London: Pluto Press, 2018.

Bishop, Alan J. "Western Mathematics: The Secret Weapon of Cultural Imperialism." *Race & Class* 32, no. 2 (1990): 51–65.

Bleier, Ruth. *Science and Gender: A Critique of Biology and Its Theories on Women.* New York: Pergamon Press, 1984.

Bohman, James. "Critical Theory." In *Stanford Encyclopedia of Philosophy*, edited by Edward N. Zalta (Winter 2019 Edition). plato.stanford.edu/archives/win2019/entries/critical-theory/.

Boyd, Brian. *Evolution, Literature and Film: A Reader.* New York: Columbia University Press, 2010.

Bricmont, Jean. *La République des censeurs.* Paris, L'Herne, 2014.

Butler, Judith. *Bodies That Matter: On the Discursive Limits of "Sex."* New York: Routledge, 1993.

———. "Contingent Foundations: Feminism and the Question of 'Postmodernism'." In *The Postmodern Turn: New Perspectives on Social Theory*, edited by Steven Seidman, 153–70. Cambridge: Cambridge University Press, 1994.

———. *Gender Trouble.* London: Routledge, 2006.

Campbell, Bradley, and Jason Manning. *The Rise of Victimhood Culture: Microaggressions, Safe Spaces, and the New Culture Wars.* New York: Palgrave Macmillan, 2018.

Campbell, Fiona Kumari. *Contours of Ableism: The Production of Disability and Abledness.* New York: Palgrave Macmillan, 2012.

Chantiluke, Roseanne, Brian Kwoba, and Athinangamso Nkopo, eds. *Rhodes Must Fall: The Struggle to Decolonise the Racist Heart of Empire.* London: Zed Books, 2018.

Chen, Mel Y. *Animacies: Biopolitics, Racial Mattering, and Queer Affect.* Durham, NC: Duke University Press, 2012.

Cho, Sumi, Kimberlé Williams Crenshaw, and Leslie McCall. "Toward a Field of Intersectionality Studies: Theory, Applications, and Praxis." *Signs: Journal of Women in Culture and Society* 38, no. 4 (2013): 785–810.

Christakis, Nicholas A. *Blueprint: The Evolutionary Origins of a Good Society*. New York: Little, Brown, Spark, 2019.

Code, Lorraine. "Epistemic Responsibility." In *The Routledge Handbook of Epistemic Injustice*, edited by Ian James Kidd, José Medina, and Gaile Pohlhaus, Jr., 89–99. London: Routledge, 2017.

Collins, Patricia Hill. "Toward a New Vision: Race, Class, and Gender as Categories of Analysis and Connection." *Race, Sex & Class* 1, no. 1 (1993): 25–45.

———. *Black Feminist Thought: Knowledge, Consciousness, and the Politics of Empowerment*. New York: Routledge, 2015.

———. "Intersectionality and Epistemic Injustice." In *The Routledge Handbook of Epistemic Injustice*, edited by Ian James Kidd, José Medina, and Gaile Pohlhaus, Jr., 115–24. London: Routledge, 2017.

Collins, Patricia Hill, and Sirma Bilge. *Intersectionality*. Cambridge: Polity Press, 2016.

Connell, Catherine. "Doing, Undoing, or Redoing Gender?" *Gender & Society* 24, no. 1 (2010): 31–55.

Connell, Raewyn. *Masculinities*. Vancouver: Langara College, 2018.

Conrad, Joseph. *Heart of Darkness: and Other Stories*. New York: Barnes & Noble, 2019.

Cooper, Charlotte. *Fat Activism: A Radical Social Movement*. Bristol, England: HammerOn Press, 2016.

Courville, Mathieu E. "Genealogies of Postcolonialism: A Slight Return from Said and Foucault Back to Fanon and Sartre." *Studies in Religion/Sciences Religieuses* 36, no. 2 (2007): 215–40.

Coveney, John, and Sue Booth. *Critical Dietetics and Critical Nutrition Studies*. Cham, Switzerland: Springer, 2019.

Crenshaw, Kimberlé. "Mapping the Margins: Intersectionality, Identity Politics, and Violence against Women of Color." *Stanford Law Review* 43, no. 6 (1991): 1241–1299.

———. "Demarginalizing the Intersection of Race and Sex: A Black Feminist Critique of Antidiscrimination Doctrine, Feminist Theory, and Antiracist Politics." *Feminist Legal Theory* (2018): 57–80.

Deleuze, Gilles and Felix Guattari. *Anti-Oedipus: Capitalism and Schizophrenia*. Translated by Robert J. Hurley. London: Bloomsbury Academic, 2016.

Delgado, Richard, and Jean Stefancic. *Critical Race Theory: An Introduction*. New York: New York University Press, 2017.

Derrida, Jacques. *Of Grammatology*. Translated by Gayatri Chakravorty Spivak. Baltimore: John Hopkins University Press, 1976.

———. *Speech and Phenomena: And Other Essays on Husserl's Theory of Signs*. Translated by David B. Allison. Evanston, IN: Northwestern University Press, 1984.

———. *Writing and Difference.* Translated by Alan Bass. London: Routledge, 2001.

Descartes René. *Discourse on the Method: The Original Text with English Translation.* Erebus Society, 2017.

Detmer, David. *Challenging Postmodernism: Philosophy and the Politics of Truth.* Amherst, NY: Humanity Books, 2003.

DiAngelo, Robin J. "White Fragility." *International Journal of Critical Pedagogy* 3, no. 3 (2011): 54–70.

———. *White Fragility: Why It's So Hard for White People to Talk about Racism.* London: Allen Lane, 2019.

Donaldson, Laura E. "Writing the Talking Stick: Alphabetic Literacy as Colonial Technology and Postcolonial Appropriation." *American Indian Quarterly* 22, no. 1/2 (1998): 46–62.

Dotson, Kristie. "Tracking Epistemic Violence: Tracking Practices of Silencing." *Hypatia* 26, no. 2 (2011): 236–57.

———. "How Is This Paper Philosophy?" *Comparative Philosophy: An International Journal of Constructive Engagement of Distinct Approaches toward World Philosophy* 3, no. 1 (2012): Article 5.

———. "Conceptualizing Epistemic Oppression." *Social Epistemology* 28, no. 2 (2014): 115–38.

Douglass, Frederick. *Narrative of the Life Frederick Douglass.* Lexington, KY: CreateSpace, 2013.

Dowd, Nancy E. *The Man Question: Male Subordination and Privilege.* New York University Press, 2016.

Du Bois, W. E. B. *The Souls of Black Folk: The Unabridged Classic.* New York: Clydesdale, 2019.

Fahs, Breanne, and Michael Karger. "Women's Studies as Virus: Institutional Feminism, Affect, and the Projection of Danger." *Multidisciplinary Journal of Gender Studies* 5, no. 1 (2016): 929–957.

Falk, Armin, and Johannes Hermle. "Relationship of Gender Differences in Preferences to Economic Development and Gender Equality." *Science* 362, no. 6412 (2018): eaas9899.

Fanon, Frantz, *The Wretched of the Earth.* Translated by Constance Farrington. Harmondsworth: Penguin, 1967.

———. *A Dying Colonialism.* Translated by Haakon Chevalier. Harmondsworth, Middlesex: Penguin Books, 1970.

———. *Black Skin, White Masks.* Translated by Richard Philcox. New York: Penguin Books, 2019.

Farrell, Amy Erdman. *Fat Shame: Stigma and the Fat Body in American Culture.* New York University Press, 2011.

Fawcett, Edmund. *Liberalism: The Life of an Idea.* Princeton, NJ: Princeton University

Press, 2015.

Festinger, Leon, Henry W. Riecken, and Stanley Schachter. *When Prophecy Fails: A Social and Psychological Study of a Modern Group That Predicted the Destruction of the World.* New York: Harper Torchbooks, 1956.

Foucault, Michael. *The Archaeology of Knowledge: And the Discourse on Language.* Translated by A. M. Sheridan Smith London: Tavistock, 1972.

———. *Birth of the Clinic: An Archaeology of Medical Perception.* Translated by A. M. Sheridan Smith. London: Tavistock, 1975.

———. "On the Genealogy of Ethics: An Overview of Work in Progress." Afterword to *Michel Foucault: Beyond Structuralism and Hermeneutics,* 2nd ed., by Hubert L. Dreyfus and Paul Rabinow. Chicago: University of Chicago Press, 1983.

———. *The History of Sexuality: Volume 1, an Introduction.* Translated by Robert J. Hurley. New York: Penguin, 1990.

———. *Madness and Civilization: A History of Insanity in the Age of Reason.* Translated by Richard Howard and Jean Kafka. New York: Routledge, 2001.

———. *The Order of Things: An Archaeology of the Human Sciences.* London: Routledge, 2002.

Freeman, Alan David. "Legitimizing Racial Discrimination Through Antidiscrimination Law: A Critical Review of Supreme Court Doctrine." *Minnesota Law Review* 62, no. 1049 (1978): 1049–1119. scholarship.law.umn.edu/mlr/804.

Freeman, Elizabeth. *Time Binds: Queer Temporalities, Queer Histories.* Durham, NC: Duke University Press, 2010.

Fricker, Miranda. *Epistemic Injustice: Power and the Ethics of Knowing.* Oxford: Oxford University Press, 2007.

Friedan, Betty. *The Feminine Mystique.* New York: W. W. Norton & Company, 2013.

Gikandi, Simon "Poststructuralism and Postcolonial Discourse." In *Cambridge Companion to Postcolonial Studies.* Edited by Neil Lazarus. Cambridge: Cambridge University Press, 2004.

Gebrial, Dalia. "Rhodes Must Fall: Oxford and Movements for Change." In *Decolonising the University,* edited by Gurminder K. Bhambra, Dalia Gebrial, and Kerem Nişancıoğlu, 19–36. London: Pluto Press, 2018.

Gillborn, David. "Intersectionality, Critical Race Theory, and the Primacy of Racism." *Qualitative Inquiry* 21, no. 3 (2015): 277–87.

Goodley, Dan. *Dis/ability Studies: Theorising Disablism and Ableism.* New York: Routledge, 2014.

Gopnik, Adam. *A Thousand Small Sanities: the Moral Adventure of Liberalism.* London: Riverrun, 2019.

Gordon, Linda. "'Intersectionality,' Socialist Feminism and Contemporary Activism: Musings by a Second-Wave Socialist Feminist." *Gender & History* 28, no. 2 (2016): 340–57.

Gossett, Thomas F. *Race: The History of an Idea in America.* Oxford: Oxford University

Press, 1997.

Gottschall, Jonathan. *Literature, Science and a New Humanities*. New York: Palgrave Macmillan, 2008.

Grasswick, Heidi. "Epistemic Injustice in Science." In *The Routledge Handbook of Epistemic Injustice*, edited by Ian James Kidd, José Medina, and Gaile Pohlhaus, Jr., 313–23. London: Routledge, 2017.

Greer, Germaine. *The Female Eunuch*. London: Fourth Estate, 2012.

Grey, Sandra J. "Activist Academics: What Future?" *Policy Futures in Education* 11, no. 6 (2013): 700–11.

Haidt, Jonathan. *The Righteous Mind: Why Good People Are Divided by Politics and Religion*. New York: Penguin Books, 2013.

Halberstam, Judith. *In a Queer Time and Place: Transgender Bodies, Subcultural Lives*. New York: New York University Press, 2005.

Halperin, David M. *One Hundred Years of Homosexuality: And Other Essays on Greek Love*. London: Routledge, 1990.

——. *Saint Foucault: Towards a Gay Hagiography*. New York: Oxford University Press, 1997.

——. "The Normalization of Queer Theory." *Journal of Homosexuality* 45, no. 2–4 (2003): 339–43.

Hancock, Ange-Marie. *Intersectionality: An Intellectual History*. New York: Oxford University Press, 2016.

Haraway, Donna, "Situated Knowledges: The Science Question in Feminism and the Privilege of Partial Perspective." *Feminist Studies* 14, no. 3 (1988): 575–99.

Harding, Sandra. "Rethinking Standpoint Epistemology: What Is 'Strong Objectivity'?" *Centennial Review* 36, no. 3 (1992): 437–70.

Harding, Sandra. *Whose Science/Whose Knowledge?* Ithica, NY: Cornell University Press, 1991.

——. *The Science Question in Feminism*. Ithaca, NY: Cornell University Press, 1993.

——. *Feminism and Methodology: Social Science Issues*. Bloomington, IN: Indiana University Press, 1996.

——. "Gender, Development, and Post Enlightenment Philosophies of Science." *Hypatia* 13, no. 3 (1998): 146–67.

Harris, Angela P. "Race and Essentialism in Feminist Legal Theory." *Stanford Law Review* 42, no. 3 (1990): 581–616.

Harvey, David. *The Condition of Postmodernity*. Cambridge, MA: Blackwell, 2000.

Hawking, Stephen, and Leonard Mlodinow. *The Grand Design*. New York: Bantam Books, 2010.

Hegel, Georg W. F. *The Phenomenology of Spirit*. 1807.

Hicks, Stephen R. C. *Explaining Postmodernism: Skepticism and Socialism from Rousseau to*

Foucault. Tempe, AZ: Scholargy Publishing, 2004.

Hiraldo, Payne. "The Role of Critical Race Theory in Higher Education." *Vermont Connection* 31, no. 7 (2010): Article 7. scholarworks.uvm.edu/tvc/vol31/iss1/7.

Hirschmann, Nancy J. "Choosing Betrayal." *Perspectives on Politics* 8, no. 1 (2010): 271–78.

hooks, bell. "Postmodern Blackness." In *The Fontana Postmodernism Reader*, edited by Walter Truett Anderson, 113–120. London: Fontana Press, 1996.

———. "Racism and Feminism: The Issue of Accountability." In *Making Sense of Women's Lives: An Introduction to Women's Studies*, edited by Lauri Umansky, Paul K. Longmore, and Michele Plott, 388–411. Lanham, MD: Rowman & Littlefield, 2000.

Horowitz, Mark, Anthony Haynor, and Kenneth Kickham. "Sociology's Sacred Victims and the Politics of Knowledge: Moral Foundations Theory and Disciplinary Controversies." *American Sociologist* 49, no. 4 (2018): 459–95.

Hutcheon, Linda. "'Circling the Downspout of Empire'." In *Past the Last Post: Theorizing Post-Colonialism and Post-Modernism*, edited by Ian Adam and Helen Tiffin, 167–89. London: Harvester/Wheatsheaf, 1991.

Jackson, Stevi. "Why a Materialist Feminism Is (Still) Possible—and Necessary." *Women's Studies International Forum* 24, no. 3–4 (2001): 283–93.

Jagose, Annamarie. *Queer Theory: An Introduction.* New York University Press, 2010.

Jameson, Fredric. *Postmodernism: Or, the Cultural Logic of Late Capitalism.* New York: Verso Books, 2019.

Jolivétte, Andrew. *Research Justice: Methodologies for Social Change.* Bristol, UK: Policy Press, 2015.

Jordan, Winthrop D. *White over Black American Attitudes toward the Negro, 1550–1812.* Chapel Hill, NC: University of North Carolina Press, 2012.

Kid, Ian James, José Medina, and Gaile Polhaus. "Introduction." In *The Routledge Handbook of Epistemic Injustice*, edited by Ian James Kid, José Medina, and Gaile Pohlhaus, Jr., 1–9. London: Routledge, 2017.

Kimmel, Michael S. *The Politics of Manhood: Profeminist Men Respond to the Mythopoetic Men's Movement (and the Mythopoetic Leaders Answer).* Philadelphia: Temple University Press, 1995.

Kramer, Caroline K., Bernard Zinman, and Ravi Retnakaran. "Are Metabolically Healthy Overweight and Obesity Benign Conditions?: A Systematic Review and Meta-analysis." *Annals of Internal Medicine* 159, no. 11 (December 3,2013).annals.org/aim/article-abstract/1784291/metabolicallyhealthy-overweight-obesity-benign-conditions-systematic-review-meta-analysis?doi=10.7326/0003-4819-159-11-201312030-00008.

Koehler, Daniel. "Violence and Terrorism from the Far-Right: Policy Options to Counter an Elusive Threat." *Terrorism and Counter-Terrorism Studies* (February 2019). doi.org/10.19165/2019.2.02.

Kupers, Terry A. "Toxic Masculinity as a Barrier to Mental Health Treatment in

Prison." *Journal of Clinical Psychology* 61, no. 6 (2005): 713–24.

Kvale, Steinar, "Themes of Postmodernity." In *The Fontana Postmodernism Reader,* edited by Walter Truett Anderson, 18–25. London: Fontana Press, 1996.

Landén, Mikael, and Sune Innala. "The Effect of a Biological Explanation on Attitudes towards Homosexual Persons. A Swedish National Sample Study." *Nordic Journal of Psychiatry* 56, no. 3 (2002): 181–86.

Langton, Rae. "Epistemic Injustice: Power and the Ethics of Knowing by Miranda Fricker." Book review. *Hypatia* 25, no. 2 (2010): 459–464.

Lauretis, Teresa De. *Queer Theory: Lesbian and Gay Sexualities.* Providence, RI: Brown University Press, 1991.

LeBesco, Kathleen. "Prescription for Harm: Diet Industry Influence, Public Health Policy, and the 'Obesity Epidemic'." In *The Fat Studies Reader,* edited by Esther D. Rothblum and Sondra Solovay, 65–74. New York: New York University Press, 2009.

Lind, Rebecca Ann. "A Note From the Guest Editor." *Journal of Broadcasting & Electronic Media* 54 (2010): 3–5.

Lorber, Judith. "Shifting Paradigms and Challenging Categories." *Social Problems* 53, no. 4 (2006): 448–53.

Lorde, Audre. *Sister Outsider: Essays and Speeches.* Berkeley, CA: Crossing Press, 2007.

Lukianoff, Greg and Jonathan Haidt. *The Coddling of the American Mind: How Good Intentions and Bad Ideas Are Setting Up a Generation for Failure.* New York: Penguin Books, 2019.

Lyotard, Jean François. *The Postmodern Condition: A Report on Knowledge.* Manchester: Manchester UP, 1991.

Maldonado-Torres, Nelson, Rafael Vizcaíno, Jasmine Wallace, and Jeong Eun Annabel. "Decolonizing Philosophy." In *Decolonising the University,* edited by Gurminder K. Bhambra, Dalia Gebrial, and Kerem Nişancıoğlu. 64–89. London: Pluto Press, 2018.

Manne, Kate. *Down Girl: The Logic of Misogyny.* New York: Oxford University Press, 2018.

McLeod, John, ed. *The Routledge Companion to Postcolonial Studies.* London: Routledge, 2007.

McHale, Brian. *The Cambridge Introduction to Postmodernism.* Cambridge: Cambridge University Press, 2015.

McIntosh, Peggy. *On Privilege, Fraudulence, and Teaching As Learning: Selected Essays 1981–2019.* New York: Taylor & Francis, 2019.

McRuer, Robert, and Michael Bérubé. *Crip Theory: Cultural Signs of Queerness and Disability.* New York University Press, 2006.

Medina, José. *The Epistemology of Resistance: Gender and Racial Oppression, Epistemic Injustice, and Resistant Imaginations.* New York: Oxford University Press, 2013.

———. "Varieties of Hermeneutical Injustice." In *The Routledge Handbook of Epistemic Injustice,* edited by Ian James Kidd, José Medina, and Gaile Pohlhaus, Jr., 41–52. London: Routledge, 2017.

Mill, John Stuart. *On Liberty and Other Essays*. Oxford: Oxford University Press, 1998.

Millett, Kate, Catharine A. MacKinnon, and Rebecca Mead. *Sexual Politics*. New York: Columbia University Press, 2016.

Mills, Charles. "Ideology." In *The Routledge Handbook of Epistemic Injustice*, edited by Ian James Kidd, José Medina, and Gaile Pohlhaus, Jr., 100–11. London: Routledge, 2017.

Mitchell, Allyson. "Sedentary Lifestyle: Fat Queer Craft." *Fat Studies* 7, no. 2 (2017): 147–58.

Morton, Stephen. "Poststructuralist Formulations." In *The Routledge Companion to Postcolonial Studies*, edited by John McCleod, 161–72. London: Routledge, 2007.

Mutua, Kagendo, and Beth Blue Swadener. *Decolonizing Research in Cross-cultural Contexts: Critical Personal Narratives*. Albany, NY: SUNY Press, 2011.

Nanda, Meera. "We Are All Hybrids Now: The Dangerous Epistemology of Post colonial Populism." *Journal of Peasant Studies* 28, no. 2 (2001): 162–86.

Neill, Michael. "'Mulattos,' 'Blacks,' and 'Indian Moors': Othello and Early Modern Constructions of Human Difference." *Shakespeare Quarterly* 49, no. 4 (1998): 361–374.

Norwood, Carolette R. "Decolonizing My Hair, Unshackling My Curls: An Autoethnography on What Makes My Natural Hair Journey a Black Feminist Statement." *International Feminist Journal of Politics* 20, no. 1 (2017): 69–84.

Oliver, Michael, Bob Sapey, and Pam Thomas. *Social Work with Disabled People*. Basingstoke: Palgrave Macmillan, 2012.

Ortner, Sherry B. "Is Female to Male as Nature Is to Culture?" In *Woman, Culture, and Society*, edited by Michelle Zimbalist Rosaldo and Louise Lamphere, 67–88. Palo Alto, CA: Stanford University Press, 1974.

Perna, Laura W. *Taking It to the Streets: The Role of Scholarship in Advocacy and Advocacy in Scholarship*. Baltimore: Johns Hopkins University Press, 2018.

Pilcher, Jane, and Imelda Whelehan. *Key Concepts in Gender Studies*. Los Angeles: Sage, 2017.

Pinker, Steven. *The Blank Slate: The Modern Denial of Human Nature*. London: Penguin, 2002.

———. *The Better Angels of Our Nature: The Decline of Violence in History and Its Causes*. London: Allen Lane, 2011.

———. *Enlightenment Now. The Case for Reason, Science, Humanism and Progress*. Penguin Books, 2019.

Poovey, Mary. "Feminism and Deconstruction." *Feminist Studies* 14, no. 1 (1988): 51–65.

Rauch, Jonathan. *Kindly Inquisitors The New Attacks on Free Thought*. Chicago: University of Chicago Press, 2014.

Rawls, John. *A Theory of Justice*. Oxford: Oxford University Press, 1999.

Rich, Adrienne. *Compulsory Heterosexuality and Lesbian Existence*. Denver, CO: Antelope Publications, 1982.

Riley, Donna. *Engineering and Social Justice*. San Rafael, CA: Morgan & Claypool Publishers, 2008.

Roberson, Lara L., et al. "Beyond BMI: The 'Metabolically Healthy Obese' Phenotype and Its Association with Clinical/Subclinical Cardiovascular Disease and All-Cause Mortality—A Systematic Review." *BMC Public Health* 14, no. 1 (2014): Article 14.

Rorty, Richard. *Philosophy and the Mirror of Nature*. Princeton, NJ: Princeton University Press, 1979.

———. *Contingency, Irony, and Solidarity*. Cambridge: Cambridge University Press, 2009.

Rothblum, Esther D., and Sondra Solovay, eds. *The Fat Studies Reader*. New York Unviersity Press, 2009.

Rubin, Gayle. "Thinking Sex: Notes for a Radical Theory of the Politics of Sexuality." In *The Lesbian and Gay Studies Reader*, edited by Henry Abelove, Michèle Aina Barale, and David M. Halperin, 3–44. Abingdon: Taylor & Frencis, 1993.

Said, Edward. *Orientalism*. London: Penguin, 2003.

Scuro, Jennifer. *Addressing Ableism: Philosophical Questions via Disability Studies*. Lanham, MD: Lexington Books, 2019.

Seidman, Steven. *The Postmodern Turn: New Perspectives on Social Theory*. Cambridge: Cambridge University Press, 1998.

Sedgwick, Eve Kosofsky. *Epistemology of the Closet*. Berkeley, CA: University of California Press, 2008.

Shapiro, Joseph P. *No Pity: People with Disabilities Forging a New Civil Rights Movement*. New York: Times Books, 1994.

Shotwell, Alexis. "Forms of Knowing and Epistemic Resources." In *The Routledge Handbook of Epistemic Injustice*, edited by Ian James Kidd, José Medina, and Gaile Pohlhaus, Jr., 79–88. London: Routledge, 2017.

Sleeter, Christine E. "Critical Race Theory and Education." In *Encyclopedia of Diversity in Education*, edited by James A. Banks, 491–95. Thousand Oaks, CA: SAGE, 2012.

Smith, Linda Tuhiwai. *Decolonizing Methodologies: Research and Indigenous Peoples*. London: Zed Books, 1999.

Sokal, Alan, and Jean Bricmont. *Fashionable Nonsense: Postmodern Intellectuals Abuse of Science*. New York: St. Martin's Press, 1999.

Soueif, Ahdaf. "The Function of Narrative in the War on Terror." In *War on Terror*, edited by Chris Miller, 28–42. Manchester: Manchester University Press, 2009.

Spivak, Gayatri Chakravorty. "Can the Subaltern Speak?" In *Marxism and the Interpretation of Culture*, edited by Cary Nelson and Lawrence Grossberg, 271–313. Chicago: University of Illinois Press, 1988.

———. "Subaltern Studies: Deconstructing Historiography." In *Selected Subaltern Studies*, edited by Ranajit Guha and Gayatri Chakravorty Spivak, 3–32. New York: Oxford University Press, 1988.

Stern, Mark, and Khuram Hussain. "On the Charter Question: Black Marxism and Black Nationalism." *Race Ethnicity and Education* 18, no. 1 (2014): 61–88.

Toth, Lucille. "Praising Twerk: Why Aren't We All Shaking Our Butt?" *French Cultural Studies* 28, no. 3 (2017): 291–302.

Tovar, Virgie. *You Have the Right to Remain Fat*. New York: Feminist Press, 2018.

Truth, Sojourner. "The Narrative of Sojourner Truth." In *A Celebration of Women Writers*, edited by Olive Gilbert. www.digital.library.upenn.edu/women truth/1850/1850.html.

Tuana, Nancy. "Feminist Epistemology: The Subject of Knowledge." In *The Routledge Handbook of Epistemic Injustice*, edited by Ian James Kidd, José Medina, and Gaile Pohlhaus, Jr., 125–138. London: Routledge, 2017.

Wanderer, Jeremy. "Varieties of Testimonial Injustice." In *The Routledge Handbook of Epistemic Injustice*, edited by Ian James Kidd, José Medina, and Gaile Pohlhaus, Jr., 27–40. London: Routledge, 2017.

Wann, Marilyn. "Foreword." In *The Fat Studies Reader*, edited by Esther D. Rothblum and Sondra Solovay. New York: New York University Press, 2009.

West, Candace, and Sarah Fenstermaker. "Doing Difference." *Gender and Society* 9, no. 1 (1995): 8–37.

West, Candace, and Don H. Zimmerman. "Doing Gender." *Gender and Society* 1, no. 2 (1987): 125–51.

Williams, Patricia J. *The Alchemy of Race and Rights*. Cambridge, MA: Harvard University Press, 1991.

Wilson. E. O. "From Sociobiology to Sociology." In *Evolution, Literature, and Film: A Reader*, edited by in Brian Boyd, Joseph Carroll, and Jonathan Gottschall, 135–143. New York: Columbia University Press, 2010.

Wolf, Allison B. " 'Tell Me How That Makes You Feel': Philosophys Reason/Emotion Divide and Epistemic Pushback in Philosophy Classrooms." *Hypatia* 32, no. 4 (2017): 893–910.doi.org/10.1111/hypa.12378.

포스트모더니즘 —
냉소적 이론인가, 비판적 이론인가?

오민석(문학평론가·단국대 교수)

21세기가 20년을 훌쩍 뛰어넘은 현재에도 포스트모더니즘의 트로이카로 불리는 자크 데리다Jacques Derrida, 미셸 푸코Michel Foucault, 질 들뢰즈Gilles Deleuze의 영향력은 여전히 막강하다. 포스트모더니즘 혹은 포스트구조주의로 분류되는 이들의 사상과 68혁명은 떼려야 뗄 수 없는 관계를 맺고 있다. 68혁명 때 데리다는 38세, 푸코는 42세, 들뢰즈는 43세였다. 1968년 베트남 전쟁 반대를 외치며 청년들이 아메리칸 익스프레스의 프랑스 파리 지사를 습격한 것을 계기로 시작된 68혁명은 근대 이후 모든 진보 사상의 실험실이었고, 포스트모던 사상의 촉발점이었다. 68혁명이 실패로 돌아간 후, 이성과 합리성 기반의 근대 정신 혹은 근대성은 그 근저에서 회의의 대상이 되었고, 그 당시 최고의 지가를 올렸던 구조주의 역시 철저한 해체의 대상이 되었다. 68세대는 그들이 이성적으로 옳다고 여겨온 것들이 철저하게 패배하는 모순의 현실 속에서 근대 철학의 모든 근거를 의심하는 탈근대 사상의 선두에 섰다.

데리다와 푸코, 그리고 들뢰즈는 저마다 다른 용어로 세계를 설명하고 있지만, 플라톤에서 데카르트, 헤겔, 마르크스로 이어져 내려온 서양 철학의 근간을 뒤흔드는 공통의 질문들을 함께 던졌고, 그리하여 포스트모더니즘의 우산 아래 늘 함께 등장한다. 구조주의와의 관계에서는 포스트구조주의로, 사상적 근대주의modernism 혹은 근대성modernity 과의 관계에서는 포스트모더니즘으로 불리는 이들 사상의 기본 특징 은 다음과 같다. 첫째, 이들은 수천 년 동안 서양 철학의 전통 속에서 당 연한 것으로 간주 되어온 '통합된 주체unified subject'의 개념을 거부하 였다. 그들이 볼 때, 주체는 초점이 잘 맞추어진 렌즈 같은 통합된 주체 가 아니라 '분열된 주체split subject'이다. 둘째, 이들은 투명한 매체로서 의 언어의 개념을 거부하였다. 이들이 볼 때, 언어는 대상을 있는 그대 로 표상하는 평면거울이 아니라 왜곡하고 굴절하는 찌그러진 거울이다. 셋째, 유일하고 절대적이라는 의미에서의 대문자 진리Truth는 존재하지 않는다. 진리는 수많은 소문자 진리'들'로 이루어져 있다. 여기에 자크 라캉Jacques Lacan의 정신분석학이 호출되면서 포스트모더니즘은 근 대성 전체를 의심하고 따지고 드는 새로운 사상의 주역이 되었다. "금 지하는 것을 금지하라"는 68혁명의 슬로건은 혁명이 실패로 돌아갔음 에도 불구하고 여전히 포스트모더니즘 정신의 핵심이 되었다. 데리다는 궁극적인 진리의 존재를 의심하고 모든 형태의 논리적 중심을 해체하고 자 하였으며, 푸코는 정상과 비정상을 나누는 절대적이고도 항구적인 기준의 '부재'를 내세우며 담론-권력의 미시 정치학을 파고들었다. 들뢰 즈는 탈영토화의 노마드 철학을 앞세우며 모든 형태의 규정성을 의심하 고 그 자리를 무한한 비결정성의 영역으로 열어 놓았다. 거대서사grand narrative를 무수한 소서사petit narrative로 대체해 버린 리오타르Jean F. Lyotard와 시뮬라르크 지배의 탈근대 하이퍼리얼리티hyperreality의 등 장을 주목한 보드리야르Jean Baudrillard가 합세하면서 이성과 논리(로 고스), 합리성, 그리고 실물 세계의 경험이 모든 것을 해결해 주리라 기 대했던 근대주의는 철저한 의심과 해체의 대상이 되었다.

양차 세계대전과 파시즘의 출현, 68혁명의 실패 등을 자양분으로 성장한 포스트모더니즘은 계몽주의와 자유주의는 물론 사회주의까지, 모든 '확신에 찬 논리들'을 의심했다. 그것은 가치와 사상의 절대적 중심들을 신뢰하지 않았으며 그 자리를 상대적 가치와 진리들, 다원적 관점, 비결정성의 개념으로 대체하였다. 포스트모더니즘은 대문자 진리를 끊임없이 '차연差延'한다는 점에서는 세계에 대하여 더할 수 없이 신중한 태도를 보여주지만, 또한 상대적이고 다원적인 것에만 치중함으로써 대안의 부재, 가치와 의미의 홍수 상태를 유발한다는 혐의를 받기도 한다. 이런 맥락에서 포스트모더니즘의 종언을 말하는 논자들도 있지만, 이 책의 필자들은 포스트모더니즘이 다양한 단계를 거치면서 진화, 변화하고 발전해 왔을 뿐만 아니라, 학계를 넘어서 일상생활의 모든 영역에까지 심각할 정도의 영향력을 행사하고 있다고 진단한다. 문제는 이들이 볼 때 포스트모더니즘의 영향이 매우 부정적인 형태로 나타나고 있다는 것인데, 이런 점에서 이들은 포스트모더니즘을 '대문자 이론'이라고 부른다. 대문자 이론이란 자신들의 논리만이 절대적이고도 유일한 진리(대문자 진리)라고 주장하면서 다른 논리들을 전혀 인정하지 않고 무시하는 이론을 말한다. 대문자 진리(절대적 진리)에 대한 의심과 거부로 시작된 포스트모더니즘이 이 책의 저자들에 의해 역설적이게도 진리 독점의 대표적인 대문자 이론으로 해석되고 있고, 메타서사meta-narrative를 거부한 포스트모더니즘이 오늘날 가장 대표적인 메타서사가 되어버렸다는 이들의 지적은 매우 흥미롭다. 이들이 볼 때, 포스트모더니즘은 전혀 죽지 않았으며 오히려 초기의 포스트모더니즘과 달리 전혀 새로운 방향으로 진화하고 발전하였다.

이들에 의하면 포스트모더니즘의 첫 번째 단계는 앞에서 설명한 바, 1960~1970년대에 데리다와 푸코, 들뢰즈를 중심으로 발전했던 논리들이다. 두 번째 단계는 초기의 포스트모던 정신이 1980~1990년대에 들어와 탈식민주의, 퀴어 이론, 비판적 인종이론, 교차론적 페미니즘 등과 결합한 단계인데, 이 단계를 이 책의 저자들은 '응용 포스트모더니즘applied postmodernism'이라고 부른다. 이들에 의하면 포스트모더니즘은 여기에서 그치지 않고 더욱 진화하여 2010년경 이후에 드디어 세 번째 단계를 맞이하는데, 이것을 이들은 '물화된 포스트모더니즘reified postmodernism'이라 부른다. 이 단계에 이르면 포스트모더니즘은 '대문자 사회 정의'의 실천을 앞세우며 가장 교조적이고 배타적인 행동주의-학문으로 서구 사회 전역에서 우려스러울 정도의 악영향을 끼친다.

이들이 볼 때, 초기에서 응용 포스트모더니즘으로, 그리고 물화된 포스트모더니즘으로 진화하면서도 끝내 변하지 않는, 포스트모더니즘을 관통하는 일관된 원칙과 주제들이 있다. 그것은 "포스트모던 지식 원칙"과 "포스트모던 정치 원칙"이라는 두 개의 원칙과 네 개의 주제로 이루어져 있는데, 후자는 1. "경계 흐리기", 2. "언어의 권력", 3. "문화적 상대주의", 4. "개별성과 보편성의 상실"이라는 주제들이다.

먼저 "포스트모던 지식 원칙"이란 "객관적 지식이나 진리가 습득 가능한 것인지에 대한 급진적인 회의주의 그리고 문화적 구성주의 constructionism에 전념하는 것"을 의미한다. 포스트모더니즘에 의하면 객관적 진리란 존재하지 않는다. 포스트모더니즘은 객관적 지식의 실제적 존재를 전제하고 실험과 논박, 교정과 검토 등을 통해 그것에 접근하는 것을 중시하는 계몽주의, 근대주의, 과학적 사유 등을 인정하지 않는다. 이들에 의하면, 진리는 집단 정체성과 입장, 성적 취향, 계급 등의 다양한 문화적 가치들에 의해 후천적으로 '구성'되는 것이다. 이것이 바로 "문화적 구성주의"이다. 이런 주장을 따르면, 진리는 다양한 사회적 가치들의 힘겨루기로 결정되는 상대적이고도 유동적인 것이다. 둘째로 "포스트모던 정치 원칙"이란 "사회는 권력과 위계들의 체계들로 형성되며, 그것들이 무엇을, 어떻게 할 수 있는지를 결정한다는 믿음"이다. 포스트모더니즘에 따르면, 권력은 사회를 자신들의 이해관계에 이롭도록 조직하고 관리하며, 시스템 안에서 개인이나 집단이 무엇을 어떻게 하느냐 하는 문제들은 이와 같은 권력관계에 의해 결정된다. 그러므로 권력의 이해관계에 무관한 객관적인 진리와 가치는 존재하지 않는다. 다시 말해 사회는 권력의 "무의식적이고 비조직적인 음모"로 이루어진다.

다음으로 첫째 주제인 "경계 흐리기"는 "이전의 사상가들이 널리 진리로 받아들인 모든 경계들과 범주들을 의심하는 것"을 의미하는데, 여기에서 경계들이란 "객관적인 것과 주관적인 것, 진리와 믿음 사이의 경계들만이 아니라, 과학과 예술, 자연적인 것과 인공적인 것, 고급문화와 대중문화, 인간과 다른 동물들, 인간과 기계, 건강과 질병, 성적 취향과 젠더에 대한 서로 다른 이해들 사이의 경계를 포함"한다. 이 책의 저자들이 볼 때, 포스트모더니즘이 이렇게 경계들을 흐리는 것은 "객관적 정당성 같은 범주들을 거부하고, 그런 범주들을 횡단하며 존재하는 권력의 체제들을 교란하기 위한 것"이다. 둘째 주제인 "언어의 권력"은 다음과 같은 내용을 담고 있다. 이들이 볼 때 사상과 진리들은 모두 언어적 구성물로 존재한다. 푸코는 그것을 지식을 구성하는 "담론"들이라고 부르고, 리오타르는 "언어 게임"이라고 부른다. 데리다에 의하면 언어(텍스트) 외적 현실이란 존재하지 않는다. 포스트모더니즘은 말 그대로 모든 것이 언어(기호, 텍스트)의 형태로 존재하며, 언어는 대상을 있는 그대로 전달하는 투명한 매체가 아니라 가치와 이해관계에 따라 대상을 왜곡하고 굴절하는 매체라고 본다. 셋째로 "문화적 상대주의"라는 일관된 주제가 있다. 포스트모더니즘은 사회 내의 다양한 규범들 중에 절대적인 규범은 없으며, 따라서 어떤 문화도 다른 문화보다 더 훌륭한 것이라고 말할 수 없다. 그러므로 우리는 문화적 상대주의를 인정해야만 하고 특정한 문화의 관점에서 다른 문화를 전유하거나 폄하해서는 안 된다. 넷째로 "개별성과 보편성의 상실"이라는 주제가 있다. 포스트모더니즘에 의하면 자율적 개인(개별성)과 보편적 인류의 개념(보편성)은 신화에 불과하다. 포스트모더니즘은 "사회의 최소 단위—개인—와 최대 단위—인류—양자를 모두 거부하고 대신에 지식, 가치, 그리고 담론의 생산자들인 소규모의 국부적인 집단들에 초점"을 맞춘다. 포스트모더니스트들에게 중요한 것은 개별 주체로서의 개인이나 보편적 인류가 아니라 특정한 인종, 섹스, 계급이라는 집단 정체성의 개념과 그것에 따른 상대적 가치의 생산이다.

이 책의 저자들은 위에서 설명한 포스트모더니즘의 두 개의 원칙들과 네 가지의 주제들이 초기의 포스트모더니즘, 응용 포스트모더니즘, 물화된 포스트모더니즘을 관통하는 일관된 원리라고 간주한다. 그러므로 이들에게 포스트모더니즘은 사라진 것이 아니라 계속 진화하고 변화하며 발전해 온 것이다. 특히 뒤로 갈수록 포스트모더니즘은 훨씬 더 실천적인 형태로 변화하며, 행동주의의 전략적 원칙이 되고, 사회의 전 영역에서 매우 심각한 악영향을 끼치고 있다는 것이 저자들의 진단이다. 초기 포스트모더니즘이 학문적이며 소수의 전문가나 이해할 만한 지적 회의론이었다면, 응용 포스트모더니즘과 물화된 포스트모더니즘은 대학의 울타리를 넘어 사회의 실천적 의제들을 적극적으로 생산하고 개입하는 행동주의의 강령이 되어버렸다.

68혁명의 폐허에서 서양 근대 철학의 기반을 의심하며 지적 회의주의에서 빠져 있던 포스트모더니즘은 1980~1990년대에 이르러 주로 탈식민주의, 흑인 페미니즘, 교차론적 페미니즘, 비판적 인종 이론, 퀴어 이론과 만나면서 바로 그 회의주의를 사회 변혁의 동력으로 전환할 수 있는 출구들을 만나게 된다. 가령 탈식민주의는 포스트모더니즘의 원칙들을 응용하면서 포스트모더니즘을 실천 담론으로 응용한 최초의 사례였다. 에드워드 사이드Edward Said는 주로 미셸 푸코에게 의존하면서 식민 담론들이 어떻게 피식민 현실을 인위적으로 구성해 내는지 밝혀낸다. 가령 오리엔탈리즘은 권력-주체인 식민자들이 자신들의 입장에서 피식민자의 정체성을 그려낸 허구이다. 호미 바바Homi Bhabha와 스피박Gayatri Spivak은 푸코를 중시했지만 주로 자크 데리다에게 의존하면서 언어적 구성물 혹은 텍스트로서의 식민 담론의 설명에 집중하였다. 이들은 "언어의 의미 전달 능력을 전적으로 불신"하며 "언어가 그 안에 부당한 권력의 역할을 은폐한다"고 믿었다. 이들의 정치적 목적은 피식민 민중들이 자신들의 목소리를 직접적으로 내게 하는 것이었다. 킴벌리 크렌쇼Kimberlé Crenshow 등을 중심으로 전개된 비판적 인종 이론과 교차성intersectionality 이론은 인종, 젠더, 계급, 장애, 성적 취향 등 모든 형태의 사회적 모순을 단일 차원이 아니라 다양한 차원들의 "교차"로 이해함으로써 다양한 학문 영역의 논자들에게 두루 설득력을 얻었다. 가령 여성이라고 해서 모두 같은 상황 속에 있는 것은 아니다. 부유한 백인 이성애자 여성과 가난한 백인 양성애자 여성, 가난한 흑인 트랜스 젠더 여성과 부유한 흑인 이성애 여성의 삶은 다르다. 그러므로 교차론적 시각 없이 단일 차원의 일반화로 세계를 해석하는 것은 단순화의 위험에 빠질 수 있다. 단일 차원이 아니라 다양한 차원의 교차 속에서 사회의 미세하고도 다양한 불평등이 생겨난다. 이런 맥락 속에서 교차성 이론은 "인종, 섹스, 젠더, 성적 취향, 계급, 종교, 이민자의 지위, 육체적 혹은 정신적 능력, 그리고 신체의 크기 등을 포함하여 정체성의 무수한 측면들에 관심이 있던 다양한 학자들에 의해 사용"되기 시작했다. 응용 포스트모더니스트들이 볼 때, 인종, 여성, 성적 소수, 장애, 비만 등 모든 주변화된 정체성은 중심부의 주체들 가령 백인 남성 이성애자들에 의해 사회적, 문화적으로 '구성'된 것들이다. 따라서 이들은 일상적인 삶의 모든 영역에 이와 같은 편견이 권력의 형태로 가동되고 있다는 사실을 강조하며, 실천적으로 개입하여 그것들을 드러내고, 해체할 것을 주장한다.

문제는 이 책의 저자들이 볼 때, 응용 포스트모더니스트들의 이런 논지가 절대적 진리, 즉 타협할 수 없는 대문자 진리로 통용되기 시작했다는 것이다. 이런 접근법들은 서로 연결되어 2010년대에 들어서면서 소위 "대문자 사회 정의 학문"으로 발전한다. 저자들이 "물화된 포스트모더니즘"이라 호명하는 이 단계에 이르면 포스트모더니즘은 '사회 정의의 실현'이라는 절대적 목표에 모든 것을 쏟아 넣는다. 학문과 행동주의 사이의 경계도 느슨해지면서 포스트모더니즘은 일상의 다양한 공간에서 '대문자 진리'로 통용된다. 가령 다양한 교육 현장에서 "가르치는 일은 이제 정치적인 행동으로 간주 되고, 오로지 한 가지 유형의 정치학—대문자 사회 정의 이론의 정의에 따르면 정체성의 정치학—만이 수용"될 수 있다. 이런 상황을 저자들은 다음과 같이 말한다. "도대체 어떤 일이 일어났는지 말하자면 다음과 같다. 응용 포스트모더니즘은 그 자신 속으로 들어가 물화物化되었고—현실적인 것으로 받아들여졌고, 대문자 사회 정의에 따라 대문자 진리Truth로 받아들여졌다—행동주의자들에 의해 널리 퍼졌으며, (역설적이게도) 스스로 지배적인 메타서사로 전환되었다. 그것은 신념의 물품이 되었고, 널리 사회 전체에 걸쳐, 특히 좌파에 토대하여, 작동하는 신화론이 되었다."

이 책은 말하자면 이런 상황에 대해 노골적인 경종을 울릴 목적으로 쓰여졌다. 이 책은 학계의 전문가들이 아니라 일반적인 독자들을 위해 씌어졌는데, 그 이유는 포스트모더니즘이 이제 상아탑을 넘어 일상의 권력 담론, 대문자 진리 담론이 되어버렸기 때문이다. 저자들이 볼 때, 현 단계 포스트모더니즘의 가장 위험한 점은 그것이 '자기 성찰'의 능력을 상실하고, (나쁜 의미의) 실천적인 독점 담론, 권력 담론이 되어 버렸다는 것이다. 그리고 대안으로 이들이 내놓는 것은 바로 자유주의 liberalism이다. 이들은 여성해방운동, 성적 소수자 운동 등 다양한 민권 운동의 역사에서 자유주의가 수행해 온 업적들을 이야기하며, 자유주의의 속성이 1) 이성과 합리성을 중시하고 2) 진리를 독점하지 않는다는 것을 강조한다. 이들이 볼 때 자유주의는 이성과 합리성에 기반을 두고, 다양한 의견들에 귀를 기울이며, 자신이 문제가 있을 땐 언제나 교정을 할 줄 아는 탄력적인 사상이며, 그동안 포스트모더니즘보다 훨씬 먼저 사회적 약자들의 인권을 실질적으로 개선하는 데 큰 역할을 담당해 왔다. 자유주의를 이렇게 대안으로 내세울 때, 포스트모더니즘은 이것과 정 반대편에 있는 것으로 서술된다. 즉 포스트모더니즘은 이성, 합리성, 과학, 객관적 진리를 무시하고, 다른 논리들에 조금도 귀를 기울이지 않으며, 오로지 자신들만이 옳으니 자신들을 따르라고 주장한다는 것이다. 그러므로 저자들이 볼 때 포스트모더니즘은 '비판적인' 이론이 아니라 '냉소적인' 이론이다. 이 책이 제목의 "비판적인"이라는 단어 위에 X표를 해놓고 대신에 "냉소적인"이라는 단어를 집어넣은 이유이다.

1960년대 이래로 최근까지 초기 포스트모더니즘과 저자들이 "응용" 혹은 "물화된" 포스트모더니즘이라고 지칭한 사상의 조류가 세계의 지배적인 논조가 되어온 것은 사실이다. 포스트모더니스트들은 '계급'이라는 마르크스주의의 섬에서 떠난 지는 오래되었지만, 마르크스주의가 가지고 있는 다른 입장들, 가령 사회적 약자들의 편에서 세계를 읽는 것, 그리고 이론의 사회적 개입과 실천을 중시하는 태도들을 지속해서 유지해 오고 있다. "중요한 것은 세계의 해석이 아니라 세계를 변화시키는 것"이라는 마르크스의 오랜 명제는 여전히 이들의 핵심 과제가 되어 있다. 이 책의 저자들은 이런 이들의 논지가 학계를 넘어 일상적인 삶의 다양한 공간을 과도하게 지배하는 독점 논리가 되어가고 있다고 심각하게 염려하고 있는데, 이들이 반대하는 백인, 이성애, 남성, 자본가 중심으로 굴러가는 세계의 완고하고도 막강한 시스템을 감안한다면, 이들의 저항은 저자들이 염려하는 것처럼 우려할 만한 것이기는커녕 아직 너무도 미약하다고 볼 수도 있다. 논자에 따라 최근의 실천적 포스트모더니즘의 성과를 상찬하되 더욱 비판적인 격려가 필요한 것으로 해석될 수도 있다. 다만, 다른 대안도 없이 적어도 이론과 사상 영역에서 근 50년 이상 '주류'가 되어온 포스트모더니즘 담론이, 반성적 회의론이라는 출발 언어의 속성을 잃고 대문자 이론이라는 진리 독점 담론이 될 위험성에 대한 저자들의 경고는 언제든 유효하다. 그러나 "대문자 포스트모더니즘 이론"에 대한 대안이 이들의 자유주의가 되어야 하는지에 대해서는 또한 논의가 분분할 수 있다. 대안으로서의 자유주의에 관하여 저자들은 이 책의 마지막 한 장을 할애하고 있지만, 전반적으로 볼 때 이 책은 기존의 포스트모더니즘의 논지를 체계적으로 설명하는 데 훨씬 더 많은 지면을 사용하고 있다. 그래서 저자들의 의도와는 반대로 독자들은 이 책을 포스트모더니즘의 방대한 스펙트럼을 일별하는 매우 유용한 수단으로 활용할 수도 있다. 독자들이 이 책에서 포스트모더니즘의 지혜와 성찰을 얻든, 아니면 그것을 "냉소적 이론들"이라고 비난하며 자유주의를 대안으로 삼는 저자들의 주장에서 통찰을 얻든, 그것은 자신들이 알아서 선택할 문제이다. 중요한 점은 독자들이 이 두 마리 토끼를 이 책에서 모두 잡을 수 있다는 것이고, 이런 유의 책을 다시 만나기 힘들다는 것이다.

■ 색인